KB107223

조선요리법
(朝鮮料理法)

조선요리법

朝鮮料理法

조자호(趙慈鎬) 지음
정양완(鄭良婉) 풀어씀

책미래

조자호(趙慈鎬: 1912~1976)

요리연구가. 교육자. 호원당(好圓堂) 설립자.
서울 다동(茶洞) 출생. 양주(楊州) 조씨로 철종 6년(1855)에서 고종3년(1866)까지 10년간 영의정을 지낸 조두순(趙斗淳: 1796~1870)의 4대 손녀. 순종황후 윤대비와 이종사촌 간으로, 어릴 적부터 궁중을 자유로이 드나들며 구한말 명문대가(名門大家)의 양반가 전통음식과 조선왕조의 궁중요리를 익히며 자랐다. 당시 양반가의 여자아이는 학교에 보내지 않던 관례에 따르지 않고 동덕여학교에 입학(1927년) 3년 과정을 졸업하였다. 1939년 28세의 나이로 서울 양반가 전통음식을 상세히 한글로 정리하여 소개한《조선요리법》을 저술, 출간하였다. 이 책은 방신영(方信榮: 1890~1977)의《조선요리제법》과 더불어 당대 쌍벽을 이루는 한국음식 조리서가 되었다.
같은 해 일본 동경제과학교를 졸업하였고 1940년 당시 한국여성운동계의 선구자들이었던 박순천(朴順天), 황신덕(黃信德), 박승호(朴承浩) 선생 등과 '경성가정여숙(현 중앙여고)'을 설립, 교사로 취임하여 우리 전통음식과 예법을 복원하려 노력하였으며, 수시로 전국의 명가집들을 찾아다니며 각 고장 특유의 음식맛을 익혔다.
1937~1940년 8월까지 〈동아일보〉 가정란에 우리 음식 만드는 법을 다수 연재하고, 1939년 4월 17~23일 YWCA(여자기독청년회) 주최의 '춘계요리강습회' 등 수많은 실습회를 개최하며 일반 대중에게 전통음식문화를 전파하는 데 앞장서 왔다.
1953년 국내 최초의 전통병과(餠菓) 전문점 '호원당'을 설립, 우리나라 고급한과의 정수를 대중에게 널리 알렸으며, 그 맥을 아들 정운희와 며느리 최창순(崔昌順)이 현재까지 이어오고 있다. 이승만 대통령의 85세 생신상과 조선의 마지막 황태자 영친왕비 이방자 여사 팔순잔치 큰상을 맡아 차렸고, 1972년 서울에서 열린 '남북적십자회담' 만찬의 한식 식단 등 이승만·박정희 대통령 시절의 국빈만찬 한식상을 주관하였다. 경성여자상업학교, 진주여고, 서울대 가정대학, 숙명여자대학교 등에서 한식조리법을 강의하였다.

정양완(鄭良婉)

1929년 4월 14일생. 서울대 문리대 국문과 졸업(석·박사). 성신여대 교수, 한국정신문화연구원(현 한국학중앙연구원)교수, 연세대 국학연구원 객원교수를 지냈다. 저서로는《월암 이광려론》(공저),《이광사론》,《신작론》(공저)가 있고 번역서로는《규합총서(閨閤叢書)》,《영세보장(永世寶藏)》,《담원문록(薝園文錄)》.

한과를 만드시는 조자호 선생

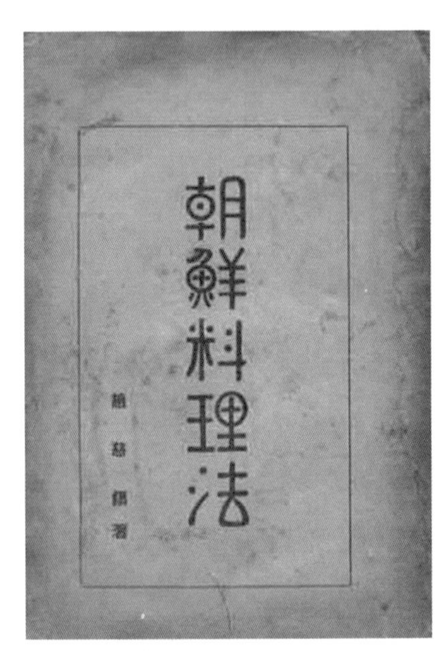

1939년에 나온《조선요리법》표지

1940년대 초의 기념사진. 좌로부터 박승호(전 동아일보 기자), 황신덕(동아일보 기자, 중앙여고·추계예술학교 설립자), 배상명(상명대학교 설립자), 박인호(박승호 씨 동생), 조자호 선생

1941년 경성가정여숙(현 중앙여고) 예과 일동, 하단 좌측 네 번째 조자호 선생(가사와 훈육교사로 재직)

경성가정여숙(현 중앙여고)의 조리실습

1943년 경성가정여숙(현 중앙여고) 제1회 졸업기념. 하단 좌측 첫 번째 조자호 선생

1938년 상명고등기예학교 전공과 학생들과. 우측 첫 번째 조자호 선생

家庭

음식중에는대표적인
조선요리몇가지 (下)

손님청할때꼭참고가됩니다

趙慈鎬

〔청국 장〕

〔원 수 병〕

〔께 자 선〕

〔갈 비 찜〕

〔청 어 선〕

家庭

주부의자랑이되는
여름철조선요리

경제되고제조법도간단합니다

趙慈鎬

떡수단

재료

만드는법

초교탕

재료

만드는법

추 탕

재료

만드는법

〈동아일보〉에 연재된 조자호 선생의 조선요리법 기사, 상단(1937년 11월 24일), 하단(1938년 7월 21일)

동경제과학교 유학 시절(1939년)

이승만 대통령 85세 생신고임상(조자호 선생 작품)

이승만 대통령 생신고임상을 종로 사간동집에서 가마에 실어 경무대 의전실 직원들이 직접 운반하는 모습

조선의 마지막 황태자비 이방자 여사 생신고임상

중앙대학교 설립자 임영신 선생의 생신고임상

조자호 선생 전통 혼례 사진

큰아들과 함께(1935년경)

두 아들과 함께(1941년경)

경복궁 앞에서(1956년경) 앞줄 좌측으로 조자호 선생, 큰언니(민충정공 둘째 며느리), 둘째 언니(민대비 친정집 며느리), 뒷줄 남자(둘째 아들)

모윤숙 시인(좌측 첫번째), 박순천 여사(좌측 뒷열에서 세 번째)등과 함께. 좌측 두 번째가 조자호 선생

이화여대 호원당 앞에서(1973년), 좌측 첫 번째(둘째 아들 정운희), 좌측 마지막(둘째 며느리 최창순)

朝鮮料理法

《조선요리법》 일러두기

1. 원저자의 뜻을 다치지 않도록 노력하였다.

2. 책에 쓰인 무게 단위 양(兩), 돈을 g(그램)과 병기하였다.

3. 척(尺)이나 촌(寸) 등의 길이는 cm(센티미터)와 병기하였다.

4. 이 책은 8·15 해방 전에 나왔지만, 식문화의 보전(寶典)으로 길이 전해져야 할 것이므로 왜색(倭色) 표현을 일체 없앴다.

5. 부록 2. 조자호 선생 자필원고, 부록 3. 조선요리연구발표, 부록 4. 요리실습원고 및 부록 5의 1937~1940년 동안 〈동아일보〉에 연재된 요리법 원고 가운데《조선요리법》 본문 내용과 중복된 것들이 많으나 조리법 서술은 조금씩 다르고 추가된 내용도 상당수 있으므로, 독자들의 이해를 돕고자 그대로 실었다.

조자호 선생님의 《조선요리법》 복간을 감축드립니다

윤서석(전 중앙대 식품영양학과 교수)

조자호 선생님께서 1939년에 저술 간행하신 《조선요리법》을 정양완 선생님의 풀이를 넣어 복간하게 됨을 충심으로 감축드립니다. 《조선요리법》은 우리나라 음식의 범절과 문화성, 과학성에 대한 완벽한 안목과 숙달된 솜씨를 격조 있는 표현으로 빠짐없이 정확하게 저술한 귀중한 서책입니다. 《조선요리법》의 내용은 고명 만드는 법으로 시작하여 우리 음식 300여 종을 분류별로 빠짐없이 채우고 음식담기, 상보기, 상드리기와 상받기 예절까지 남김없이 구체적으로 정성어린 표현으로 이야기하듯이 서술되어 있습니다.

이 책을 읽다 보면 선생님께서 우리 음식에 대한 바른 인식과 전승 보존을 갈망하시는 깊은 뜻과 정열이 가슴을 메워 옵니다. 그리고 단순히 음식 만드는 법, 그것만이 아니고 생활 속에 잠긴 음식생활의 철학을 넌지시 일깨우는 저술입니다. 선생님 자서에 "현재 조선요리라 하는 것은 대부분이 외국요리와 혼합된 것이 많으므로 순전한 조선음식을 찾기에는 곤란합니다"라고 하신 술회가 있습니다. 이 책을 저술하신 때는 지금으로부터 76년 전으로, 그 당시는 우리나라가 일제 점령 아래 우리 전래문화의 신장이 억제되던 시기입니다. 이러한 시기에 소중한 우리 음식문화를 기록으로 남긴 선생님의 깊은 뜻은 어느 애국지사에 못지않은 장한 공헌이고 거룩한 업적입니다. 선생님께서 남겨 주신 《조선요리법》의 내용과 정신은 80년 가까이 지난 지금 더욱 빛나고 소중합니다.

지금의 우리는 산업사회로 전환되고 생활양식을 비롯하여 국내외 문화교류가 빈번한 환경에서 음식도 많이 변동되어 갑니다. 문화변동은 시대를 따르게 마련이고 음식의 변동도 발전과정으로 당연하지만 다만 굳건한 전래문화의 저변구축이 절실한 이때에 《조선요리법》의 복간은 한국음식문화의 현대화, 국제화 연구에 크나큰 지침이 될 것입니다.

그리고 《조선요리법》 저술뿐 아니라 1953년 전란을 겪고 서울로 환도했을 때 종로에 '호원당'을 개설하신 선생님은 바로 선각자입니다. 그간 집안에만 갇혀 있던 우리나라 여러 병과류의 참모습을 '호원당'에서 비로소 널리 깨우치게 하였고, 특히 '호원당'을 이화여대 정문 가까이로 옮기신 것 또한 선생님의 큰 뜻을 알게 합니다. 전란으로 우리 전래문화의 복원이 가정에서도 쉽게 돌아서지 못하던 그 시기에 신촌 '호원당'은 젊은 여학생들이 전통 병과류의 참모습과 맛을 통하여 우리 생활문화 전반의 격조를 인식하고 그 소중함을 깨닫고 긍지를 갖게 했을 것입니다.

《조선요리법》을 저술하시고 '호원당'을 개설하시면서 한국 전통음식문화의 정수를 일깨워 알게 하신 선생님의 신념 어린 큰 뜻은 길이길이 한국 음식문화 발전에 뿌리 깊이 잠겨 퍼질 것임을 확신합니다.

열정과 혜안의 선각자 조자호 선생님

이종미(이화여대 명예교수, 식품영양학)

踏雪野中去

눈이 쌓인 들판을 걸어 갈 때에는

不須胡亂行

모름지기 발걸음을 어지러이 하지 마라

今日我行蹟

오늘 내가 남긴 발자국이

遂作後人程

뒤에 오는 이에게 이정표가 되느니라

평생 올곧게 흔들림 없이 앞장서 살아가신 선생님을 생각하면 위의 글귀가 떠오릅니다. 순조 26년에 장원급제하여 고종 2년에 영의정을 지내신 양주 조씨 문헌공 조두순 대감이 고조부이시고 비운의 조선조 마지막 황후 윤비와는 이종사촌 간이셨던 조자호 선생님은 명문대가의 규수로 태어나셨습니다.

당시 여성의 교육은 가부장적 문화권에서 구전(口傳) 교육과 집안 어른

들의 실습을 통해 현모양처가 되는 교육을 배우고 익히게 가정 안방에서 이루어졌습니다. 특히 명문대가의 딸은 학교에 보내지 않고, 중국에서 전래된 《여계(女誡)》, 《여논어(女論語)》, 《여범(女範)》, 《명감(明鑑)》, 《소학(小學)》 그리고 세조의 맏며느리인 소혜 왕후가 지은 《내훈(內訓)》 등의 서책을 통해 유교적 정신과 사상을 바탕으로 현모양처를 전형적인 여성상으로 삼아 부덕의 함양, 의식주의 생활 규범, 제례와 자녀 교육, 가정 경제 등의 생활 범절을 엄격하게 가르쳤습니다.

이러한 사회 문화적 환경 속에서 조 선생님께서는 새로운 학문을 배우고 싶은 열정으로 15세 나이에 과감히 가출을 감행하여, 집안과 가까이 지내시던 조동식 선생님이 설립한 동덕여학교에 입학하여 전 과정을 마치고 졸업함으로써 그의 꿈을 이루었습니다.

조 선생님은 자신의 친정과 민 충정공의 며느리가 되신 큰 언니, 민씨 집안에 출가한 작은 언니, 이종 간인 윤비 등과의 잦은 교류를 통해 조선 사대부 집안의 음식과 대궐 음식도 두루 익힐 수 있었습니다. 조 선생님 어머님의 저냐(전유어:煎油魚) 솜씨는 고종 황제가 찬탄할 지경이어서 궁궐 음식과 조 정승댁 음식을 비교하는 말이 나돌 정도였답니다.

대대로 음식 솜씨가 유명한 집에서 자라난 조 선생님은 1938년 26세 나이에 그간 익혔던 궁궐과 사대부가의 음식 조리법을 체계적으로 정리하고 식사 예법과 상차림까지 기록해 《조선요리법》이라는 조리서를 출간하여 일반 대중들에게 알리는 데 혼신의 열정을 바치셨습니다. 선생님이 쓰신 이 책의 자서(自序)에서 선생님의 열정과 혜안을 느끼게 됩니다.

선생님께서는 이 책의 출간 이유가 첫째, 널리 알리지 않으면 현재의 우수한 조선의 참 음식 문화가 소멸되기 때문에 이를 사라지지 않게 하기 위해서이고, 다음으로는 더욱더 우리의 음식 연구가 활발해져 더 많은 음식을 찾아내고 부활시키며, 마지막으로 문화 변동과 시대상에 맞는 새로운 음식의 창출을 염원함에 있다고 역설하고 계십니다.

과거, 현재, 미래라는 세월의 강물은 예전에도 오늘도 내일에도 흐릅니다. 선생님께서는 이를 일찍이 깨달으시고 현존하는 과거에서 우리 음식 문화의 전통성을 확립한 후, 이에 멈추지 말고 전통의 생명력으로 끊임없이 우리 음식 문화를 재창조하여 미래를 열어가기 바라시는 선각자이셨습니다. 이를 실천하기 위해 선생님께서는 열정적으로 교육에 몰두하셨습니다.

1940년 일본 동경제과학교에 유학하고 돌아오신 후 박순천, 황신덕, 박승호 선생님들과 경성여숙(현 중앙여고)을 함께 설립하신 후 교사로 재임하시며 후학을 가르치시고, 일반 대중들에게도 우리 음식 문화를 알리기 위해 〈동아일보〉에 조리법과 상차림 등을 4년여에 걸쳐 연재하시기도 했습니다.

조선 왕조의 대궐 음식은 반가 음식과 달랐는데, 조 선생님이 윤비를 위해 친정 음식을 만들어 가시면 마마를 모시는 김 상궁, 성 상궁과 수랏간 나인이었던 찬거리 담당 한희순 상궁도 함께 맛보면서 궁궐과 반가 음식의 조리법 차이를 체득하였습니다. 조 선생님은 이를 체계적으로 정리함으로써 일반인들에게 알리는 데 큰 역할을 하였습니다. 또한 한 상궁은 조 선생님이 일러 준 반가의 음식법을 적용하기도 해 반가와 궁궐 간에 음식 문화 교류가 긴밀하게 이루어졌습니다. 그 후 한 상궁은 무형문화재 1호가 되어, 지금은 고인이 되신 김병설, 황혜성, 염초애 등의 한식 전문가를 길러 내셨고, 이 분 들의 제자들이 현재에도 그 맥을 왕성하게 이어가고 있습니다.

1974년 〈한국일보〉 정달영 기자의 인터뷰 내용처럼 "눈으로 보고 먹어 본 솜씨와 맛의 기억을 되살려 사라지려는 우리 고유의 음식을 일생동안 지켜내려 안간힘"을 쓰신 선생님께서는 여자기독청년회(YWCA)에서 조리 강습을 시행하여 궁궐과 반가 음식의 인재 양성과 대중화에도 애를 쓰셨습니다. 그뿐 아니라 광복 후 이승만과 박정희 대통령 등의 국빈 만찬 상차림도 도맡아 차리면서 한식의 우수성을 일찍이 세계에 알리는 데에도 일조를 하셨습니다. 현재 한식 세계화가 국가 사업으로 진행되고 있지만, 선생님께서는 반세기 훨씬 이전에 이미 혜안으로 이 일을 예견하시고 그 기틀을 준비하신 선각자이셨습니다.

선생님께서는 규방 안에만 있던 우리 반가 음식을 기업화시킨 최초의 선각자이시기도 합니다. 한국전쟁 이후 시기는 원조 물자로 들어온 밀가루, 분유 등과 함께 유니세프(UNICEF)로부터 제빵기계, 냉장고 등이 유입되고, 미군과 유엔군에게서 흘러나온 서양의 식품들, 국가의 분식 장려 정책 등에 의해 식생활의 서구화가 급격히 진행되던 때였습니다. 다방 문화와 제과 제빵 문화가 확산되고 있던 1953년, 선생님께서는 외국인들에게 우리의 다과 문화를 알릴 길이 없다는 사회 지도층과 지식인들의 한탄에 사명감을 갖고 종로의 신신백화점 2층에 장안 유일의 '한식다과점'을 여셨습니다. 당시 여중생이었던 제 기억으로는 집에서만 먹을 수 있었던 전통떡과 과자(물론 일부 계층에서만 향유되었던 것이지만), 그리고 식혜, 수정과, 오미자 등의 음료를 어느 때나 먹을 수 있다는 것이 신기했고, 한복을 곱게 차려 입으신 조 선생님의 단아한 모습이 참 인상 깊었습니다. 선생님께서는 규방 안에만 있던 우리 떡과 과자, 그리고 음료를 최초로 기업화시켜 우리의 멋과 맛을 후세에 전하고 새롭게 발전시켜 나가는 일을 필생의 사명이라고 생각하셨던 선각자이셨습니다.

문화는 우리의 과거와 현재의 생활을 연결시켜 주고 동시대에 다양한 형태로 살아가는 사람들에게 공동체 문화를 제공해 줍니다. 선생님은 한국전쟁 이후 식생활의 서구화가 물밀듯이 밀려오는 시기에 '한국 다과점'에서 '호원당'으로 홀로 발전시키시며, 우리의 다과 문화를 많은 이들이 공유할 수 있게 하셨습니다. 또한 전후 어렵던 시절 우리 음식문화의 특징 중 하나인 '정성의 맛'을 지키기 위해 고집스럽게 수작업을 하시면서 주위 많은 이들에게 일자리도 창출하셨습니다.

이미 60여 년 전에 우리 음식이 활짝 꽃 피울 것을 헤아려 아시고, 일생토록 인고의 고통 속에서도 꿋꿋이 우리에게 이정표를 제시하셔서 오늘이 있게끔 하신 선생님께 존경과 감사를 드립니다. 우리의 음식 문화를 유지하고 창조하기 위해 일생을 바친, 열정과 혜안의 선각자이신 선생님이 계셨기에 오늘날 한식이 전 세계를 누빌 수 있다는 사실을 다시 한 번 더 깊이 느끼게 됩니다.

《조선요리법》 해제

1. 저자 조자호 선생님에 대하여

조자호(趙慈鎬: 1912~1976) 선생은 우리 음식 조리법을 널리 일반 대중에게 전파하는 일에 일생을 바친 분입니다. 구한말의 명문대가 출신으로 1912년 6월 1일에 태어난 조 선생은 순조 26년에 장원급제하여 고종 2년에 영의정이 된 양주(楊州) 조씨 문헌공(文獻公) 조두순(趙斗淳) 대감의 4대 손녀로 비운의 마지막 순종황후 윤비(尹妃)와는 이종사촌 간이 됩니다. 큰 언니는 민충정공의 며느리가 되었고, 둘째 언니도 민씨 집안에 출가하였습니다. 당시 명문가의 딸아이는 학교에 보내지 않는 것이 관례였는데 조 선생은 공부가 하고 싶어서 가출을 감행하였다고 합니다. 결국 집안과 가까운 조동식 선생이 설립한 동덕여학교에 입학이 허락되어 1927년부터 1930년까지 3년 과정을 졸업하였습니다. 차남 정운희(鄭雲熺) 씨의 증언에 의하면 이렇게 신식 교육을 받은 것이 후에 전통 한식을 일반에 전파하는 활동을 하는 데 결정적인 도움이 되었다고 합니다.

조 선생은 이종 언니인 윤비와 가깝게 지내면서 자신의 친정인 조선 사대부 집안의 음식과 궁중음식을 두루 익힐 수 있었습니다. 나아가 윤비를 곁에서 모셨던 김 상궁, 성 상궁, 대궐 수라간 나인 출신인 한희순(韓熙順: 1889~1972, 궁중음식 기능보유자, 중요무형문화재 제 38호로 지정) 상궁과 교류하면서 양반가의 음식 조리법을 체계화하여 일반에 알리는 데 결정적인 역할을 하였습니다. 그분은 찬거리 담당인 한 상궁에게 궁중과 양반가 음식 조리법을 체계적으로 일러주었는데 한 상궁은 한식 관련 무형 문화재 제1호가 되어 황혜성(黃慧性: 1920~2006), 염초애(廉楚愛: 1932~2003) 등의 한식 전문가를 길러내었고 그 맥이 오늘날 황혜성 선생의 딸 한복려 씨 3자매로 이어지고 있다고 조 선생의 아들 정운희 씨, 며느리 최창순 씨, 농심 음식문화원 이종미 원장이 함께 증언하였습니다.

한편으로 조 선생은 1938년 《조선요리법》을 출판하여 방신영 선생의 《조선요리제법》과 쌍벽을 이루었습니다. 이성우 선생의 식생활사 문헌연구 《한국식경대전(1981)》에 24번째로 소개되어 있는 이 책에 조 선생이 직접 쓴 자서(自序) 일부를 인용합니다.

> "현재 순전한 조선요리를 찾기에는 곤란이 많습니다. 그것은 재래의 조선 음식이 여러 가지 이유로 세상에 나타나지 않은 관계도 있습니다 …… 아무리 좋은 음식이라도 널리 세상에 그 만드는 법이 알려지지 못하는 일이 왕왕이 있어 어떤 경우에는 아주 소멸되어 버리는 것도 있으니, 나는 이것을 크게 유감으로 여기어 …… 우수한 음식이 많이 부활되고 산출되기를 바라는 마음에서 …… 지금까지 보고 들은 바를 아는 데까지 기술한 것입니다."

그분의 염원이 잘 나타나 있는 글이라고 생각됩니다.

조 선생은 일본 동경제과학교에 유학하여 1939년에 졸업하였고 1940년에 박순천, 황신덕, 박승호 선생들과 함께 '경성 가정여숙(女塾, 현재 중앙여고의 전신)'을 설립, 교사로 취임하여 전통음식과 예법을 복원하는 일에 힘썼습니다. 1937년부터 1940년 8월까지 〈동아일보〉에 연재한 기사들을 보면 그분이 얼마나 우리 음식을 일반에 전파하는 데 열심이었던지 짐작이 갑니다. 기사 제목들을 나열해 봅니다.

'음식 중에는 대표적인 조선 요리 몇 가지-손님 청할 때 꼭 참고가 됩니다', '조선 요리로 본격적인 정월 음식 몇 가지-이것 쯤 모르시고야 말이 됩니까? 못해 잡수어도 알아는 두십시오', '생각만 해도 입맛 나는 봄철의 조선 요리-햇것 나는 대로 시험해 보십시오', '남녀 아가 구별이 있는 돌상 차리는 법-떡은 짝 맞추지 않는 법입니다', '봄이 되면 차리기 좋은 환갑잔치 차림', '봄 타는 입에도 맞는 조선 음식 몇 가지-특히 술안주에 적당합니다', '첫여름에 차릴 수 있는 생일과 신랑신부의 상', '주부의 자랑이 되는 여름철 조선 요리-경제 되고 제조법도 간단합니다'

제목부터 정감이 들고 호기심이 생길 듯합니다.

1939년 4월 17일부터 6일간 '여자기독청년회(YWCA)' 주최로 동아일보 학예부의 후원을 받아 조 선생의 '춘계요리강습회'가 열렸습니다. 당시의 〈동아일보〉 기사를 인용합니다.

"강사 조자호 씨는 예로부터 내려오는 순 조선식의 고유한 요리의 패권을 잡고 있으며 그 요리법이 탁상론이 아니고 실제에 있어서 만들어 보고 큰 일 치러 보고 수 없는 실습이 있는 데다가 작년부터 동경에 건너가 여러 가지 영양을 연구하고 불철주야로 여러 가지 요리법을 연구하고 돌아온 지 몇 날 안 되어 이번에 첫 솜씨를 보게 된 것입니다."

이 요리 강습회의 내용은 〈동아일보〉 지상에도 10회 연재되었습니다. 당시 그분의 명성과 열성이 돋보이는 대목입니다.

(이상은 2010년 5월 31일자 농수축산신문에 연재된 '이상무의 한국농정인물기행[8] 방신영, 조자호 우리음식조리법을 체계화한 선구자[3]'에서 인용하였습니다. - 편집자주)

조자호 선생은 1953년 국내 최초의 전통병과(餠菓) 전문점 '호원당'을 설립, 우리나라 고급 한과의 정수를 대중에게 널리 알렸으며, 그 맥을 아들 정운희와 며느리 최창순(崔昌順)이 현재까지 이어오고 있습니다. 1972년 서울에서 열린 '남북적십자회담' 만찬의 한식 식단을 담당하였고, 경성여자상업학교, 진주여고, 서울대 가정대학, 숙명여자대학교 등 많은 학교에서 한식조리법을 강의하였으며, 각종 신문, 잡지에 글을 싣고, 방송에 출연하는 등 평생을 전통한식 연구와 보급에 진력해 오다 1976년 타계(他界)하였습니다.

2.《조선요리법》에 대하여

이 책은 1939년 광한서림(廣韓書林)에서 출간되었습니다. 당시 한국요리책으로는 1917년 간행된 최초의 근대 조리서로 이화여전 가사과 방신영(方信榮) 교수의《조선요리제법》과《조선무쌍신식요리제법》(1924), 이석만의《간편조선요리제법》(1934) 등이 있었는데, 조자호 선생의《조선요리법》은 우리 음식의 전통조리법들을 중점으로 다룬 책으로서 대중들에게 큰 호평을 받았습니다.

내용은 고명(10가지), 메주(2), 각종 장(9), 각종 가루(6), 김장(6), 햇김치와 술안주 김치(13), 찬국(4), 나물(16), 장아찌(10), 조림(14), 생채(8), 간납(21), 잡채(6), 장국(14), 화채(16), 자반과 포(19), 회(25), 구이(24), 조치(9), 죽(8), 토장국(9), 떡(27), 전골(12), 약식과 갖은 편(11), 맑은 장국(19), 구자(신선로)와 찜(10), 미음과 양즙(5), 정과(10), 쌈(3), 생실과 웃기(4), 젓갈(8), 등 33부분에 걸쳐 총 358가지와 부록 1에 덧붙인 67가지를 합해 모두 425가지의 한식조리법을 자세히 소개하였고, 음식 곁들이는 법과 음식을 절기에 따라 나누는 법, 상보는 법, 음식예법 등을 책 끝부분에 서술하였습니다.

이 책의 특징은 무엇보다도 구한말에서 일제 강점기로 내려오며 고유의 맥이 단절될 상황에 처해 있던 우리 전통음식의 정수(精粹)인 양반가음식과 궁중음식의 조리법들을 손쉽게 익힐 수 있도록 1930년대 당시의 구술체(口述體) 한글로 정리, 서술하여 대중에게 전달하였다는 점입니다.

이로써 서울을 중심으로한 조선 반가(班家)와 궁중의 음식문화가 오늘날까지 대중문화 속에 계승되어 보존되는 중요한 계기가 마련되었던 것입니다. 28세의 나이로 이 같은 조리전문서를 편찬한 사실 또한 저자의 천재성을 드러낸다 할 것입니다.

이 책은 이처럼 한식조리 역사의 사료로서 가치가 높기도 하지만 일제강점기 말기의 한글 표현 정황을 생생하게 보여 주는 문헌자료이기도 합니다.

자잘하게, 밍근하게, 뭉근하게, 지룩하게, 발그스름하고, 납작납작하게, 나붓나붓하게, 송알송알하게, 착착 채치고, 바락바락 주물러서, 새금달금한, 자근자근, 나른히 두들겨, 정한 물에 빨아서, 탁 아우러지게, 슬쩍 쪄서, 어슷어슷하게, 뿌둑하게, 뽀독뽀독하게, 꼬독꼬독하게, 담방담방 넣어, 앙그러지도록, 바스러뜨려서, 폭신폭신하게, 사방으로 섞바꾸어, 되직이 갈아서, 사부랑하게(살살), 수득수득하게 말리고……

등등 음식 못지않게 맛깔스런, 다채롭고 아름다운 우리말 표현들을 최대한 많이 사용하면서, 마치 조리 현장인 부엌에서 옆사람에게 이야기하며, 몸으로 해보이며 요리법을 알려 주듯 쉽게 쓴 것이 이 책의 또 하나의 특징입니다.

우리나라의 전통조리서는 이조 세조 때 1400년대 중반 전순의의 《산가요록(山家要錄)》, 중종 때 1540년경 김유의 《수운잡방(需雲雜方)》, 허균의 《도문대작(屠門大嚼)》, 장계향의 《음식디미방》, 빙허각 이씨의 《규합총서(閨閤叢書)》, 서유구의 《임원경제지(林園經濟志)》 중 정조지(鼎俎志), 경북 상주 반가(班家)부인의 《시의전서(是議全書)》 등이 있는데, 조자호 선생의 《조선요리법》은 이러한 옛날 조리서들의 수백년 전통 속에 담긴 조상들의 조리정신과 문화를 오롯이 이어받아 다시금 드러내었다 할 것입니다.

(글쓴이: 정재승)

| 차 례 |

5. 김장하는 법

6. 햇김치와 술안주김치

7. 찬국 만드는 법

8. 나물하는 법

9. 장아찌류

10. 조림류

11. 생채류

12. 간납류(肝納類)

13. 잡채류

14. 장국류

15. 화채류

16. 자반류와 포류

17. 회류

18. 구이류

19. 조치류

20. 죽류

21. 토장국류

22. 떡 종류

23. 전골류

24. 약식과 갖은 편(떡)류

25. 맑은 장국류

26. 구자와 찜류

27. 미음과 양즙류

28. 정과류(正果類)

29. 쌈류

30. 생실과 웃기

31. 젓갈 담그는 법

32. 음식 곁들이는 법

33. 음식을 절기에 따라 분할함

34. 상 보는 법

35. 예법 몇 가지

부록 1. 《조선요리법》 보유(補遺)

부록 2. 조자호 선생 자필 원고(《조선요리법》 이후에 쓰인 것)

부록 3. 조선요리연구발표

부록 4. 요리실습 원고

부록 5. 조자호 선생의 신문, 잡지, 방송기사

부록 6. 편지와 회상글들

서 序

우리들 인생은 하루라도 의식주를 떠나서 생존할 수 없고, 그중에서도 음식물은 생명을 유지하는 중요한 것이라. 음식물을 위생에 맞고 입맛에 적합하게 하면 동일한 원료로도 영양의 가치가 서로 다르도다. 조선음식 즉 요리는 서울과 시골이 서로 다르고 집집마다 같지 않아서 무관심하고 무질서하며 통일되지 않음이 막심하도다. 조자호 여사는 이에 착안하고 개선을 도모코자 이 책을 지으니 그 내용의 풍부함과 순서의 적당함은 실로 요리계의 보감됨에 충족하도다. 조여사의 공을 축하하며 장래의 사명을 비노라.

1938년 7월 15일

조동식[1]

---

1) 조동식(趙東植: 1887~1969): 1907년 한성한어(漢城漢語)학교 졸업. 동원여자의숙을 설립하여 이후 동덕여학교로 승격시키고 재단법인 동덕여학원을 세웠다. 상명학원 초대 이사장, 성균관대학교 이사장, 전국사학재단연합회 창립회장 등을 역임하였고, 동덕여자대학을 설립하였다. 한국 여성 교육의 선구자로 국민훈장 무궁화장을 받았다.

서 序

사람이 생존하여 나가는 데 필요한 것이 한두 가지가 아닐 것이나, 그 중에서도 음식이 가장 중요한 것 중의 하나인 것은 누구나 다 아는 사실입니다. 또 같은 재료를 가지고도 조리하는 방법 여하에 따라 모양과 맛이 달라지고 영양가치가 달라진다는 것쯤도 일반적으로 상식화되었다고 하겠습니다.

그럼에도 불구하고 우리는 음식에 대하여 연구적 태도가 부족하였습니다. 따라서 고유한 우리 음식 중에도 세상에 내놓아 자랑할 만한 것이 많은 것을 숨겨 두었음을 유감으로 생각하던 바, 이제 조자호 여사의《조선요리》가 출판되어 세상에 나오게 됨은 조선 여자가 음식에 대하여 관심이 깊어 간다는 것을 증명하는 기쁜 현상인 동시에 앞으로 이것을 토대 삼아 수많은 여성들이 연구를 거듭하여 우리 음식을 빛나게 할 줄 믿는 바입니다.

이 저서가 우리 주부들에게 지침이 됨은 물론이요, 후손에게까지 큰 선물이 될 것을 기뻐하며 두어 마디로써 서문을 대신합니다.

1938년 7월 11일

황신덕[2)]

---

2) 황신덕(黃信德: 1898~1984): 평양 출생. 숭의여학교 졸업. 1921년 동경(東京) 조도전(早稻田)대학 수료 후, 1926년 일본여자대학 사회사업부 졸업. 시대일보, 중외일보, 동아일보 등에서 기자로 일하며 국내 여성운동에 투신하였다. 1940년 경성가정여숙을 설립하고 광복 후 중앙여자중학교로 승격시켰으며, 1961년 학교법인 추계학원 이사장에 취임하였다. 1956년 가정법률상담소를 창설하였고, 1952년 여성문제연구회를 창립하였다. 1962년 교육사업과 여성운동에 이바지한 공로로 문화훈장 대통령장을 받았다.

자서 自序

현재 조선 요리라 하는 것은 대부분이 외국 요리와 혼합된 것이 많으므로 순전한 조선 음식을 찾기에는 곤란합니다.

그것은 외국의 문화가 조선 내에 널리 섞여서 그 좋은 점을 취한 이유도 있거니와, 또 한편으로는 재래의 조선 음식이 여러 가지 관계로 세상에 나타나지 않은 관계도 있습니다.

원래 음식이라는 것은 지방과 개인 입맛에 따라 좋은 음식도 어떤 사람에게는 맞지 아니하고 어느 지방에서는 환영을 못 받기도 하나, 현재 교통이 발달되어 왕래가 빈번한 관계로 이러한 차이는 점차 없어진다고도 볼 수가 있습니다. 그리하여 내가 여기 설명하는 요리는 일반적으로 많이 요구되는 음식을 중심하여 적었습니다.

다음은 아무리 좋은 음식이라도 요리하는 사람의 편벽된 사욕 때문에 널리 세상에 그 만드는 법이 알려지지 못하는 일이 왕왕이 있어, 어떤 경우에는 아주 소멸되어 버리는 것도 있으니, 나는 이것을 크게 유감으로 여기어 지금까지 보고 들은 바를 아는 데까지 기술한 것입니다.

예전에 생활이 한가하였을 때는 음식에 대한 연구가 크게 진보되어 각 개인의 집마다 대개 제각기 우수하고 특수한 것을 몇 가지씩 가지고 있어 서로 경쟁이 심하였던 관계로 당시는 조선 요리가 극히 발달되어 있었습니다. 그러나 지금은 물질상으로든지 시간상으로든지 이러한 여유 있는 집들이 적으므로, 예전과 같이 요리하는 법에 경쟁은 적으나, 일가의 주부로 있어서는 될 수 있는 데까지 재래의 요리와 현재의 요리를 아울러 여러 가지로 연구하여 우수한 음식이 많이 부활되고 새로 나오기를 바라는 마음에서 몇 가지를 적어 본 것입니다.

음식과 소화 관계, 영양가치 등은 떼서 생각 못 할 긴밀한 관계를 가졌으나, 본인은 원래가 재능이 별로 없는 일개의 여자이니만큼 이 점에 대한 연구와 조사는 아주 문외한이므로, 널리 사계의 권위들이 떨쳐 일어나 연구해 주기를 바라는 바입니다.

끝으로 이 저서 출판에 대하여 많이 진력하여 주신 조동식, 박승호[3], 이윤재[4], 황신덕 네 분 선생님께 감사의 뜻을 표하나이다.

1938년 7월

저 자

---

3) 박승호(朴承浩, 1897~1978): 언론인, 여성운동가. 1936년 베를린올림픽 마라톤 우승자 손기정 선수의 일장기 말소 사진을 《신동아》에 게재하여 일제 총독부에 의해 강제퇴직당했던 최승만(崔承萬: 1897~1984) 잡지부장의 부인으로 〈동아일보〉 폐간 당시 학예부 기자였다. 1946~1948년 대한부인회 회장을 역임하고, 황신덕, 박순천 등과 함께 한국 여성운동의 선구자였다. 6·25전쟁 때 납북되었다.

4) 이윤재(李允宰, 1888~1943): 경남 김해 출생. 대구 계성학교 졸업. 3·1운동 참여로 3년간 감옥생활을 하였고, 1924년 북경대 사학과 졸업 후 연희전문 등에서 교사로 재직하였다. 1927년 조선어학회 회원들과 사전을 편찬하였고, 1934년 국어학자, 사학자들과 진단학회를 설립하였다. 기독교신문의 주필을 지냈다. 1942년 조선어학회 사건으로 체포되었고, 1943년 함흥형무소에서 옥사하였다. 1962년 건국공로훈장 단장을 받았다. 저서로 《표준조선어사전》이 있다.

1. 고명[5] 만드는 법

1) 지단[6]

지단이라는 것은 계란을 풀어서 얇게 번철[7]에 부친 것입니다. 음식에 따라 흰자 노른자를 각각 부쳐서 씁니다.

2) 완자

완자라는 것은 지단 썬 것을 완자라고 합니다.

3) 파지단

겨울에 움파 잎을 밀가루와 계란을 씌워 얇게 부쳐서 고명으로 색을 낸 것입니다.

---

5) 음식의 모양과 맛을 더하기 위해 음식 위에 뿌리거나 얹는 것을 통틀어 이르는 말.

6) 계란을 말한다. 한자로 계단(鷄蛋)이라 쓰는데, 중국어 발음인 '지단'으로 부르는 것이 이상하다.

7) 번철(燔鐵): 전이나 고기 따위의 여러 음식을 지지거나 볶을 때 쓰는 솥뚜껑처럼 생긴 둥글넓적한 무쇠 그릇. 프라이팬.

4) 미나리지단

미나리 줄거리만 밀가루와 계란을 씌워 번철에 부쳐서 썰어 고명으로 쓰는 것입니다.

5) 모루기

모루기는 고기를 곱게 다져서 갖은 양념을 해서 밀가루와 계란을 씌워 번철에 부친 것입니다. 이것을 완자라고 하는 이가 있지만, 아마 지방에 따라 다른 모양인데, 경성(京城:서울) 지방에서 완자라는 것은 지단 썬 것을 이름입니다.

6) 윤집

윤집은 고추장에다 초를 치고 설탕을 탄 것입니다.

7) 겨자즙

통겨자를 정하게(정갈하게, 깨끗하게) 씻어 일어서 멥쌀을 약간 섞어 풀매(풀쌀을 가는 작은 맷돌)에다가 되게 갈아서, 초를 치고 설탕을 간 맞게 치고, 되거든 물을 조금 쳐서, 숟가락으로 저어 가면서 많이 불어야 맵습니다.

다 되거든 고운체에다가 걸러 쓰십시오. 가루겨자도 쓰는데, 이것도 초와 물을 적당히 치고 설탕도 간 맞게 탄 후 역시 저어 가면서 불어야 됩니다. 다 되거든 고운체에다가 걸러서 소금으로 간을 맞추십시오. 위의 것도 소금으로 간을 치십시오.

8) 초장(1)-전유어나 기타 간납[8]에 놓을 제

맛있는 초에다 간장을 적당히 타서 설탕으로 간을 맞추고 잣가루를 뿌립니다.

9) 초장(2)-굴회 같은 것 자실 제

맛있는 초에다가 간장을 알맞게 타고 설탕으로 간을 맞추고, 파를 곱게 대가리만 다져 넣고 고춧가루를 치고 깨소금을 칩니다. 잣가루를 쳐도 좋습니다.

10) 초젓국

이것은 새우젓국에다가 초를 약간 쳐서 고춧가루를 넣는데, 이것은 저육(豬肉: 돼지고기)을 놓으실 제만 소용됩니다.

---

8) 간납(干納/肝納): 제사에 쓰는 저냐(전유어). 부침개. 소의 간이나 처녑 또는 생선 살 따위로 만든다.

2. 메주 쑤는 법

1) 간장메주

흰콩을 씻어 일어서 솥에 붓고 물을 콩 위로 훨씬 오르게 붓고 불을 땝니다. 한소끔 때서 뭉근히 불을 넣어 둡니다. 한나절만 되면 밑에 콩은 다 퍼질 듯하니까 주걱으로 한 번 휘저어 놓고, 물을 보아 적을 듯하면 조금 더 붓고 불을 땝니다.

다 퍼져 흐물흐물하게 되거든 소쿠리에 건져 대강 물을 뺀 후 절구에 붓고 힘 있게 찧습니다. 다 찧어지면 메주를 만드는데, '말메주'라고 한 말을 두 장씩 사방이 번듯하게 만들기도 하고, 목침덩이만큼씩 한 말을 네 개씩도 만듭니다.

간장메주는 고추장메주처럼 동글게 만들면 못씁니다. 다 만들어서 짚을 깔고 늘어놓아 물기가 걷고 꾸둑꾸둑하면 짚으로 푹 싸서 방 한구석에다 매달아 띄웁니다. 방이 덥고 추운 데 따라 시일이 걸리는데, 보통 시월에 쑤면 정월에는 떼게 될 것입니다. 그때 다 되어 떼면 볕에다 널어 바싹 말립니다.

메주는 시월이나 동짓달에 쑤어야지 섣달에는 잘 안 쑵니다. 혹시 메주를 독에다 띄우는 분도 있을지 모르는데, 그렇게 했다가는 실패하기가 쉽습니다. 물이 괴어서 뜨기 전에 썩기가 쉽고 구더기 나기가 쉽습니다. 그리고 장메주는 고추장메주와 달리 거풍(擧風: 쌓아 두었거나 바람이 안 통하는 곳에 두었던 물건을 바람에 쐼)을 안 시켜도 잘 됩니다.

2) 고추장메주

흰콩 소두(小斗) 한 말(약 18리터)이면 멥쌀은 소두 엿 되(약 10.8리터) 가량만 넣으면 알맞습니다. 콩을 미리 씻어 일어서 하루쯤 담갔다가 흠씬 붇거든 쪄야 합니다.

쌀도 씻어 담갔다가 붇거든 빻아서 보통체에다가 쳐가지고, 불은 콩도 건지고 시루에다 시루밑을 놓고 콩 한 켜, 가루 한 켜 이렇게 섞바꾸어 다 안친 후 떡 찌듯 해서 절구에 붓고, 충분히 찧어서 자그만큼씩하게 동글게 만들어 가운데 구멍을 뚫어 만듭니다.

한 이틀 동안만 광주리 같은 데다가 놓아 물기를 걷어 가지고 시루에다가 짚 한 켜, 메주 한 켜 이렇게 안쳐 띄웁니다. 며칠만큼씩 열어 보아 물이 흐르고 허옇게 옷을 입었거든 꺼내서 거풍을 시켜 다시 시루에 재워 띄우고, 이와 같이 두어 번만 해서는 띄워서 아주 볕에 말립니다. 보통 삼 주일이면 다 뜹니다. 너무 오래 띄우면 고추장에서 약내가 나고 맛이 덜합니다.

3. 간장과 고추장 담그는 법

1) 정월장

정월장은 메주 한 말에 물은 석 동이면 간장 빛이 좋습니다. 소금은 물 한 동이에 소두 닷 되(약 9리터)면 적당합니다. 소금물은 하루 전에 풀어 놓았다가 고운체로 밭여 놓고, 메주를 솔로 정하게 쓸어가지고 독에다 담고 장물 푼 것을 붓습니다.

물을 다 붓고 통고추 몇 개를 넣고, 참숯을 자질구레하게 쪼개서 불을 빨갛게 달구어 서너 개 넣고, 대추도 몇 개만 넣으십시오. 장 담근 지 한 50일만 되면 뜨게 됩니다. 뜨기 전에도 한 삼 일 지낸 후엔 매일 식전에 열어 놓았다 저녁이면 덮으십시오.

장독을 문포(門布: 중국 책문[柵門] 지방에서 들여온 삼베)나 목아사[9] 같은 것으로 싸서 동여매십시오. 그리고 장을 떠서 달이기도 하고 안 달이기도 합니다. 달이는 것은 솥에 붓고 충분히 끓여서 거품은 걷으십시오.

2) 이월장

이월장도 정월장과 같은 법으로 담급니다.

9) 목면(木棉). '아사'는 일본어로 원래 삼[麻]이지만, 여기서는 얇고 투명한 옷감의 뜻이다.

3) 삼월장

삼월장에도 다른 것은 같은데 소금만 물 한 동이에 일곱 되(약 12.6리터)는 넣어야 합니다. 그리고 물 잡는 것은 묽게 하려면 메주 한 말에 네 동이로 잡지마는, 장이 묽으면 맛도 덜하고 보기에도 재미없습니다.

4) 고추장(1)

• 재료

찹쌀 소두 두 말, 메줏가루(콩 한 말, 멥쌀 닷 되나 엿 되 섞어 쑨 것), 고춧가루 빛 나는 대로, 소금 간 보아 가면서, 간장 두 사발 가량(달인 간장)

• 만드는 법

먼저 메주를 빻아서 고운체로 쳐가지고 한 삼사일 동안만 밤이슬을 맞히어 바래야 빛도 좋고 메주 내가 안 납니다.

그 다음 찹쌀을 씻어 담갔다가 빻아서, 이것도 고운체로 쳐서 흰떡 반죽하듯 끓는 물로 익반죽[10]을 해서 둥글게 반대기를 만들어 펄펄 끓는 물에 삶아 건져서, 방망이로 힘 있게 저어 웅어리 없이 죄다 풀어서 꽈리가 일도록 저어서, 떡 삶은 물을 반죽이 알맞도록 쳐서 고춧가루와 메줏가루를 치고, 하룻밤 두었다가 간을 맞추어 항아리에 담아 익힙니다. 날물이 섞이면 못씁니다.

5) 고추장(2)

• 재료

찹쌀 두 말, 엿기름가루 두 되(약 3.6리터), 멥쌀 일곱 되(약 12.6리터), 메줏가루 콩

---

10) 가루에 뜨거운 물을 살짝살짝 부어가며 하는 반죽.

한 말 쑨 것, 간장 세 사발, 소금 쓰는 대로, 고춧가루 빛 보아 가면서.

• 만드는 법

먼저 메주를 빻아가지고 고운체로 쳐서 삼사일간만 밤이슬을 맞히어 바래가지고, 찹쌀도 담갔다가 빻아서 고운체에 쳐 넣고, 멥쌀도 정히(깨끗이) 씻어 담갔다가 빻아서 고운체에 쳐가지고, 엿기름가루를 걸러 놓았다가 멥쌀가루를 떡 찌듯 흰무리를 만들어서 걸러 놓은 엿기름국을 부어 삭히는데, 솥에다가 삭힙니다.

다 삭거든 불을 때서 끓이고, 찹쌀가루도 반죽해서 반대기를 만들어 끓는 물에 삶아 건져서 덩어리 없도록 방망이로 꽈리가 일도록 저어가지고, 삭혀 놓은 식혜를 더운 길에 아주 다 섞어 보아서 될 듯싶으면 떡 삶은 물을 알맞게 붓습니다.

그래가지고 더운 김에 아주 간을 하는데, 만일 간장이 달이지 않는 것이면 끓여서 부어야 됩니다. 소금과 간 맞게 아주 치고, 고춧가루도 빛 좋게 섞고, 메줏가루도 한꺼번에 다 섞습니다. 이 고추장은 만일 식혜가 식은 것이 들어가든지 하면 못씁니다. 다른 고추장과 다른 점은 더운 김에 간하는 것이 다릅니다.

6) 무장

• 재료

메주 깨뜨린 것 한 대접, 물 네 대접, 소금 간 맞게, 통고추 서너 개, 동치미, 편육[11], 배, 고춧가루.

11) 삶은 소고기를 얇게 저민 것.

• 만드는 법

시월에 장메주 쑬 적에 조그만큼만 자잘하게 만들어서 먼저 띄웁니다. 다 뜨거든 바싹 말려서 솔로 정히 쓸어서 잘게 조각을 만들어서 항아리에 담고 물을 부어 두면 이삼일 후면 물이 우러나고 동동 뜹니다.

그러거든 소금을 간 맞게 쳐서 꼭 덮어 두면 삼사일 후면 익습니다. 다 익거든 맛있는 동치미를 껍질을 벗기고 나박김치 썰듯 착착 썰어 놓고, 배도 껍질을 벗기고 같은 치수로 썰고, 편육 차돌박이로 역시 같은 치수로 썰어서, 무장 국물을 너무 작지 않은 보자기에 따라서 섞어 담고, 고춧가루를 조금만 뿌리십시오. 동치미가 맛있거든 동치미국으로 무장을 담가도 좋습니다.

7) 담북장

• 재료

메줏가루, 고춧가루, 소금, 간장.

• 만드는 법

메주는 무장 메주 쑤듯 해서 곱게 빻아서 고운체로 쳐가지고 고춧가루만 알맞게 섞어서 하룻밤 재워가지고, 간장은 조금만 치고 소금으로 간을 맞춥니다. 그래가지고 급히 잡수시려면 뜨뜻한 데다가 익히면 삼사일 내로 잡숫게 됩니다. 물은 반죽 보아서 치십시오.

8) 청국장

• 재료

흰밤콩 찻되 한 되, 건대구[작은 것] 한 마리, 전복[중간치] 두 개, 해삼[큰 것] 네 개, 양지머리 반 근(300그램), 사태 반 근, 대창[큰 짐승의 대장(大腸: 큰창자)] 반 근, 뼈도가니(소 무릎의 종지뼈에 붙은 질긴 고기) 반 근, 무(큰 것) 한 개, 홀떼기(힘줄 살 사이에 있는 얇은 껍질 모양의 질긴 고기) 반 근, 간장 쓰는 대로, 후춧가루 약간, 깨소금 한 숟가락쯤, 참기름 반 종지, 파 두 개, 마늘 한 쪽, 통고추

• 만드는 법

콩을 타지 않게 볶아서 매(맷돌)에다 반쪽씩만 나게 타서,[12] 껍질은 까불러 버리고 솥에다 붓고, 물을 부어 삶아서 건져가지고 알맞은 그릇에 담아서 더운 곳에 덮어 두었다가, 돌만(하루 24시간 후)에 열어 보아 진이 나고 떴거든 위에 쓴 곰거리를 전부 무까지 푹 곱니다. 전복도 불려서 같이 넣고, 해삼은 양념을 해서 솥에다 도로 넣고, 건대구도 정하게 씻어서 자잘하게 썰어 넣고, 띄운 콩은 정한(깨끗한) 가루를 만들어서 담아서 국 끓이는 속에다 넣어 끓여 콩맛을 냅니다. 그래서 다 되면 그릇에 퍼 두고 잡수십시오. 통고추는 서너 토막을 내서 넣고 곱니다. 퍼 놓은 후 다 식거든 기름은 걷고, 잡술 제마다 고춧가루를 조금 쳐서 잡수십시오.

9) 합장

합장은 한 해 전에 담근 장을 다시 담그는 것인데, 메주를 정히 솔질을 해서 독에다 담는데, 메주 분량은 진하게 만들려면 한량이 없으니 마음대로 몇 개고 담고, 물을 끓여서 밍근하게 식혀서 메주가 간신히 잠길 만큼만 부어서 꼭 덮어 두었다가, 삼 일 만에 간장을 독에 차게 붓습니다. 이와 같이 해서 보통장 띄우듯 하여 둡니다. 이 장은 한 삼 년만 묵히면 보통진장(검정콩 메주로 담근 까만색 간장. 진간장이라 함)보다 감칠맛이 더 있습니다.

12) 맷돌에 살짝 갈면 콩이 반쪽으로 갈라지고 껍질과 분리됨을 뜻한다. 이를 '매에 탄다'라고 표현한다.

4. 각종 가루 만드는 법

1) 녹말 내는 법(녹두)

굵고 좋은 녹두를 매에 타서(맷돌에 살짝 갈아서) 물에 담갔다가, 붇거든 정하게 껍질을 버리고 곱게 먹는 매에다 갈아서 체에다 밭여서, 밭인 국물을 고운 무명 자루에다가 붓고 주물러서 물을 다 빼서 다른 그릇에 따라 놓고, 자루에다가 다른 물을 다시 부어가지고 주물러서 뺍니다. 여러 번 주물러서 뽀얀 물이 다 나올 때까지 뺍니다. 다 빠지면 자루에서 쏟아 놓고, 먼저 걸러 놓은 무거리(곡식 따위를 빻아 체에 쳐서 가루를 내고 남은 찌꺼기)를 자루에다 붓고 물을 부어 자루 아가리를 꼭 동여매가지고 주물러 뺍니다.

이와 같이 몇 번이고 해서 맑은 물이 다 나도록 주물러 빼가지고 가라앉히는데, 먼저 국물 짠 것은 따로 가라앉히고, 그 다음 둘째 번 짠 국물도 따로 가라앉히고, 셋째 번 짠 물은 맨 나중에 짜는 것하고 섞어 가라앉힙니다.

이렇게 해서 다 가라앉으면 진한 것은 따라서 묵물국(묵을 쑤기 위하여 녹두, 메일 따위를 갈아서 가라앉힌 앙금의 웃물에 나물 따위를 넣고 끓인 국)도 끓이고 죽도 쑤게 됩니다. 국물을 따라낸 후 먼저 짜 놓은 진한 데 가라앉은 녹말은 위의 것이 부슬부슬하니까 그것은 살살 걷어서 따로 말려 허드레로 쓰든지 묵물을 쑤어 잡수시고, 밑에 꼭꼭 앉은 녹말은 다른 그릇에 있는 것과 한데 섞어서 물을 다시 붓고 휘휘 저어 가라앉힙니다.

이와 같이 여러 번 우려야 빛이 깨끗하고 좋습니다. 다 우려졌거든 물을 따라 버리고 백지를 위에다 펴 놓고 정한 보자기 같은 것을 척척 접어서 얹어 놓으면 녹말에서 물을 다 빨아(씻어)냅니다. 그런 후 채반 같은 데다가 백지를 펴 놓고 녹말을 펴서 말립니다. 충분히 마르거든 고운체로 쳐서 쓰십시오. 잎 피기 전에 합니다.

2) 감자녹말

북감자(동근 것)를 껍질을 벗기고 강판에 갈아서 고운체에다 밭여가지고 녹두녹말 내듯 자루에다 붓고 주물러 빼가지고 가라앉혀서, 다 가라앉거든 웃물을 따라 버리고 다시 정한 물을 부어 휘휘 저어 가라앉힙니다. 이와 같이 네다섯 차례 우려 버리고 빛이 깨끗하거든 물을 따라 버리고 백지를 깔고 정한 보자기를 척척 접어 앉으면 물을 다 빨아냅니다. 그런 후 채반 같은 데다가 백지를 펴고 녹말을 말립니다. 고운체로 쳐서 두고 쓰십시오.

3) 수수녹말

찰수수를 정하게 여러 번 닦아서 물에 담가 여러 번 물을 갈아 부어 떫은맛을 우려가지고 곱게 먹는 매에다 갈아서, 녹두녹말 내듯 같은 법으로 해서 여러 날 물을 갈아 부어 우려야 빛이 깨끗합니다.

4) 미숫가루

찹쌀을 정하게 쓿어서 까불러 버리고, 정하게 씻어서 담갔다가 건져서 시루에 찝니다. 김이 훨씬 올라 뜸이 충분히 들거든 밥을 알알이 헤쳐 바싹 말립니다. 그런 후 솥에 붓고 볶는데, 너무 세게 볶지 말고 빛이 노르스름해져서 곱거든 퍼내서 키로 정하게 까불러가지고 고운 매(맷돌)에 갈아 고운 겹체로 쳐서 씁니다.

5) 꿀소

팥을 매에 타서 물에 담가 불려가지고 정하게 껍질을 벗겨서 시루에다 찌든지 솥에다 물을 붓고 쪄가지고, 소금을 약간 쳐서 간을 맞추어 나무주걱 같은 것으로 뭉개가지고 도드미(구멍이 굵은 체)에 걸러서 누른 설탕을 조금만 섞어 솥에다 볶습니다. 불을 세게 때지 말고 뭉근히 때면서 볶아, 빛이 발그스름하고 거무스름해서 마치 계피 빛같이 되면 잘 된 것이니, 퍼서 절구에 붓고 빻아서 고운 겹체로 쳐 두고, 쓸 제마다 설탕물을 타고 계핏가루를 섞어서 축축하게 만들어 쓰십시오.

6) 콩가루

콩을 정히 씻어 일어서 건져 물을 빼가지고 솥에다 볶습니다. 다 볶아가지고 매에다 타서 껍질은 까불러 버리고, 매에다 곱게 갈아서 고운체로 쳐 놓고, 무거리는 절구에다가 빻아야 하는데, 생강을 조금만 껍질을 벗겨서 넣고 빻아서 고운체로 칩니다. 콩가루에는 생강을 넣어야 향긋한 게 좋습니다.

5. 김장하는 법

1) 보쌈김치

• 재료

배추 열 통, 무 썬 것 네 대접, 생전복[큰 것] 세 개, 낙지 한 코, 배 두 개, 밤 조금, 굴 조금, 미나리 한 대접, 파 채친 것 조금, 마늘 네 쪽, 생강 한 개, 실고추 조금, 갓 조금, 청각 조금, 소금 쓰는 대로, 조기젓국 쓰는 대로, 표고[큰 것] 열 개, 실백(實柏: 잣) 조금.

• 만드는 법

배추를 줄거리와 속대만 육칠 푼[13] 길이로 넓이 닷분(다섯 푼, 약 1.5센티미터) 가량으로 썰어서 젓국과 소금을 섞어 절이고, 무도 같은 치수로 썰어서 절입니다. 생전복을 얄팍하게 저미고, 배도 납작납작하게 썰고, 밤은 가로로 착착 썹니다.

잣도 같은 치수로 썰고, 청각(靑角)은 발대로 따서 정히 씻습니다. 굴도 적(굴의 껍데기를 따 냈을 때, 굴이 붙어 있는 쪽의 껍데기)을 잡아 정히 씻어 건져 놓아 물을 빼고, 파, 마늘, 생강은 곱게 채칩니다.

13) 길이의 단위. 한 치의 10분의 1로서 약 0.333센티미터이다.

준비가 다 되었거든 전부 한데 섞어 양념을 해 버무리는데, 간은 소금과 젓국을 섞어 합니다. 실고추를 알맞게 넣고, 다 버무렸거든 넓은 배춧잎을 펴 놓고 고루고루 놓아서 흐트러지지 않게 싸서 실로 동여매서, 알맞은 항아리에 담고 위를 꼭 쳐 놓았다가 그 이튿날 국물을 해서 붓습니다. 국물은 조기젓국과 소금으로 간을 맞추십시오.

2) 배추통김치

• 재료

배추 한 접(100포기) 굵고 좋은 것으로, 무채 칠 홉 동이[14] 가량, 미나리 서너 대접, 갓 두어 대접, 청각 한 대접 수북이, 파채 반 대접, 마늘채 반 공기, 생강채 칠 홉 공기[15], 실고추 한 근(600그램)의 3분의 2 가량, 소금 쓰는 대로, 젓국 쓰는 대로, 밤 조금, 배 두 개, 낙지 한 코, 굴 조금, 생전복 서너 개, 조기젓[큰 것] 한 뭇[16] 반, 실백 한 홉[17].

• 만드는 법

속 잘 들고 좋은 배추를 겉대를 대강 젖혀 버리고 소금물을 간간하게 타서 절였다가 이튿날 정히 씻어 놓고, 미리 양념은 준비해 놓아야 합니다.

무를 곱게 채치고, 미나리 잎은 따서 줄거리만 알맞게 썰고, 갓도 같은 치수로 썰고, 청각은 발대로 따서 정히 씻어 놓고, 파, 마늘, 생강 전부를 채쳐서 놓은 후, 무에다 실고추를 짤막하게 잘라 넣고 비벼서 여러 가지 양념을 섞고, 소금과 젓국은 조금 치고 간을 맞추어 버무려서, 소를 겹겹

14) 홉은 가루나 액체의 용량을 나타내는 단위이기도 하지만 여기서의 '칠 홉 동이'는 '한 동이의 10분의 7'을 말한다.

15) 한 공기의 10분의 7, 즉 70%.

16) 생선 열 마리나 미역 열 장의 단위.

17) 한 홉은 한 되의 10분의 1, 즉 약 180밀리리터이다.

이 고루 뿌려 넣습니다.

조기는 대가리를 자르고 뱃바닥(짐승의 배에 있는 살)은 잘라 내고 된살만 반으로 쪼개서 나붓나붓하게 저며서 새새로 놓습니다.

굴, 배, 밤, 낙지, 전복 등은 당장 잡수실 것에만 한 열 대엿 폭(포기)만 소를 넣어 익혀 잡수십시오.

오래 두면 도리어 맛이 없습니다. 소를 다 넣으셨거든 독에다 담으시는데, 지렴(지레김치: 김장 전에 미리 조금 담가 먹는 김치)으로 쓸 것과 늦게 쓰실 것을 생각하시어 꽃소금을 켜켜로 뿌리십시오.

국물을 대중하셔서 담고 위를 잘 치고 사흘 만에 국물을 해 붓는데, 조기젓국과 소금으로 간을 맞추어 부으십시오. 분량을 대강 쓰기는 했지마는, 소를 많이도 넣고 적게도 넣을 뿐더러 배추도 작고 큰 데 따라서 일정한 분량을 말하기는 곤란합니다. 참작만 하십시오.

3) 짠무김치

무를 굵직한 것으로 골라서 독에다가 담는데, 무 한 켜 놓고 소금을 뿌립니다. 한 독을 수북이 담아 놓아도 그 이튿날이면 절어 들어갑니다. 그렇거든 전 무를 꺼내고 날무를 밑에다 더 담고 소금을 조금만 뿌리고, 내놓은 무를 위에다 다시 담습니다.

위를 치는 것은 짚으로 쳐야 좋습니다. 그 위에는 돌을 무겁게 눌러 놓으십시오. 국물을 조금 붓는데, 소금물을 짜게 타서 충분히 끓여서 서늘하게 끓여 붓습니다. 흥건하게는 붓지 마십시오.

4) 동치미

동치미도 분량을 꼭 대지 못하는 까닭은 임시 지렴으로 하는 것과 늦게 먹을 것이 있고 무도 굵고 잔 것에 관계가 되니까, 소금을 얼마 넣으라고 꼭

말할 수가 없습니다. 무를 먼저 몸이 곱게 매끈한 것을 골라서, 몸에 흠집을 내지 말고 정히 씻어서 자그마한 장독에 담그십시오.

무 한 켜를 놓고 소금을 알맞게 뿌리고, 청각과 통고추를 두어 토막을 내서 몇 개 넣고, 마늘을 반으로 쪼개고 파 대가리도 반으로 쪼개고, 생강도 저며서 몇 쪽씩만 넣고, 무를 한 켜 또 담습니다. 이와 같이 다 한 후 위를 치는데, 파뿌리를 버리지 말고 두었다가 정히 씻어서 얹고, 갓 줄거리 같은 것을 넣고, 정한 무청을 소금에 절였다가 위를 치십시오. 만일 청대가 있거든 댓잎으로 위를 치면 더욱 신신합니다.

5) 배추짠지

속 넣고 남은 허드레배추를 무하고 섞어서, 다른 고명은 말고 생강만 다져 넣고, 젓국도 치지 말고 소금을 아주 짜게 넣고, 막고춧가루를 빛 곱게 섞어서 군물 안 들어가게 항아리에 담고, 소금을 많이 얹어서 꼭 봉해 두었다가, 이듬해 여름에 잡수시면 신신하고 좋습니다.

6) 배추통깍두기

• 재료

배추 50통, 무채 조금, 미나리 한 대접, 갓 한 대접, 청각 반 대접, 파채 한 공기 가량, 마늘채 반 공기 못 되게, 생강 조금, 고춧가루 쓰는 대로, 실고추 조금, 새우젓 쓰는 대로, 소금 알맞게, 조기젓(큰 것) 다섯 마리.

• 만드는 법

배추를 다듬어서 소금물을 타서 절였다가 정하게 씻어 놓고, 무채는 조금만 채치고, 미나리도 줄거리만 짤막하게 썰고, 갓도 같은 치수로 썰고, 청각은 발대로 잘라 씻고, 조기젓도 대가리를 자르고 뱃바닥을 자르고 반으로 갈라서 자잘하게 저며, 무채와 전부 한데다가 섞어서, 실고추는 조금만 넣고 고춧가루를 빨갛게 넣어 버무려 놓습니다. 간은 새우젓을 곱게 다지고 소금하고 섞어서 합니다. 씻어 놓은 배추를 먼저 젓국을 치고 고춧가루를 붉게 넣고 버무려서, 준비해 놓은 소를 조금씩 넣어서 항아리에 담고, 국물을 젓국에다가 여러 가지 고명이 남았거든 넣고 고춧가루를 타서 부어, 위를 쳐서 두었다 잡수십시오.

이 외에도 깍두기가 여러 종류고 젓갈도 여러 가지가 있어서 마음대로 담그면 그만입니다. 모든 것이 일정한 분량이 없이 하는 이의 식성대로 하면 그게 분량이 되고 마는 것입니다.

6. 햇김치와 술안주김치

1) 굴김치

• 재료

배추 썬 것 두 대접, 무 썬 것 한 대접, 굴 한 대접, 실고추 조금, 소금 조금, 파 세 개, 마늘 두 쪽, 생강 반 쪽, 설탕 조금, 배 한 개, 미나리 반 대접.

• 만드는 법

배추는 하얀 줄거리와 속대만 나박김치 썰듯 하고, 무도 같은 치수로 썰어서 소금에 잠깐 절였다가 버무립니다. 파, 마늘, 생강 등은 채를 치고, 배도 나박김치같이 썰고, 굴은 적 없이 골라 정히 씻어서 물을 뺍니다. 준비가 다 되었거든 무, 배추, 굴, 다른 고명 등을 전부 한데 넣고, 실고추는 너무 많이 넣으면 덜 좋으니 조금만 넣고, 소금으로 간을 맞추어 버무립니다. 미나리는 너무 절면 좋지 않으니까, 다 버무려 항아리에 담을 적에 넣으십시오. 알맞은 항아리에 담고, 국물은 다른 김치보다 적게 부어 바특해야 합니다. 국물 부으실 적에 설탕을 약간 쳐서 부으십시오.

이것은 봄 한철 술안주에 적당합니다.

2) 굴젓무(깍두기)

• 재료

배추 썬 것 두 대접, 무 썬 것 한 대접, 굴 한 대접 못 되게, 배 한 개, 미나리 썬 것 반 대접, 실고추 조금, 파 세 뿌리, 생강 반 쪽, 마늘 두 쪽, 소금 조금, 새우젓 간 맞게, 고춧가루 조금, 설탕 약간.

• 만드는 법

배추는 속대와 하얀 줄거리만 자질구레하게 납작납작 썰고, 무도 같은 치수로 썹니다. 그래서 배추만 소금에 잠깐 절이고, 무는 그대로 먼저 고춧가루를 치고 실고추도 조금만 잘게 썰어 넣고 비벼서 고춧물을 흠씬 들여 가지고, 절여 놓은 배추를 정한 물에 헹궈서 한데 넣고 고춧물을 들입니다.

파, 마늘, 생강들도 채쳐 넣고, 새우젓을 곱게 다져서 젓국과 섞어 넣어 간을 맞춥니다. 배도 같은 치수로 썰어 놓고, 굴도 정하게 씻어서 같이 넣고, 미나리도 한데 전부 섞어 버무려서 알맞은 항아리에 넣은 후, 다른 국물은 붓지 말고 제 몸에서 난 물과 설탕을 조금만 타서 붓고, 꼭꼭 눌러 놓았다가 익거든 잡수십시오.

3) 조개젓무(깍두기)

• 재료

배추 썬 것 두 대접, 무 썬 것 한 대접, 무명조개 한 대접, 고춧가루 알맞게, 새우젓 조금, 소금 조금, 파 세 개, 마늘 두 쪽, 생강 반 뿌리, 미나리 반 대접, 설탕 조금, 배 한 개, 실고추 약간.

• 만드는 법

배추 속대와 하얀 줄거리를 자잘하고 납작납작하게 썰어서 소금에 잠깐 절였다가 정한 물에 헹궈 놓고, 무도 같은 치수로 썰고 배도 같은 치수로 썹니다.

미나리는 팔 푼(약 2.4센티미터) 길이로 썰어 놓고, 파, 마늘, 생강 등은 곱게 채를 쳐 놓은 후, 무에다가 고춧가루를 빛 곱게 넣어 비벼가지고 배추도 섞고, 새우젓을 곱게 다져 넣고 간을 맞춥니다.

여러 가지 양념을 다 섞는데, 조개는 무명조개를 까서 똥집을 바르고 지느러미를 자르고 된 살만 섞는데, 두꺼운 것이면 반으로 쪼개 넣으십시오. 간 맞게 버무렸으면 알맞은 항아리에 담고, 국물은 치지 말고 제 국에다가 설탕을 조금만 쳐서 붓고, 꽉꽉 눌러 놓았다가 익거든 잡수십시오.

이것은 가을 한철 술안주로 가장 적당합니다.

4) 오이깍두기

• 재료

애오이 20개, 열무 절인 것 두 대접, 고춧가루 알맞게, 파 다진 것 조금, 마늘 세 쪽, 파 따로 두 개, 생강 반 쪽, 새우젓 쓰는 대로, 소금 조금, 실고추 조금, 설탕 약간.

• 만드는 법

오이를 자잘한 것으로 대가리는 자르고 소금으로 싹싹 비벼서, 간이 들거든 정한 보에 싸서 매에다 꼭 눌러 놓았다가 꺼내서 정한 물에 씻어서 넣고, 열무도 다듬어서 정히 씻어 소금에 절입니다. 파를 오이 소 넣을 것은 다지고 조금만 채를 치고, 마늘 생강도 조금은 다지고 남은 것은 채를 쳐 놓습니다. 다진 고명은 고춧가루를 곱게 치고 소금으로 간을 맞추어 오이를 가운데로 삼발래(세 갈래)로 갈라 소를 박고, 절여 놓은 열무도 헹궈서 실고추도 조금 넣고 고춧가루를 빛 곱게 치고 채쳐 놓은 고명을 넣고 버무리는데, 새우젓을 곱게 다져 넣고 버무려서 알맞은 항아리에다가 오이하고 담고, 딴 물은 붓지 말고 제 국에다가 설탕을 약간 타서 부으십시오. 여름이니만큼 조금씩 담아야 시지 않습니다.

5) 관전자(꿩김치)

• 재료

꿩의 살 저민 것 한 공기, 오이[작은 것] 한 개, 죽순[작은 것] 한 개, 표고[큰 것] 두 개, 전복[중간치] 한 개, 해삼[중간치] 두 개, 정육(쇠고기) 조금, 배[작은 것] 한 개, 초 약간, 설탕 약간, 실고추 몇 오리, 간장 조금, 실백 한 숟가락, 석이 한 개, 젓국지(겨울에는 배추통김치도 좋음)

• 만드는 법

생치(꿩)를 성하고 좋은 것으로 털 뜯고 내장을 꺼낸 뒤 물에 정히 씻어서 슬쩍 데쳐 나붓나붓하고 얄팍하게 저며 놓고, 정육(쇠고기)을 곱게 다져 갖은 양념을 해서 물을 조금만 붓고 볶아 놓은 후, 저며 놓은 생치를 냄비에다 족 늘어놓고 고기 볶은 국물을 쳐서 숟가락으로 꼭꼭 눌러 가며 익혀 놓습니다.

죽순은 끄트머리 연한 곳만 반으로 쪼개서 얄팍하게 썰어 정한 물에 헹궈서 기름에 볶아 놓고, 오이는 풋것을 동근 대로 착착 썰어서 소금에 얼핏 절여 물에 빨아가지고 번철에 볶아 내고, 표고도 나붓하게 썰어서 역시 볶아 놓습니다.

석이는 더운물에 튀해서 채를 쳐 역시 볶습니다. 해삼도 푹 삶아서 같은 치수로 썰어 기름에 볶고, 알맞게 익은 배추통김치를 하얀 줄거리만 납작스름하게 한 공기만 썰어 놓은 후, 알맞은 유리대접에다가 김치 한 켜 놓고 석이하고 실백, 실고추 등만 빼놓고 준비해 놓은 고명을 전부 한데 섞어서 김치 위에다 한 켜만 놓고, 그 위에 다시 김치를 담고 이와 같이 섞바꾸어 가며 다 담은 후, 실백과 실고추, 석이채를 얹고, 꿩 삶아 놓은 국물에다 설탕, 간장 달인 것 등을 간 맞게 쳐서 부어 놓습니다.

정월에 연회 같은 때 특별히 합니다.

6) 겨자김치(1)

• 재료

배추 다섯 통 속 잘 든 것, 배[중간치] 한 개, 밤 반 홉(약 90밀리리터), 실백 한 공기, 표고 다섯 개, 석이 세 개, 미나리 한 공기, 파 대가리 세 개, 마늘 두 쪽, 생강 반 뿌리, 소금 쓰는 대로, 전복[중간치] 두 개, 해삼[중간치] 네 개, 무채 반 공기, 겨자즙 쓰는 대로.

• 만드는 법

먼저 배추를 얼핏 데쳐 놓고, 배, 밤, 무 등을 전부 채를 쳐 놓고, 해삼은 푹 삶아서 속을 정히 씻어 곱게 채 치고, 전복도 푹 불려가지고 얇게 저며서 채 칩니다.

표고도 불려서 줄거리는 따 버리고 착착 채 치고, 석이는 더운물에 튀해서 정히 씻어 채를 쳐 놓고, 파 마늘 생강 등도 역시 곱게 채 친 후, 미나리는 줄거리만 한 치(약 3.03센티미터) 길이 되게 잘라 정히 씻어 놓고, 준비한 갖은 고명을 전부 한데 섞고 소금으로 간을 맞추어 버무려가지고, 배추 겉대를 너무 무른 건 제쳐 버리고 속에다 겹겹이 소를 넣고, 소 넣은 위로 겨자즙을 조금씩 솔솔 뿌려 놓습니다.

다 되거든 알맞은 항아리에다 한 켜 놓고 겨자즙을 위에다 고루 뿌리고 배추 한 켜를 또 담습니다. 이와 같이 섞바꾸어 가며 다 한 후, 위에는 먼저 제쳐 놓은 배춧잎을 덮고 꼭꼭 눌렀다가, 익거든 보자기에다가 배추통 김치처럼 썰어 놓으십시오.

이것은 특히 가을에 술안주로 적당합니다.

7) 닭김치

• 재료

영계 한 마리, 열무김치 건더기만 두어 보시기, 얼음 조금, 정육(쇠고기) 한 근의 4분의 1, 고추장 한 숟가락, 간장 조금, 설탕 조금, 단 것 조금, 깨소금 한 숟가락, 파 한 뿌리.

• 만드는 법

영계를 뜨거운 물에 튀해서 털을 뜯고 대가리와 다리를 자르고 배를 갈라 내부는 꺼내고 정히 씻어가지고 고기를 곱게 다져서, 고추장, 깨소금, 파 다진 것 등을 넣고 양념해서 닭 뱃속에다 덩어리를 만들어 넣고 실로 찬찬 동여매서, 물을 몸 잠길 만큼만 붓고 삶아, 무르거든 건져서 속에 든 고기는 빼내고 살만 짝짝 찢어 놓습니다.

알맞게 익은 열무김치를 건더기만 건져서 사기그릇에나 유리그릇 같은 데다 김치 한 켜 담고 닭고기 한 켜 담고 이와 같이 섞바꾸어 담은 후, 닭 삶은 물에다 간장과 설탕 등을 간 맞게 쳐서 섞어서 김칫국을 붓고 잣을 띄우는데, 얼음을 잘게 깨뜨려서 지르면 차고 좋습니다.

이것은 여름 한철 술안주로 적당한데, 연회 같은 데 더욱 적당합니다.

8) 장김치

• 재료

배추 썬 것 두 대접, 무 썬 것 한 대접, 표고(큰 것) 네 개, 석이(큰 것) 세 개, 실고추 조금, 파 중으로 두 개, 마늘(큰 것) 한 쪽, 생강 반 뿌리, 실백 한 공기, 진간장 칠 홉 대접, 설탕 쓰는 대로, 밤 썬 것 한 공기, 미나리 한 줌, 배 한 개.

• 만드는 법

배추속대를 나붓나붓하게 썰고, 무도 알맞게 토막을 내서 배추와 같은 치수로 썰어서, 간장을 부어서 간장물을 가무스름하게 들여 놓고, 밤을 까서 가로놓고 착착 얇게 썰고, 배도 이와 같은 치수로 썰어 놓은 후, 표고는 불려서 줄기를 떼어 버리고 나붓나붓하게 썰어 놓고, 석이는 더운물에 튀해서 채를 칩니다.

미나리는 줄거리만 다듬어 한 치 길이쯤 자르고, 생강, 마늘, 파는 전부 채를 칩니다. 이와 같이 준비가 다 되고 배추와 무도 장물이 다 배었거든 장물을 따라 놓고, 준비해 놓은 양념을 다 한데 넣은 후 고루 섞어 버무려서 항아리에 담고, 장물 따라 놓은 것에다 설탕을 간 맞게 타서 붓고 항아리를 봉해 두었다가, 익으면 잡수십시오.

9) 나박김치

• 재료

무 썬 것 두 대접, 파 중으로 두 개, 마늘(큰 것) 한 쪽, 생강 약간, 실고추 조금, 소금 쓰는 대로, 미나리 한 공기, 설탕 세 숟가락, 물 네 대접.

• 만드는 법

무를 나붓나붓하고 얄팍하게 썰어서 양념 썰 동안 소금을 조금 훌훌 뿌려 놓고, 마늘, 생강, 파를 곱게 채를 치는데, 움파 잎의 가는 것은 채 치지 말고 한 치 길이쯤 자릅니다.

미나리는 줄거리만 다듬어서 한 치 길이로 잘라 놓은 뒤, 무 썰어 놓은데다 양념을 전부 넣고 버무려서 간을 보아 항아리에 담는데, 실고추도 많이 넣으면 덜 좋으니까 고명으로 조금만 넣으십시오.

물을 너덧 대접쯤 붓는데, 설탕을 치고 소금을 알맞게 타서 간을 보아 붓습니다. 물은 더 부으시려면 더 부어도 좋은데, 김칫국이 너무 많으면 딱 아우러지지를 않습니다.

10) 열무김치

• 재료

열무, 배추, 파, 마늘, 생강, 실고추, 소금, 밀가루 약간.

• 만드는 법

열무를 다듬어 정하게 씻고 어린 배추를 다듬어 씻어서 한데 소금을 조금만 치고 살짝 절입니다. 그런데 열무, 배추는 길이가 짤막한 것이면 잎사귀 끝만 잘라 내고 절입니다. 절여지는 동안에 파를 채 치고 마늘과 생강은 조금만 채 치고 실고추를 가늘게 썰어 놓은 뒤, 절여 놓은 열무를 정한 찬물에 살살 헹궈 소쿠리 같은 데다 건져 놓아 물을 빼가지고 준비해 놓은 고명을 넣고 살살 헤쳐 가며 버무려서 항아리에 담고, 밀가루를, 조금 하는 김치에는 두어 숟가락만 풀어서 팔팔 끓여서 체에 밭여서 식혀가지고 소금을 조금 쳐서 간 맞추어 붓습니다. 열무김치는 버무릴 적이든지 절일 적에 손질을 너무 하면 빛이 퍼래져서 흉합니다.

11) 오이김치

• 재료

애오이 열 개, 열무 절인 것 한 사발, 파 대가리 여덟 개, 마늘 다섯 쪽, 생강 한 개, 고춧가루 쓰는 대로, 실고추 조금, 소금 쓰는 대로.

• 만드는 법

먼저 애오이를 꼭지 자르고 소금으로 몸뚱이를 싹싹 문질러 비벼 놓고, 파를 두 개만 채 치고 마늘도 두 쪽만 채 치고 생강도 조금만 채 친 후, 남겨 놓은 파, 생강, 마늘을 전부 곱게 다져서, 고춧가루를 발갛도록 넣고 소금으로 간을 맞추어 놓습니다.

소금으로 비벼 놓은 오이를 물에 씻어서 가운데를 세 갈래로 갈라 양념을 그 새에다 넣고, 열무를 다듬어서 잎은 따내고 정히 씻어 소금에 절였다가 정한 물에 살살 헹궈서, 파, 마늘, 생강 채 친 것을 넣고 실고추를 알맞게 섞고 버무려서 알맞은 항아리에 담고, 속 넣은 오이를 켜켜로 섞어 담고, 소금물을 간 맞추어 부으십시오.

12) 겨자김치(2)

• 재료

배추속대 썬 것 두 대접, 배[작은 것] 한 개, 표고 조금, 석이 조금, 미나리 조금, 생전복[작은 것] 한 개, 파 약간, 마늘 한 쪽, 생강 약간, 소금 조금, 설탕 조금, 겨자즙 반 공기쯤, 실고추 약간.

• 만드는 법

배추속대를 하얀 줄거리만 골패짝(작은 직사각형)처럼 썰어서 정하게 씻어 가지고 소금에 살짝 절입니다. 그동안 표고는 정히 씻어 불려가지고 나붓나붓하게 썰고, 석이는 끓는 물에 튀해서 채 칩니다.

미나리는 한 치 길이로 썰어가지고 대강 찢어 놓고, 배는 골패짝같이 썹니다. 파, 생강, 마늘은 조금씩만 곱게 채 치고, 생전복은 얇게 가로놓고 썰어야 합니다.

준비가 다 되었으면 절여 놓은 배추를 정한 물에 살살 흔들어가지고 여러 가지 고명을 다 넣고 겨자즙을 맛있게 타서 치고 버무리는데, 간은 소금과 설탕으로만 간을 맞추어서, 꼭꼭 눌러 놓았다가 잡수십시오. 국물은 많으면 덜 좋으니 자작하게 하십시오. 가을에 배추가 좋을 때에 하는 것입니다.

술안주로 가장 적당하답니다.

13) 생선김치

• 재료

조기, 무, 배추, 실고추, 마늘, 파, 생강, 소금, 녹말, 실백, 표고, 미나리.

• 만드는 법

먼저 배추 속고갱이를 닷 푼 길이로 썰어서 정한 물에 씻어가지고 소금에 살짝 절여 놓고, 무도 뼈 안 든 것으로 닷 푼 길이로 잘라서 한 푼(약 0.3센티미터) 두께쯤 되게 썰어서 소금에 절입니다.

너무 오래 절이지 말고 잠깐만 절였다가 정한 물에 다시 헹궈가지고, 파, 마늘, 생강을 알맞게 채 쳐서 섞고, 미나리도 연한 줄거리만 한 치 길이쯤 잘라서 정히 씻어 넣고, 실고추도 조금만 섞고 고루 버무려서, 소금으로 간을 맞추어 항아리에 담고, 국물을 부을 적에 설탕을 조금 타서 부어 둡니다.

알맞게 익거든 봄철 같으면 조기를 등성마루 살만 나붓나붓하게 저며서 녹말을 묻혀서 끓는 물에다 삶아 건져서 찬물에 헹궈 놓고, 유리대접 같은 데다가 김치 건더기 한 켜 생선 한 켜 담고, 표고도 정히 씻어서 나붓나붓하게 썰어서 번철을 뜨겁게 달구어가지고 볶아서 식혀진 후 켜켜로 얹고, 국물을 부은 후 실백을 얹습니다.

여름에는 민어로 합니다.

7. 찬국 만드는 법

1) 미역찬국

• 재료

미역, 초, 간장, 고춧가루, 실파, 얼음, 살코기, 참기름, 깨소금.

• 만드는 법

좋은 미역을 줄거리를 빼고 잘게 찢어서 정하게 빨아가지고, 고기를 연한 살로만 조금만 곱게 다져서 양념해 볶아서 넣고, 간장, 초를 간 맞게 치고, 실파를 곱게 조금만 썰어 넣고 고춧가루도 약간 쳐서 뒤적거려 놓았다가, 물을 적당히 붓고 얼음을 잘게 깨뜨려서 지릅니다.

2) 김찬국

여름 나서 맛이 덜 좋은 것은 찬국을 해 잡수십시오. 김을 기름 바르지 말고 바싹 구워서 싹싹 비벼 놓고, 상에 놓을 적에 물에다가 간장과 초를 간 맞게 치고 김을 넣고 고춧가루를 약간 뿌리고 깨소금을 약간 칩니다.

3) 오이찬국

어린오이를 동글게 착착 썰어서 간장, 초를 알맞게 간 맞게 치고, 고춧가루와 깨소금을 약간 치고, 실과 잎을 잘게 썰어 넣어 뒤적거려 간을 들여가지고, 물을 적당히 부어 김치같이 놓습니다.

오이찬국을 하는데 오이가 굵은 것이면 동글게 썰지 말고 생채 하듯 얇게 저며서 채 쳐서도 합니다.

4) 파찬국

실파를 잘게 썰어서 물에다가 간장, 초를 간 맞게 타고 고춧가루를 약간 치고 깨소금도 약간 쳐서 썰어 놓은 파를 넣어서 김치 대신 놓습니다.

8. 나물하는 법

1) 물쑥나물

• 재료

물쑥 한 공기, 미나리 한 공기, 숙주 두 공기, 편육(삶은 고기) 썬 것 한 공기쯤, 참기름, 깨소금, 설탕, 초 약간, 파 한 개 반, 마늘 한 쪽, 고춧가루 약간, 배 반 개.

• 만드는 법

물쑥을 굵고 좋은 것으로 알맞게 삶아서 찬물에 헹궈가지고 껍질을 벗기고, 미나리도 줄거리만 한 치 가량으로 잘라 데쳐서 찬물에 헹궈 놓고, 숙주도 아래위를 따 버리고 삶아 찬물에 건져 놓습니다. 편육은 차돌박이를 채 쳐서 여러 가지를 한데 섞어서 여러 가지 양념을 간 맞게 하십시오. 배는 곱게 채 쳐 놓았다가 다 묻히어 가지고 고루 살살 섞어 놓으십시오.

2) 게묵나물(1)

• 재료

게묵 한 대접, 겨자즙 칠 홉 공기 가량, 설탕 쓰는 대로, 초 조금, 소금 약간, 참기름 칠 홉 종지.

• 만드는 법

굵고 좋은 게묵(거여목: 콩과에 속한 두해살이 풀)을 알맞게 삶아서 껍질을 벗겨 찬물에 담가서 쓴맛을 우려가지고, 겨자즙을 맛있게 타서 무칩니다. 설탕과 참기름을 치고, 만일 간이 안 맞거든 초와 소금을 쳐서 간을 맞추십시오.

3) 게묵나물(2)

• 재료

게묵 한 대접, 고추장 두 숟가락, 초 알맞게, 설탕 조금, 깨소금 반 숟가락, 참기름 칠 홉 공기 가량, 파 한 개, 마늘 반 쪽.

• 만드는 법

굵고 좋은 게묵을 알맞게 삶아서 껍질을 벗겨 찬물에 담가 쓴맛을 우려 버리고, 맛있는 고추장을 치고, 여러 가지 양념을 간을 보아 가며 무치십시오. 싱거우면 간장으로 간을 맞추십시오.

4) 오이나물

• 재료

애오이, 소금, 간장, 파, 마늘, 참기름, 깨소금, 고춧가루, 정육(쇠고기).

• 만드는 법

어린 오이를 꼭지를 자르고 둥근 대로 얇게 착착 썰어서 소금에 절여 놓고, 연한 살코기를 조금만 곱게 다져서 양념해 볶고, 절여 놓은 오이를 정한 물에 빨아서 꼭 짜가지고 번철에 기름을 두르고 얼핏 볶아서 빛만 내가지고, 볶아 놓은 고기를 넣고 갖은 양념을 간 맞게 하십시오. 고춧가루는 약간 넣은 둥 만 둥 하게 치시고, 깨소금도 약간만 치십시오.

5) 두릅나물

• 재료

두릅 한 대접, 고추장 한 종지, 간장 조금, 초 조금, 설탕 간 맞게, 깨소금 반 숟가락, 참기름 반 종지, 파 한 개.

• 만드는 법

두릅을 알맞게 삶아서 껍질을 벗기고 잎을 따서 허드레로 무쳐 먹고 줄거리만 얄팍얄팍하게 썰어서, 넓은 것이면 두서너 쪽을 내가지고 갖은 양념을 해서 간 맞게 무치십시오.

6) 호박나물

• 재료

애호박, 소금, 파, 마늘, 깨소금, 참기름, 고춧가루, 간장.

• 만드는 법

호박은 네 쪽을 내서 속을 빼내고 얇게 착착 썰어 소금에 살짝 절여 놓았다가 정한 물에 빨아가지고, 번철에 기름을 두르고 볶아서 여러 가지 양념을 해서 무칩니다.

고춧가루는 아주 조금만 치시고, 깨소금도 조금만 치십시오. 고기를 다져 넣어도 좋습니다. 호박을 한 푼 두께쯤 되게 동글게 썰어서 새우젓국과 물을 섞어 간 맞게 치고 냄비에다가 담아 볶는데, 너무 괄하지(세지) 않은 불에다 볶는 중 숟가락으로 고루 뒤적거려서 다 익은 것은 따로 건져 내놓습니다.

이와 같이 다 한 후 다시 불에 들여놓고, 파를 조금만 다져 놓고 깨소금, 참기름을 알맞게 치고 고춧가루를 약간 쳐서 볶아 냅니다.

호박을 동글게 한 푼 두께로 썰어서 번철에다가 기름을 두르고 전유어를 부치듯 익혀 가지고, 초장을 맛있게 타서 익혀 놓은 호박을 재워도 좋습니다.

7) 가지나물

가지를 꼭지를 자르고 반으로 쪼개 알맞게 무르게 쪄서, 껍질은 따로 벗겨 허드레로 무쳐 먹고, 속만 가늘게 찢어서 초, 파, 간장, 참기름, 깨소금 등을 알맞게 쳐서 무치는데, 풋고추(붉은고추)를 곱게 다져 넣고 무쳐서 큰상에 놓습니다.

8) 숙주나물

숙주를 뿌리를 따 버리고 삶아서 찬물에 헹궈가지고, 파, 마늘은 조금만 다져 넣고 깨소금도 조금만 치고 참기름을 적당히 치고, 간장에 간을 맞추어 무칩니다. 고춧가루는 약간 기운만 합니다. 양념할 적에는 언제든지 기름은 나중에 치십시오.

9) 콩나물

콩나물은 뿌리를 따고 정히 씻어서 삶는데, 간장을 치지 말고 소금을 조금 쳐서 삶아야 빛이 깨끗합니다. 그래가지고 간장, 파, 마늘, 참기름, 깨소금, 고춧가루 등을 알맞게 치고 무칩니다. 또한 고기를 곱게 다져서 넣어도 좋습니다.

10) 무나물

무를 잘게 채 쳐서 간장과 생강을 조금만 다져 넣고 익혀가지고, 참기름, 깨소금, 파, 마늘을 다져 넣고 간 맞게 무칩니다.

11) 시금치나물

• 재료

시금치, 고추장, 간장, 깨소금, 설탕, 초, 참기름, 설탕, 파, 마늘, 돼지고기.

• 만드는 법

시금치를 다듬어 삶아서 찬물에 헹궈 짜가지고 칼로 두어 번에 썰어 놓습니다. 돼지고기는 조금만 잘게 채 쳐서 양념해 볶아서, 시금치하고 섞어서 고추장을 조금만 섞고 간장으로 간 맞추어 초, 설탕을 치고, 파, 마늘을 조금만 다져 넣고, 깨소금도 조금만 치고, 참기름을 쳐서 무치십시오.

12) 고비나물

고비는 미리 한나절 동안만 쌀뜨물에다가 담가 놓았다가 정한 뜨물에다 삶아야 잘 무릅니다. 그래가지고 정한 물에 담갔다가 대가리끼리 추려서 뻣뻣한 것은 잘라 버리고 알맞게 썰어서 참기름에 충분히 볶아가지고, 간장, 파 다진 것, 마늘 다진 것, 깨소금 등을 알맞게 치고 무칩니다.

13) 도라지나물

도라지를 한나절만 쌀뜨물에다가 담갔다가 삶아서, 한 이틀 동안만 물을 자주 갈아 붓고 담가 우려가지고, 대가리를 자르고 속을 빼고 잘게 찢어서 기름에 먼저 충분히 볶아가지고, 파, 마늘 다지고 간장 치고 깨소금을 쳐서 무칩니다.

14) 쑥갓나물

쑥갓나물은 알맞게 삶아 찬물에 헹궈서 칼로 두어 번에 썰어가지고, 파, 마늘을 곱게 다져서 조금만 넣고, 간장, 초, 깨소금, 참기름 등을 치고, 설탕을 약간 치십시오.

15) 미나리나물

미나리도 줄거리만 알맞게 잘라 삶아서 찬물에 헹궈 짜가지고, 파를 조금만 다져서 넣고, 깨소금도 조금만 치고, 간장, 참기름 등을 알맞게 쳐서 간 맞추어 무칩니다. 고춧가루도 약간만 치십시오.

16) 풋나물

풋나물은 잘 무르게 삶아 건져서 찬물에 담갔다가 정히 씻어서 칼로 두어 번 썰어가지고, 고추장과 간장을 섞어 간을 맞추고, 참기름, 깨소금을 알맞게 치고, 파, 마늘도 곱게 조금만 다져 넣고, 초와 설탕을 쳐서 간을 맞추십시오.

9. 장아찌류

1) 무장아찌

• 재료

무 썬 것 두 대접, 정육(쇠고기) 반 근, 미나리 한 줌 잔뜩, 실고추 조금, 느타리 조금, 진간장 한 공기 반 가량, 깨소금 두 숟가락, 파 한 개, 마늘 한 쪽, 설탕 쓰는 대로, 참기름 한 종지, 소금 조금.

• 만드는 법

뼈 안 든 연한 무를 정히 씻어서, 길이는 칠 푼(약 2.1센티미터) 가량으로 잘라서 한 푼 두께로 썰어가지고 돌려놓고 그 치수로 또 썹니다. 그러면 열십자로 썬 모양이 됩니다. 그런 후 소금으로 살짝 절여서 정한 헝겊에 싸서 매(맷돌)에다 꼭 눌러 놓고, 연한 살코기를 곱게 다져서 갖은 양념을 해서 볶고, 미나리는 줄거리만 짤막하게 썰어 놓고, 느타리도 불려서 채로 쳐 놓습니다.

무가 눌러졌거든 꺼내서 정하게 씻어가지고 진간장을 끓이다가 볶아 내고 다시 장을 끓이다가 다시 볶아 냅니다. 볶아 놓은 고기를 곱게 다져서 섞고 느타리도 한데 섞어서 장을 끓이다가 장아찌를 넣어 볶아 낸 후

빛을 보아서 발그스름, 가무스름하거든 다 된 것입니다.

그럴 때에 마지막에 미나리를 넣어 빛만 내서 내놓고, 여러 가지 양념을 간 맞게 하시고, 실고추를 잘게 썰어 넣으십시오.

2) 오이장아찌

• 재료

애오이 썬 것 두 대접, 정육(쇠고기) 조금, 표고[큰 것] 다섯 개, 실고추 약간, 참기름 칠 홉 종지, 깨소금 한 숟가락 반, 설탕 간 맞게, 소금 약간, 파 한 개, 마늘 한 쪽, 미나리 한 줌, 간장 칠 홉 종지.

• 만드는 법

오이를 거죽만 저며서 칠 푼 길이로 잘라서 한 푼 너비로 썰어 소금에 살짝 절여서 정한 헝겊에 싸서 맷돌에다 꽉 눌러 놓고, 연한 살코기를 조금만 곱게 다지고, 표고도 불려서 장아찌 치수만큼씩 썰어서 고기와 같이 양념해서 볶습니다.

미나리는 줄거리만 칠 푼 길이로 잘라서 끓는 물에 얼핏 데쳐 내고, 눌러 놓았던 오이를 꺼내서 정하게 씻어서 꽉 짜가지고 볶은 고기와 장을 한데 부어 펄펄 끓이다가, 충분히 끓거든 오이, 파, 미나리를 넣어 빛만 나게 볶아 냅니다.

그래가지고 여러 가지 양념을 알맞게 하십시오.

3) 오이통장아찌

• 재료

애오이(꽃맺이[18]로) 20개, 정육(쇠고기) 반 근, 파 한 개, 참기름 두 숟가락, 깨소금 한 숟가락, 후춧가루 약간, 설탕 간 맞게, 진간장 칠 홉 공기쯤.

• 만드는 법

손가락만큼씩 한 어린 오이를 소금으로 싹싹 문질러 매(맷돌)에 꼭 눌러 놓고, 고기를 힘줄을 걷어 내고 곱게 다져서 양념해 놓고, 눌러 놓았던 오이를 꺼내 정한 물에 씻어가지고 가운데를 삼발래(세 갈래)로 갈라서 양념해 놓은 고기를 소를 박고, 진장(검정콩으로 쑨 메주로 담가 빛이 까맣게 된 간장)에다 남는 고기와 설탕을 간 맞게 치고 끓이다가 충분히 끓거든 오이를 넣어 조려 냅니다.

4) 달래장아찌

• 재료

달래 한 대접, 미나리 조금, 움파[19] 잎 달린 채 한 개, 깨소금 한 숟가락 반, 참기름 칠 홉 종지, 설탕 쓰는 대로, 진간장이나 묽은간장 조금, 고춧가루 약간, 소금 약간.

• 만드는 법

달래를 대가리를 칼자루로 두어 번 두들겨 깨뜨려서(으깨서) 소금에 잠깐 절였다가 걸다란 물이 다 없어지도록 정한 물에 빨아서 물기를 없이해가지고, 움파는 잎을 곱게 채 치고 미나리도 줄거리만 짤막하게 썰어서, 전부 한데 섞어 갖은 양념을 해서 꼭꼭 눌러 놓았다가 잡수십시오.

---

18) 꽃이 진 뒤에 바로 맺히는 열매.

19) 베어 낸 줄기에서 다시 자라나온 파.

5) 마늘장아찌

• 재료

풋마늘, 진간장, 초, 설탕, 통고추, 생강.

• 만드는 법

쇠지 않은(싱싱한) 풋마늘을 통만 잘라 뿌리를 자르고 겉껍질만 벗겨서 정한 물에 한 번 씻어 건져서 물기를 없이해가지고, 맛있는 초에다가 몸이 잠기도록 담가서 한 일주일 두었다가, 채반 같은 데 건져서 물기를 대강 뺀 후 알맞은 그릇에 담습니다. 여기에 설탕을 대중해서 알맞게 넣고 버무려서 꼭 덮어 하룻밤만 재워가지고 항아리에 담고, 진장을 몸이 잠기도록 붓고 통고추를 몇 개만 잘라 넣고 생강도 몇 개만 저며서 넣어 꼭 덮어 두었다가, 한 사나흘 지나거든 장만 따라 충분히 끓여서 서늘하게 식혀 붓습니다.

이와 같이 두어 번 해서 꼭 봉해 두었다 잡수십시오. 마늘장아찌는 여러 해 묵을수록 좋습니다.

6) 배추꼬리장아찌

• 재료

배추꼬리, 배추, 진간장과 묽은장, 생강, 실고추, 마늘.

• 만드는 법

배추꼬리를 무장아찌 썰듯 해서 수득수득하게 말리고, 배추도 소금에 절여서 매(맷돌)에 꼭 눌러 놓았다가 길이 칠 푼쯤 되게 썰어서 너비도 두어 푼(약 0.6~0.9센티미터) 너비로 썰어서 채반에 펴 놓아 뿌둑뿌둑하게 말립니다.

이것을 배추꼬리와 같이 정하게 씻어 꼭 비틀어 짜가지고, 진간장과 묽은장을 반반으로 섞어서 부어 놓았다가 사나흘만큼씩 따라서 충분히 끓여가지고 식혀 붓기를 서너 차례 합니다.

마지막 번에는 생강과 마늘을 채 쳐서 실고추와 전부 한데 섞어서 버무려서 알맞은 항아리에 담고 우거지를 치고 돌로 꼭 눌러서 서늘하게 두었다가, 봄에 꺼내서 설탕, 참기름, 깨소금, 파 다진 것 등을 쳐서 무쳐 잡수십시오.

7) 고추장아찌

• 재료

풋고추, 고춧잎, 무말랭이, 간장, 마늘, 생강, 실고추.

• 만드는 법

풋고추를 자질구레한 것으로 끓는 물에 얼핏 둘러(데쳐) 내서 채반에 펴 놓아 수득수득하게 말리고, 고춧잎도 삶아서 채반에 펴 놓아 말립니다.

무도 장아찌처럼 썰어서 수득수득하게 말려서 정한 물에 씻어 물기를 빼서 항아리에 담고, 맛있는 간장을 몸이 잠기도록 붓고 돌로 꼭 눌러 놓습니다.

한 삼일 지나거든 장만 따라서 충분히 끓여 식혀 부을 제 실고추와 마늘채, 생강채를 넣고 버무려서 다시 항아리에 담고, 돌멩이로 꼭 누르고 장을 부어서 꼭 덮어 놓았다가, 봄에 꺼내서 참기름, 설탕, 깨소금 등을 쳐서 무쳐 잡수십시오.

8) 장산적

• 재료

정육(쇠고기) 한 근, 진간장 한 공기 칠 홉쯤, 설탕 칠 홉 공기 가량, 파 한 개, 후춧가루 약간, 깨소금 반 숟가락, 참기름 한 종지.

• 만드는 법

고기를 힘줄 안 섞이게 곱게 다져서 갖은 양념을 해서 얄팍하게 조각을 만들어 구워서, 납작납작하게 썰어서 알맞은 냄비에다가 담고 진장에다가 설탕을 타서 붓고 조립니다. 너무 바싹 조리면 재미없으니 자작하게 하십시오.

9) 전복초

• 재료

전복 저민 것 한 대접, 정육(쇠고기) 다진 것 조금, 진간장 한 공기 넉넉히, 설탕 간맞게, 파, 마늘 약간, 참기름 조금.

• 만드는 법

전복을 얇게 저며서 물을 넉넉히 붓고 푹 물려서, 거의 무르거든 물을 따라내고 진간장을 붓고, 연한 살코기를 조금만 다져 넣고, 파 마늘도 조금만 다져 넣고 뭉근하게 조립니다. 설탕과 기름은 나중에 간 맞게 칩니다.

이것은 소대기[小大朞, 소대상(小大祥)][20]에나 큰 잔치 때 합니다. 보통 때도 잦게 잘 차리려면 합니다.

---

20) 소상(小祥)과 대상(大祥). 소상은 사람이 죽은 지 1년 만에 지내는 제사이고, 대상은 두 돌 만에 지내는 제사.

10) 홍합초

• 재료

홍합 20개, 진간장 한 공기 가량, 설탕 쓰는 대로, 파 한 개, 마늘 반 쪽, 참기름 조금.

• 만드는 법

먼저 홍합을 물을 넉넉히 붓고 푹 고아서, 물은 따라 버리고 간장을 붓고 과히 괄하지 않은 불에 조리는데, 빛이 가무스름해야 됩니다. 다 되었으면 참기름을 조금 치고 설탕을 간 맞게 치고, 파 마늘은 곱게 다져서 넣고 잠깐 동안 불 위에 놓았다가 꺼내야 합니다.

이것은 전복초와 같이 따르는 것입니다.

10. 조림류

1) 민어조림

• 재료

민어[작은 것] 한 마리, 정육(쇠고기) 조금, 파 두 개, 생강 약간, 설탕 세 숟가락, 진간장 한 공기, 깨소금 한 숟가락, 참기름 반 숟가락, 실고추 조금.

• 만드는 법

성하고 좋은 민어를 정히 비늘 긁고 대가리를 자르고 내부를 꺼내 놓고 너무 크지도 작지도 않게 알맞게 토막을 쳐서, 살진 것 같으면 반으로 쪼개서 놓고, 고기를 조금만 곱게 다지고 파는 곱게 채 치고 생강은 곱게 다져서 전부 한데 섞어서 진장에다 풀어가지고, 알맞은 냄비에다 잘라 놓은 대가리를 반으로 쪼개서 밑에 깔고, 토막 쳐 놓은 것을 족 늘어놓은 위에다 양념 개 놓은 것을 숟가락으로 살살 떠 붓고, 생선 한 켜를 또 펴 놓고 양념을 얹습니다.

이와 같이 다 한 후 불에 올려놓아 끓이는데, 한소끔 끓어나거든 숟가락으로 장물을 자주 떠서 위로 부어야 빛도 곱고 간이 배서 좋습니다. 너무 싼 불(센 불)에다 몹시 급하게 끓이면 맛도 변할 뿐더러 짜집니다.

2) 도미조림

• 재료

잣도미[빛이 발그레 가무스름한 도미 새끼] 두 마리, 진간장 칠 홉 공기, 설탕 두 숟가락쯤, 파(작은 것) 두 개, 깨소금 반 숟가락, 참기름 반 숟가락, 생강 약간, 실고추 약간.

• 만드는 법

정하고 좋은 도미 새끼를 정하게 비늘 긁어 내장과 지느러미만 없이하고 대가리를 뾰족한 것만 톡 찍어 버리고, 통으로 안팎을 잔칼질을 해서 놓고, 연한 살코기를 곱게 다지고 파를 잘게 채 쳐 놓고 생강을 곱게 다진 후 진장에다 갖은 고명을 다 섞어 개어 놓습니다.

알맞은 냄비의 밑에다 고기 힘줄 같은 것이 있으면 그것을 깔고 없으면 무를 얄팍하게 저며서 조금 깔고 도미를 통으로 놓은 후 위에다 준비해 놓은 양념을 숟가락으로 떠서 고루 얹고, 도미를 또 놓고 양념을 떠서 붓고 남은 간장을 전부 붓고 끓이는데, 뭉근하게 끓이어야 좋습니다.

끓거든 숟가락으로 장을 자꾸만 떠서 위에다 얹어 가며 끓여야 빛이 좋습니다. 통으로 조리는 것은 교자상에 놓을 제는 그렇지만, 반상으로 볼 제는 토막을 쳐서 합니다.

3) 숭어조림

• 재료

숭어[작은 것] 한 마리, 고기 조금, 진간장 한 공기, 설탕 세 숟가락, 깨소금 한 숟가락, 참기름 한 숟가락, 파 두 개, 생강 약간, 실고추 조금.

• 만드는 법

성한 숭어를 정하게 비늘 긁고 내장을 꺼내고 대가리를 자른 후 크도 작도 않게 토막을 내고 반으로 쪼개서 놓고, 연한 살코기를 조금만 곱게 다져서 놓고, 파를 잘게 채 치고 생강을 곱게 다져서 진간장에다 갖은 양념을 전부 한 데다 섞어 놓습니다.

알맞은 냄비에다 잘라 놓은 대가리를 반으로 쪼개서 밑에다가 깔고 잘라 놓은 토막을 위에다 족 늘어놓고, 양념 개 놓은 것을 숟가락으로 살살 떠 붓고 맛있는 초나 약주 같은 것을 몇 방울씩만 떨어뜨리고, 그 위에다 생선을 또 펴 놓고 양념을 안친 후 초나 술을 두어 방울 떨어뜨리고 이와 같이 다 한 후 남은 장을 위에다 다 붓고 끓입니다.

4) 고등어조림

• 재료

생선고등어[중간치] 한 마리, 진간장 칠 홉 공기, 참기름 한 숟가락[작은 것], 깨소금 반 숟가락, 파 한 개, 생강 약간, 설탕 세 숟가락, 초나 약주 반 숟가락[작은 것], 실고추 조금.

• 만드는 법

생선고등어를 정히 비늘 긁고 지느러미를 자르고 대가리를 자른 후 알맞게 토막을 쳐서 반으로 쪼개서 물만 붓고 한소끔 끓여서 그 물을 따라 버리고, 알맞은 냄비에다 대가리는 먼저 끓일 제 반으로 쪼개 끓인 것을 먼저 밑에 깔고 토막을 한 켜 펴 놓고, 먼저 고기를 곱게 다지고 파를 채치고 생강을 곱게 다져서 진장에다 갖은 양념을 다 섞어 개는데, 초나 술을 한데 쳐서 섞어 놓은 것을 생선 위에다 떠 붓고 그 위에 생선을 또 펴 놓고 양념을 얹고 이와 같이 다 한 후 끓이다가, 장을 떠서 위에다 부어 가며 바특하게 조립니다. 고기는 안 넣어도 좋습니다.

5) 병어조림

• 재료

병어 두 마리 보통 것으로, 진간장 한 공기, 고기 조금, 설탕 두 숟가락 반쯤, 깨소금 반 숟가락, 참기름 반 숟가락, 실고추 조금.

• 만드는 법

성하고 좋은 병어를 정하게 다뤄서(비늘 긁고) 대가리를 자르고, 보통 것이면 세 토막으로 잘라서, 꽁지 쪽은 그냥 두고 가운데 두 토막은 넓이가 넓으니까 반으로 잘라서 놓고, 고기를 잘게 다지고 생강을 다지고 파를 채쳐서 진간장에다 전부 한데 섞어 개어 놓고, 알맞은 냄비에다 대가리를 깔고 살 토막을 한 켜 늘어놓고 양념을 고루 얹은 후 생선을 또 펴 놓고 양념을 얹습니다. 이와 같이 다 되면 양념 갠 것을 전부 붓고 끓이다가 장물을 떠서 위에다 부어 가며 조리는데, 바특하게 조려야 합니다.

6) 준치조림

• 재료

준치[작은 것] 한 마리, 고기 조금, 진간장 칠 홉 공기, 설탕 두 숟가락, 파(큰 것) 한 개, 깨소금 반 숟가락, 참기름 반 숟가락, 생강 약간, 실고추 약간, 초 몇 방울.

• 만드는 법

성한 준치를 비늘을 긁고 정히 다뤄서(만져서) 배를 갈라 내장을 꺼내고 대가리를 자른 후 알맞게 토막을 쳐 놓고, 고기는 곱게 다지고 파를 채 치고 생강을 곱게 다져서 전부 양념을 진간장에다 섞어 개가지고, 알맞은 냄비에 대가리와 꼬리를 깔고 살 토막을 한 켜 펴 놓고 양념 얹고 살 토막을 또 놓고 양념을 얹고 이와 같이 한 후, 남은 양념장을 다 붓고 끓이다가 장물을 떠 부어 가며 조려야 합니다.

7) 닭조림

• 재료

닭 한 마리, 진간장 두 공기, 설탕 반 공기, 파 세 개, 생강(작은 것) 반 뿌리, 깨소금 두 숟가락, 참기름 반 숟가락, 후춧가루 조금, 마늘 한 쪽.

• 만드는 법

닭을 더운물에 튀해서 털을 뜯고 내장을 꺼내서 정히 씻어 놓고, 대가리와 다리를 자르고 뱃속의 핏덩이를 긁어내고 정하게 씻어서 토막을 치는데, 아주 자디잘게 토막을 쳐서 놓고, 내장도 창자만 버리고 알맞게 썰어서 같이 넣고 물을 붓고 끓이다가, 조금 무를 듯하거든, 진장을 치고 파는 채 치고 생강과 마늘을 다져 넣고 갖은 양념을 해서 조립니다. 물을 붓고 끓일 제 물을 조금 붓고 끓여야 합니다.

8) 생치(꿩)조림

• 재료

생치 한 마리, 진간장 두 공기, 후춧가루 조금, 참기름 반 숟가락, 설탕 반 공기 못 되게, 파 세 개, 생강(작은 것) 반 뿌리, 마늘 한 쪽.

• 만드는 법

성한 생치를 털을 뜯고 대가리를 자르고 발도 잘라 버리고, 내장은 잡은 지 동안 뜬 것이면(시간이 좀 지난 것이면) 꺼내 버리고, 정히 씻어서 잘게 토막을 쳐서 알맞은 냄비에 담고, 진장, 설탕 외에 여러 가지 양념을 넣고, 파는 채 치고 마늘, 생강은 곱게 다져 넣고 주물러 양념해서 조립니다. 닭조림과 꿩조림은 간장이 자작자작하게 있어야지 너무 바싹 조리면 못씁니다.

9) 붕어조림

• 재료

붕어 큰 것으로 다섯 마리, 진간장 칠 홉 공기, 설탕 두 숟가락, 파(큰 것) 하나, 생강 약간, 정육(쇠고기) 조금, 깨소금 반 숟가락, 참기름 반 숟가락, 실고추 조금.

• 만드는 법

붕어를 비늘을 긁고 지느러미만 자르고 배를 째고 창자만 빼고, 쓸개 안 터지게 곱게 빼 버리고, 정히 씻어서 주둥이 끝만 잘라 버리고, 고기를 곱게 다지고 생강을 다진 후 파는 곱게 채 쳐서 간장에다 전부 고명을 한데 섞어 놓고, 알맞은 냄비에다 고기 힘줄이 있거든 깔고 없으면 무를 얇게 저며 깔고, 붕어를 통으로 한 켜 놓고 양념을 얹은 후 또 붕어를 담고 양념을 얹고 이렇게 다 한 후 남은 양념장을 다 붓고 끓이는데, 간장 물을 떠서 위에다 부어 가며 조립니다.

10) 비웃조림

• 재료

생선 비웃(청어) 세 마리, 진간장 한 공기, 설탕 두 숟가락, 생강 약간, 파 두 개, 깨소금 반 숟가락, 참기름 서너 방울, 실고추 조금.

• 만드는 법

생선 비웃(청어) 알배기를 정히 다뤄서(만져서) 지느러미를 자르고 대가리를 자른 후 토막을 알맞게 쳐 놓고, 파를 채치고 생강과 고기를 곱게 다져서 진장에다 갖은 양념과 같이 섞어 개 놓은 후, 알맞은 냄비에다 비웃 한 켜 담고 양념을 얹고 몇 켜든지 이와 같이 다 한 후 양념장을 붓고 끓이는데, 장물을 위로 떠 부으며 조려야 빛이 가무스름하고 좋습니다.

11) 풋고추조림(1)

약 오르지 않은 풋고추를 꼭지 따고 반으로 갈라 물에 씻고, 자질구레한 멸치를 대가리를 자르고, 고기를 조금만 곱게 썰어 넣고, 참기름을 조금 치고 파를 채 치고 마늘을 약간 다져서 넣은 후, 설탕과 깨소금을 알맞게 치고 진장을 자작하게 붓고 조립니다.

12) 풋고추조림(2)

위와 같이 하는데, 멸치 대신 더덕북어를 두들겨서 반으로 갈라 뼈를 빼고 자잘하게 잘라서 같이 조립니다.

13) 감자조림

감자를 껍질을 벗기고 도톰하고 나붓하게 썰어서 놓고, 자잘한 멸치를 씻어 한데 넣고, 연한 고기를 곱게 썰어 한데 섞고, 파를 채 친 것과 마늘을 곱게 조금만 다지고, 설탕과 기름을 알맞게 치고 깨소금 약간 친 후, 진간장을 자작하게 붓고 조립니다.

북어와 두부도 위의 법과 같이 조립니다.

14) 두부조림

• 재료

두부, 녹말, 진장, 깨소금, 파, 설탕, 참기름.

• 만드는 법

두부를 한 푼 두께, 닷분 길이로 갸름하게 썰어서 소금을 약간 뿌려 놓았다가, 녹말을 씌워 번철에 기름을 두르고 부쳐 놓고, 고기를 조금 곱게 다져서 진장에 풀고, 파를 채 쳐 넣고 설탕을 간 맞게 친 후 깨소금을 반 숟가락만 치고 참기름은 두어 방울만 쳐서 잘 섞은 후, 알맞은 냄비에다 두부 부친 것 한 켜 놓고 양념 갠 것을 얹고 이와 같이 섞바꾸어 가며 다 안친 후, 양념장을 남는 대로 자작하게 붓고 끓여 놓습니다.

11. 생채류

1) 무생채

• 재료

무 썬 것 한 대접, 소금 조금, 설탕 조금, 간장 조금, 초 조금, 파 한 개, 마늘 반 쪽, 깨소금 약간, 미나리 반 줌, 실고추 약간, 참기름 약간.

• 만드는 법

무를 실같이 잘게 채 쳐서 소금에 주물러 찬물에 빨아 놓고, 미나리도 줄거리만 한 치 길이쯤 잘라서 정히 씻어서 무와 한데 섞어, 실고추를 잘게 잘라 넣고 바락바락 주물러 고춧물을 들여가지고 파 마늘을 곱게 다져 넣고 갖은 양념을 해서 무치는데, 빛이 곱지 않으면 고춧가루를 쳐서 빛을 내고, 무생채는 초맛이 있어야 하니 간을 잘 맞추십시오. 미나리는 안 넣어도 좋습니다.

2) 도라지생채

• 재료

생도라지, 설탕, 깨소금, 파, 마늘, 초, 고춧가루, 간장, 참기름.

• 만드는 법

생도라지를 물에 담가 불려가지고 속을 빼내고 겉만 대꼬챙이 같은 것으로 잘게 찢어서 고춧가루로 먼저 물을 들여가지고, 파 마늘을 곱게 다져 넣고 깨소금은 약간 친 후 기름도 조금만 치고, 초와 설탕을 간 맞게 잘 치십시오. 간장은 묽은 장으로 간을 맞추십시오.

3) 숙주초나물

• 재료

숙주 삶은 것 한 대접, 편육 차돌박이 채친 것 반 공기, 배[작은 것] 반 개, 미나리 데친 것 칠 홉 공기, 간장 쓰는 대로, 설탕 조금, 초 조금, 깨소금 반 숟가락, 참기름 반 숟가락, 파 한 개, 마늘 반 쪽, 고춧가루 약간.

• 만드는 법

숙주를 아래위를 따 버리고 삶아서 찬물에 헹궈 건져 넣고, 미나리도 줄거리만 다듬어서 한 치 가량으로 썰어 데쳐 넣고, 편육 차돌박이를 잘게 채 치고 배도 채 쳐 놓은 후, 배만 남겨 놓고 숙주, 미나리, 편육 등을 한데 섞어서 파, 마늘을 곱게 다지고, 간장, 참기름, 초, 설탕, 깨소금 여러 가지 양념을 해서 무쳐가지고, 고춧가루는 약간 기운만 하고 참기름은 맨 나중에 치십시오. 배는 다 무쳐서 상에 놓을 제 섞어 무쳐서 놓으십시오.

4) 미나리초나물

• 재료

미나리, 간장, 파, 마늘, 초, 깨소금, 설탕, 고춧가루, 참기름, 홍당무, 편육, 배.

• 만드는 법

미나리를 줄거리만 한 치 길이쯤 썰어 끓는 물에 데쳐 건져 찬물에 담가 놓고, 편육을 채 치고, 홍당무는 너무 무르지 않게 살짝 익혀 채 칩니다. 배도 채 쳐 넣고, 미나리를 꼭 짜서, 배는 나중에 섞고, 여러 가지 양념을 간 맞게 한 후 배를 섞으십시오. 초나물은 맛이 새금달금(새콤달콤)한 기가 있어야 합니다. 이 분량을 만드시는 분 식성대로 하십시오.

5) 더덕생채

• 재료

더덕, 고춧가루, 간장, 참기름, 초, 설탕, 마늘, 파, 깨소금.

• 만드는 법

더덕을 껍질을 벗겨 담갔다가 저며서 모루망치로 나른하게 두들겨 잘게 찢어가지고 여러 가지 양념을 합니다. 초 맛과 설탕 맛이 있도록 무치십시오.

6) 오이생채

• 재료

애오이, 설탕, 깨소금, 간장, 소금, 파, 마늘, 참기름, 초, 고춧가루.

• 만드는 법

풋오이를 얇게 저며서 속은 버리고 저민 것만 가지런히 해가지고 무생채 썰듯 합니다. 소금에 주물러서 오이 물은 빼 버리고 정한 물에 빨아가지고, 파 마늘을 조금만 다져 넣고 고춧가루와 다른 양념을 하는데, 기름은 나중에 약간만 치십시오. 설탕과 초를 간 맞게 넣어야 좋습니다.

7) 늙은오이생채

노각(老脚: 늙어서 빛이 누렇게 된 오이)을 껍질을 얇게 벗겨 버리고 얇게 저며서 채를 쳐가지고 소금에 주물러 정한 물에 빨아서 꼭 짜가지고, 파 마늘은 조금만 다져 넣고 고춧가루, 설탕, 초, 깨소금 등을 알맞게 쳐서 간을 맞추는데, 여기만은 맛있는 고추장을 조금만 섞으면 더욱 좋습니다. 참기름은 나중에 간을 다 해가지고 조금만 치십시오.

8) 갓채

• 재료

갓 뿌리, 표고, 석이, 배, 실고추, 파, 마늘, 설탕, 소금.

• 만드는 법

갓 뿌리를 곱게 채 쳐서 소금에 살짝 절여 넣고, 석이는 끓는 물에 튀해서 채 치고, 표고도 불려서 채를 친 후, 소금에 절여 놓은 갓을 정한 물에 빨아가지고 석이채와 표고채를 한데 섞고 배도 채 쳐 넣은 후, 파 마늘 생강을 조금만 다져서 넣고 실고추도 조금만 섞어 양념하는데, 간은 설탕과 소금으로만 간을 맞추어서 꼭꼭 눌러 넣어놓고 잡수십시오.

이것은 가을철 술안주로나 밥반찬으로도 좋습니다.

12. 간납류(肝納類)

1) 족편

• 재료

소족[큰 것] 두 개, 꿩이나 정육(쇠고기) 반 근, 계란 두 개, 석이 네 개, 송이[중간 것] 네 개, 잣가루 칠 홉 공기, 간장 조금, 소금 약간, 물 반 동이 가량.

• 만드는 법

소족을 털을 불에 그슬려서 가죽을 벗겨서 물을 붓고 푹 삶아서 곱니다. 너무 싼 불에 하면 물만 조니까 한소끔 끓인 뒤에는 뭉근하게 불을 때야 합니다.

꿩이나 고기도 한데 넣고 익혀서 건져가지고 곱게 다져 놓고, 족도 푹 물려 건져서 뼈는 추려 버리고 살만 곱게 다져서 간장과 소금으로 간을 맞추어 잘 양념해서, 국물에다 다시 넣고 불을 때서 탁 아우러지게 합니다.

계란은 흰자, 노른자를 각각 지단을 부쳐서 곱게 채 쳐 놓고, 송이도 불려서 채 쳐서 기름에 살짝 볶아 내고, 석이도 튀해서 채 쳐 볶아 놓습니다. 잣가루도 곱게 해 놓고, 족 고는 것이 거의 아우러지거든 다른 그릇에 조금만 떠서 식혀 보아, 땀수(되거나 묽기)가 알맞거든 큰 묵판 같은 데다가 두 푼(약 0.6센티미터) 가량의 두께로 펴 놓고, 준비해 놓은 잣가루, 지단채, 고기 다진 것, 석이, 송이 등을 고루 뿌려 놓습니다.

2) 양전유어

• 재료

양 깃머리 한 근, 계란 여섯 개, 밀가루 칠 홉 공기쯤, 참기름 쓰는 대로, 소금 약간.

• 만드는 법

양을 뜨거운 물에 튀해서 껍질을 벗겨서 곱게 다져가지고, 밀가루를 알맞게 치고 소금으로 간을 맞춘 후, 계란 흰자만 깨뜨려 넣고 잘 저어서 번철에 기름을 두르고 얄팍하게 부치는데, 한쪽이 익어 뒤집거든 계란 노른자 빼 놓은 것을 한쪽에다 입혀서 익힙니다. 그러면 한쪽은 노랗고 한쪽은 하얗게 됩니다. 양전유어는 잘 다지지 않으면 못씁니다.

3) 간전유어

• 재료

곁간, 밀가루, 계란, 참기름, 소금.

• 만드는 법

곁간(소의 간 곁에 붙어 있는 작은 간 조각) 좋은 것을 소금을 칠해 가며 얇게 저며서 펄펄 끓는 물에 슬쩍 데쳐서 물기를 빼가지고, 밀가루를 묻히고 계란을 씌워 번철에 부칩니다. 계란 갤 제 소금을 쳐서 간을 맞추십시오.

4) 생선전유어

• 재료

생선, 밀가루, 계란, 소금, 참기름.

• 만드는 법

성하고 좋은 생선을 비늘을 긁고 정히 다뤄서(만져서) 내부를 꺼내고 대가리를 자른 후 반으로 쪼개서 가운데 뼈는 빼 버리고 얇게 저며서, 소금을 훌훌 뿌려 채반에 벌려 놓았다가, 밀가루와 계란을 묻혀서 번철에 부칩니다.

5) 조개전유어(1)

• 재료

조개 한 대접, 정육(쇠고기) 반 근, 계란 일곱 개, 밀가루 반 공기, 참기름 쓰는 대로, 소금 약간, 간장 조금, 파 다진 것 약간, 후춧가루 약간.

• 만드는 법

조개를 까서 검은 것은 빼 버리고 씻어서 물기를 쭉 빼가지고 곱게 다져 놓고, 고기를 힘줄 없이 곱게 다져서 한데 섞어 양념해서, 밀가루와 계란을 잘 풀어 섞어서 둥그스름하고 자그만큼씩하게 번철에 부칩니다.

6) 조개전유어(2)

• 재료

대합, 밀가루, 소금, 계란, 참기름.

• 만드는 법

대합을 까서 똥집을 빼 버리고 얄팍하게 저며서 잔칼질을 해서, 밀가루와 계란을 묻혀 번철에 부칩니다.

7) 자충이전유어

• 재료

자충이[쪽파 뿌리] 다진 것 반 공기, 정육(쇠고기) 반 근, 계란 네 개, 밀가루 세 숟가락, 소금 약간, 참기름 쓰는 대로, 깨소금 약간.

• 만드는 법

파 쪽을 까서 곱게 다지고, 고기를 힘줄 없이 곱게 다져서 한데 섞어 양념해가지고, 밀가루와 계란을 풀어 섞어서 번철에 기름을 두르고 동글고 자그마하게 부치십시오.

8) 고추전유어

• 재료

풋고추, 정육(쇠고기), 계란, 밀가루, 깨소금, 간장, 설탕, 참기름, 파 다진 것, 후춧가루.

• 만드는 법

과히 약 오르지 않은 풋고추를 꼭지를 따고 배를 갈라서 씨를 떨어 버리고 칼자루로 약간 등을 두들겨 오그라지지 않게 해 놓고, 연한 살코기를 곱게 다져서 갖은 양념을 해서 고추 속에다 차게 넣어가지고 밀가루와 계란을 씌워 번철에 기름을 두르고 부치십시오.

9) 알쌈

• 재료

정육(쇠고기), 계란, 참기름, 깨소금, 설탕, 후춧가루, 간장, 소금, 파 다진 것.

• 만드는 법

연한 살코기를 곱게 다져서 갖은 양념을 해 놓고, 계란을 잘 저어서 소금을 약간 쳐가지고 번철에다가 기름을 두르고 한 숟가락씩 떠 놓고 고기 양념한 것을 조금씩 떼어서 한쪽에 놓고, 거의 익거든 계란 한쪽을 살짝 뒤집어씌워 익히면 반달 같은 모양이 됩니다.

10) 뮈쌈

• 재료

해삼, 정육(쇠고기), 두부, 파, 마늘, 깨소금, 숙주, 후춧가루, 설탕, 간장, 참기름, 밀가루, 계란.

• 만드는 법

굵고 좋은 해삼을 푹 삶아서 배를 갈라 속을 정하게 씻어서 정한 물에 깨끗이 씻어 놓고, 고기를 곱게 다지고, 숙주도 아래위를 따 버리고 삶아서 찬물에 헹궈서 물을 꼭 짜 버리고 곱게 다집니다. 두부도 정한 보에 싸서 맷돌 같은 데 눌러 놓았다가, 전부 한데 섞어 양념해가지고 해삼 속에다 차게 넣고 밀가루와 계란을 씌워 번철에 부칩니다. 파, 마늘은 곱게 다집니다.

11) 게전유어

• 재료

암게, 정육(쇠고기), 소금, 밀가루, 계란, 깨소금, 참기름, 파, 마늘.

• 만드는 법

장이 잘 든 암게를 해감내[21] 안 나게 정하게 씻어서 발끝을 따 버리고, 딱지를 떼고 장을 죄다 긁어 놓고, 고기를 곱게 다져서 한데 섞고 파 마늘을 곱게 다져서 조금만 넣고 갖은 양념을 해서 놓고, 계란 흰자만 빼서 밀가루와 한데 잘 저어 멍울 없이 저어가지고 게 양념해 놓은 것을 섞어서 번철에다가 기름을 두르고 자그만큼씩 떠 놓고 얄팍하게 부치는데, 한쪽이 익거든 뒤집어놓고 계란 노른자를 한 번 입혀서 익히면 한쪽은 노랗게 되고 한쪽은 불그레합니다.

12) 두릅전유어

• 재료

두릅, 고기, 밀가루, 참기름, 설탕, 깨소금, 계란, 소금, 간장.

• 만드는 법

두릅을 삶아서 너무 무르지 않게 익혀 건져서 껍질을 벗기고 잎을 따고 얇게 저며 놓고, 연한 고기를 곱게 다져서 갖은 양념을 해서, 두릅이 넓은 거면 두어 쪽씩 맞추어서 고기를 얇게 한쪽에만 붙여가지고 밀가루와 계란을 씌워 번철에 부칩니다.

21) 물속에서 흙이나 각종 유기물이 썩어서 생기는 찌꺼기 냄새.

13) 묵전유어

• 재료

묵, 정육(쇠고기), 밀가루, 계란, 참기름, 간장, 소금, 깨소금, 설탕, 후춧가루, 파 다진 것.

• 만드는 법

백묵(녹말로 쑨 흰 묵)을 얄팍하게 저며서 사방 육칠 푼(약 1.8~2.1센티미터) 가량으로 썰어 놓고, 연한 고기를 곱게 다져서 소금만 빼고 갖은 양념을 해서 묵 한쪽에다 얇게 입히고 묵 한쪽을 맞붙이고, 밀가루와 계란을 씌워 번철에 부칩니다.

14) 잡누르미

• 재료

양 반 근, 대창 반 근, 도라지 썬 것 한 보시기, 전복[중간치] 세 개, 해삼[큰 것] 네 개, 표고 썬 것 한 보시기, 고기 썬 것 한 보시기, 참기름 칠 홉 공기, 후춧가루 약간, 간장 쓰는 대로, 파 다진 것 한 종지, 잣가루 칠 홉 공기, 설탕 조금, 깨소금 한 종지, 대꼬챙이.

• 만드는 법

양을 튀해 껍질을 벗기고 대창을 정히 씻어 한데 삶아 익혀서 건져가지고, 길이는 한 치 닷분(약 4.5센티미터)쯤 되게 썰고 너비는 두 푼(약 0.6센티미터)쯤 되게 썰어서 갖은 양념을 하고, 해삼도 삶아 푹 불려가지고 반으로 갈라 정하게 씻어서 같은 치수로 썰어 기름에 볶아서 양념합니다.

전복도 불려서 삶아 같은 치수로 썰어서 기름에 볶아 양념해 놓고, 표고도 불려서 자잘하게 썰어서 기름에 볶아 양념해 놓습니다. 도라지는 미리 삶아서 담가 우려가지고 속을 빼 버리고 같은 치수로 썰어서 기름에 볶아 양념해 놓은 후, 여러 가지를 색색이 골고루 대꼬챙이에다 꿰어서 양념을 가지런히 해가지고 잣가루를 뿌려 재워 놓습니다.

15) 동아누르미

• 재료

동아 저민 것 한 대접, 고기 다진 것 한 공기, 표고 썬 것 칠 홉 공기, 석이 채 친 것 조금, 파 다진 것 약간, 마늘 한 쪽 다진 것, 계란 네 개, 밀가루 칠 홉 공기쯤, 참기름 쓰는 대로, 깨소금 반 숟가락, 설탕 약간, 후춧가루 약간, 대꼬챙이, 실백 반 종지.

• 만드는 법

알맞게 굳은 동아를 껍질을 벗기고 반으로 쪼개 속을 빼 버리고 얇게 저며서 길이 한 치 닷 분쯤, 너비도 한 치 넉넉하게 썰어서 삶아 너무 무르지 않게 건져서 찬물에 건져 담그고, 고기를 곱게 다져서 양념해 볶아 놓고, 표고도 불려 채 쳐 기름에 볶고 석이도 튀해서 채 쳐 볶아 한데 전부 양념해서, 동아 한쪽을 펴 놓고 준비해 놓은 고명을 조금씩 갸름하게 놓고 돌돌 말아서 대꼬챙이에다가 꿰는데, 다섯 개나 여섯 개쯤 꿰어서 밀가루와 계란을 씌워 번철에 부칩니다.

16) 박누르미

• 재료

박 저민 것 한 대접, 고기 다진 것 칠 홉 공기, 표고 썬 것 반 공기, 계란 네 개, 밀가루 쓰는 대로, 석이 채친 것 조금, 실백 한 종지, 참기름 쓰는 대로, 간장 조금, 설탕 약간, 깨소금 약간, 소금 약간, 대꼬챙이.

• 만드는 법

굳지 않은 박을 따서 껍질을 벗기고 반으로 쪼개 속을 꺼내 버리고 얇게 저며서 삶아, 무르거든 찬물에 건져 놓고, 고기를 곱게 다져서 갖은 양념을 해 볶아 놓고, 표고도 불려서 채 쳐 기름에 볶고, 석이도 튀해서 채 쳐 볶습니다. 그 다음엔 한데 섞어 양념해가지고, 박을 한 조각씩 펴 놓고 고명을 조금씩 가느스름하게 놓고 실백을 몇 개씩 늘어놓아가지고 가느스름하게 말아서, 대꼬챙이에다가 대여섯 개씩 꿰어서 밀가루와 계란을 씌워 번철에 부칩니다.

17) 화양(華陽)누르미

• 재료

도라지 두 대접, 정육(쇠고기) 한 근, 파 썬 것 도라지 반만큼, 느타리도 파 분량만큼, 깨소금 거피한(껍질 벗긴) 것 쓰는 대로, 간장 조금, 참기름 쓰는 대로, 설탕 조금, 후춧가루 약간, 꼬챙이.

• 만드는 법

도라지를 삶아서 알맞게 무르거든 건져서 물을 자주 갈아 부어 우려가지고, 속을 빼고 너무 잘지 않게 썰어서 기름에 볶아가지고 갖은 양념을 해 놓고, 연한 살코기를 같은 치수로 썰어서 갖은 고명을 해서 볶고, 파도 같은 치수로 썰어서 얼핏 끓는 물에 데치고 찬물에 헹궈서 역시 양념을 해 놓고, 느타리도 불려서 썰어 기름에 볶아 양념을 한 후, 대꼬챙이에다가 섞바꾸어 색 맞추어 꿰고, 양편(兩便: 양쪽)을 가지런히 거두절미해(머리와 꼬리를 잘라)가지고 껍질을 벗긴 깨소금을 앞뒤로 뿌려 놓습니다.

18) 누름적

• 재료

정육(쇠고기) 반 근, 양 조금, 대창 조금, 표고 조금, 전복 두 개, 홍당무(큰 것) 한 개, 도라지 조금, 간장 쓰는 대로, 깨소금 조금, 참기름 쓰는 대로, 후춧가루 약간, 설탕 조금, 계란 쓰는 대로, 밀가루 쓰는 대로, 대꼬챙이.

• 만드는 법

정육을 힘줄 안 섞이게 길이는 한 치 서너 푼(약 3.9~4.2센티미터)쯤 되게 잘라서 도톰하게 저며서 그와 같은 부피로 썰어서 양념해 놓고, 양은 튀해서 껍질을 벗기고 대창도 정하게 씻어서 한데 삶아 알맞게 익거든 건져서 가느스름하게 고기 치수와 같이 썰어서 각각 양념해 놓고, 표고도 불려서 이와 같이 썰고, 전복도 담가 불렸다가 양 삶는 데다가 넣어 익혀서 얄팍하고 가느스름하게 썰고, 홍당무도 슬쩍 쪄서 다 같은 치수로 썹니다.

도라지도 삶아서 담가 쓴맛을 우려가지고 속을 빼고 대가리를 자른 후 다 같은 치수로 썰어서 양념해가지고, 대꼬챙이에다가 고루 꿰어서 밀가루와 계란을 씌워 번철에 부칩니다.

19) 수란(水卵)

수란 뜨는 도구는 국자같이 되고 크게 된 데다가 확이 여러 개가 된 것이니 이름은 수란짜라 합니다.

먼저 물을 펄펄 끓이다가, 한 구멍에 계란 한 개씩 깨뜨려 놓아서 자루를 쥐고 끓는 물 위에다가 띄워서, 거의 익어 가면 물속에다 담갔다 꺼내서 찬물에 헹궈 체에다 건져 놓아 물기를 대강 없이하고 그릇에 담은 후, 잣가루를 흠씬 뿌려 놓습니다. 초장을 타 놓으십시오. 이렇게 한 것은 '자수란'이라 하고 많이 할 제 하는데, 조금씩 급히 하는 것은 물을 끓이다가 그냥 알을 깨뜨려 넣어 익혀도 됩니다.

20) 소금수란

번철에 기름을 두르고 계란을 한 개씩 깨뜨려 놓아 한쪽이 거의 익거든 위에다 소금을 약간 뿌려서 반으로 접어 익힙니다. 모양이 반달같이 됩니다. 여기도 초장을 타 놓으십시오.

21) 숙란(熟卵)

계란을 물에 삶아 까서 고여 씁니다. 이것은 특히 큰 잔치 같은 때 간납으로 씁니다. 또는 장아찌 접시에도 곁들이는데, 이런 경우에는 동글게 썰든지 길이로 열십자로 썰어 곁들입니다.

13. 잡채류

1) 잡채(1)

• 재료

정육(쇠고기) 한 근, 도라지 한 공기, 당면 삶은 것 반 대접, 미나리 한 공기, 숙주 한 공기, 목이 조금, 느타리(작은 것) 열 개, 표고(작은 것) 열 개, 송이(중간치) 다섯 개, 계란 두 개, 파 두 개, 마늘 한 쪽, 설탕 쓰는 대로, 간장 쓰는 대로, 참기름 칠 홉 공기, 깨소금 한 종지, 황화채(黃花菜: 원추리의 잎과 꽃을 무쳐 먹는 나물) 찢은 것 한 공기.

• 만드는 법

먼저 도라지를 삶아서 찬물을 갈아 부어 가며 우려가지고 속을 빼내고 잘게 찢고, 정육(쇠고기)은 잘게 채를 쳐 양념해서 볶습니다.

여러 가지 버섯은 다 각각 물에 담갔다가 다 각각 찢어서 기름에 볶아 놓습니다. 황이는 속을 빼 버리고 잘게 찢습니다. 목이는 큰 것은 두어 쪽만 내면 좋습니다. 숙주는 아래위를 따서 찬물에 헹궈 짜가지고 기름에 볶습니다.

당면은 끓는 물에 삶아 건져서 정한 도마에 놓고 서너 토막으로 잘라 놓은 후, 전부 한데 섞고 갖은 고명을 간 맞게 합니다. 계란은 지단을 부쳐 채 쳐서 잡채를 그릇에 담고 위에다 뿌립니다. 잣가루도 뿌립니다.

2) 잡채(2)

• 재료

정육(쇠고기) 반 근, 죽순[큰 것] 한 개, 홍당무[큰 것] 한 개, 양파[작은 것] 한 개, 표고[큰 것] 다섯 개, 송이[큰 것] 다섯 개, 느타리[중간치] 열 개, 오이[중간치] 두 개, 전복[중간치] 두 개, 우설(쇠혓밑) 반의 반 근, 배[큰 것] 한 개, 소금 조금, 겨자 한 공기, 돼지고기 반의 반 근, 설탕 조금, 초 조금, 참기름 쓰는 대로.

• 만드는 법

고기를 힘줄 안 섞이게 잘 채 쳐서 갖은 양념을 해서 볶고, 양파도 곱게 채 쳐서 기름에 볶아 놓고, 전복도 불려서 얇게 썰어 기름에 볶습니다.

홍당무는 살짝 쪄가지고 납작납작하게 썹니다. 오이는 동근 대로 착착 썰어서 소금에 얼핏 절였다가 물에 빨아가지고 기름에 살짝 볶아 빛만 내 놓고, 죽순도 반으로 쪼개서 얇게 착착 썰어 정하게 씻습니다.

우설(쇠혓밑), 정육(쇠고기), 배 등은 채만 칩니다. 준비가 다 되었으면 전부 한데 섞어가지고 겨자즙을 치고 소금으로 간을 맞추고, 간을 보아 가며 설탕, 초를 쳐서 간을 맞추십시오.

3) 족채

• 재료

쇠족 한 개, 제육(돼지고기) 썬 것 반 공기, 편육 썬 것 반 공기, 배[작은 것] 한 개, 목이 조금, 미나리 반 공기, 숙주 조금, 겨자즙 반 공기 가량, 간장 조금, 깨소금 반 숟가락, 참기름 한 숟가락, 설탕 조금, 실백 한 종지, 계란 한 개, 전복 한 개.

• 만드는 법

쇠족을 푹 삶아서 무르거든 건져서 얇게 저며서 곱게 채치고, 제육 편육도 다 채를 쳐 놓고, 목이도 불려서 정하게 씻어서 대강 썰고, 미나리는 줄거리만 한 치 가량으로 썰어 삶아 찬물에 건져 헹궈 놓고, 숙주도 아래위를 따서 삶아 찬물에 헹궈 놓습니다. 배도 곱게 채 치고, 전복은 불렸다가 족 삶은 데 넣어 삶아서, 얇게 썰어서 갖은 고명을 다 해서 화로에 올려놓아 덥게 해서, 계란은 지단을 부쳐 채 쳤다가 위에다 뿌리고, 실백은 먼저 섞어야 합니다. 겨자즙을 만들어 놓았다가, 상에 놓을 제 위에 부어 들여갑니다. 지단채는 맨 위에 뿌리십시오.

4) 겨자선

• 재료

양배추[중간치] 한 개, 우설(쇠혓밑) 반의 반 근(150그램), 제육 반의 반 근, 표고 네 개, 해삼[중간치] 네 개, 전복[큰 것] 한 개, 오이[작은 것] 두 개, 홍당무[중간치] 한 개, 감자[큰 것] 한 개, 숙주 한 공기, 생우유 한 공기 반, 겨자즙 한 공기, 설탕 쓰는 대로, 초 조금, 소금 조금.

• 만드는 법

감자와 홍당무는 삶아서 과히 무르지 않게 알맞게 익거든 건져서 골패짝 같이 썰고, 애오이를 동근 모양대로 착착 썰어서 소금에 살짝 절여 정한 물에 헹궈서 꼭 짜가지고 번철에 기름 두르고 살짝 볶고, 표고도 담갔다가 나붓하게 썰어 번철에 볶아 놓습니다.

배추는 속대만 잘게 채 쳐서 소금에 살짝 절여 놓고, 제육(돼지고기)는 채 치고 우설(쇠혓밑)은 납작납작하게 썰어 놓고, 해삼은 푹 삶아서 무르거든 한쪽을 가르고 속을 정히 씻어서 채 쳐 기름에 볶고, 전복도 불려서 얇게 썰어 기름에 볶습니다. 통조림 같으면 그대로 정하게 씻기만 해서 썹니다. 숙주는 아래위를 따 버리고 삶아 건져 냉수에 헹궈서 꼭 짜가지고 기름에 얼핏 볶습니다.

그 다음 절여 놓은 배추를 찬물에 살살 빨아서 소쿠리 같은 데 건져 물을 빼가지고 준비해 놓은 여러 가지를 전부 한데 섞고, 겨자즙 설탕 소금 등을 쳐서 섞고, 생우유를 치고 버무립니다. 간을 보아서 초와 다른 양념을 더해 간을 맞추어, 알맞은 그릇에 밑에다가 채소 잎을 깔고 담아 놓으십시오.

5) 탕평채

• 재료

백묵 두 개, 미나리 데친 것 한 공기, 편육 채 친 것 칠 홉 공기, 정육(쇠고기) 조금, 김 다섯 장, 고춧가루 약간, 깨소금 한 숟가락, 진간장 쓰는 대로, 설탕 조금, 초 쓰는 대로, 참기름 약간, 파 한 개, 마늘 한 쪽.

• 만드는 법

고기를 곱게 다져서 갖은 양념해서 볶아 놓고, 편육도 잘게 채 치고, 미나리는 줄거리만 한 치 길이쯤 잘라 데쳐 놓고, 김은 기름 바르지 말고 구워서 싹싹 비벼 놓습니다. 묵은 껍질을 벗기고 두 푼 두께로 저며서 얇게 착착 썰어서 기름은 나중에 치고 여러 가지 양념을 해서 무치는데, 초맛이 좀 나게 무치십시오.

6) 구절판

• 재료

메밀가루, 양, 천엽(처녑), 무, 콩팥, 숙주, 미나리, 표고, 석이, 간장, 깨소금, 파, 마늘, 설탕, 참기름, 후춧가루.

• 만드는 법

메밀가루는 밀전병 부치듯 반죽을 해가지고 얇고 동글게 작은 보시기 둘레만큼 하게 부치고, 양은 튀해서 실같이 채 쳐서 갖은 양념을 해서 볶아 놓고, 천엽도 정히 씻어서 가늘게 채 쳐 양념해 볶고, 무도 곱게 채 쳐서 나물로 만들어 놓고, 숙주도 아래위를 따고 삶아서 갖은 양념을 합니다.

콩팥도 잘게 채 쳐서 갖은 양념을 해서 놓습니다. 미나리도 한 치 길이쯤 잘라서 살짝 데쳐 양념하고, 표고도 불려서 채 쳐 기름에 볶아가지고 갖은 양념을 합니다. 석이도 튀해서 채 쳐 기름에 볶아 양념합니다.

이와 같이 준비가 다 되었으면 구절판에다가 한가운데는 메밀전병을 담고 그 가로 돌려가며 여러 가지 준비해 놓은 것을 각각 담아서, 상에다 놓으면 식성대로 메밀전병에다 싸 잡수시게 됩니다. 초장을 간 맞게 타 놓으십시오. 구절판이 없으면 요리 접시에 담아도 좋습니다. 이것은 큰 잔치 때 술안주로 하는 것입니다.

14. 장국류

1) 만두

• 재료

백면가루(메밀가루) 소두 한 되, 밀가루 칠 홉, 백면 한 대접 반 가량, 정육(쇠고기) 두 근(1.2킬로그램), 꿩 한 마리, 배추통김치 여섯 통 가량, 무 한 개, 숙주 삶은 것 한 대접, 미나리 데친 것 한 대접, 실백 조금, 두부 두 채, 파 다섯 개쯤, 마늘 세 쪽, 후춧가루 조금, 참기름 한 공기 반 가량, 간장 조금, 설탕 조금, 고춧가루 조금.

• 만드는 법

먼저 배추통김치를 속을 털어 버리고 잎사귀는 자르고 정하게 빨아가지고 송송 잘게 썰어서 다시 물에다 한참 담갔다가 김치 냄새 안 나게 정히 빨아서 곱게 다져서 물기 없이 꼭 짜 놓고, 숙주도 아래위를 따 버리고 삶아서 물기 없이 꼭 짜가지고 곱게 다지고, 미나리도 줄거리만 삶아서 짜가지고 다져 놓습니다.

무는 채 쳐서 나물하듯 해 놓고, 두부는 보에 싸서 매에 눌러 놓습니다. 꿩고기와 정육(쇠고기)을 곱게 다져서 갖은 양념을 해서 볶아서 다시 다져 놓고, 눌러 놓았던 두부를 꺼내서 전부 한데 섞어 양념해 놓고, 백면가루와 밀가루를 섞어서 체로 한 번 쳐 놓습니다. 국수를 끓는 물에 빨아서 가루에다 넣고 반죽을 합니다.

그래가지고 도토리만큼씩 떼어가지고 얇게 파서 소를 넣고 실백을 두어 개씩 넣고 혀를 아물리는데, 다 막지 말고 한쪽 귀를 조금만 남겨 놓고, 맑은 장국을 끓이다가 넣어 삶는데, 위로 뜨거든 다 익은 것이니 그릇에 뜨고, 위에는 고기 다져 볶은 겉고명을 얹고 후춧가루를 약간 뿌리십시오. 초장을 타 놓으십시오. 만두는 속을 얇게 파서 해야 합니다. 만일 백면가루가 없으면 밀가루에다가 감자가루를 섞어 하십시오.

2) 생치(꿩)만두

• 재료

생치 한 마리, 무[중간치] 한 개, 실백 조금, 계란 두 개, 녹말 약간, 표고 네 개, 간장, 깨소금 한 숟가락, 참기름 한 종지, 정육(쇠고기) 조금, 후춧가루 약간, 파 두 개, 마늘 한 쪽, 설탕 약간.

• 만드는 법

먼저 생치를 털을 뜯어서 대가리와 발을 자르고 내장을 빼 버리고 정히 씻어서 무와 한데 넣고 삶습니다. 푹 무르거든 건져서 살을 죄 긁고, 무를 뭉크러뜨려서 갖은 양념을 해 놓고, 고기는 꾸미[22]로 재서 맑은 장국을 끓이다가, 양념해 놓은 생치를 대추만큼씩 떼어서 모양 있게 만들어서, 실백을 두어 개씩 박아가지고 녹말을 묻혀 끓는 장국에 삶습니다. 표고는 불려서 채 쳐 놓고 계란은 지단을 부쳐 채 쳐 놓았다가, 만두를 뜨고 위에다 얹으십시오.

22) 국이나 찌개 따위에 넣는 고기붙이.

3) 준치만두

• 재료

준치 한 마리, 녹말 쓰는 대로, 정육(쇠고기) 조금, 표고 두 개, 참기름 두 숟가락 반쯤, 간장 쓰는 대로, 후춧가루 약간, 깨소금 반 숟가락, 파 한 개, 마늘[작은 것] 한 쪽, 설탕 약간, 실백 쓰는 대로.

• 만드는 법

성한 준치를 정히 다뤄서 내장을 꺼내고 대가리를 잘라서 쪄가지고, 가시를 골라내고 살만 갖은 양념을 해서 놓고, 고기는 꾸미를 재워 맑은 장국을 끓이다가 조금 떼어서 세 손가락을 마주 대고 바짝 눌러서 실백을 두어 개씩 박고 녹말을 씌워 끓는 장국에 넣어 삶아, 위로 뜨면 다 된 것이니 그릇에 뜨고, 표고는 채 쳐 기름에 볶아 얹습니다. 만두 모양은 손가락 자국이 나게 됩니다.

4) 온면(국수장국)

• 재료

백면(메밀), 정육(쇠고기), 파, 마늘, 계란, 후춧가루, 깨소금, 참기름, 간장.

• 만드는 법

연한 살코기를 곱게 다져 갖은 양념해서 볶아 놓고, 다른 고기로 꾸미를 재워 맑은 장국을 끓입니다. 계란은 깨뜨려 저었다가 장국이 충분히 끓거든 위로 사르르 부어 놓으면 익어서 위로 활짝 떠 있습니다. 이것을 부서지지 않게 잘 건져 내 놓고, 국수를 빨아서 소쿠리 같은 데다가 건져 물을 빼가지고 그릇에 알맞게 담아서 장국으로 토렴(退染)[23]을 해가지고, 다시 장국을 붓고 볶아 놓은 고기와 계란을 얹고 후춧가루를 조금씩 뿌립니다.

5) 떡국

• 재료

흰떡 썬 것 세 대접, 정육(쇠고기) 반 근, 깨소금 한 숟가락, 설탕 조금, 파 두 개, 마늘 한 쪽, 간장 쓰는 대로, 후춧가루 약간, 참기름 반 종지쯤, 설탕 약간, 계란 두 개.

• 만드는 법

흰떡을 어슷어슷하고 얄팍하게 썰어 놓고, 고기를 살로 몇 조각만 너비아니[24]로 저며 놓고 꾸미로 재워서 맑은 장국을 간 맞게 끓이다가, 계란을 깨뜨려 한쪽으로 가만히 부었다가 위로 뜨거든 따로 건져 놓고, 썰어 놓은 떡을 정한 물에 한 번 씻어서 넣고 끓여서 위로 뜨면 다 된 것입니다. 저며 놓은 고기는 잔칼질을 해서 양념해서 구워 갸름하게 썰어서 떡국을 뜨고 위에다 얹고 계란도 얹은 후 후춧가루를 약간 뿌립니다. 설탕은 웃고명 양념할 때만 넣으십시오.

6) 편수

• 재료

밀가루 한 되 반(약 2.7리터), 계란 두 개, 정육(쇠고기) 한 근 반(900그램) 가량, 간장 쓰는 대로, 오이 네 개, 표고 채친 것 칠 홉 공기쯤, 석이 조금, 실백 조금, 파 두 개, 마늘 한 쪽, 참기름 한 종지 반 가량, 후춧가루 반 숟가락, 설탕 조금, 깨소금 한 숟가락.

• 만드는 법

오이는 애오이를 꼭지를 자르고 거죽만 얇게 저며서 소금에 살짝 절였다

23) 밥이나 국수 등에 따뜻한 국물을 부었다 따랐다 하며 데우는 것..

24) 얇게 저민 뒤 양념을 하여 구운 쇠고기.

가 물에 빨아 꼭 짜가지고 기름에 살짝 볶고, 표고도 채를 쳐 볶고, 석이도 끓는 물에 튀해서 채를 쳐 볶아 놓습니다.

고기는 살로 곱게 다져서 갖은 양념을 해 볶아서 전부 한데 섞어 놓습니다. 밀가루는 계란과 후춧가루를 약간 넣고 간장을 조금 치고 물을 알맞게 쳐서 반죽을 해서 힘 있게 치대가지고 얇게 밀어서 사방 한 치 서 푼(약 3.9센티미터) 가량이면 알맞을 것 같습니다.

그렇게 썰어가지고 준비해 놓은 소를 가운데다가 넣고 실백을 두서너 개씩 놓고 네 귀를 접는데, 만두 설막듯 곱게 붙이시고 한쪽 귀는 구멍을 조금만 남기셔야 끓일 제 국물이 들어가 익게 됩니다. 다 된 후에 고기 남긴 것을 꾸미로 재워 맑은 장국을 끓이다가 만들어 놓은 편수를 넣어 끓이십시오. 이것도 위로 뜨면 다 된 것이니 그릇에 뜨고, 꾸미를 건져서 곱게 다져 위에다 얹고 후춧가루를 조금만 뿌리십시오.

7) 밀국수

• 재료

밀가루 한 되 반, 영계 한 마리, 애호박 두 개, 정육(쇠고기) 반 근, 간장 쓰는 대로, 파 두 개, 계란 두 개, 후춧가루 약간, 깨소금 한 숟가락 반쯤, 참기름 한 종지.

• 만드는 법

먼저 닭을 잡아 끓는 물에 튀해서 털을 뜯고 갈라서 내장을 꺼내고 정히 씻어서 대가리와 발은 자르고 물을 자그마치 붓고 푹 삶아 건져서 살만 잘게 찢어서 갖은 양념을 해 놓고, 고기는 꾸미로 재워서 맑은 장국을 넉넉히 끓입니다.

어린 호박을 네 쪽을 내서 속은 빼 버리고 얄팍하게 착착 썰어서 소금에 절였다가 물에 빨아서 꼭 짜가지고 기름에 볶아서 양념합니다.

밀가루를 반죽하는데 계란을 넣고 간장과 후춧가루를 조금만 치고 반죽을 해서 잘 치대가지고 얇게 밀어서 썩 가늘게 썰어서, 물을 끓이다가 삶아 건져서 찬물에 헹궈 소쿠리 같은 데다 건져서 물기를 뺀 후 그릇에 알맞게 담고, 끓여 놓은 맑은 장국을 훨씬 식혀서 기름기 같은 것은 걷어 버리고, 닭 삶은 물도 식혀서 기름기를 걷어 내고 조금만 섞어서 간을 맞추어 국물을 붓고, 닭고기와 호박나물을 얹고 후춧가루를 조금만 뿌리십시오.

8) 장국냉면

• 재료

백면, 정육(쇠고기), 계란, 오이, 표고, 실백, 배, 겨자즙, 얼음, 깨소금, 설탕, 간장, 후춧가루, 참기름, 파.

• 만드는 법

정육(쇠고기)을 꾸미로 재워 맑은 장국을 끓여 식혀서 기름기를 걷고, 오이를 거죽만 얇게 저며서 채쳐 소금에 절였다가 물에 빨아서 기름에 살짝 볶고, 표고도 채쳐 볶고, 계란은 지단을 부쳐 채칩니다. 배도 가늘게 채쳐 놓고, 국수를 빨아서 소쿠리 같은 데 건져서 물을 빼서 그릇에 알맞게 담고, 준비해 놓은 고명을 고루 얹고, 국물에 설탕은 식성대로 넣고 싶으면 넣어 붓고, 실백을 얹습니다. 겨자즙도 식성에 안 맞는 분이 계시니 따로 그릇에 놓는 게 좋을 듯싶습니다. 그리고 얼음을 잘게 깨뜨려 지르십시오(넣으세요).

9) 김칫국냉면

• 재료

백면, 나박김치(겨울이면 동치미로 합니다.), 얼음, 돼지고기, 편육, 배, 실백, 설탕, 겨자즙, 고춧가루.

• 만드는 법

미리 냉면 김치로 나박김치를 맛있게 담가서 먹기 좋게 익거든 냉면을 마십시오. 돼지고기를 비계 없는 데로 얇게 납작납작하게 썰고, 편육도 차돌박이로 같은 치수로 썰고, 배도 이와 같이 썹니다. 준비가 다 되면 국수를 빨아서 소쿠리에 건져 놓고, 김칫국을 따라서 설탕을 간 맞게 타고, 간이 셀 듯싶으면 물을 좀 쳐서 씁니다.

대접에 국수를 알맞게 담고 준비해 놓은 고명을 고루 얹으신 후 김치 건더기도 얹고, 국물을 부으시고, 실백을 얹은 후 고춧가루를 조금만 뿌리십시오. 겨자즙을 타서 따로 담아 놓으십시오. 식성이 다르니만큼 국수 만데다 겨자즙을 미리 넣지 마십시오.

10) 도미국수

• 재료

도미[중간치] 한 마리, 정육 반의 반 근, 계란 두 개, 밀가루 네 숟가락, 간장 쓰는 대로, 파 한 개, 깨소금 약간, 참기름 한 종지, 후춧가루 약간, 쑥갓 한 대접, 백면 열두 사리.

• 만드는 법

성하고 좋은 도미를 정히 다뤄서 내장을 꺼내 버리고 대가리를 자르고 너무 크지 않게 토막을 쳐서 가운데 뼈를 빼내고 밀가루와 계란을 씌워 번철에 부치고, 고기를 재워 맑은 장국을 간 맞게 끓이다가 부쳐 놓은 생선을 넣어 끓입니다.

쑥갓은 들여갈 적에 위에다 얹어 빛만 내서 냄비를 불 위에 놓은 채 들여가고, 국수는 정하게 빨아서 그릇에 한데 담아 놓고 공기를 놓아 들여가면 자시는 분 마음대로 덜어서 국물 부어 자시게 됩니다. 쑥갓을 날로 담아 놓아도 좋습니다. 자시는 분 식성대로 넣어서 익혀 잡숫게 됩니다.

만일 이렇게 하는 게 재미없는 경우에는 국수를 대접에다 담고 위에다 도미 토막을 얹고 쑥갓을 익혀 얹어 국물을 부어 다 각기 놓아도 좋습니다. 이 분량이면 3인분은 됩니다.

11) 조기국수

• 재료

생선조기, 백면, 정육(쇠고기), 계란, 밀가루, 간장, 파, 깨소금, 참기름, 후춧가루, 쑥갓.

• 만드는 법

조기국수는 도미국수 하듯 똑같은 방법으로 만드는 것이기에 재료만 적었습니다.

12) 칼싹두기

• 재료

백면가루, 배추통김치, 정육(쇠고기), 간장, 파, 마늘, 깨소금, 후춧가루, 참기름.

• 만드는 법

백면가루를 반죽해서 얇게 밀어서 국수 길이 대중해서 썰어가지고 차곡차곡 겹쳐가지고 가늘게 채치고, 고기를 꾸미로 재워서 맑은 장국을 끓이다가 충분히 끓거든 국수를 넣어 한 번 주걱으로 저어 놓고, 배추통김치 알맞은 것을 속을 떨어 버리고 줄거리만 곱게 채쳐서 위에 훌훌 뿌려 놓았다가 한소끔 끓여 위로 국수가 뜨거든 그릇에 뜨십시오. 김치는 너무 많이 넣지 마십시오.

13) 수제비

• 재료

밀가루 한 되 반, 영계 한 마리, 미역 조금, 파 두 개, 마늘 한 쪽, 간장 쓰는 대로, 깨소금 한 숟가락, 후춧가루 조금, 계란 두 개.

• 만드는 법

닭을 잡아서 끓는 물에 튀해서 털을 뜯고 대가리와 발을 자르고 배를 갈라, 내장을 꺼내서 창자만 버리고 다른 것은 정히 씻고, 닭도 정히 씻어서 푹 삶아 건져서 살만 잘게 찢어 갖은 양념을 해서 도로 국물에 넣고, 내부도 자잘하게 썰어 놓습니다.

국물을 넉넉히 붓고 미역도 줄거리는 빼고 잎사귀만 자잘하게 찢어 넣고 끓이다가, 밀가루에다가 계란을 깨뜨려 넣고 후춧가루를 조금만 넣고 간장을 조금 쳐서 반죽을 조금 지룩하게(질게) 해서, 주걱에다 얄팍하게 늘어놓고 숟가락총 같은 걸로 가늘게 쳐서 넣고 끓여서, 위로 뜨면 다 된 것이니 그때 대접에 뜨십시오.

14) 국수비빔

• 재료

백면 스무 사리, 정육(쇠고기) 반 근, 편육 썬 것 반 공기, 미나리 데친 것 칠 홉 공기, 계란 세 개, 깨소금 한 숟가락, 진간장 쓰는 대로, 참기름 두 종지, 파 한 개, 후춧가루 약간, 설탕 쓰는 대로.

• 만드는 법

먼저 고기를 조금만 곱게 다져서 모루기[25]를 한 이십여 개만 잘게 만들고 알쌈[26]을 잘게 열댓 개만 만들어 놓고(알쌈과 모루기는 좀 더 많이 만들어도 좋습니다.), 미나리도 줄거리만 한 치 가량으로 썰어서 데쳐 놓은 후, 편육을 잘게 채 쳐 놓고, 고기를 조금만 남기고 채 쳐서 양념해 볶습니다.

양념 준비가 다 되거든 국수를 정하게 씻어서 물을 빼가지고 넓은 그릇에 담고, 준비해 놓은 고명 중에서 모루기와 알쌈은 내놓고 전부 한데 섞습니다. 진장과 참기름, 설탕 여러 가지 양념을 간 맞게 한 후 그릇에 나누어 담을 제 모루기와 알쌈을 섞어 담으십시오. 이 분량이 5인분은 될 듯합니다. 다음 남겨 놓은 고기를 맑은 장국을 끓여서 놓으십시오. 국수비빔에는 반드시 맑은 장국이나 잡탕(쇠고기 해삼 전복 채소 무 등을 삶아 썰어 넣고 양념과 고명을 하여 끓인 국이나 볶은 음식)이 따릅니다.

25) 소고기를 곱게 다져 갖은 양념을 한 뒤 작은 콩만큼 만든 것.

26) 달걀 갠 것을 얇게 펴서 익힌 후, 잘게 썬 고기를 넣고 싸서 반달처럼 만든 후식.

15. 화채류

1) 식혜

• 재료

멥쌀 한 되, 찹쌀 세 홉, 유자[중간치] 두 개, 실백(實柏: 잣) 한 홉, 설탕 세 근쯤, 엿기름가루 되가웃.

• 만드는 법

먼저 엿기름가루를 찬물에 담가서 잠깐만 두었다가 주물러서 고운체로 밭아서 가라앉힙니다. 그리고 멥쌀과 찹쌀을 도드미(구멍이 굵은 체) 같은 데다 싸라기는 쳐 내고 온통 쌀만 정하게 씻어 일어서 담갔다가, 한 예닐곱 시간 만에 건져서 시루에 찝니다.

한소끔 김이 오르거든 주걱으로 살살 퍼뜨려 놓고 물을 솔솔 뿌려가지고 다시 김을 올립니다. 미리 준비해 놓은 엿기름국이 다 가라앉았을 테니까, 웃물만 고운체로 밭아서 백항아리나 놋양푼 같은 데다가 붓고, 쩌 놓은 밥을 덩어리 안 지게 활활 펼쳐 넣어 더운 방 아랫목 같은 데다가 덮어 놓고 방석 같을 것으로 푹 씌워 놓아 삭히는데, 보통 예닐곱 시간이면 삭습니다.

가끔 열어 보아서 밥알이 두서너 개만 뜨거든 시원한 곳으로 내놓으면 위로 활짝 떠오릅니다. 그때에 철조리 같은 것으로 살살 건져서 냉수에 헹구는데, 두어 번 헹궈서 다시 찬물에 담가 두고, 식혜 삭힌 물과 밥알 빤 물을 합하고 밥을 대중해서 물을 넉넉히 잡아서 설탕을 아주 타서 충분히 끓입니다.

한참 끓으면 거품이 뜰 테니 그 거품을 죄다 걷어 내고 충분히 끓여서 고운체에다 밭아 놓고, 유자를 한쪽만 따서 구멍을 내서 넣어 놓습니다. 건더기를 보아서 다 탈 만큼 국물을 잡아 끓여 두었다가, 식혜를 잡수실 제마다 국물을 뜨고 건더기를 철조리로 건져서 넣고 실백(잣)을 띄웁니다.

2) 수정과

- 재료

준시(蹲柹)[27] 반 접, 생강 썬 것 한 공기 반, 계핏가루나 통계피 조금, 실백 반 홉(90밀리리터), 설탕 세 근(1.8킬로그램)쯤.

- 만드는 법

먼저 생차를 달이는데, 생강을 얇게 착착 썰어 놓고, 준시가 굵으면 물은 큰 대접으로 열두어 대접 가량 붓고 끓이는데, 설탕을 아주 타서 충분히 끓여가지고 고운체에 밭아서 항아리에 담아 훨씬 식혀가지고, 곶감을 씨를 빼고 정한 물에 살살 씻어서 담습니다. 계핏가루나 통계피를 정한 헝겊에다 싸서 넣어야 합니다. 다 익거든 건더기를 따로 건져서 다른 항아리에 다 담아 놓고, 잡수실 때마다 국물을 뜨고 건더기를 건져 넣고 실백을 띄우십시오. 그러면 여러 날 되어도 건더기가 풀어질 염려가 없습니다.

27) 껍질을 깎아 꼬챙이에 꿰지 않고 납작하게 말린 곶감.

3) 배숙

• 재료

배[중간치] 두 개, 생강 썬 것 반 공기, 통후추 한 순가락, 실백 반 종지, 물 큰 대접으로 한 대접 반쯤, 설탕 쓰는 대로.

• 만드는 법

먼저 생강을 얇게 착착 썰어서 물을 붓고 차를 달여 놓고, 배를 네 쪽으로 쪼개 벗겨서 속을 빼고 통후추를 서너너덧 개씩 등에다 박아서, 생강차에다 설탕을 달게 타가지고 그 속에다 배를 넣고 끓이는데, 배 빛이 불그스름하고 거무스름하면 다 된 것인데, 배 쪽이 너무 흐물거려도 못씁니다. 다 되면 내놓아서 식은 후에 실백을 띄우십시오.

4) 원소병(圓小餠)

• 재료

찹쌀가루, 귤병(橘餠)[28], 설탕, 오미잣국, 실백, 녹말.

• 만드는 법

먼저 오미자를 담가 우려 놓고, 찹쌀가루를 고운 겹체로 쳐서 반죽을 해서 놓고, 귤병을 아주 잘게 썰어 놓은 후, 반죽해 놓은 찹쌀을 콩알만큼씩 떼어 썰어 놓은 귤병으로 조금씩 속을 박고 동글게 만들어 녹말을 묻혀서 펄펄 끓는 물에다 삶아 건져 냉수에 헹궈가지고, 녹말가루를 다시 한 번 묻혀서 삶아 건져 냉수에 헹궈가지고 체 같은 데다가 건져 물을 뺀 후, 준비해 놓은 오미잣국에다 물을 좀 알맞게 타고 설탕을 달게 타서 삶아 놓은

28) 꿀이나 설탕에 조린 귤.

떡을 알맞게 넣고 실백을 띄웁니다.

5) 화면

• 재료

두견화(진달래꽃), 오미잣국, 실백, 설탕, 녹말.

• 만드는 법

두견화를 꽃술을 뽑고 물에 살살 흔들어서 체 같은 데 담아 놓고 녹말을 씌우는데, 한 개씩 펴서 뭉치지 않게 가루를 씌워가지고 펄펄 끓는 물에다 삶아 건져서 냉수에 헹궈 체에 건져 물을 빼고, 준비해 놓은 오미잣국에다 물을 알맞게 타고 설탕을 달게 타서 삶아 놓은 꽃을 넣고 실백을 띄우십시오.

6) 창면

• 재료

녹말, 오미잣국, 설탕, 실백.

• 만드는 법

먼저 오미자를 담가 놓고, 녹말을 물에 타서 잘 저어가지고 고운체에다 밭아서 물을 펄펄 끓이다가 놋양푼 같은 데다 조금씩 붓고 끓는 물에다 넣고 익혀서, 다 익거든 내놓고 찬물을 부어 떼어가지고 다시 찬물에 담가 놓고, 남은 것을 또 이와 같이 다 한 후 가늘게 착착 썰어서, 준비해 놓은 오미잣국에 물을 알맞게 타고 설탕을 달게 타서 거기에다 넣고 실백을 띄웁니다.

7) 떡수단

• 재료

흰떡, 실백, 꿀, 녹말.

• 만드는 법

흰떡을 잘 쳐서 가래를 손가락같이 가늘게 빼가지고, 동글동글하게 썰어서 녹말가루를 씌워 끓는 물에 삶아 건져서 냉수에 헹궈 체에 건져 물을 빼 놓고, 꿀물을 달게 타서 떡을 넣고 실백을 띄웁니다. 건더기는 보통 자그마한 대접이면 칠 홉 공기쯤만 넣으시면 알맞을 줄 압니다.

8) 보리수단

• 재료

보리, 설탕, 오미잣국, 녹말가루, 실백.

• 만드는 법

쌀보리(보리의 한 품종)를 여러 번 깨끗이 씻어가지고 푹 삶아서 건져 찬물에 헹궈가지고, 녹말을 씌워서 펄펄 끓는 물에 삶아 건져 찬물에 헹궈가지고, 다시 한 번 녹말을 씌워 삶아 건져서 찬물에 헹궈 체 같은 데다 건져 물을 빼고, 오미자를 담가 미리 준비해 놓았다가 고운체에 밭아서 알맞게 물을 타고 설탕을 달게 타서, 삶아 놓은 보리를 알맞게 넣고 실백을 띄웁니다.

9) 딸기화채

• 재료

딸기, 설탕, 실백.

• 만드는 법

잘 익은 딸기를 꼭지를 따고 소금물에 씻어서 물에 헹궈가지고 물을 쪽 짜버리고, 설탕에다 달게 재었다가 숟가락으로 반씩 되게 쪼개서 설탕물을 타서 한데 혼합을 해가지고 실백을 띄웁니다.

10) 앵두화채

• 재료

앵두, 설탕, 얼음, 여름밀감, 바나나.

• 만드는 법

굵고 좋은 앵두를 씨를 빼서 설탕에 달게 재워 놓고, 밀감을 조금만 알이 터지지 않게 까서 한데 붙은 것 없이 뜯어 역시 설탕에다 재우는데 앵두하고 같이 재워도 좋습니다. 설탕이 다 밸 만하면 물을 알맞게 타고 바나나를 몇 조각만 동글게 썰어 띄우고 실백을 띄우면 보기가 좋습니다. 앵두만 해도 좋으나 이렇게 하면 더욱 번치[29]가 납니다.

29) '버치'의 방언, '버치다'는 비치다의 방언. 여기서 '번치가 난다'는 '빛이 난다'로 추정.

11) 여름밀감화채

여름밀감을 까서 속껍질을 벗기고 알맹이가 터지지 않게 살살 뜯어서 설탕에다 달게 재워 놓았다가 물을 알맞게 타는데, 딸기물이 있거든 조금 쳐서 빛만 내고, 실백을 띄웁니다. 밀감화채는 알이 터지거나 밑으로 가라앉으면 못씁니다. 얼음을 잘게 깨뜨려서 조금 넣으십시오. 오미잣국에 타면 더욱 좋습니다.

12) 미수

설탕물을 달게 타서 한 그릇에 큰숟가락으로 한 숟가락씩만 미숫가루를 타시고 얼음을 잘게 깨뜨려서 지르십시오(넣으십시오). 미숫가루는 찹쌀 미숫가루가 좋습니다.

13) 복숭아화채

단단한 복숭아를 껍질을 벗기고 어슷어슷하게 착착 저며서 설탕에 달게 재워 놓았다가, 물을 알맞게 붓고 얼음을 잘게 깨뜨려서 지르고 실백을 띄웁니다.

14) 수박화채

잘 익은 수박을 쪼개서 빨간 속만 떼어서 칼 대지 말고 숟가락으로 자잘하게 저며서 씨를 죄다 빼고 설탕에다 달게 재웁니다. 물이 너무 적을 듯싶거든 다른 물을 조금만 치시고, 얼음을 잘게 깨뜨려서 지르십시오.

15) 순채

• 재료

연잎 순, 오미자, 실백, 설탕.

• 만드는 법

연잎 순을 따서 물에 씻어가지고 물을 펄펄 끓이다가 녹말을 묻혀서 넣었다가 잠깐 동안에 꺼내서 찬물에 헹궈 놓고, 미리 오미잣국을 준비해 놓았다가 설탕을 달게 타서 그 속에다 삶아 놓은 순을 넣고 실백을 띄웁니다.

16) 복분자화채

• 재료

멍석딸기, 실백, 설탕이나 꿀.

• 만드는 법

멍석딸기를 부서지지 않게 씻어서 설탕이나 꿀에 재워서 물을 타고 실백을 띄웁니다.

16. 자반류와 포류

1) 약포(藥脯)[30]

• 재료

우둔(牛臀: 쇠볼깃살) 두 근, 진간장 반 공기, 설탕 칠 홉 공기, 참기름 한 종지 반쯤, 후춧가루 조금, 잣가루 칠 홉 공기.

• 만드는 법

고기를 기름기 섞이지 않게 얇게 떠서 위에 쓴 양념 중에서 잣가루만 내놓고 양념을 조금씩 쳐 가면서 간을 보아 묻힙니다. 만일 싱거울 듯하거든 소금을 조금만 치십시오. 양념을 다 해서 채반에 족 펴 놓아서 위에다 잣가루를 고루 뿌려서 말립니다. 약포는 너무 마르면 못씁니다. 뽀독뽀독하게 마르거든 더 말리지 마십시오.

30) 쇠고기 육포의 한 종류. 예전에 우리가 어려웠을 때 쇠고기는 '약'으로 여길 만큼 먹기가 귀했다.

2) 편포

- 재료

우둔(쇠볼깃살) 두 근, 진간장 반 공기, 참기름 한 종지 반쯤, 설탕 반 공기, 후춧가루 조금, 소금 약간.

- 만드는 법

고기를 힘줄 없이 곱게 다져서 위에 있는 대로 양념을 해서 간을 보아 소금을 약간 쳐가지고 갸름하게 덩어리를 만드는데, 너비는 칠팔 푼(약 2.1~2.4센티미터) 가량 되고 운두는 너 푼(약 1.2센티미터) 가량만 되게 만들어서 씁니다. 거의 마르거든 한 푼 두께로 썰어서 구워서 씁니다.

3) 대추편포

- 재료

우둔 한 근, 진간장 반 공기, 설탕 세 숟가락 반쯤, 후춧가루 약간, 실백 한 종지, 참기름 한 종지, 소금 약간.

- 만드는 법

고기를 힘줄 안 섞이게 곱게 다져서, 실백만 내놓고 양념을 간 맞게 해서 대추만큼씩 떼어 대추 모양으로 다시 만들어서, 꿀에다가 잣을 두 개 혹은 한 개 맘대로 박아서 채반에 놓아 꼬독꼬독하게 말립니다.

4) 산포

- 재료

우둔, 소금, 후춧가루, 간장(여름에만 필요함).

• 만드는 법

고기를 보통 약포보다 도톰하게 떼서 후춧가루와 소금 치고 주물러 양념해서 채반에 펴놓아 말립니다. 여름에는 집에 있는 보통 장으로 하십시오. 이것은 마른 후 모루망치로 폭신폭신하게 두들겨서 납작납작하게 썰어서 진간장을 찍어 먹습니다.

5) 장포

• 재료

우둔, 진간장, 참기름, 설탕, 깨소금, 파, 마늘 다진 것, 후춧가루.

• 만드는 법

고기를 힘줄 안 섞이게 포 뜨듯이 떠서 놓고, 진간장에다 갖은 양념을 해서, 고기 저민 것을 양념 개는 데다 넣어 양념을 묻히어서 석쇠에다 올려놓아, 김이 나거든 정한 도마에 내놓고 모루망치로 두들겨서 양념 개 놓은 데다 다시 넣어 석쇠에 구워서 모루망치로 두들깁니다. 이와 같이 몇 번 하면 고기가 폭신폭신해집니다. 폭신폭신해지거든 양념을 고루 묻혀서 그릇에 착착 쟁여 두고, 쓸 때는 납작납작하게 썰어 놓습니다.

6) 어포(魚脯)

어포도 육포 만들듯 똑같은 법으로 합니다. 흔히 겨울에 많이 하는데, 얼려 말릴수록 좋습니다.

(여기부터 '자반'의 종류 - 편집자)

7) 전복쌈

• **재료**

전복, 실백.

• **만드는 법**

전복을 흠씬 불려서 얇게 저며가지고 모루망치 같은 것으로 자근자근 두들겨 보드랍게 해가지고 실백을 넣는데, 전복 넓이를 보아 작은 것이면 그 대중해서 몇 개씩 한쪽에 놓고 한쪽을 덮어서 반달 모양같이 만듭니다. 혀를 꼭 붙여서 가를 가위로 모양 있게 사르르 도려 놓습니다.

8) 어란

어란은 민어어란과 숭어어란이 제일 좋은 상품인데, 너무 마른 경우에는 정한 행주에다 물을 축여서 꼭 싸 놓았다가 얄팍하게 썰어 놓습니다.

9) 뚝도기자반

• **재료**

정육(쇠고기) 반 근, 진간장 칠 홉 공기, 설탕 세 숟가락 반쯤, 마늘 반 쪽, 파 한 개, 후춧가루 약간, 참기름 한 숟가락, 깨소금 반 숟가락.

• **만드는 법**

연한 고기를 포 뜨듯이 도톰하게 저며서, 저민 치수와 같이 사방을 같은 치수로 잘게 썰어서 물만 붓고 끓이다가, 그 물은 따라 내고 파, 마늘을 곱게 다져 넣고 여러 가지 양념을 해서 조리는데, 국물이 자작자작하면 다 된 것입니다.

10) 철유찬[31]자반

• 재료

정육(쇠고기) 반 근, 진간장 칠 홉 공기 가량, 후춧가루 약간, 설탕 세 숟가락 반쯤, 참기름 한 숟가락, 파 한 개, 마늘 한 쪽.

• 만드는 법

연한 살코기를 곱게 다져 갖은 양념을 해서 냄비에 볶아가지고 다시 곱게 다집니다. 그런 후 진장과 여러 가지 양념을 해서 다시 끓이는데, 국물이 많으면 못쓰니 자작자작하게 되어야 합니다.

11) 북어무침

• 재료

북어 피움(곱게 피운 것) 한 대접, 진장 조금, 묽은장 조금, 파 한 개, 깨소금 반 숟가락, 설탕 세 숟가락쯤, 참기름 한 종지 가량, 고춧가루 약간.

• 만드는 법

더덕북어 좋은 것으로 푹신하게 두들겨서 껍질을 벗기고 가시를 하나도 없이 죄다 발라서, 잘게 실오리같이 찢어서 두 손으로 조금씩 들고 싹싹 비벼 보드랍게 해서 가위로 두어 번에 썰어 놓고, 파를 곱게 다져 넣고 갖은 양념을 하는데, 진장과 묽은장을 섞어 쓰십시오.

12) 오징어채무침

오징어채를 가위로 서너 번에 썰어서 번철에 기름 치고 바삭바삭하도록

31) 혹 천리찬(千里饌, 먼 길 갈 때 반찬) 아닌가 싶습니다.

볶아서, 진장과 깨소금, 설탕, 파 다져 넣고 고춧가루는 약간 치고 간 맞추어 무칩니다. 진장이 없는 때는 묽은장도 좋습니다.

13) 대하(왕새우)무침

• 재료

마른 대하(大蝦, 왕새우) 보풀은 것 한 대접, 참기름 칠 홉 종지쯤, 설탕 쓰는 대로, 식탁염 조금.

• 만드는 법

굵고 좋은 대하(왕새우)를 껍질을 벗기고 발을 다 떼고, 너무 마른 것이면 정한 행주 같은 데다가 물을 축여서 꼭 싸 놓았다가 모루망치로 푹신히 뚜들겨서 솜같이 보풀려가지고, 참기름과 설탕, 소금 등을 간 맞게 쳐서 무칩니다.

14) 굴비

굴비는 만들 적에 굵고 성한 조기를 소금에 알맞게 절였다가 꾸부러지지 않게 차곡차곡 놓고 무거운 돌 같은 것으로 꼭 눌러 놓았다가 말려야 살도 쪽쪽 잘 일어나고 꾸부러지지가 않는 것입니다. 마르거든 방망이로 대강 두들겨서 껍질을 벗기고 반으로 쪼개서 그 너비대로 과히 두껍지 않게 납작납작하게 저며 놓고, 진장을 놓습니다.

15) 관목(貫目: 말린 청어)

관목은 굵은 알배기 청어를 간하지 않고 매에다 꼭 눌러 놓았다가 납작하게 지질러진 후에 말리는데, 너무 마르지 않을 정도로 말려서 껍질을 벗기고 반으로 쪼개서 그 너비대로 나붓나붓하게 저며 놓고, 진장을 놓으십시오.

16) 북어포

더덕북어로 바싹 마르지 않은 것을 대강 두들겨서 껍질을 벗기고 가시를 뺀 후, 촉촉한 것이 좋은데, 그렇지 못하면 정한 보에 물을 축여 싸 놓았다가, 납작납작하게 저며서 실백을 두어 개씩 앞뒤로 놓고 칼자루로 자근자근 두들겨서 잣이 깨져 붙게 해 놓고, 진장을 놓으십시오.

17) 암치

암치는 민어로 하는 것인데, 이것은 등성마루[32]를 반으로 갈라서 쪼개가지고 내장을 다 빼버리고 소금에 푹 절여서 말리는데, 여름에 말리느니만큼 파리가 위험하니까 굵은 바지랑대 같은 데다가 꿰매서 높이 널어 말립니다. 거의 말라 축축할 때 판판하게 펴놓고 맷돌 같은 것으로 지질러 놓았다가 다시 말립니다. 쓸 때는 정한 물에다 넣고 솔로 닦아서 뿌둑하게 말려서 납작납작하게, 너비는 손 두 개 너비만 하면 알맞으니, 얄팍하게 저며 씁니다. 참기름을 찍어 잡수십시오.

18) 건대구

건대구도, 생대구를 등성마루를 반으로 쪼개서 내장을 꺼내고 대가리를 자르고 소금에 절였다가 말립니다. 쓸 때는 정한 물에 담가 놓고 솔로 닦아 볕에 놓았다가, 뽀독뽀독하게 마르거든 암치 저미듯이 저며서 씁니다. 참기름을 찍어 잡수십시오.

---

32) 생물의 등골뼈가 있어서 울룩불룩하게 줄진 등의 가운데 부분.

19) 고추장볶음

• 재료

고추장 한 대접, 참기름 한 공기, 설탕 두 공기 가량, 실백 반 공기.

• 만드는 법

찹쌀고추장을 냄비에다가 기름, 설탕 등을 알맞게 섞어서 되다랗게 될 때까지 볶습니다. 실백도 아주 넣고 볶습니다. 설탕은 간이 센 고추장에는 더 드는 것이니까 간 보아 가며 치십시오.

17. 회류

1) 조기회

• 재료

생선조기(큰 것) 세 마리, 실고추 약간, 파 잎 한 오리, 소금 약간, 참기름 서너 방울, 고추장, 초, 설탕.

• 만드는 법

성하고 좋은 생선조기를 비늘을 긁고 정히 다뤄서 내장을 꺼내고 대가리를 자른 후 뱃바닥을 잘라 내고, 반으로 쪼개서 가운데 뼈를 빼 버리고 얇게 저며서 칼에다 기름칠을 해가지고 가늘게 썰어서, 파를 채 쳐 넣고 실고추를 실같이 썰어 약간 넣고, 소금을 약간 쳐서 고루 무치어 알맞은 그릇에 담아 놓고, 맛 좋은 고추장을 맛난 초에다 타서 설탕을 알맞게 쳐서 개어 작은 그릇에다 담아 놓습니다.

2) 잉어숙회

• 재료

잉어 한 마리, 참기름 반 공기, 소금 약간, 물 한 숟가락.

• 만드는 법

성하고 좋은 잉어를 비늘을 긁고 내장만 빼 버리고 지느러미를 다치지 말고 대가리 끝 뾰족한 데만 잘라 버리고, 참기름 몇 방울만 물에다 타고 소금을 약간 넣어 섞어서 잉어 온 몸뚱이에다 살살 바릅니다. 그래서는 기름한 접시를 담아서 경그레[33] 위에 놓고 솥에다가 쪄 내서 통째로 알맞은 갸름한 접시에 담아 놓고, 초장을 맛있게 타서 놓습니다.

3) 미나리강회

• 재료

미나리 삶은 것 두 줌, 돼지고기 썬 것 반 공기, 편육 썬 것 반 공기, 실고추 약간, 계란 두 개, 실백 반 종지.

• 만드는 법

미나리를 잎을 따 내고 줄거리만 삶아 건져서 찬물에 헹궈 길이 육칠 푼 되게 자르는데, 감을 것은 알맞게 남겨 놓아야 합니다. 편육, 돼지고기를 각각 도톰하게 채 쳐 놓고, 계란도 흰자, 노른자를 각각 부쳐서 같은 치수로 썰어 놓은 후, 실고추도 곱게 채 쳐 놓고, 미나리 썰어 놓은 것을 서너 오리씩 집어 들고 준비해 놓은 편육 돼지고기 계란 실고추 등을 고루 색 맞추어 가장자리로 뱅 돌아가며 대고, 썰지 않은 미나리를 한 오리만 들고 찬찬 감는데, 풀어지지 않게 감아서 끝에다 실백 한 개씩 끼어 놓고, 윤집(초고추장)을 타서 자그마한 그릇에 담아 놓습니다.

33) 솥에서 음식을 찔 때, 재료가 물에 잠기지 않도록 솥의 안쪽에 얼기설기 엮어서 걸쳐 놓은 물건.

4) 민어회

• 재료

민어, 파 잎, 실고추, 소금.

• 만드는 법

성한 민어를 비늘을 긁고 정하게 다뤄서 대가리를 자르고 뱃바닥은 잘라 낸 후, 등쪽 살만 반쪽으로 쪼개서 가운데 뼈를 빼고 칼에다 기름칠을 해 가지고 얇게 저며서 가늘게 썰어 놓고, 파 잎을 채 쳐 넣고 실고추도 약간 넣은 후, 소금을 약간 치고 참기름을 두어 방울 쳐서 고루 무쳐 담아 놓고, 윤집을 타 놓습니다.

5) 육회

• 재료

정육(쇠고기) 한 근, 배 한 개, 황화채 반 공기, 참기름 한 종지, 설탕 한 종지, 잣가루 한 숟가락, 깨소금 반 숟가락, 진간장 쓰는 대로, 파 대가리 두 개, 후춧가루 약간, 마늘 한 쪽.

• 만드는 법

연한 살코기를 얇게 저며서 가늘게 채 치고, 황화채(黃花菜)를 물에 담갔다가 속을 빼고 가늘게 찢고, 파 마늘을 아주 곱게 다져 놓습니다. 고기 썬 것을 물에 잠깐 담가 놓았다가 건져서 베행주 같은 데다 싸서 물을 꼭 짜 가지고, 황화채, 양념 다진 것, 후춧가루, 깨소금, 참기름 등을 치고 설탕을 간 맞게 치고 주물러 무쳐서, 그릇에 담을 제 배를 곱게 채 쳐서 켜켜로 담고 잣가루를 뿌려 놓습니다. 겨자즙이나 윤집에 먹습니다.

6) 조개회

• 재료

대합 한 공기, 녹말 쓰는 대로, 쑥갓 한 줌.

• 만드는 법

대합조개를 까서 똥집을 빼고 반으로 저며서 정히 씻어가지고 녹말을 씌워 펄펄 끓는 물에 삶아 건져서 냉수에 헹궈 물을 빼가지고, 알맞은 접시에 쑥갓을 깔고 조개 한 켜 담고 또 그 위에 쑥갓을 펴고 조개를 담습니다. 얼마든지 이와 같이 다 되면 윤집을 타서 작은 그릇에 담아 놓습니다.

7) 뱅어회

• 재료

뱅어, 쑥갓, 윤집.

• 만드는 법

뱅어를 물에 한참 담가 놓았다가 건져서 물을 뺀 후, 접시에다 쑥갓을 깔고 보기 좋게 열을 지어 죽 늘어놓고 윤집을 만들어 놓습니다. 뱅어회를 삶아서도 합니다.

8) 두릅회

두릅을 너무 무르지 않게 삶아 건져서 껍질을 벗기고 잎사귀를 따 냅니다, 굵은 것이면 반씩 짜개서, 모양 있는 접시에 담아 놓고, 윤집을 타 놓습니다.

9) 대하(왕새우)회

대하(왕새우)를 껍질을 벗기고 닷분 길이로 잘라서, 발이 크면 반으로 쪼갠 후, 녹말을 묻혀 삶아 건져서 냉수에 헹궈 물을 빼서, 접시에 쑥갓을 펴고 담아 놓습니다. 윤집에 먹습니다.

10) 전어회

• 재료

전어, 파 잎, 참기름, 소금, 실고추.

• 만드는 법

성하고 좋은 전어를 정히 다뤄서 대가리를 자르고 뱃바닥을 잘라 낸 후 반으로 쪼개서 칼에 기름칠을 해가지고 얇게 저며 가늘게 채 친 후, 파 잎을 곱게 조금만 채 쳐 넣고, 실고추를 약간 섞고, 소금으로 간 맞추어 담아 놓습니다. 윤집을 찍어 먹습니다.

11) 굴회

굵고 좋은 굴을 적을 고르고 정히 씻어서 물을 빼서 그릇 밑에 푸성귀 잎을 깔아 놓고 담은 후, 배를 곱게 채 쳐서 위에다 덮어 놓고, 초장을 맛있게 타 놓습니다.

12) 낙지회

낙지를 껍질을 벗기고 닷분 길이로 잘라서, 발이 크면 반으로 쪼갠 후, 녹말을 묻혀 삶아 건져서 냉수에 헹궈 물을 빼서, 접시에 쑥갓을 펴고 담아 놓습니다. 윤집에 먹습니다.

13) 병어회

• 재료

병어, 파 잎, 실고추, 소금, 참기름.

• 만드는 법

병어를 정히 다뤄서 대가리를 자르고 반으로 쪼개서, 칼에다 참기름을 발라가지고 얇게 저며서 가늘게 채 칩니다. 파 잎을 곱게 채 치고, 실고추를 약간 넣고, 소금을 조금 쳐서 간을 맞추어 무쳐 담아 놓고, 윤집을 타 놓으십시오.

14) 청어선(靑魚膳)[34]

• 재료

생선청어 한 마리, 정육(쇠고기) 조금, 숙주 반 줌, 미나리 썬 것 반 줌, 녹말가루 두 숟가락쯤, 홍당무 반 개, 간장 조금, 참기름 조금, 후춧가루 약간, 깨소금 약간, 파 한 개.

• 만드는 법

성하고 좋은 청어를 정히 다뤄서 지느러미만 자르고 대가리 끝만 잘라 버리고 통으로 안팎을 잔칼질을 해서 진장을 발라 얼핏 구워 냅니다. 연한 살코기를 곱게 다져서 갖은 양념을 해가지고 청어 안팎에 입혀 놓고, 숙주는 아래위를 따서 데쳐서 양념해 놓고, 미나리도 줄거리만 한 치 길이로 잘라 데쳐서 갖은 고명을 한 후, 홍무(당근)도 쪄가지고 잘게 채 쳐 양념해서, 청어 몸에다 색 맞추어 늘어놓고 녹말을 씌워 솥에다 쪄서 놓고, 초장

34) 여기서 선(膳)은 채소, 두부, 쇠고기 등을 잘게 썰거나 다져서 만든 음식을 통틀어서 이르는 말.

을 맛나게 타 놓으십시오.

15) 오이선

• 재료

애오이 다섯 개, 정육 조금, 녹말 세 숟가락쯤, 깨소금 약간, 간장 조금, 설탕 조금, 후춧가루 약간, 겨자즙 조금, 참기름 반 숟가락, 파 반 개.

• 만드는 법

오이를 꼭지를 자르고 소금에 절였다가 정하게 씻어서 가운데를 세 갈래로 갈라놓고, 고기를 곱게 다져 갖은 양념을 해서 오이 속에다 넣고, 녹말을 씌워서 솥에 쪄서 찬물에 헹궈 물을 빼고, 겨자즙을 안겨 놓습니다.

16) 호박선

• 재료

애호박 두 개, 정육 반의 반 근, 표고 두 개, 석이[큰 것] 한 개, 실백 한 숟가락, 녹말 두 숟가락, 간장 조금, 설탕 반 숟가락, 후춧가루 약간, 참기름 조금, 깨소금 약간, 지단채.

• 만드는 법

어린 호박을 반으로 쪼개서 살짝 쪄가지고 드문드문 비늘처럼 에어 놓고, 고기를 곱게 다져서 갖은 양념을 해서 볶아 놓고, 표고도 불려 채 쳐 볶고, 석이도 튀해서 채 쳐 볶습니다. 그것을 전부 한데 섞어 양념을 해서 에어 놓은 호박 사이사이에다 끼우고, 실백을 끼어서 녹말가루를 씌워서 쪄 놓고, 겨자즙을 맛있게 타 놓으십시오.

17) 양선(羘膳)

• 재료

양 깃머리 반 근, 소금 약간, 잣가루 한 종지, 잣물 칠 홉 공기쯤.

• 만드는 법

양 깃머리를 끓는 물에 튀해 껍질을 벗기고 얄팍하게 저며서 안팎으로 잔 칼질을 해서 잣국에다가 족 늘어놓고 익혀 냅니다. 먼저 잣국을 냄비에 붓고 소금을 약간 넣어 간을 맞추어서 양을 넣습니다. 익혀 내놓은 양을 그릇에 담고 잣가루를 뿌립니다.

18) 태극선(1)

• 재료

민어, 우설(쇠혓밑), 홍당무(당근), 표고, 석이, 오이, 참기름, 녹말가루, 깨소금, 간장, 계란.

• 만드는 법

우설을 곱게 채 치고, 오이를 겉만 저며 채 쳐서 소금에 살짝 절였다가 물에 빨아가지고, 기름에 살짝 볶아서 양념을 해 놓고, 홍당무도 쪄서 채 쳐 간을 하고, 표고도 불려서 채 쳐 볶아 양념합니다. 석이도 튀해 채 쳐 기름에 볶아 놓습니다. 그 다음 민어를 정히 다뤄서 대가리를 자르고 반으로 쪼개서 가운데 뼈를 빼내고 얇게 저며서 펴 놓고, 준비해 놓은 고명을 색 맞추어 켜켜로 얇게 고루 펴 놓아가지고, 계란은 지단 부쳐 채 쳐 놓고, 돌돌 말아서 녹말가루를 묻혀 솥에다 겅그레를 놓고 채반 같은 것을 얹고 담아 쪄서 동글동글하게 썰어 놓고, 초장을 타 놓으십시오.

19) 태극선(2)

• 재료

비리지 않은 생선, 정육(쇠고기), 표고, 석이, 미나리, 숙주, 녹말가루, 참기름, 간장, 깨소금, 계란.

• 만드는 법

고기를 곱게 다져 양념해 볶아 놓고, 미나리는 줄거리만 한 치 가량으로 썰어 데치고, 숙주도 아래위를 따 버리고 데쳐 놓습니다. 표고도 불려서 채 쳐 볶고 석이도 튀해서 채 쳐 볶아서, 전부 한데 섞어 양념해 놓고, 계란은 지단 부쳐 채 쳐 놓습니다. 그 다음 생선을 정히 다뤄서 내부를 꺼내고 대가리를 자른 후 반으로 쪼개서 가운데 뼈를 빼내고 얇게 저며 펴 놓고, 준비해 놓은 고명을 고루 펴 놓은 후 돌돌 말아서 녹말을 씌워 쪄서 동글게 썰어 놓습니다. 초장을 타 놓으십시오.

20) 어만두

• 재료

민어, 정육(쇠고기), 표고, 오이, 실백, 녹말, 석이, 간장, 깨소금, 참기름, 설탕, 후춧가루.

• 만드는 법

성한 민어를 정히 다뤄서 내장을 꺼내고 대가리를 자른 후 반으로 쪼개서 얇게 저며 칼자루로 고르게 두들겨 놓고, 연한 살코기를 곱게 다져 갖은 양념을 해서 볶고, 표고는 불려서 잘게 채 쳐 기름에 볶고, 석이도 튀해서 채 쳐 볶습니다. 애오이는 거죽만 얇게 저며서 채 쳐 소금에 살짝 절였다가 빨아 꼭 짜가지고 기름에 살짝 볶아, 한데 섞어서 양념해가지고 생선 저며 놓은 한쪽에다 조금씩 놓고 한쪽을 덮어서 칼자루로 꼭꼭 눌러 가위로 살살 모양 있게 도려, 녹말을 씌워, 솥에다 체를 놓고 담쟁이 잎이나 가랑잎 같은 것을 펴 놓고 늘어놓아 쪄가지고 찬물에 헹궈서 체 같은 데 건져 놓아 물기를 빼서 담고, 초장을 맛있게 타 놓으십시오.

21) 어채

• 재료

민어, 황국 잎, 오이, 석이, 통고추, 녹말가루.

• 만드는 법

민어를 정히 다뤄서 내장을 꺼내고 대가리를 자른 후 반으로 쪼개서 나붓나붓하게 저며가지고 녹말을 씌워 끓는 물에 삶아 찬물에 헹궈 놓고, 통고추도 납작하게 썰어서 녹말 묻혀 삶아 건져 놓습니다. 석이도 튀해서 납작하게 썰어 녹말 씌워 삶고, 오이도 거죽만 얇게 저며서 녹말을 씌워 삶아가지고, 찬물에 헹궈 놓은 접시에 쑥갓이나 상추 잎을 깔고 색 맞추어 담아 놓고, 겨자즙이나 초장을 타 놓습니다.

22) 두부만두

• 재료

실백 조금, 간장, 파, 깨소금, 참기름 조금씩, 두부 한 채, 정육(쇠고기) 반 근, 녹말가루 쓰는 대로, 초장.

• 만드는 법

두부를 정한 헝겊에 싸서 매에 꼭 눌러 놓고, 고기는 살만 곱게 다져서 눌러 놓은 두부와 한데 섞어 갖은 양념을 간 맞게 하여서 대추만큼씩 떼어서 모양 있게 만들어, 실백을 두어 개씩 박아서 녹말을 씌워 끓는 물에 삶아 건져 찬물에 헹군 후, 체에다 건져서 물을 빼가지고 알맞은 그릇에 채소 잎을 깔고 담아 놓습니다. 초장에 잡수십시오. 이것은 서늘한 때 술안주로 적당합니다.

23) 생회

• 재료

생대하, 생전복

• 만드는 법

생대하를 껍질을 벗기고 끓는 물에 살짝 둘러 내서 나붓나붓하게 저미고, 생전복도 껍질을 벗기고 정하게 씻어서 끓는 물에 알맞게 둘러 내가지고 나붓나붓하게 저며서 대하하고 곁들여 놓습니다. 이것도 산뜻한 술안주인데, 진간장을 찍어 잡수십시오.

24) 잡회

• 재료

정육(쇠고기), 콩팥, 천엽, 양, 배, 표고, 석이, 전복, 미나리, 숙주, 계란, 해삼, 간장, 파, 마늘, 설탕, 깨소금, 후춧가루, 황화채, 참기름.

• 만드는 법

정육(쇠고기)도 연한 살을 채 쳐서 갖은 양념을 하고, 콩팥도 채 쳐서 갖은 양념을 합니다. 천엽도 곱게 채 쳐서 갖은 양념하고, 양도 튀해서 채 쳐 양념합니다. 배도 채 쳐 놓고, 표고도 불려서 채 쳐 기름에 볶아 양념해 놓고, 석이도 뜨거운 물에 튀해서 채 쳐 기름에 볶아서 양념합니다.

전복도 불려 채 쳐 기름에 볶아서 양념하고, 해삼도 푹 삶아 반으로 갈라서 정히 씻어서 가로놓고 채 쳐서 기름에 볶아 양념합니다. 미나리는 한 치 길이쯤 썰어서 살짝 데쳐서 양념하고, 숙주도 아래위를 따서 데쳐서 양념합니다. 계란은 황, 백을 각각 지단 부쳐서 채 쳐 놓습니다.

이와 같이 다 되면 알맞은 접시 같은 데다가 켜켜로 색을 맞추어 괴어 놓고 위에다 잣가루를 푹신 뿌려 놓습니다. 겨자즙이나 윤집에 잡수십시오. 분량은 맘대로 하십시오. 이것은 특별히 큰 잔치 때 구비하게(갖추갖추) 차릴 제 술안주로 하는 것입니다.

25) 고등어숙회

• 재료

생선고등어 한 마리, 정육 조금, 표고 조금, 지단채 조금, 초, 간장.

• 만드는 법

성하고 좋은 고등어를 정히 다뤄서 대가리와 내부는 없애야 하는데, 배를 가르지 말고 대가리를 자르고 그리로 내부를 빼 버리어야 합니다. 그래가지고 진간장에다 초를 조금 섞어가지고 한 십 분 동안 담가 놓았다가 건져 놓고, 연한 살코기를 곱게 다져서 갖은 양념을 하고, 지단을 채 치고 표고도 채 쳐서, 한데 주물러서 뱃속에다 잔뜩 처넣고, 앞뒤 몸에다가 참기름을 살살 발라서 솥에다 겅그레를 놓고 쪄 내서, 잠깐 식혀가지고 썰어서 접시에 세워서 담아 놓습니다. 초장에 잡수십시오. 이것은 보통 술안주에 지나지 않습니다.

18. 구이류

1) 갈비구이

• 재료

갈비 두 대, 참기름 두 종지, 마늘 두 쪽, 파 대가리 세 개, 후춧가루 약간, 깨소금 한 종지, 설탕 칠 홉 공기쯤, 배 한 개, 진간장 쓰는 대로.

• 만드는 법

연한 청소갈비(보통 큰 것은 다섯 토막밖에 안 될 것 같습니다.)를 토막을 내서 정히 씻어서 안팎으로 잔칼질을 연하게 잘 해가지고, 정한 물에다 한참 동안만 담가서 핏물을 빼가지고 건져서 고운 베헝겊 같은 데다가 싸서 물을 꼭꼭 눌러 없이하고, 배를 강판에 곱게 갈아서 갈비에다가 묻혀 놓았다가 한 개씩 들고 물기 없이 두 손으로 꼭 눌러 짜 놓고, 마늘, 파를 곱게 다지고 여러 가지 양념을 고루 해 묻혀서 석쇠에 굽습니다.

구울 제 너무 싼 불에다가 구우면 겉만 타니까 알맞게 싼 불에 구우십시오. 배 강즙은 안 써도 관계없지만, 고기가 연하여집니다. 그릇에 담고 잣가루를 뿌려 놓으십시오.

2) 고기너비아니

• 재료

등심 한 근, 참기름 한 종지, 설탕 반 공기 못 되게, 진간장 반 공기쯤, 후춧가루 약간, 파 대가리 두 개, 마늘 한 쪽, 깨소금 반 종지, 배 반 개.

• 만드는 법

등심을 정히 씻어 엷게 저며서 안팎으로 잔칼질을 고루 해서 찬물에 한참 동안만 담갔다가 핏물이 빠지거든 건져서 고운 베헝겊 같은 데 싸서 물기 없이 해 놓고, 배를 강판에 갈아서 고기를 버무려 놓고, 파, 마늘을 곱게 다져 갖은 양념을 다 준비해 놓고, 고기를 꼭 짜가지고 양념을 간 맞게 해서 구워 놓습니다. 고기 구워 놓은 위에다 잣가루를 뿌리십시오.

3) 염통너비아니

• 재료

우심[작은 것] 한 개, 진장 칠 홉 공기, 설탕 칠 홉 공기, 참기름 한 종지 반, 후춧가루 약간, 깨소금 한 숟가락, 파 세 개 대가리만, 마늘 한 쪽.

• 만드는 법

염통을 거죽 기름기는 떼어 버리고 줄거리는 잘라 놓고 반으로 쪼개서 속의 핏덩이를 꺼내 버리고 정히 씻어서, 엷게 입혀진 껍질을 소금을 싹싹 문질러 벗기고, 엷게 저며서 잔칼질을 고루 해서 물에 잠깐 담가 놓았다가 건져서 베헝겊 같은 데다가 싸서 꼭꼭 눌러 물기를 없애고, 파, 마늘을 곱게 다지고 갖은 양념을 해서 굽습니다. 염통 줄거리도 짤막짤막하게 잘라서 잔칼질을 고루 잘 해가지고, 반대로 돌려놓고 잔칼질을 또 합니다. 이와 같이 해가지고 양념해 무쳐서 굽습니다.

4) 제육구이

• 재료

제육(돼지고기) 한 근, 진장 두 종지, 고추장 반 종지, 참기름 한 종지, 설탕 반 공기, 깨소금 한 숟가락, 후춧가루 약간, 파 한 개, 마늘 한 쪽.

• 만드는 법

제육은 날것으로 비계도 없는 것을 얄팍하게 저며 잔칼질을 해 놓고, 파 마늘을 곱게 다져 갖은 양념을 해서 무쳐 굽습니다.

5) 도미구이(1)

• 재료

도미[작은 것] 한 마리, 진장 한 종지, 파 반 개, 깨소금 약간, 설탕 한 숟가락, 참기름 한 숟가락.

• 만드는 법

성하고 좋은 도미를 정히 다뤄서 대가리를 바싹 자르고 꼬리는 잘라 버리고 잔칼질을 앞뒤로 해 놓고, 파를 곱게 다져 진간장에다가 갖은 양념을 해서 앞뒤로 발라 가며 구워 놓습니다.

6) 도미구이(2)

• 재료

도미[작은 것] 한 마리, 참기름 칠 홉 종지, 설탕 한 숟가락 반, 소금 약간.

• 만드는 법

도미를 정하게 다뤄서 대가리 끝만 자르고 내장만 꺼낸 후 잔칼질을 해 놓고, 기름에다 소금 설탕만 섞어서 개가지고 앞뒤로 고루 발라 가며 구워 놓습니다.

7) 조기구이⑴

• 재료

조기 한 마리, 진장 칠 홉 종지, 파 반 개, 깨소금 약간, 설탕 반 숟가락, 참기름 반 숟가락.

• 만드는 법

성하고 좋은 알배기 조기를 정히 다뤄서 대가리를 자르고 꼬리를 잘라서 앞뒤로 드문드문 잔칼질을 해가지고, 파를 곱게 다져 진장에다 갖은 양념을 해서 앞뒤로 고루 여러 번 발라 가며 굽습니다. 다 구워가지고 앞뒤로 참기름을 발라야 윤이 납니다.

8) 조기구이⑵

조기를 정히 다뤄서 대가리와 꼬리를 자르고 잔칼질을 앞뒤로 해가지고 참기름에다가 설탕, 소금 등을 개서 앞뒤로 발라 굽기도 합니다.

9) 병어구이

• 재료

병어[작은 것] 한 마리, 진간장 반 종지, 설탕 반 숟가락, 참기름 한 숟가락, 깨소금 약간, 파 반 개.

• 만드는 법

성한 병어를 정하게 다뤄서 지느러미와 대가리를 자르고 잔칼질을 앞뒤로 해가지고, 파를 곱게 다져서 진장에다가 갖은 양념을 해서 앞뒤로 발라 가며 굽습니다. 다 구워가지고 기름칠을 해야 윤이 납니다.

10) 민어구이(1)

• 재료

민어[작은 것] 한 마리, 진간장 반 공기, 참기름 두 숟가락, 파 한 개, 깨소금 반 숟가락, 설탕 한 숟가락 반.

• 만드는 법

성한 민어를 정히 다뤄서 내장을 꺼내고 대가리를 자르고 반으로 쪼개서 토막을 갸름하게 만들어 놓고, 파를 곱게 다져서 진간장에다 갖은 양념해가지고 앞뒤로 발라 가며 구워 놓습니다. 생선을 굽기 전에 등성마루께만 잔칼질을 해야 간이 듭니다. 다 구워가지고 참기름을 약간 바르십시오.

11) 민어구이(2)

민어를 살만 도톰하게 떠서 나붓하게 썰어 놓고, 연한 살코기를 곱게 다져서 갖은 양념을 하고, 생선도 갖은 양념을 해서는, 민어 한쪽에다가 고기를 얄팍하게 붙여서 구워 놓습니다. 생선 뜨는 너비는 보통 손가락 세 개 너비만 하면 알맞습니다.

12) 염통산적

• 재료

염통[작은 것] 한 개, 진간장 칠 홉 공기, 설탕 칠 홉 공기, 깨소금 한 숟가락, 파 두 개, 마늘 한 쪽, 후춧가루 약간, 참기름 한 종지 반, 대꼬챙이.

• 만드는 법

염통을 줄거리 자르고 반으로 쪼개서 정히 씻어가지고, 거죽에 얇게 입혀진 껍질을 벗기고, 한 치 서너 푼(약 3.9~4.2센티미터) 가량 되게 썰어가지고, 부피는 한 푼 반(약 0.45센티미터) 가량 되게 썰어서, 파, 마늘을 곱게 다져 놓고 갖은 양념을 해서 무쳐가지고, 대꼬챙이를 잘게 깎아서 한 치 닷분(약 4.5센티미터) 길이쯤 되게 양념해 놓은 고기를 꿰어서 정한 도마에 놓고, 양 끝을 가지런하게 골라서 앞뒤로 잔칼질을 약간 해서 구워 놓습니다.

13) 고기산적

고기산적도 연한 고기를 염통산적과 같이 합니다.

14) 어산적

• 재료

민어[작은 것] 한 마리, 정육 한 근의 3분의 2, 진간장 한 공기, 묽은장 한 숟가락, 깨소금 한 숟가락 반, 후춧가루 약간, 설탕 한 공기, 참기름 두 종지, 파 세 개, 마늘 한 쪽 반, 대꼬챙이.

• 만드는 법

성한 민어를 다뤄서 내장을 꺼내고 대가리를 자른 후 반으로 쪼개서, 길이 한 치 서 푼(약 3.9센티미터) 가량으로 자르고 굵기는 두어 푼(약 0.6~0.9센티미터) 가량으로 썰어서 갖은 양념을 합니다. 고기도 힘줄 안 섞이게 곱게 다져서 갖은 양념을 해 놓고, 대꼬챙이에다가 생선을 먼저 약간 드물게 뀁니다. 길이는 한 치 너 푼(약 4.2센티미터) 길이면 알맞을 듯합니다. 그래가지고 그 사이사이마다 양념해 놓은 고기를 생선 부피만큼 붙여서(?) 떨어지지 않게 구워 놓습니다.

15) 움파산적

• 재료

움파 한 단, 정육 한 근, 진장 칠 홉 공기, 묽은장 한 숟가락, 설탕 반 공기, 참기름 한 종지, 깨소금 한 숟가락, 후춧가루 약간, 대꼬챙이.

• 만드는 법

정육을 힘줄 안 섞이게 한 푼 반쯤 두께로 저며서 그와 같은 치수로 썹니다. 길이는 한 치 서너 푼이면 알맞습니다. 그래서 갖은 양념을 해 놓고, 파도 다듬어서 같은 치수로 잘라서 양념한 후, 대꼬챙이에다가 고기, 파를 섞바꾸어서 굽습니다. 길이는 한 치 너 푼 가량이면 알맞습니다.

16) 떡산적

• 재료

정육 한 근, 흰떡 한 가래, 진장 반 공기, 묽은장 조금, 설탕 세 숟가락, 깨소금 한 숟가락, 후춧가루 약간, 참기름 칠 홉 종지, 파 한 개, 마늘 반 쪽.

• 만드는 법

흰떡을 길이 한 치 두 푼쯤 잘라서 반으로 쪼개 물에 한 번 씻어 갖은 양념을 하고, 힘줄 안 섞인 고기를 같은 길이로 잘라서 두께는 한두 푼 넉넉히 저며가지고 얄팍하게 썰어 갖은 양념을 해서, 떡과 고기를 구워 한데 곁들여 놓습니다. 꼬챙이에 꿰기도 하지만, 떡산적은 그냥 구워서 편편이 곁들이는 것이 좋습니다.

17) 섭산적

• 재료

정육 반 근, 진간장 한 종지, 묽은장 조금, 설탕 두 숟가락, 깨소금 반 숟가락, 후춧가루 약간, 참기름 반 종지, 파 한 개, 마늘 반 쪽.

• 만드는 법

고기를 힘줄 안 섞이게 곱게 다져서, 파, 마늘을 나른하게 다져 넣고 갖은 양념을 해서 동글납작하게 만들어서, 잔칼질을 약간 해서 구워 놓습니다. 크기는 종지 둘레만큼 하면 알맞습니다.

18) 송이구이

• 재료

송이, 진장, 설탕, 참기름.

• 만드는 법

날 송이를 소금물에 담갔다가 정히 씻어서 얄팍하게 저며, 진장과 참기름, 설탕 등을 간 맞게 쳐서 양념을 해 구워 놓습니다.

19) 콩팥구이

• 재료

콩팥 한 개, 진간장 조금, 설탕 두 숟가락, 깨소금 약간, 후춧가루 약간, 파 반 개, 마늘 반 쪽, 참기름 한 숟가락 반.

• 만드는 법

콩팥을 씻어서 동근 모양대로 얄팍하게 썰어서, 파, 마늘을 나른히 다져서 넣고 갖은 양념을 해서 굽습니다. 콩팥 가운데 붙은 기름덩이는 떼어 내십시오.

20) 닭구이

• 재료

닭 한 마리, 진간장 반 공기, 묽은장 조금, 설탕 반 공기, 깨소금 한 숟가락, 후춧가루 약간, 참기름 칠홉 종지, 파 두 개, 마늘 한 쪽.

• 만드는 법

닭은 잡아서 끓는 물에 튀해 대가리와 발목은 자르고, 배를 갈라 내장을 꺼내 창자만 버리고 다른 내부는 정히 씻어서, 양쪽 가슴 쪽에 붙은 살은 얇게 너비아니로 저미고, 다리와 날개 등은 갈비 에듯이 고루 잘 에어 놓고, 다른 뼈도 잔칼질을 잘 해서 알맞게 토막을 내가지고, 파, 마늘을 곱게 다져 넣고 갖은 양념을 간 맞게 해서 구워 놓습니다.

21) 생치(꿩)구이

생치구이도 닭구이같이 하는데, 간은 소금을 섞어서도 합니다.

그 다음에는 생치를 전부 나른하게 다져 갖은 양념을 해서 섭산적 하듯 자그만큼씩하게 만들어서 잔칼질을 해 구워 놓습니다.

22) 청어구이

• 재료

청어[큰 것] 한 마리, 진장 한 종지, 깨소금 약간, 파 한 개, 참기름 한 숟가락, 설탕 반 숟가락, 고춧가루 약간.

• 만드는 법

굵고 좋은 청어를 정히 다뤄 거두절미만 해서(대가리와 꼬리만 잘라서) 앞뒤로 잔칼질을 해 놓고, 파를 곱게 다져 간장에다 갖은 양념을 해서 앞뒤로 발라 굽습니다. 고춧가루는 넣어도 좋고 안 넣어도 좋습니다.

23) 더덕구이(1)

• 재료

더덕, 정육, 진간장, 깨소금, 후춧가루, 설탕, 파, 마늘, 참기름.

• 만드는 법

더덕은 껍질을 벗겨서 물에 담갔다가 다소 쓴맛이 우러나거든 저며서 모루망치로 두들겨가지고 보풀보풀하게 만들어서, 갖은 양념을 만들어가지고 주무르지 말고 양념을 고루 발라 놓고, 고기를 곱게 다져서 갖은 양념을 해서 더덕 한쪽에다 얄팍하게 붙여서 구워 놓습니다.

24) 더덕구이(2)

더덕을 고추장과 진장에다 갖은 양념을 해서 굽기도 합니다.

19. 조치[35]류

1) 조기조치

• 재료

생선조기[중간치] 한 마리, 정육(쇠고기) 조금, 고추장 한 순가락 반쯤, 파 한 개, 참기름 서너 방울.

• 만드는 법

성한 조기를 비늘을 긁고 정히 다뤄서 지느러미를 자르고 대가리를 자른 후 알맞게 토막을 쳐서 알맞은 냄비든지 뚝배기(찌개뚝배기)에다 안치고, 고기를 잘게 썰어서 고추장과 참기름을 치고, 파를 한 치 길이쯤 잘라 채 쳐서 한데 주물러 위에다 담고 물을 부어 바특하게 끓여서, 간이 싱거우면 간장으로 간을 맞추십시오.

2) 계란조치

• 재료

계란 두 개, 정육 조금, 새우젓 젓국 반 순가락쯤, 파 잎 약간, 소금 조금.

35) 국물을 바특하게 잘 끓인 찌개나 찜을 말한다.

• 만드는 법

계란을 깨뜨려서 멍울 없이 풀고 계란 껍질로 물을 한 개 반씩 붓고, 고기를 곱게 다져 넣고, 파 잎 가는 것으로 조금만 잘게 썰어서 맨 위에 뿌려 찌는데, 고기가 덩어리지지 않게 박박 개서 쪄야 합니다. 새우젓 젓국이 없으면 간장이나 소금으로 맞추어도 좋습니다.

3) 명란조치

• 재료

명란(작은 것) 세 송이, 두부 한 채, 파 한 개, 참기름 서너 방울, 계란 한 개.

• 만드는 법

두부를 도톰하고 나붓하게 썰어서 자그마한 냄비에 안치고, 명란을 얹고, 고기를 잘게 썰어서 파를 채 치고 참기름을 쳐 주물러 양념해서 맨 위에 얹고 국물을 부어 끓이는데, 간을 보아 싱거우면 새우젓 젓국을 조금 쳐서 간을 맞춥니다. 국물이 너무 흥건하면 못씁니다. 다 끓어 상에 놓을 때 계란 한 개를 깨뜨려서 위의 한가운데를 살짝 헤치고 부어서 반숙만 되거든 놓으십시오.

4) 게알조치

• 재료

게알 반 공기, 두부 반 채, 정육 조금, 고추장 약간, 파 한 개, 참기름 서너 방울.

• 만드는 법

게알을 줄기를 빼고 뜯어서, 고기를 가늘게 썰어 한데 섞고, 파 잎을 채 치고 참기름을 치고 고추장을 넣고 양념을 해 놓은 후, 두부를 나붓하고 도톰하게 썰어서 알맞은 냄비에 담고, 재워 놓은 꾸미를 얹고 물을 알맞게 붓고 끓입니다. 게알을 잘못 고르면 모래가 섞이니까, 손으로 살살 만져 잘 골라야 합니다.

5) 명태조치

• 재료

생명태 한 마리, 정육 조금, 고추장 보통 두 숟가락, 파 한 개, 참기름 서너 방울.

• 만드는 법

명태를 물에 담가서 칼로 박박 긁어 거무스름한 물을 다 빼 버리고 내장도 빼낸 후 지느러미를 자르고 대가리를 자른 후 알맞게 토막을 내서 알맞은 냄비에 안치고, 고기를 조그만큼만 잘게 썰어서 파를 채 치고 기름과 맛있는 고추장을 치고 양념해서 위에다 얹고, 물을 적당히 부어 끓입니다.

6) 민어조치

• 재료

민어 네 토막, 애호박 작은 것으로 반 개, 정육 조금, 파 한 개, 고추장 보통 두 숟가락, 참기름 서너 방울.

• 만드는 법

애호박을 닷분 길이로 잘라서 도톰하게 썰어서 냄비 밑에다 깔고 생선 토막을 안친 후, 고기를 조금만 잘게 썰어서 파를 채 치고 참기름과 고추장을 한데 섞어 무쳐서 위에다 얹고 물을 적당히 붓고 끓입니다.

7) 비웃36) 조치

• 재료

생선비웃[중간치] 한 마리, 고추장 한 숟가락 반, 파 한 개, 참기름 두어 방울, 정육 조금, 두부 반반 채.

• 만드는 법

성하고 좋은 비웃을 정히 다뤄서 대가리를 자르고, 두부를 나붓하고 도톰하게 썰어서 냄비 밑에 담고 비웃을 안친 후, 고기를 조금만 잘게 썰어서 파를 채 쳐 넣고 참기름, 고추장 등을 치고 양념을 해 얹고 끓입니다. 싱거우면 간장으로 간을 맞추십시오.

8) 게조치

• 재료

게 다섯 개, 정육 반 근 못 되게, 밀가루 반 숟가락, 파 한 개, 후춧가루 약간, 기름 약간, 간장 약간, 계란 두 개, 고추장 두 숟가락 반쯤.

• 만드는 법

장 잘든 암게를 흙내 안 나게 정히 씻어서 발끝은 잘라 버리고 딱지를 떼어 장을 죄다 긁어 놓고, 고기를 조금만 곱게 다져서 섞은 후, 파, 마늘을 곱게 다져서 조금만 남기고 한데 섞고, 밀가루를 치고 갖은 양념을 간 맞게 해서 게딱지에다 도로 가득하게 담아 놓고, 게 발을 두서너 개씩 붙게 찢어서 놓은 후, 꾸미를 재워서 냄비 밑에 깔고 게 발을 안친 후 맛있는 고추장을 풀어 붓고 끓이다가, 게딱지를 위에다 쪽 늘어놓고 끓이다가,

36) 소금에 절인 청어자반.

계란을 풀어 위에다 씌워 익힙니다. 꾸미 양념하는 데는 깨소금을 치지 마십시오.

9) 숭어조치

• 재료

숭어[작은 것] 한 마리, 정육 조금, 고추장 두 숟가락, 파 한 개, 참기름 서너 방울, 무[작은 것] 한 토막.

• 만드는 법

숭어를 정히 다뤄 대가리를 자르고 알맞게 토막을 내서 굵거든 반으로 쪼개고, 무를 얄팍하게 썰어서 냄비에 깔고 생선 토막을 안치고, 고기를 조금만 썰어서 파는 채 치고 기름, 고추장을 한데 섞어 양념해서 위에 얹고, 물을 알맞게 붓고 끓입니다.

20. 죽류

1) 타락죽(駝酪粥)

• 재료

생우유 두 홉, 찬물 한 홉, 쌀가루 볶은 것 수북이 한 숟가락, 소금 약간, 꿀이나 설탕 약간.

• 만드는 법

먼저 멥쌀을 빻아서 고운 겹체로 쳐가지고 정한 냄비 같은 데다가 백지를 깔고 조금씩 붓고, 뭉근한 불에 살살 저어서 볶습니다. 쌀가루 빛이 약간 노르스름해지고 물기가 없이 보송보송해지면 다 된 것입니다. 불이 괄해서 쌀가루가 급히 볶아지면 덩어리가 져서 못씁니다. 볶은 가루가 손으로 만져 보아 바삭바삭한 기운이 있으면 좋습니다.

이와 같이 해 놓고, 우유는 보통 병에 담아 목장에서 가져오는 우유면 됩니다. 두 홉(360밀리리터)짜리 한 병이면 물은 반 병만 섞어서, 먼저 뭉근한 불에다 정한 냄비에 쑵니다. 그 중에서 우유에 섞을 때 물을 조금만 남겨서 쌀가루 볶은 것을 수북이 한 숟가락만 섞어 놓았다가, 우유가 한소끔 끓어 나면 조금씩 살살 부어 덩어리 안 지게 저어서 쑵니다. 다 되면 불에서 내려놓고 소금으로 약간 간을 맞추고 꿀이나 설탕을 타서 잡수십시오.

2) 행인죽

• 재료

행인 한 홉, 멥쌀 한 숟가락 반 쯤, 소금 약간, 꿀이나 설탕 약간.

• 만드는 법

행인(살구씨)을 물에 담갔다가 껍질을 벗기고 쌀도 정하게 씻어 담갔다가, 풀매를 정히 씻어서 거기다가 행인과 쌀을 섞어서 되게 갈아서 고운체에 거릅니다. 물을 조금만 잡아서 뭉근한 불에다 쑤는데, 쑤어 가면서 물은 대중해 부으십시오. 너무 되거나 묽어서 안 엉기면 못쓰니까요. 다 되거든 소금으로 얼핏 간을 맞추고 꿀이나 설탕을 타서 잡수십시오.

3) 장국죽

• 재료

정육 반 근, 표고 일곱 개, 석이 다섯 개, 멥쌀 한 홉 반 가량, 간장 약간, 파 한 개, 후춧가루 약간, 깨소금 반 숟가락, 참기름 조금.

• 만드는 법

먼저 쌀을 정하게 쓿어서 키로 까불러가지고 매에다 싸라기가 되게 드르르 타서 정하게 씻어 일어서 담가 놓고, 고기를 곱게 다져서 갖은 양념을 해서 맑은 장국을 끓입니다. 거기다가 담가 놓았던 쌀을 붓고 덩어리 안

지게 쑵니다. 쌀과 물은 대중해 보아 가며 맞추어 쑤십시오. 표고와 석이는 채 쳐 기름에 볶아서 섞고, 깨소금은 죽을 뜨고 위에다 얹습니다.

4) 흰죽

• 재료

멥쌀 두 홉, 참기름 칠 홉 종지 가량, 장산적(醬散炙)[37], 소금 약간.

• 만드는 법

멥쌀을 정히 쓿어서 키로 까불러서 맑은 물이 나도록 씻어 담갔다가, 붇거든 건져서 뚝배기 같은 데다가 담고 참기름을 두어 방울 쳐가지고 방망이로 나른하게 갈아서, 물을 조금만 붓고 휘저어서 고운체로 밭아 놓고, 건더기는 먼저와 같이 참기름을 쳐가지고 또 갈아서, 먼저 맡여 놓았던 물을 부어서 휘저어 또 밭아 놓습니다. 몇 번이고 이와 같이 다 한 후 먼저 갈기 전에 그 쌀 중에서 두어 숟가락만 따로 주걱으로 저어 쑵니다.

이 죽도 쑤어 가면서 땀수(농도)를 보아 된 듯싶으면 물을 좀 쳐 가면서 쑤십시오. 다 익거든 소금을 조금 넣어 간을 맞추어서 찬물에 채워서, 차게 식거든 대접에 떠 놓고 장산적을 해 놓는데, 보통 때보다 약간 간이 좀 간간해야 합니다. 장을 넉넉히 부어 놓으십시오. 혹 식성에 따라서 장산적 간장이나 진간장에다가 풋고추를 다져도 좋습니다.

37) 쇠고기를 짓이겨 갖은 양념을 하고 구운 뒤에, 반듯반듯하게 썰어서 진간장에 조린 반찬. 약산적(藥散炙)이라고도 한다.

5) 원미(元味)

• 재료

멥쌀, 설탕, 얼음, 약소주.

• 만드는 법

멥쌀을 정히 씻어 일어서 건져 말려가지고 매에다 반씩 쪼개지게 타서, 홑체로 가루는 쳐 버리고 싸라기만 물을 먼저 끓이다가 알맞게 넣고 죽을 쑤는데, 보통 죽보다 되직하게 쑤어가지고 찬물에 채워 훨씬 식힙니다. 그런 후 쑤어 놓은 죽을 자실 만큼 뜨고, 소주를 조금 타고 설탕을 적당히 타고, 얼음을 잘게 깨뜨려 질러 잡수십시오.

6) 잣죽

• 재료

실백 두 홉, 멥쌀 세 숟가락쯤, 설탕이나 꿀 약간.

• 만드는 법

쌀을 정히 씻어 일어 담그고 실백을 속껍질을 벗겨서, 한데 섞어 풀매에 되직이 갈아서, 고운체에 걸러서 정한 냄비에 쑵니다.

7) 흑임자죽(黑荏子粥: 검은깨죽)

• 재료

흑임자, 멥쌀, 소금, 설탕.

• 만드는 법

쌀은 깨의 3분의 1이 채 못 되게 먼저 씻어 담그고, 깨도 정하게 씻어 일어서, 한데 섞어서 고운 풀매에 갈아서 고운체에 걸러서 나무주걱으로 저어가며 쑤어서, 소금으로 간을 맞추어서 대접에 뜨고, 설탕이나 꿀을 놓으십시오.

8) 콩나물죽

• 재료

콩나물, 멥쌀, 고기, 표고, 두부, 간장, 파, 깨소금, 참기름, 후춧가루, 마늘.

• 만드는 법

콩나물을 뿌리를 따 버리고 길면 반으로 잘라 정하게 씻어서 솥에 넣고, 고기도 곱게 다져서 갖은 양념을 해서 한데 넣고 물을 붓고 끓이다가, 콩나물이 거의 무르거든 쌀을 정하게 씻어 일어 붓고 쑵니다. 표고는 불려서 채 쳐 기름에 볶아 놓았다가 죽이 거의 다 되었을 제 넣고, 두부도 채 쳐서 죽이 다 되어 갈 제 넣어 섞으십시오.

21. 토장국류

1) 육개장국

• 재료

양 한 근, 사태 반 근, 대창 한 근, 곤자소니[38] 반 근, 흘떼기나 씨앗가리(소갈비 쪽의 구석 부위살로 추정됨) 한 근, 파 데친 것 세 대접, 마늘 세 쪽, 후춧가루 약간, 깨소금 한 숟가락 반쯤, 고춧가루 쓰는 대로, 간장 쓰는 대로, 참기름 한 종지.

• 만드는 법

위에 쓴 갖은 곰거리를 전부 푹 무르게 고아서, 잘 무르거든 건져서 양, 사태, 곤자소니, 대창 등은 육칠 푼 길이로 썰어서 보통 국거리보다 가늘게 썰고, 씨앗가리나 흘떼기[39]는 잘게 찢어 놓고, 파는 다듬어서 정히 씻어 끓는 물에 데쳐서 파 잎을 굵은 것은 찢어서 알맞게 길이를 잘라 한데 섞고 갖은 양념을 하는데, 고춧가루를 쳐서 빛을 냅니다. 만일 고춧가루를 쳐서 빛이 안 나거든 맛있는 고추장을 조금 섞어도 좋습니다. 여름 한철 복중에 끓이는 것입니다.

---

38) 소의 창자 끝에 달린 기름기 많은 부분.

39) 힘줄·살 사이에 있는 얇은 껍질 모양의 질긴 고기.

2) 민어지짐이

• 재료

민어, 정육(쇠고기), 애호박, 파, 깨소금, 참기름, 고추장, 간장.

• 만드는 법

민어를 정히 다뤄서 대가리를 자르고 알맞게 토막을 쳐서 가운데 뼈는 빼내고 두 쪽을 냅니다. 애호박을 육 푼(약 1.8센티미터) 가량의 길이로 나붓하고 도톰하게 썰어서, 고기를 조금만 잘게 썰어 한데 양념하는데, 파를 채 쳐 넣고 고추장과 간장으로 간을 맞추어 국물을 알맞게 붓고 끓이다가, 토장이 잘 끓거든 생선을 넣고 충분히 끓여 달여야(?) 합니다. 기름과 깨소금은 약간 치십시오.

3) 조기지짐이

• 재료

조기, 정육, 미나리, 파, 깨소금, 참기름, 고추장, 간장.

• 만드는 법

성하고 좋은 조기를 정히 다뤄서 대가리를 자르고 보통 것이면 세 토막을 내 놓고, 고기를 조금만 잘게 썰어서 고추장과 여러 가지 양념을 해서 물을 알맞게 붓고 끓이다가 생선을 넣고 끓이는데, 미나리는 줄거리만 따서 육칠 푼(약 1.8~2.1센티미터) 길이로 썰어 놓았다가 국이 거의 다 되어 뜰 제 넣었다 빛만 내서 국을 뜨고 위에다 얹습니다.

4) 명태지짐이

• 재료

생명태, 정육(쇠고기), 파, 무, 콩나물, 마늘, 깨소금, 참기름, 고추장, 간장.

• 만드는 법

동태를 정히 다뤄서 내장을 꺼내고 살에 박힌 흰 벌레 같은 것이 있으니 죄다 빼 버리고 대가리를 자른 후 알맞게 토막을 내 놓고, 고기를 조금만 잘게 썰고, 무를 얄팍하게 나박김치같이 썰어 놓고, 콩나물을 아래위를 잘라 한데 섞어서 갖은 양념을 해가지고, 고추장과 간장으로 간을 맞추어 물을 알맞게 붓고 끓이다가, 콩나물이 거의 무르거든 생선을 넣고 충분히 끓입니다.

5) 솎음배춧국

• 재료

솎음배추, 곱창, 기름기 섞인 고기, 파, 참기름, 고추장, 된장, 간장.

• 만드는 법

배추를 다듬어서 정히 씻어서 데쳐 놓고, 곱창을 속을 훑어 내고 깨끗이 씻어서 잘게 썰고, 고기를 잘게 썰어 한데 양념하고, 고추장과 된장을(된장은 조금만) 걸러서 붓고 끓여서, 고기가 다 무르거든 데쳐 놓은 배추를 넣고 한소끔 끓이십시오. 만일 간이 싱겁거든 간장으로 간을 맞추십시오.

6) 승검초국

• 재료

승검초(당귀), 정육(쇠고기), 고추장, 된장, 파, 깨소금, 참기름, 모시조개, 콩나물.

• 만드는 법

승검초를 다듬어서 정하게 씻어 데쳐 놓고, 고기를 잘게 썰어 파를 채 쳐 넣고 양념을 하고, 콩나물을 조금만 아래위를 따서 정하게 씻고, 모시조개도 까서 정한 물에 한 번 헹궈, 전부 한데 섞고 고추장과 된장을 걸러서 국물을 알맞게 붓고 끓이는데, 콩나물이 거의 익거든 승검초를 넣고 끓이십시오. 너무 오래 끓이면 승검초 빛이 까매져서 못씁니다.

7) 오이지짐이

오이지짐이는 꼭지를 자르고 어슷비슷하게 척척 쳐서 놓고, 고기를 기름기로(?) 조금만 썰고, 파 잎을 채 치고, 깨소금, 참기름 등을 조금씩만 쳐서 양념하고, 된장은 약간 섞고 고추장과 한데 걸러서 국물을 알맞게 붓고 끓이다가 오이를 넣고 바특하게 달입니다.

8) 냉잇국

냉이를 다듬어 정하게 씻어서 삶아 냉수에 건져 놓고, 고기를 잘게 썰어가지고 파 잎을 채 치고 참기름, 깨소금 등을 약간 치고 주물러 양념해서, 고추장과 된장을 섞어 걸러서 붓고 끓이다가, 데쳐 놓은 냉이를 넣고 충분히 끓입니다. 보통 다른 국보다 시간이 좀 오래 걸리도록 충분히 끓이십시오.

9) 콩나물지짐이

콩나물을 뿌리를 따고, 무는 어슷비슷하게 썰어 넣고, 된장과 고추장을 섞어 걸러 붓고, 파 잎을 채 치고 참기름을 약간 쳐서 끓입니다. 맑은 장국에는 무를 납작하게 썰어 넣지만, 토장국에는 언제든지 어슷비슷하게 썰어 넣습니다.

22. 떡 종류

1) 쑥굴리

• 재료

찹쌀가루 한 되, 쑥 조금, 밤 칠 홉 되, 계핏가루 약간, 설탕 조금, 꿀 칠 홉 공기.

• 만드는 법

찹쌀가루를 고운체에 쳐서 놓고, 쑥은 먹는 소다(soda)를 조금 넣고 살짝 삶아서 찬물에 여러 번 정하게 헹궈가지고 곱게 다져서, 쌀가루와 섞어 반죽해서 납작납작하게 덩어리를 만들어서 펄펄 끓는 물에 넣어 삶아, 둥둥 뜨거든 건져서 방망이로 힘 있게 저어 덩어리가 다 풀리도록 젓습니다.

미리 준비해 놓은 밤 고명을 만드는데, 밤을 삶아 까서 방망이로 뭉개 도드미에 걸러가지고, 계핏가루를 조그만큼 섞고 조금만 따로 떠서 설탕과 혼합해 꼭꼭 눌러 놓고, 남긴 밤 고물은 고물을 무칠 것이니 설탕을 섞지 마십시오. 준비가 다 된 후 떡을 보통 경단만큼씩 떼어가지고 설탕 섞어 놓은 밤을 조금 떼어서 속을 박고 밤 고물을 무치는데, 꿀칠을 해가지고 무쳐야 합니다.

2) 잡과편

• 재료

참쌀가루 한 되, 청매 네 게, 생률 깐 것 반 되. 대추 반 홉, 석이[큰 것] 네 개, 꿀 칠 홉 공기, 계핏가루 약간, 설탕 조금.

• 만드는 법

석이를 뜨거운 물에 튀해서 곱게 채 치고, 대추도 씨를 빼고 곱게 채 칩니다. 청매도 채 치고, 밤은 반만 채 치고 삶아 건져서 방망이로 뭉개서 도드미에 걸러 계핏가루와 설탕을 섞어 놓습니다. 다음 찹쌀가루를 고운체에다 쳐가지고 반죽을 해서 끓는 물에 삶아 건져가지고, 방망이로 힘 있게 저어 덩어리가 다 풀리게 해가지고, 보통 경단만큼씩 떼어가지고 밤 걸러 놓은 것을 조금씩 떼어 속을 박고 꿀칠을 해가지고, 준비해 놓은 고명을 고루 무쳐 놓습니다.

3) 두텁떡

• 재료

찹쌀가루 닷 되[小斗], 대추 반 홉, 실백 반 공기, 꿀소 쓰는 대로.

• 만드는 법

꿀소를 미리 만들어야 하는데, 팥을 맷돌에 타서 담가 불려가지고 정하게 껍질을 벗긴 후 건져서 시루에 찌든지 솥에다 찌든지 해서, 다 익거든 퍼가지고 주걱 같은 것으로 뭉개서 소금을 조금만 넣어 간을 맞추어서 잘 뭉개가지고, 도드미에 걸러서 설탕을 좀 섞어가지고 솥에 볶아서, 물기가 걷어 보슬보슬하고 빛이 가무스름하게 계핏가루 빛같이 되거든 퍼서 절구에 찧어서 고운 겹체로 쳐가지고, 쓸 제마다 계핏가루와 설탕물을 해서 촉촉하게 해서 씁니다.

그런데 두텁떡 할 제만은 특히 속 넣는 것은 꿀을 섞어 놓습니다. 대추를 자잘하게 썰어 놓고, 찹쌀가루를 고운 겹체에 쳐서 반죽을 송편 반죽하듯 해서 송편만큼씩 떼어가지고, 꿀과 계핏가루 섞어 놓은 소를 조금씩 넣고, 실백을 두서너 개씩 박고 대추 썬 것을 조금씩 위로 박아서, 시루 밑을 깔고 고물을 깔고 빚어 놓은(속을 넣은 뒤에 두 손으로 살짝 눌러 놓습니다.) 떡을 사이 뜨게 드문드문 벌여 놓고 고물을 흠씬 뿌려서 살이 안 닿도록 해야 합니다.

몇 켜고 이와 같이 다 되거든 보통 떡 찌듯 쪄서 큰 합 같은 데다가 꺼내 담아 더운 아랫목 같은 데 덮어 놓고 쓰십시오. 굳으면 못쓰니까요. 혹 가루로 그냥도 하는데, 반죽해 하는 것보다 실패가 많습니다.

4) 물송편

• 재료

멥쌀가루 한 되, 꿀소 세 홉, 녹말 쓰는 대로.

• 만드는 법

꿀소를 설탕물과 계핏가루를 섞어 촉촉하게 해 놓고, 멥쌀가루를 익반죽을 해서 잘 치대가지고 밤톨만큼씩 송편을 빚어서 꿀소를 넣고 아물려서(잘 봉합해서), 녹말을 씌워 끓는 물에 삶아 건져서, 찬물에 헹궈 체 같은 데 건져 물을 빼서 담아 놓습니다.

5) 재증병[40]

• 재료

멥쌀가루 두 되, 꿀소 오 홉 반(약 990밀리리터)쯤, 녹말 쓰는 대로.

• 만드는 법

쌀가루를 흰떡 반죽하듯 해가지고 쪄서 흰떡 치듯 잘 쳐서, 가래를 만들지 말고 시루에다 도로 담아 덥게 두고 조금씩 꺼내서 골무만큼씩하게 송편 같이 빚어, 꿀소에 설탕물과 계핏가루를 섞어 촉촉하게 만들어 소를 넣고 아물려 녹말을 씌워서, 알맞은 시루에 솔잎을 펴고 한 켜 놓은 후 솔잎을 또 펴고 이와 같이 다 한 후 떡 찌듯 쪄서 찬물에 헹궈 놓습니다.

6) 대추주악[41]

• 재료

찹쌀가루 한 되, 대추 다진 것 한 공기, 꿀소 한 홉, 참기름 쓰는 대로, 설탕 한 공기 쯤.

대추주악은 소대기에나 큰 잔치 때 반드시 해야 하는 갖은편[42]의 웃기[43] 입니다.

---

40) 여기서 증병(甑餠)은 시루떡으로 여름에 먹는 떡의 하나이다.

41) 주악은 웃기떡의 하나. 주악은 웃기떡의 한자어, 조각(糙角)의 발음이 변하여 생긴 듯하다.

42) 혼례, 회갑연 등 잔칫상에 오르는 고급 떡의 하나로 주로 서울과 경기지방에서 많이 해 먹으며, '각색편'이라 일컫기도 한다.

43) 합이나 접시에 떡을 담고 그 위에 모양을 내기 위해 얹는 작고 예쁜 떡.

• 만드는 법

대추를 곱게 다지고, 찹쌀가루를 고운 겹체로 쳐서, 우선 자그마하게 덩어리 한 개를 만들어 끓는 물에다 삶아 건져서, 남은 가루와 대추를 한데 섞고, 삶은 덩어리로 반죽을 합니다. 그래가지고 송편 빚듯 빚어서, 속은 조금씩만 넣습니다. 다 되면 참기름을 펄펄 끓이다가 지져서 설탕에 재워 덥게 두면 설탕이 녹아 재워집니다.

7) 승검초주악

대추주악 하듯 하는데, 승검초(한약재 당귀) 가루만 섞습니다. 너무 많이 넣으면 도리어 좋지 못하니, 자그마치 섞어 빛만 냅니다.

8) 석이단자[44]

• 재료

찹쌀가루 한 공기, 석이 다진 것 두 공기 반쯤, 설탕이나 꿀 반 공기, 잣가루 한 공기.

• 만드는 법

석이를 끓는 물에 튀해서 곱게 다져 쌀가루와 섞어서 쪄가지고, 꿀이나 설탕을 섞어 주물러가지고 정한 도마에 펴 놓고, 두께를 너무 두껍지 않게 펴가지고 사방 닷분쯤 되게 썰어서 잣가루를 묻힙니다.

44) 단자(團餈)란 찹쌀가루를 반죽하여 삶아 으깬 뒤에, 밤, 팥, 꿀, 대추 등의 소를 넣고 둥글게 빚어 겉에 꿀을 발라 고물을 묻힌 떡.

9) 대추단자

• 재료

참쌀가루 두 공기, 대추 다진 것 한 공기 반, 설탕이나 꿀 쓰는 대로, 잣가루 한 공기 넉넉히.

• 만드는 법

대추를 곱게 다져서 찹쌀가루와 섞어서 쪄가지고, 설탕이나 꿀을 달게 섞어서 정한 도마에 펴 놓고, 과히 얇지 않게 펴가지고 사방 닷분 가량으로 썰어서 잣가루를 묻혀 놓습니다.

10) 송편

• 재료

멥쌀 닷 되, 팥 두 되 반, 설탕 쓰는 대로, 계핏가루 약간, 소금 반 홉.

• 만드는 법

팥을 매에 타서 담갔다가, 붇거든 정하게 껍질을 벗겨서 시루에나 솥에 쪄서 퍼가지고, 소금을 약간 쳐서 간을 맞추고 주걱으로 뭉개서 도드미에 걸러가지고, 설탕을 조금만 섞어 솥에다 볶아, 보슬보슬하고 가무스름하거든 퍼서 절구에 찧어가지고 고운 겹체에 쳐서, 설탕물을 타고 계핏가루를 섞어서 부어 촉촉하게 만들어 놓습니다.

쌀은 정하게 맑은 물이 나도록 씻어서, 한나절만 담갔다가 건져서 절구에 붓고 찧어서 겹체로 칩니다. 소금은 물에 타서 조금씩 붓고 찧습니다. 다 빻은 후 가루를 끓는 물에 익반죽을 해서 잘게 만들어 꿀소를 넣고 아물려서, 시루에 솔잎을 깔고 안쳐서 찝니다.

소는 꿀소 외에 여러 가지가 있으니 맘대로 하십시오. 밤, 대추, 깨소금,

팥계피, 녹두계피, 콩 이 여러 가지가 있습니다. 쪄서 찬물에 헹궈 참기름을 바릅니다.

11) 쑥송편

쑥을 소다를 조금 넣고 삶아서 정하게 빨아가지고 곱게 다져서 쌀가루와 섞어 익반죽을 해가지고, 절구에 넣고 잘 치댑니다. 그래가지고 잘게 빚어서 소는 위에 흰 송편에 쓴 중에서 아무거나 맘대로 넣어 아물려서, 시루에 솔잎을 깔고 안쳐 쪄가지고 찬물에 씻어서 참기름칠을 합니다.

12) 송기송편

송기(松肌)[45]를 푹 삶아 곱게 다져서 쑥송편 하듯 같은 법으로 하는데, 소는 맘대로 넣어 시루에 솔잎을 깔고 안쳐서 쪄가지고, 찬물에 씻어서 참기름을 바릅니다. 이 세 가지를 해서 곁들여 씁니다.

13) 백설기

• 재료

멥쌀 한 말[소두(小斗)], 설탕 반 근, 밤 두 되, 대추 두 되, 소금 한 홉.

• 만드는 법

쌀을 정하게 쓿어서 키로 까불러 버리고 맑은 물이 나도록 씻어 담갔다가, 붇거든 건져 빻아서 고운 겹체로 쳐 놓고, 소금은 쌀 빻을 제 조금씩 넣고 빻습니다. 한 말에 소금 한 홉이면 적당합니다. 밤은 껍질을 벗기고 대추는 씨를 빼서, 설탕을 먼저 가루에다가 고루 섞어서 체로 한 번 쳐야 고루

45) 봄에 물이 오른 소나무의 속껍질.

섞입니다. 그래가지고 밤, 대추 등을 섞어서 시루에 한꺼번에 쏟아서 쪄가지고 알맞게 썰어서 씁니다.

14) 꿀설기

• 재료

멥쌀 한 말, 소금 한 홉, 밤 두 되, 청매 한 되, 귤병[큰 것] 세 개, 설탕 한 근, 딸기물 칠 홉 공기, 건포도 두 공기 가량.

• 만드는 법

쌀을 맑은 물이 나도록 정하게 씻어서 담갔다가 붇거든 소쿠리에다 건져 물을 빼가지고, 절구에 붓고 빻아서 고운 겹체로 칩니다. 소금은 물에다 타서 조금씩 쳐 가며 빻습니다. 밤은 까서 굵직하게 채 치고, 귤병도 채 치고 청매도 굵직하게 채 쳐 놓고, 가루에다가 설탕과 딸기물을 쳐서 고루 섞어가지고 고운체로 쳐가지고, 준비해 놓은 고명을 고루 섞어서 시루에다 한꺼번에 쏟아 붓고 쪄서 나붓나붓하게 썰어 씁니다.

15) 쇠머리떡

• 재료

찹쌀 한 말, 소금 한 홉, 설탕 한 근, 대추 두 되, 밤 두 되, 굵은 밤콩 반 되.

• 만드는 법

쌀을 정하게 씻어서 키로 까불러 정한 물이 나도록 씻어서 담갔다가, 붇거든 절구에 붓고 빻아서 고운체로 쳐가지고, 밤을 까서 굵은 것은 두어 쪽으로 쪼개고, 대추도 씨를 빼고 두어 쪽씩 내고, 콩도 불려서 전부 한데 가루에다가 섞어서 시루에 안치는데, 시루밑을 놓고 콩을 한 켜 놓은 후 가루 버무린 것을 시루 가로 돌려 가며 벌여 안쳐서 쪄야 합니다. 다 익거든 그릇에 꺼내 놓고, 거의 식어 굳거든 납작납작하게 썰어 두고 구워 잡수시면 좋습니다.

16) 증편

• 재료

멥쌀 한 말 한 되, 엿기름가루 반 되, 설탕 한 근, 실백 조금, 석이 채 친 것 한 공기.

• 만드는 법

멥쌀을 한 말만 정히 씻어 담갔다가 보통 떡가루처럼 빻아서 고운체로 치고, 한 되는 씻어 담갔다가 식혜 할 것이니 엿기름가루를 보통 식혜 할 제보다 국물을 많이 잡아서 걸러 가라앉힙니다.

그래가지고 다 가라앉거든 담근 쌀을 되게 밥을 지어서 엿기름국을 붓고 더운 아랫목 같은 데 덮어 놓아 삭힙니다. 다른 식혜는 밥알이 두서너 개만 뜨면 다 된 것이지만, 이것은 재(다되는 시간)가 넘어 전부 위로 왈칵 떠올라야 합니다.

그렇게 되거든 내놓고, 쌀가루를 송편 반죽하듯 익반죽을 해가지고, 식혜 해 놓은 데다가 설탕을 아주 타서 조금씩 부어 가며 덩어리를 죄다 풀어야 합니다. 덩어리를 죄 풀어서 놓고 나뭇조각 같은 것을 가운데다 꽂아 보아서 얼른 자빠지지 않으면 알맞은 반죽입니다.

그런 후 꼭 맞는 뚜껑을 덮어서 더운 방 아랫목에 덮어 놓고 가끔 열어 보면, 송알송알하게 괴어오르면 잘 되는 것이니, 시원한 곳으로 내놓고, 둥그스름한 채반에다 정한 무명 보 같은 것을 정하게 빨아서 펴 놓고 반죽한 것을 알맞게 떠서 펴 놓은 위에다가, 석이채와 실백을 조금씩 뿌려서 쪄 냅니다.

솥의 뚜껑이 꼭 맞아서 김이 한데로 안 나가야 증편 빛이 좋습니다. 그리고 보통 파는 증편은 두께가 두꺼워서 썰어 놓으면 고명이 위에 없어 번치가 안 나니 두께를 얄팍하게 해야 썰어 놓으면 좋으며, 대추를 얹는 것도 좋은데 실백과 석이채만 약간 얹는 것이 깨끗하고 조촐합니다.

17) 물호박떡

• 재료

멥쌀 한 말, 팥 너 되, 늙은 호박[작은 것] 한 개, 설탕 반 근, 소금 한 홉.

• 만드는 법

멥쌀을 정히 씻어서 담갔다가 절구에 붓고 소금물을 타서 부어 가며 찧어서 고운체로 쳐 놓고, 팥은 미리 준비해야 하니, 매(맷돌)에다 타서 담갔다가 붇거든 정히 껍질을 벗겨 시루에나 솥에 쪄가지고, 퍼서 소금을 약간 쳐서 뭉개가지고 도드미에 걸러 놓습니다. 늙은 호박을 껍질을 벗겨 속을 빼 버리고 얄팍하고 나붓나붓하게 썰어서 설탕을 섞어가지고 쌀가루에다 버무립니다. 다 한 후 시루에 시루밑을 깔고 팥 거른 무거리를 깔고 켜를 너무 두껍지도 얇지도 않게 안쳐서 고물을 보통 떡보다 푹푹 안겨야 됩니다. 다 안쳐서는 솥에 안쳐 쪄 냅니다.

18) 느티떡

• 재료

멥쌀 한 말, 소금 한 홉, 팥 서 되, 느티 잎 알맞게, 설탕 한 근.

• 만드는 법

쌀은 보통 떡가루처럼 만들고, 팥도 매에 타서 담갔다가 거피해서 쪄서 뭉개가지고 도드미에 내려놓고, 느티 잎을 따서 정하게 씻어 물을 빼가지고 가루에다 섞어 버무려서, 설탕도 한데 섞어 버무립니다. 시루에 밑을 놓고 팥 거른 무거리를 깔고 켜를 알맞게 안쳐서 고물을 보통으로 뿌립니다.

19) 총떡(메밀전병)

• 재료

메밀가루 한 되, 정육 반 근, 표고 썬 것 한 공기, 석이 썬 것 한 공기, 오이 두 개, 간장 조금, 깨소금 반 숟가락, 참기름 쓰는 대로, 소금 약간.

• 만드는 법

먼저 애오이를 거죽만 얇게 저며서 가늘게 채 쳐 소금에 살짝 절였다가 정한 물에 빨아서 꼭 짜가지고 기름에 얼핏 볶아 내고, 고기도 연한 것을 아주 얇고 가늘게 채 쳐 양념해 볶습니다. 그 다음 메밀가루를 밀전병 부치듯 물에 개가지고 소금을 조금 쳐서 간을 맞추어가지고 번철에다가 한 조각씩 부치는데, 얇고 너비는 한 치 가량 되고 두께는 한 치 좀 더 되게 부치는데, 다 익기 전에 고명을 고루 놓고 돌돌 말아서 내놓습니다. 초장에 잡수십시오.

20) 화전

• 재료

찹쌀가루 한 되, 두견화(진달래꽃), 설탕 쓰는 대로, 참기름 쓰는 대로, 약주 조금, 무 조금.

• 만드는 법

진달래꽃은 술을 뽑아 물에 흔들어 건져서 물기를 빼고, 찹쌀가루는 술과 물을 약간 쳐서 고루 섞어 비벼 놓고, 목아사 같은 얇은 헝겊을 풀기 없이 빨아가지고 공기 굽에다 펴 놓고, 꽃 한 개를 펴 놓고 떡가루를 꼭 차게 담고 헝겊 한쪽을 덮고 꼭꼭 눌러서 가장자리로 돌아가며 꼭꼭 집어 국화 모양으로 만들어서, 참기름을 펄펄 끓이다가 넣어 지져서 설탕에 잽니다.

21) 콩버무리

멥쌀가루에다 굵은 밤콩을 불려 섞어 시루에 한꺼번에 쏟아 붓고 쪄서 썰어 씁니다.

22) 수수경단

수수는 찰수수가 좋으니 찰수수를 정하게 대껴서 까불러가지고 물을 자주 갈아 부어 우려가지고 떡가루처럼 빻아서, 끓는 물에 익반죽을 해서 밤톨만큼씩 떼어 동글게 만들어서, 펄펄 끓는 물에 삶아서 찬물에 건져서 헹궈가지고 고물을 묻히는데, 콩가루나 팥계피 등을 묻힙니다.

23) 찰경단

찰경단도 수수경단같이 하는데, 고물은 팥계피나 꿀소와 콩가루 등을 각각 묻힙니다.

24) 밤단자

• 재료

찹쌀가루 한 되, 꿀 한 공기, 계핏가루 조금, 밤 깐 것 한 되 넉넉히.

• 만드는 법

밤을 삶아 건져 까서 방망이로 뭉개가지고 도드미에 걸러서 계핏가루 좀 섞어 놓고, 찹쌀가루를 반죽해서 넓적하게 조각을 만들어 끓는 물에 삶아 건져서, 방망이로 꽈리가 일도록 힘차게 저어가지고, 손에다 꿀칠을 해가지고 나붓나붓하게 늘여서 밤을 조금씩 뭉쳐 속을 박아, 동글게 보통 경단 만큼씩 잘라서 밤가루를 묻힙니다.

25) 율무단자

율무 가루를 반죽해서 보통 경단만 하게 동글동글하게 만들어서 끓는 물에 삶아 건져서 찬물에 헹궈가지고 고물을 묻히는데, 꿀소나 밤가루를 묻혀야 합니다.

26) 호박찰떡

• 재료

찹쌀 한 말, 소금 한 홉, 밤콩 서 되 반(약 6.3리터), 늙은 호박 고지 적당히.

• 만드는 법

찹쌀을 정히 씻어서 맑은 물이 나도록 씻어 담갔다가, 소금물을 타서 조금씩 쳐 가며 빻아서 고운 겹체로 쳐가지고, 호박고지를 한 치 길이쯤 잘라서 정한 물에 얼핏 헹궈 물기를 빼가지고 가루에다 섞고, 콩은 검은 밤콩을 씻어 담갔다가 불려 건져서 소쿠리에 담고 소금을 조금만 훌훌 뿌려서 놓았다가 떡을 안치고, 찰떡이니만큼 고물을 푹푹 안겨야 합니다. 호박찰떡은 켜가 너무 얇으면 덜 좋으니까, 약간 두터운 듯하게 안치고 고물을 폭신하게 뿌리십시오.

27) 산승

• 재료

찹쌀가루, 꿀, 잣가루, 계핏가루, 참기름.

• 만드는 법

찹쌀가루를 고운체로 쳐서 팔팔 끓는 물에다 익반죽을 하는데, 꿀을 넣고 반죽을 해서 조금씩 떼어가지고 세 뿔이 나오게 모양 있게 만들어가지고, 조그맣게 동글게 세 개를 만들어서 세 갈래로 된 위에다가 붙이고 꼭 누르십시오. 그래가지고 참기름을 끓이다가 넣어 지져서 잣가루와 계핏가루를 얹습니다.

23. 전골류

1) 두부전골

• 재료

두부 한 채, 정육(쇠고기) 반 근, 표고 썬 것 반 공기, 미나리 데친 것 반 공기, 석이 채 친 것 한 공기, 숙주 데친 것 반 공기, 계란 한 개, 홍당무 한 개, 죽순 한 개, 녹말 쓰는 대로, 간장 쓰는 대로, 참기름 쓰는 대로, 깨소금 조금, 후춧가루 약간, 파, 마늘 다진 것 조금.

• 만드는 법

두부를 한 푼 반쯤 두께로 저며서 닷분 너비와 칠 푼 길이쯤 되게 일정한 치수로 썰어 놓고, 고기를 조금만 남기고 곱게 다져 갖은 양념을 해서 두부 한쪽에다 얄팍하게 붙이고 두부 한쪽을 맞붙이어 녹말을 씌워 번철에 기름을 두르고 부쳐 놓고, 표고는 불려 채를 쳐 살짝 볶아 양념하고, 미나리도 줄거리만 한 치 길이로 잘라 데쳐서 양념하고, 석이도 튀해서 채를 쳐 볶아 놓습니다.

숙주도 아래위를 따 버리고 데쳐서 양념하고, 죽순도 채 쳐 놓고, 홍당무도 살짝 데쳐 채 쳐서 볶아 양념합니다. 계란은 지단 부쳐서 채 쳐 놓습니다. 이와 같이 다 되면 알맞은 냄비에다가 남겨 놓은 고기를 썰어 재어 깔고, 두부 한 켜를 담고 준비해 놓은 고명을 고루 얹고 두부를 또 얹고, 색 맞추어 가장자리로 돌려 고명을 담고, 장물을 심심하게 타서 붓고 끓여서, 상에 놓을 제 지단채를 얹어 들여갑니다.

간단히 손님 대접할 제 술안주로 적당합니다.

2) 갖은전골

• 재료

정육 반 근, 콩팥 한 개, 양 반 근, 처녑 반 근, 송이 다섯 개, 죽순[큰 것] 한 개, 계란 세 개, 무[작은 것] 한 개, 석이 세 개, 설탕 한 공기, 참기름 두 종지 반, 깨소금 반 공기, 진간장 쓰는 대로, 후춧가루 반 숟가락, 마늘 다진 것 약간, 파 다진 것 한 종지.

• 만드는 법

양을 튀해서 껍질을 벗기고 곱게 썰어서 물에 다시 한 번 빨아서 베헝겊 같은 데 싸서 물기 없이 꼭 비틀어 짜가지고 갖은 양념을 해 놓고, 정육과 콩팥 처녑 등도 각각 채를 쳐 정한 물에 다시 빨아서 정한 헝겊에 싸서 물기 없이 비틀어 짜가지고 다 각각 양념을 해 놓고, 표고도 담가 불려가지고 채 쳐서 양념하고, 죽순도 반으로 쪼개서 정히 씻어가지고 채를 쳐 양념합니다.

이와 같이 다 되면 알맞은 그릇에 색 맞추어 담고 위에다 잣가루를 뿌려 놓습니다. 무는 곱게 채 쳐서 다른 그릇에 담고, 계란 한 개를 지단 부쳐 채 치고 석이를 튀해서 채 쳐 위에다 폭 덮어서 따로따로 담은 것을 한 상에 놓으면, 전골냄비에 기름을 두르고 무채를 먼저 넣어 거의 익게 되면 고기 등속을 넣어 익혀서 계란을 풀어 잡수시게 됩니다.

이것은 큰 잔치 때나 연회 때 하는 것입니다.

3) 쑥갓전골

• 재료

정육 한 근, 쑥갓 두 대접, 계란 두 개, 황화채 한 공기, 설탕 한 종지, 깨소금 반 숟가락, 참기름 반 종지, 파 한 개, 마늘 반 쪽, 진간장 쓰는 대로, 후춧가루 약간.

• 만드는 법

황화채를 담가 불려서 속을 빼고 잘게 찢고, 정육을 곱게 채 쳐서 찬물에 잠깐 담갔다 빨아서 정한 헝겊에 싸서 물기 없이 꼭 짜가지고 한데 섞어 양념해 담고 잣가루를 뿌려 놓고, 쑥갓은 정히 씻어서 따로 담아 상에 놓으면, 전골냄비에다가 기름을 두르고 고기를 넣어 거의 익거든 쑥갓을 넣어 익혀서 계란을 풀어 잡숫게 됩니다.

4) 조개전골(1)

• 재료

조개 깐 것 한 공기, 정육 조금, 계란 한 개, 파 한 개, 마늘 반 쪽, 참기름 반 종지, 설탕 반 숟가락, 깨소금 약간, 진간장 조금, 후춧가루 약간.

• 만드는 법

조개를 까서 똥집을 빼서 곱게 다지고 정육(쇠고기)도 곱게 다져 갖은 양념을 해가지고, 알맞은 냄비에다 기름을 두르고 볶다가, 계란을 풀어서 익힙니다.

5) 조개전골②

• 재료

조개 한 공기, 정육 조금, 계란 한 개, 파 한 개, 마늘 반 쪽, 깨소금 약간, 참기름 반 종지, 설탕 한 숟가락, 후춧가루 약간.

• 만드는 법

조개를 까서 똥집을 빼고 정히 씻어서 나붓하게 썰고 고기를 채 쳐서 각각 양념해서 곁들여 놓으면, 식성대로 그냥 잡숫게도 되고, 냄비에 기름을 두르고 볶다가 계란을 풀어 익혀 잡수십시오. (조개전골①과 거의 똑같아 차이점을 찾기 힘들다. - 역주자)

6) 조개전골③

대합을 까서 똥집을 빼고 얄팍하게 저며서 양념해서 순전히 조개만 볶다가 계란을 풀어 익혀 먹습니다.

7) 낙지전골①

• 재료

낙지 한 코(열 마리), 정육 반 근, 계란 두 개, 파 한 개, 마늘 반 쪽, 설탕 세 숟가락, 후춧가루 약간, 참기름 한 종지, 깨소금 반 숟가락, 진간장 쓰는 대로.

• 만드는 법

낙지를 소금 넣고 바락바락 주물러서 정한 물에 씻어 물에 다시 담가 놓고 껍질을 벗기고 골을 뺀 후 한 치 길이쯤 잘라서, 굵은 것이면 반에 갈라서 갖은 양념을 하고, 정육(쇠고기)도 곱게 채 쳐서 양념을 해 알맞은 그릇에 곁들여 담아 놓으면, 식성대로 그냥 잡숫게 되니까 그냥 놓으시고, 냄비를 불 위에 얹어 익혀서 계란을 풀어 잡숫게 됩니다.

8) 낙지전골(2)

낙지를 소금에 주물러 껍질을 벗겨서 골을 빼 버리고 한 치 가량의 길이로 썰어서 갖은 양념을 해가지고 볶다가, 계란을 풀어 익혀 먹습니다.

9) 버섯전골

버섯이 풋것으로 마르지 않은 것이면 소금물에 담갔다가 정히 씻어서, 고기를 조금만 채를 쳐서 한데 갖은 양념해서 볶다가 계란을 풀어 익혀 먹습니다.

10) 닭전골

• 재료

닭 한 마리, 계란 두 개, 파 채 친 것 반 공기, 마늘 한 쪽, 후춧가루 약간, 설탕 반 공기 못 되게, 깨소금 한 숟가락, 참기름 한 숟가락, 물 한 대접 반, 느타리 조금.

• 만드는 법

닭을 잡아 끓는 물에 튀해가지고 털을 뜯어서 대가리와 발목을 자르고, 배를 갈라 내장을 꺼내서 창자만 버리고 다른 내장은 정하게 씻어 자잘하게 썰고, 닭을 잘게 잔칼질을 해서 잘게 톡톡 찍어 갖은 양념을 해서 놓고, 느타리를 물에 불려 자잘하게 찢어서 닭 양념하는 데 같이 양념해 놓습니다. 물을 먼저 붓고 펄펄 끓이다가 양념해 놓은 닭을 넣고 충분히 익히시고, 계란은 거의 다 익어 상에 놓을 제 풀어 익히십시오. 국물은 자작하게 하십시오.

11) 생치(꿩)전골

생치전골도 닭전골 하듯 하는데, 내장은 빼 버리고 생강을 조금만 다져 넣고 하십시오. 물은 고기를 보아서 부으십시오. 물이 흥건하면 덜 좋으니 자작자작하게 하십시오.

12) 채소전골

• 재료

일년감(토마토)[중간치] 두 개, 감자 한 개, 양파[작은 것] 한 개, 정육 반 근, 진장 조금, 설탕 두 숟가락, 깨소금 약간, 참기름 한 숟가락, 계란 두 개, 후춧가루 약간, 파 한 개, 마늘 반 쪽.

• 만드는 법

고기를 채 쳐 양념해 놓고, 양파를 껍질 벗기고 반으로 쪼개서 채 쳐 놓고, 감자도 껍질 벗겨 나붓하게 썰고, 일년감(토마토)도 껍질을 벗겨 씨를 빼고 반으로 쪼개서 알맞게 썰어 놓은 후, 전골냄비에다가 양파를 먼저 넣고 익히다가, 감자를 넣어서 거의 익거든 고기를 넣어 익힙니다. 거의 익거든 일년감을 넣어 익혀서, 계란을 풀어 익힙니다.

24. 약식과 같은 편(떡)류

1) 약식

• 재료

참쌀 소두 한 말, 밤 깐 것 두 되, 대추 두 되, 검은설탕 두 근, 꿀 두 공기, 진간장 한 공기 반, 참기름 두 공기, 실백 반 공기, 황설탕 한 근. 꿀이 없으면 안 넣어도 좋음.

• 만드는 법

앵미(쌀에 섞여 있는, 빛깔이 붉고 질이 나쁜 쌀) 안 섞인 찹쌀을 정히 쓿어서 키로 까불러 맑은 물이 나도록 씻어서 하루 동안만 담갔다가 건져서 술밥 찌듯 쪄가지고, 흠씬 뜸을 들이는 동안 밤도 삶아 까고 대추도 씨를 빼는데, 대추씨는 검은설탕과 같이 끓여서 고운체로 걸러 놓은 후, 밤이 다 익었거든 큰 그릇에 쏟아 놓고 여러 가지 고명을 다 넣고 고루 버무려서 오지자배기나 놋양푼 같은 데 담아서, 솥에 물을 붓고 중탕을 해서 익힙니다. 시루에 하는 것보다 훨씬 편하고 좋습니다. 실백은 그릇에 담고 위에 다 얹습니다. 시루에 찔 제는 안친 위에다 밀가루를 반죽해서 얇게 밀어 위를 폭 덮어 찌십시오.

약식 속히 하는 법

약식을 급하게 하는 것은, 좋은 찹쌀을 정하게 씻어서 되게 밥을 짓고, 한편으로는 밤을 삶아 까고 대추를 쪄서 씨를 뺍니다. 검은설탕을 끓여 고운 체에다 걸러 놓은 후, 밥이 다 되었거든 퍼서 놓고 준비해 놓은 고명을 쳐서 버무리는데, 분량은 위의 것과 같습니다. 참기름, 꿀, 진간장 등을 알맞게 두고(넣고) 버무려서 오지그릇에 담아 솥에 중탕해 익힙니다. 그릇에 담고 실백을 얹습니다.

2) 백편

• 재료

멥쌀가루, 석이채, 실백.

• 만드는 법

멥쌀가루를 손가락 한 마디 두께로 안치고, 석이채와 실백을 고루 뿌려 찝니다.

3) 꿀편

• 재료

멥쌀가루, 누른설탕, 대추채, 밤채.

• 만드는 법

멥쌀가루에다 누른설탕을 물에 타서 붓고 비벼 섞어서 훝체에 물을 내려가지고 이것도 손 한 마디 두께로 안치고, 준비해 놓은 고명을 뿌립니다. 물 내리는 데는 한 말이면 물은 한 사발이면 되는데, 가루가 너무 메지면 보아 가며 조금씩 더 쳐도 좋습니다. 설탕은 달 만큼 알맞게 넣으십시오.

4) 승검초편

• 재료

승검초가루, 밤채, 대추채, 설탕, 멥쌀가루.

• 만드는 법

멥쌀가루에다가 승검초가루를 고운체로 쳐서 빛만 내는 것이니까 조금만 섞고, 물에다 설탕을 알맞게 타서 붓고 고루 섞어 비벼가지고 체에 쳐서 시루에 안치는데, 이것 역시 손마디 한 금이면 알맞습니다. 그 위에는 준비해 놓은 고명을 뿌려서 찝니다.

5) 녹두거피편

녹두를 매에 타서 물에 담갔다 붇거든 거피를 정히 해가지고 소쿠리 같은 데 건져서 소금을 조금 훌훌 뿌려 놓았다가, 물이 빠지거든 멥쌀가루를 물을 붓고 섞어 비벼서 체에 쳐가지고 안치는데, 이것 역시 켜를 먼저 것과 같이 해가지고 고물을 뿌립니다.

6) 팔거피편

팥을 매에 타서 담갔다가 붇거든 껍질을 정히 벗겨서 쪄가지고 소금을 쳐서 간 맞추어 뭉개가지고 도드미에 걸러 놓고, 멥쌀가루를 물을 내려서 먼저 번 켜와 같이 안치고 고물을 뿌립니다.

7) 녹두찰편

녹두를 매에 타서 담갔다가 껍질을 벗겨서 소쿠리에 건져 놓고 소금을 조금 훌훌 뿌려 간을 해 놓고 찹쌀가루를 안치는데, 이것 역시 손 한 마디 두께로 안치고 고물을 뿌립니다. 대추를 씨를 빼서 두서너 쪽을 내고, 밤을 껍질 벗겨 쪼개서 드문드문 박아도 좋습니다.

8) 팥거피찰편

팥을 매에 타서 담갔다가 붇거든 껍질을 정히 벗겨서 쪄가지고 소금을 약간 쳐서 간을 맞추어서 뭉개가지고 도드미에 걸러 놓고, 찹쌀가루를 위에 말한 대로 같은 켜로 안치고, 대추를 씨를 빼서 서너 쪽으로 쪼개고, 밤을 까서 반쪽을 내서 드문드문 박고, 고물을 뿌립니다.

9) 꿀소편

꿀소를 설탕물과 계핏가루를 섞어 촉촉하게 해 놓고, 찹쌀가루를 손 한 마디 두께로 안치고 꿀소를 뿌립니다.

10) 깨편

참깨를 물을 축여서 키에다 놓고 싹싹 비벼 껍질을 벗겨가지고 정하게 씻어서, 솥에다가 백지를 깔고 조금씩 붓고 살살 볶아서 까불러가지고 곱게 빻습니다. 찹쌀가루를 손마디 한 금 두께로 안치고 깨소금을 뿌립니다. 깨를 볶아서 찧을 제 소금을 조금 쳐서 빻아야 간이 맞습니다. 동부[46]를 거피해서 해도 좋습니다.

갖은 편을 하는 데는 찰편이나 메편 고물을 양편을 같이 하기도 하고 양편을 각각 색다른 고물을 안치기도 하는데, 이것은 음양편이라 합니다. 미신 같지만 음양편은 제사에는 금물이라 합니다.

---

46) 콩의 종류. 속이 하얗다. 동부묵.

25. 맑은 장국류

1) 곰국(1)

• 재료

양 두 근, 곤자소니, 씨앗가리, 흘떼기, 사태, 뼈도가니 각각 한 근씩, 무[큰 것] 다섯 개, 깨소금 한 종지, 참기름 한 종지, 후춧가루 약간, 파, 마늘 다진 것 한 종지, 간장 쓰는 대로.

• 만드는 법

양은 튀해서 껍질을 벗겨 놓고, 다른 국거리도 정하게 씻고 무도 정히 씻어 전부 솥에 넣고 푹 곱니다. 젓가락 짝 같은 것으로 찔러 보아서 힘 안 들고 들어가면 다 익은 것이니 건져서 써는데, 길이는 한 팔구 푼(약 2.4~2.7센티미터)쯤 되게 썰고 너비는 한 서너 푼(약 0.9~1.2센티미터) 되게 썰어서 갖은 양념을 해 놓고, 무도 육칠 푼(약 1.8~2.1센티미터) 길이쯤 잘라서 나부죽하고 도톰하게 썰어 양념해 놓습니다. 국물에 다시 넣고 뭉근히 불을 때 놓습니다.

2) 곰국(2)

보통 국거리는 곱창, 대창, 부아,[47] 떡심[48] 이것 등인데, 여기다가 사태, 흘떼기, 양 등속만 더 넣고 무를 넣어 국을 끓이면 훌륭합니다.

3) 골탕

• 재료

소 등골 한 보, 정육 조금, 계란 두 개, 밀가루 두 숟가락 반쯤, 파 반 개, 후춧가루 약간, 깨소금 약간, 간장 조금, 참기름 조금.

• 만드는 법

소 등골을 물에 담아 놓고 껍질을 벗겨서 맑은 물에 헹궈가지고, 부치기 좋을 만큼 잘라서 반으로 갈라 넓이를 넓혀가지고, 밀가루와 계란을 씌워 번철에 부칩니다. 고기는 연한 살을 곱게 썰어서 갖은 양념을 해서 맑은 장국을 끓이는데, 물은 2인분 가량 해서 붓고 끓이다가, 충분히 끓거든 부쳐 놓은 골을 보기 좋을 만큼 나붓하게 썰어서 넣고 잠깐 동안만 끓이다 잡수십시오. 오랫동안 끓이면 풀어져서 못씁니다.

4) 애탕(쑥국)

• 재료

애탕쑥(다북쑥) 데친 것 두 공기, 정육 반 근, 녹말가루 쓰는 대로, 계란 세 개, 간장 쓰는 대로, 설탕 반 숟가락, 후춧가루 약간, 참기름 반 숟가락, 마늘 반 쪽, 파 한 개, 깨소금 조금.

47) 허파나 목줄띠에 붙은 고기.

48) 억세고 질긴 근육.

• 만드는 법

쑥을 삶아 건져서 곱게 다져 체에 담아가지고 정한 물에 담가 쑥물을 빼가지고 물기 없이 꼭 짜 놓고, 연한 살코기를 골라 곱게 다져서 쑥과 한데 섞어 갖은 양념을 해 놓고, 남긴 고기를 꾸미로 재서 맑은 장국을 간 맞게 끓이다가, 충분히 끓거든 양념해 놓은 것을 동글납작하게 작은 배갈잔 둘레만큼씩 만들어서 녹말을 묻히고 계란을 끓는 국에 넣어 익힙니다.

위로 뜨면 다 익은 것이니, 너무 오래 끓이지 말고 위로 동동 뜰 때 그릇에 떠 놓으십시오. 이것도 2인분 가량 되리만큼 그릇에 뜨는 것과 작은 그릇에 뜨는 것이 등분이 있으니까 적당히 뜨십시오.

5) 조깃국(1)

• 재료

조기 두 마리, 정육 조금, 쑥갓 한 대접, 깨소금 약간, 간장 쓰는 대로, 계란 세 개, 밀가루 세 숟가락 반 듬뿍, 파 한 개, 마늘 반 쪽, 참기름 조금.

• 만드는 법

성하고 좋은 조기를 정하게 다뤄서 대가리를 자르고 꽁지를 자르면(?), 보통 것이면 두 토막을 내서 반으로 쪼갠 후 가운데 뼈를 빼고, 소금을 약간 솔솔 뿌려 놓았다가, 밀가루와 계란을 씌워 번철에 기름을 두르고 부쳐 놓고, 꾸미를 재서 맑은 장국을 끓이다가, 충분히 끓거든 부쳐 놓은 생선을 넣어 한소끔만 끓이십시오.

쑥갓은 거의 끓거든 넣어서 숨만 죽여 따로 건져 놓았다가 국을 그릇에 뜨시고 위에다 얹으십시오. 그리고 맛있는 초에다 고운 고춧가루를 조금 넣어 놓으십시오. 이것도 2인분으로 한 것입니다.

6) 조깃국(2)

• 재료

조기 두 마리, 쑥갓 한 대접 반, 정육 조금, 파 한 개, 마늘 반 쪽, 깨소금 약간, 참기름 약간, 간장 조금.

• 만드는 법

성하고 좋은 조기를 정히 다뤄서 대가리를 자르고 알맞게 토막을 내서 놓고, 꾸미를 재어 맑은 장국을 끓이다가, 충분히 끓거든 토막 쳐 놓은 생선을 넣어 끓입니다. 거의 끓어 익거든 쑥갓을 넣어 숨만 죽여서 따로 내놓았다가 국을 뜨고 위에다 얹으십시오. 맛있는 초에다 고춧가루를 약간 쳐서 종지에 담으십시오.

7) 도밋국

• 재료

도미[중간치] 한 마리, 정육 조금, 쑥갓 한 대접, 밀가루 세 숟가락, 계란 두 개, 깨소금 약간, 참기름 조금, 파 한 개, 마늘 반 쪽, 간장 쓰는 대로.

• 만드는 법

성하고 좋은 잣도미(자그마하고 배가 똥똥한 도미)를 정히 다뤄서 대가리를 자르고 알맞게 토막을 쳐서 반으로 쪼개고 가운데 뼈를 빼내서 소금을 약간 훌훌 뿌렸다가, 밀가루와 계란을 씌워 번철에 부치고, 꾸미를 재어 맑은 장국을 끓이다가, 충분히 끓거든 생선을 넣어 한소끔만 끓이십시오. 쑥갓은 거의 다 끓어 국을 뜰 제 넣어 빛만 내어서, 국을 뜨고 위에다 얹으십시오. 맛있는 초에다 고춧가루를 쳐서 놓으십시오.

8) 준칫국(1)

• **재료**

준치[작은 것] 한 마리, 정육 조금, 계란 세 개, 밀가루 쓰는 대로, 파 한 개, 깨소금 약간, 참기름 조금, 쑥갓 한 대접, 간장 조금, 후춧가루 약간.

• **만드는 법**

성한 준치를 정히 다뤄서 내장을 꺼내고 지느러미를 자르고 앞뒤로 기름칠을 해서 쪄가지고, 잔가시를 하나도 없이 골라 버리고 살만 추려서 갖은 양념을 해서 납작하게 반대기를 만들어, 밀가루와 계란을 씌워 번철에다가 부쳐 놓고, 꾸미를 재워 맑은 장국을 끓이다가, 충분히 끓거든 부쳐 놓은 생선을 넣어 잠깐 동안만 끓여서, 거의 다 될 제 쑥갓을 넣어 익혀서 그릇에 뜨시고 위에다 얹으십시오.

초에다 고춧가루를 조금만 쳐서 놓으십시오. 준치는 가시가 무서우니만큼 이와 같이 끓이면 안전합니다.

9) 준칫국(2)

• **재료**

준치 한 마리, 쑥갓이나 미나리 조금, 정육 조금, 깨소금 약간, 간장 조금, 참기름 약간, 파 한 개, 초 조금.

• **만드는 법**

준치를 정히 다뤄서 대가리를 자르고 알맞게 토막을 쳐서 등성마루를 드문드문 잔칼질을 해서 초를 앞뒤로 쳐 놓았다가 한 5분 지나거든 정한 물에 정히 씻어 놓고, 꾸미를 재워 맑은 장국을 끓이다가 생선을 넣어 한참 끓여 달입니다. 쑥갓은 다 끓어 그릇에 뜰 제 넣어 익혀서 위에다 얹습니다. 초에다 고춧가루를 타서 놓으십시오.

10) 오이무름국

• 재료

애오이 여섯 개, 정육(쇠고기) 반 근, 밀가루 쓰는 대로, 계란 세 개, 파 한 개, 마늘 한 쪽, 깨소금 반 숟가락, 참기름 조금, 후춧가루 약간, 간장 쓰는 대로.

• 만드는 법

너무 어리지 않고 웬만큼 굵직한 오이를 꼭지를 자르고 얇게 껍질을 벗겨서 팔 푼 길이쯤 잘라가지고 속을 젓가락 짝 같은 것으로 뚫어 긁어내고, 고기를 연한 것으로 곱게 다지고 갖은 양념을 해서 오이 속 긁어 낸 구멍에다 넣어 밀가루와 계란을 씌워 번철에 기름을 두르고 부쳐 놓고, 남은 고기를 꾸미로 재워 맑은 장국을 끓이다가 부쳐 놓은 오이를 넣어 탁 아우러지게 끓이십시오.

11) 뱅엇국

• 재료

뱅어 두 공기, 계란 세 개, 밀가루 쓰는 대로, 정육 조금, 참기름 약간, 깨소금 약간, 간장 조금, 파 한 개.

• 만드는 법

뱅어를 찬물에 잠깐 동안만 담가 놓았다가 정히 씻어서 대가리 눈 있는 데까지만 잘라 버리고, 고기를 잘게 썰어 양념해서 맑은 장국을 끓이다가 뱅어를 밀가루와 계란을 묻혀 넣어 끓이십시오.

12) 두붓국

• 재료

두부 반 채, 정육 조금, 파 두 개, 참기름, 깨소금 약간, 간장 조금, 계란 한 개.

• 만드는 법

두부를 길이는 두부 너비대로 가로놓고 두어 푼 두께로 저며가지고 그보다 좀 조붓한(조금 좁은 듯한, 얇은) 치수로 썹니다. 그러면 도톰하게 채를 친 것과 같이 됩니다. 꾸미를 재어 맑은 장국을 끓이다가 두부를 넣고 끓입니다. 파는 채를 쳐서 넣으십시오. 국이 다 끓거든 계란을 깨뜨려 푸십시오.

13) 움팟국

• 재료

움파 한 단(뿌리 쪽은 자르고), 정육 조금, 계란 한 개, 참기름 약간, 깨소금 약간, 간장 조금.

• 만드는 법

움파를 대가리는 자르고 잎사귀만 끝을 따 버리고 두 토막을 내서 끓는 물에 잠깐 데쳐 찬물에 담가 놓고, 꾸미를 재서 맑은 장국을 끓이다가 넣고 잠깐 끓이다가 계란을 풀어 익히십시오.

14) 미역국

• 재료

미역, 정육, 간장, 참기름, 후춧가루 약간.

• 만드는 법

좋은 장곽(長藿: 길이가 길고 넓은 미역)을 담갔다가 줄거리를 뜯어내고 과히 잘지 않게 찢어 놓고, 고기를 잘게 썰어서 간장과 후춧가루, 참기름 등만 치고 양념해서 물을 조금만 넣고 볶다가 물을 아주 붓고 끓이십시오. 미역국에는 파, 마늘은 안 넣습니다.

15) 어글탕

• 재료

북어 껍질 한 대접, 정육 반의 반 근, 숙주 조금, 계란 두 개, 밀가루 조금, 간장 조금, 깨소금 약간, 참기름 약간, 파 한 개, 후춧가루 약간, 두부 조금.

• 만드는 법

북어 껍질을 가에 붙은 가시를 죄다 없이하여 가위로 자잘하게 썰어서 뜨거운 물에 담갔다가 두 손으로 싹싹 비벼서 씻어 놓고, 고기를 힘줄 없이 곱게 다지고, 숙주도 아래위를 따 버리고 데쳐서 곱게 다져서 전부 한데 섞어 놓고, 두부를 조금만 넣고 갖은 양념을 간 맞게 해서 맑은 장국을 끓이다가, 동글납작하게 자그만하게 만들어서 밀가루와 계란 씌워 담방담방 넣어 끓입니다. 위로 뜨면 다 익은 것이니, 너무 오래 끓이지 마십시오.

16) 대굿국

• 재료

대구[작은 것] 한 마리, 정육 조금, 무[중간치] 한 개, 파 세 개, 마늘 한 쪽, 간장 쓰는 대로, 참기름 반 숟가락, 깨소금 반 숟가락.

• 만드는 법

성한 대구를 정히 다뤄서 대가리를 자르고 내부도 꺼내서 정히 씻어 알맞게 토막을 쳐 놓고, 꾸미를 재고, 무를 맑은 장국을 끓이듯 얄팍하게 썰어서 꾸미하고 한데 양념해서 물을 조금만 붓고 볶다가 물을 아주 잡아 끓이다가, 충분히 끓거든 생선을 넣어 끓이십시오. 파는 채를 쳐서 넣으십시오.

17) 잡탕

• 재료

양, 사태, 곤자소니, 뼈도가니, 홀떼기 각각 마음대로, 무도 알맞게, 실백, 계란, 미나리, 밀가루, 정육, 간장, 깨소금, 후춧가루, 파, 마늘.

• 만드는 법

양은 끓는 물에 튀해서 껍질을 벗기고, 곤자소니 뼈도가니 홀떼기 등을 정하게 씻어서, 무도 씻어 넣고 한데 보통 곰국처럼 푹 곱니다.

다 익거든 건져서 보통 곰국 건더기보다는 조금 자잘하게 썰어서 갖은 양념을 하고, 무도 보통 곰국 무보다 잘게 썰어 양념해서 국물에 다시 넣어 끓여서 놓고, 미나리는 지단을 부쳐서 나붓나붓하게 썰고, 고기는 조금만 다져서 갖은 양념을 해서 모루기(다진 고기 양념)를 만들고, 지단을 노른자 흰자를 각각 부쳐서, 미나리는 지단과 같은 치수로 썰어 놓았다가, 국을 뜨고 모루기를 넣고 지단 부쳐 썬 것과 실백을 얹습니다.

이것은 특히 비빔국수에 제일 적격이고, 보통 밥상에 놓아도 관계없습니다.

18) 초교탕

• 재료

영계 한 마리, 오이 두 개, 전복[작은 것] 한 개, 표고 세 개, 해삼 세 개, 배 반 개, 실백 두 숟가락, 깨 두 홉, 계란 두 개, 간장 쓰는 대로, 깨소금 조금, 후춧가루 약간, 파 한 개, 참기름 조금.

• 만드는 법

깨를 정하게 껍질을 벗겨서 솥에다 백지를 깔고 조금씩 붓고 살살 볶아서, 물을 조금 붓고 매에 갈아가지고 체에다 거르는데, 너무 진하면 재미없으니 알맞게 물을 타십시오. 그 다음 영계를 잡아 끓는 물에다 튀해서 털을 뜯고 배를 갈라서 내장은 죄다 꺼내고 정히 씻어 삶아 건져서 살만 나붓하게 저며서 갖은 양념을 해 놓고, 오이를 꼭지는 자르고 거죽만 얇게 저며서 납작하게 썰어서 소금에 살짝 절였다가 정한 물에 헹궈 꼭 짜가지고 번철에 기름을 조금만 두르고 얼핏 볶아 내고, 전복도 흠씬 불려서 닭 삶는 데다가 넣었다가 익거든 꺼내서 얄팍하게 썰고, 표고도 불려서 나붓하게 썹니다.

해삼도 푹 삶아서 반으로 갈라 속을 정하게 씻어서 같은 치수로 썰어 놓습니다. 배도 이와 같은 치수로 썹니다. 계란은 지단을 부쳐 채 쳐서 전부 한데 섞어서 깻국에다 소금을 넣어 간을 맞추어가지고 넣고, 얼음을 자잘하게 깨뜨려 지르고 실백을 띄웁니다. 갖은 양념은 닭에만 합니다. 여기에다가 밀국수를 잘 해서 국수도 맙니다.

19) 추탕

• 재료

미꾸라지, 표고, 계란, 통고추, 두부, 석이, 파, 마늘, 생강, 참기름, 깨소금, 간장.

• 만드는 법

먼저 미꾸라지에 소금을 훌훌 뿌려 놓으면 해감을 전부 토해 버립니다. 그런 후에는 소금을 쳐서 문질러 씻어가지고 정한 물이 나도록 씻어서 물을 붓고 푹 고는데, 국을 세 그릇이나 두 그릇을 만들려면 애초에 물을 부어야지 여러 번에 국물을 부으면 못씁니다.

다 익거든 건더기만 건져서 대가리에서부터 살살 잡아당겨서 뼈를 빼고 살은 도로 국물에다 넣고, 두부는 얇게 저며서 번철에다가 빛을 노릇하게 부쳐가지고 채를 썰어 놓고, 표고도 부쳐 채를 쳐서 넣습니다. 석이는 끓는 물에 튀해서 손으로 뚝뚝 떼어 넣고, 파는 조금만 채 쳐 넣습니다. 마늘, 생강은 약간만 곱게 다져 넣고 간장으로 간을 맞추어 끓이다가, 계란을 풀어서 위에다 붓고 통고추를 나붓나붓하게 썰어서 넣습니다.

이것은 특히 약한 사람에게 좋은 것이니, 자양분이 퍽 많은 것이며, 어린이에게 더욱 좋은 것입니다.

26. 구자와 찜류

1) 구자[49](대본 두 틀 분량)

• 재료

양 반 근, 사태 반 근, 대창 반 근, 정육 한 근, 전복 한 개, 해삼 네 개, 등골 한 보, 미나리 한 줌 반 가량, 호두 여덟 개, 은행 이십 개쯤, 실백 반 공기, 계란 한 줄, 표고 여섯 개, 간장 쓰는 대로, 무[큰 것] 반 개, 밀가루 쓰는 대로, 참기름 쓰는 대로, 깨소금 세 숟가락, 설탕 조금, 후춧가루 약간, 파 세 개, 마늘 두 쪽.

• 만드는 법

양, 사태, 대창, 무 등은 삶아 건져 국거리보다 자잘하게 썰어 양념해 놓고, 정육은 조금은 다져서 모루기를 만들고 남은 것은 육회 하듯 재서 놓습니다.

전복은 불렸다가 국거리 삶는 데 넣어 익혀 얄팍하게 썰고, 해삼도 푹 삶아 익혀서 나붓나붓하게 썹니다. 소 등골은 물에 담가 놓고 껍질을 벗겨 밀가루와 계란 묻혀 번철에 부칩니다. 미나리도 줄거리만 밀가루와 계란 씌워 부쳐서 구자 속에 대 보아 같은 치수로 썰고, 다른 것들도 이와 같이

49) 열구자탕(悅口子湯: 입을 즐겁게 해주는 탕)의 준말. 신선로의 별칭.

다 같은 치수로 썹니다.

계란도 노른자, 흰자 다 각각 도톰하게 지단을 부쳐서 같은 치수로 썰어 놓고, 호두도 까서 물에 담갔다가 속껍질을 벗기고, 은행도 까서 번철에 볶으면 속껍질이 벗겨집니다. 이와 같이 준비가 다 되었으면 신선로에다가 재어 놓은 고기를 담고, 그 위에는 국거리 양념한 것을 담은 후, 여러 가지 고명을 색 맞추어 담습니다.

맨 위에는 전복, 해삼, 등골, 완자, 미나리완자, 표고 등을 색 맞추어 담고, 호두, 실백, 은행, 모루기 등을 간격 맞추어 담고, 통고추 한 개를 네 쪽을 내서 사이사이로 색 맞추어 에워 놓습니다. 장물을 슴슴하게 타서 붓고, 화통에 불을 피워서 상에 올려놓습니다.

2) 숭어찜

• 재료

숭어[작은 것] 한 마리, 정육 반의 반 근, 표고 두 개, 미나리 반 줌, 밀가루 네 숟가락, 파 반 개, 계란 세 개, 간장 쓰는 대로, 후춧가루 약간, 참기름 쓰는 대로, 깨소금 약간, 실백 조금.

• 만드는 법

성한 숭어를 정히 다뤄서 대가리를 자르고 자그맣게 토막을 쳐서 반으로 쪼개 가운데 뼈를 빼고 밀가루와 계란을 씌워 번철에 부쳐 놓고, 미나리도 줄거리만 밀가루와 계란을 씌워 부쳐서 나붓하게 썰고, 계란을 노른자 흰자를 각각 도톰하게 부쳐서 같은 치수로 썹니다. 고기를 조금만 곱게 다져 갖은 양념을 해서 모루기를 만들고, 표고도 불려서 같은 치수고 썰어 놓은 후, 남은 고기를 채쳐 양념해서 냄비 밑에다 깔고, 부쳐 놓은 숭어를 안치고, 준비해 놓은 고명을 색 맞추어 가장자리로 담고 모루기와 실백은 가장자리로 얹은 후, 장물은 슴슴하게 타서 붓고 끓이는데, 통고추 한 개를 네 쪽을 내어 사이사이로 끼어서 색을 냅니다.

3) 도미찜

• 재료

도미[중간치] 한 마리, 정육 반 근, 계란 네 개, 표고 세 개, 파 한 개, 소 등골 반 보, 밀가루 칠 홉 공기, 실백 한 숟가락, 참기름 쓰는 대로, 깨소금 반 숟가락, 후춧가루 약간, 미나리 반 줌, 통고추 한 개, 마늘 반 쪽, 쑥갓 한 대접.

• 만드는 법

도미를 정히 다뤄서 지느러미를 자르고 대가리를 자른 후 자질구레하고 납작스름하게 썰어서 밀가루와 계란을 씌워 번철에 부쳐 놓고, 정육을 조금만 곱게 다져서 모루기를 만들고, 미나리도 밀가루와 계란을 묻혀 부쳐서 납작스름하게 썰어 놓고, 계란도 흰자 노른자를 각각 도톰하게 부쳐서 같은 치수로 썹니다.

표고도 불려 나붓나붓하게 썰어서 기름에 볶아 놓은 후, 남은 고기를 채쳐 갖은 양념을 해서 냄비 밑에 깔고, 부쳐 놓은 도미 토막을 한 켜 펴 놓은 후 준비해 놓은 고명을 얹고, 그 위에 다시 생선을 담고 고명을 색 맞추어 가장자리로 돌려가며 담고, 통고추를 조붓하게 썰어서 사이사이로 끼워 색을 내고, 실백과 모루기를 가장자리로 돌려놓고, 장물을 슴슴하게 타서 붓고 끓이다가 상에 올리는데, 쑥갓을 넣어 숨만 죽여 들여가십시오.

쑥갓을 다른 그릇에 담아서 놓고 풍로째 들여가면 자시는 분 마음대로 넣어 잡숫게 되니까, 그렇게 하는 것이 더욱 좋습니다.

4) 승개기탕[50]

• 재료

도미[작은 것] 한 마리, 정육 반의 반 근, 진간장 쓰는 대로, 진간장 반 종자, 계란 두 개, 미나리 반 줌, 표고 두 개, 실백 반 숟가락, 통고추 한 개, 참기름 조금, 깨소금 반 숟가락, 후춧가루 약간, 쑥갓 반 대접, 파 반 개, 마늘 반 쪽.

• 만드는 법

자그마한 잣도미(빛이 발그레하고 노르스름한 것)를 정히 다뤄서 지느러미만 자르고 내장을 꺼내서 통으로 안팎을 잔칼질해 놓고, 고기를 조금만 남기고 곱게 다져 갖은 양념을 해서 잔칼질해 놓은 데다가 사이사이로 끼우고 뱃속에도 넣어서 진장을 발라 석쇠에 잠깐 구워 놓고, 다진 고기를 조금 남겼다가 모루기를 여남은 개만 만들고, 미나리는 밀가루와 계란을 씌워 얇게 부쳐서 나붓하게 썰어 놓고, 계란은 흰자 노른자를 각각 도톰하게 부쳐서 같은 치수로 썬 후, 표고도 불려서 같은 치수로 썰어 놓습니다.

그런 후 남긴 고기를 채 쳐 갖은 양념을 해서 알맞은 냄비에다 깔고, 구워 놓은 도미를 안치고, 준비해 놓은 고명을 가장자리로 돌아가며 색 맞추어 담고, 통고추 한 개를 네 쪽을 내어 사이사이로 끼어 색을 내고, 모루기와 실백을 가장자리로 돌려가며 얹고 장물을 슴슴하게 타서 부어 끓이고, 쑥갓은 정히 씻어서 그릇에 따로 담아 놓고 찜냄비를 풍로에 놓은 채로 들여가면서 쑥갓을 넣어 익혀 잡숫게 됩니다.

50) 『규합총서』에 따르면 왜관 음식이라 한 '승기악탕(勝妓樂湯: 기생과 음악보다 나은 탕. 또는 승기악이 일본요리 '스키야키'의 한자 전사어라는 설도 있다.)'이 있다. 내용은 아래와는 다르다.

5) 대하찜

• 재료

대하 네 개, 정육 조금, 파 한 개, 간장 쓰는 대로, 참기름 약간, 후춧가루 약간, 계란 두 개, 밀가루 한 숟가락, 송이 한 개.

• 만드는 법

생대하(生大蝦: 날 왕새우) 껍질을 벗겨서 반으로 쪼개 놓고, 연한 살코기를 조금만 곱게 썰어서 양념해 맑은 장국을 맛있게 끓이다가, 저며 놓은 대하를 밀가루와 계란을 씌워 펄펄 끓는 국에다가 담방담방 넣어 익힙니다. 송이를 나붓하게 썰어서 위에다 얹고, 계란이 남았으면 위에다 쭉 끼얹어 폭 싸서 끓입니다. 국물이 너무 많으면 덜 좋으니, 바특하게 탁 앙그러지게[51) 끓여야 합니다.

6) 갈비찜

• 재료

갈비 한 대, 계란 한 개, 진장 한 종자, 설탕 조금, 파[작은 것] 한 개, 마늘 반 쪽, 후춧가루 약간, 깨소금 약간, 참기름 약간, 실백 반 숟가락.

• 만드는 법

연하고 좋은 암소 갈비를 한 치 길이쯤 잘라서 물이 잠길 만큼 붓고 고아서, 잘 무르거든 건져서 파, 마늘을 곱게 다져 넣고 후춧가루, 깨소금, 참기름 등을 치고, 설탕, 간장을 적당히 쳐서 간을 맞추어, 다시 먼저 따라 놓은 국물을 붓고 끓입니다. 실백도 아주 넣으십시오. 앙그러지게 끓여서 탁

51) 하는 짓이 꼭 어울리고 짜인 맛이 있게.

아우러지면 다 된 것입니다. 만일 간이 싱거우면 보통 집의 장(간장)을 쳐서 간을 맞추십시오. 계란은 지단을 부쳐 채 쳐서 그릇에 담고 위에다 뿌립니다.

7) 떡찜(1)

• 재료

흰떡 썬 것 세 대접, 양, 대창, 사태, 곤자소니 전부 합해서 한 근, 정육 반 근, 참기름 반 종지, 깨소금 한 숟가락, 진장 쓰는 대로, 애호박 고지 한 공기, 석이 네 개, 표고 다섯 개, 미나리 한 공기 반, 계란 두 개, 실백 한 공기, 설탕 조금, 파 한 개, 마늘 한 쪽, 후춧가루 약간.

• 만드는 법

먼저 양, 곤자소니, 사태, 대창 등을 전부 국거리 고듯이 고아서 잘 무르거든 건져서 보통 국거리 썰듯 해서 갖은 양념을 간 맞게 하는데, 이런 때는 집에 묽은장으로 간을 맞추고, 연한 살코기를 육회 하듯 곱게 채 쳐서 양념을 한 후, 호박고지를 더운물에 담갔다가 정히 빨아서 나붓나붓하게 썰어 놓습니다.

그 다음 표고도 담가 불렸다가 나붓하게 썰고, 석이는 뜨거운 물에 튀해서 채 쳐 놓습니다. 계란도 지단을 부쳐서 채 쳐 놓은 후, 흰떡을 길이 육푼(약 1.8센티미터) 가량으로 잘라서 반으로 쪼개서 놓고, 준비해 놓은 고명 중에서 지단채와 석이채만 빼고 전부 한데 섞어서 곰거리 삶아 낸 국물을 좀 치고 끓이다가, 충분히 끓거든 떡 썰어 놓은 것을 정한 물에 씻어서 넣고 끓입니다. 미나리도 남겨 놓았다가 떡점이 거의 무르거든 넣어서 빛만 내십시오. 만일 국물이 적은 때는 국물 남겨 놓은 것을 조금씩 쳐서 맞추십시오. 간도 진장으로 하십시오. 다 되어서 그릇에 담을 제 석이채와 계란채를 얹습니다.

8) 떡찜(2)

보통 때 별안간 하게 될 제는 정육(쇠고기), 표고, 실백, 석이, 계란, 떡, 갖은 양념 등만 가지고 해도 좋습니다.

9) 배추찜

• 재료

배추속대(데친 것) 세 대접, 양, 사태, 곤자소니, 대창, 정육 전부 합쳐 한 근 반, 파 두 개, 마늘 한 쪽, 후춧가루 약간, 깨소금 반 숟가락, 참기름 한 숟가락, 간장 쓰는 대로, 목이 불린 것 한 공기.

• 만드는 법

먼저 양, 사태, 곤자소니, 대창 등을 국거리 고듯 푹 무르게 고아서 익거든 건져서 보통 국거리 썰듯 해 놓고, 고기를 잘게 채 쳐서 갖은 양념해서 한데 섞어 끓입니다. 그러는 동안에 배추 속대만 짤막한 것으로 슬쩍 데쳐서 볶아 두어 번에 찢습니다. 보기 좋게 찢어서 물이 끓는 데다가 넣고 탁 아우러지게 앙그러지도록 끓여서 씁니다. 목이도 불려서 굵은 것은 두어 조각으로 찢어 놓고, 실백도 넣고 아주 한데 끓입니다. 계란은 지단 부쳐서 채 쳐 놓았다가 위에다 얹습니다.

10) 영계찜

• 재료

영계 세 마리, 녹말 쓰는 대로, 잣가루 세 숟가락, 계란 두 개, 정육(쇠고기) 한 근 넉넉히, 석이 여섯 개 가량, 표고 여섯 개, 숙주 데친 것 한 공기, 간장 쓰는 대로, 깨소금 한 숟가락 반, 파 두 개, 후춧가루 약간, 참기름 조금.

• 만드는 법

영계를 잡아 끓는 물에 튀해서 대가리와 발을 자르고 배를 갈라 내장을 꺼내고 정히 씻어 놓고, 연한 살코기를 다져 갖은 양념을 해서 닭 뱃속에다 넣고 흐트러지지 않게 실로 몇 번 둘러 묶고, 남은 고기를 꾸미로 재워 맑은 장국을 끓이되, 숙주를 아래위를 따서 데쳐 넣고, 표고도 불려서 너무 가늘지 않게 썰고, 석이도 튀해서 같은 치수로 썰어 넣고 맑은 장국을 끓이다가, 닭의 온 몸뚱이에다가 녹말을 발라서 넣고 끓입니다.

계란은 지단을 부쳐서 채 쳐 놓았다가, 찜을 뜨고 그 위에다가 지단채와 잣가루를 뿌려 놓습니다. 이것은 3인분이니, 한 분에 대해서 한 마리씩 떠 놓으십시오. 영계가 아주 어릴 제 털 뜯고 다뤄 놓으면 얼마 안 되니까요.

27. 미음과 양즙류

1) 속미음(粟米飮: 좁쌀미음)

• 재료

인삼 세 뿌리, 황률(黃栗: 말린 밤) 30개, 대추 굵은 것 30개, 청정미 한 숟가락.

• 만드는 법

인삼을 대가리는 잘라 버리고 잘게 썰고, 대추는 벌레가 없는가 쪼개 보아 넣으십시오. 청정미(파르스름하고 회색빛 나는 차조)도 정히 씻어 일어 놓고, 황률도 벌레가 있기 쉬우니 반으로 쪼개 보아서 물에 한 번 씻어서, 전부 한데 섞어 물을 여섯 사발쯤 붓고 고아야 하는데, 불이 너무 싸면(세면) 미리 졸기만 하고 미처 퍼지지를 않으니까 불을 맞추어야 합니다. 30분은 될 듯합니다. 달아지거든 체에 거르십시오. 설탕을 타서 잡수십시오.

2) 대추미음

- 재료

굵은 대추 한 되, 청정미 반 공기 못 되게, 황률 한 되, 설탕.

- 만드는 법

대추와 밤은 벌레 없이 고르고, 청정미를 정히 씻어서 한데 고는데, 물을 넉넉히 붓고 오랫동안 뭉근히 고아야 합니다. 건더기가 흐물흐물하게 될 제 체에 밭아 먹는데, 설탕을 놓으십시오. 이 분량은 대개 4인분은 될 듯 합니다.

3) 조미음

- 재료

메좁쌀 한 홉, 멥쌀 두 숟가락쯤, 생강즙, 설탕 혹은 소금.

- 만드는 법

조를 정히 씷어서 일고 쌀을 씻어 일어서 냄비나 양은솥에나 물을 넉넉히 붓고 곱니다. 오래 끓어 퍼져서 아우러지거든 고운체에다 밭으십시오. 생강즙을 타시고, 설탕이나 소금을 타서 잡수십시오.

4) 쌀미음

쌀미음은 멥쌀로 고는 것인데, 보통 때는 별로 하지 않지마는 어디 초상집에 항용(늘, 보통) 고아 갑니다.

5) 양즙

• 재료

양 깃머리 반 근, 정육 조금, 실백 한 숟가락, 후춧가루 약간, 파 약간, 마늘 약간, 소금 간 맞게.

• 만드는 법

양 깃머리를 튀해서 정하게 씻어 아주 나른하게 도맛밥[52] 일지 않게 다지고, 파, 마늘을 아주 조그만큼 다져 넣고, 후춧가루와 소금을 조금 치고, 정육도 연한 살만 곱게 다져서 한데 섞어 양념해 볶아서, 짤 제 국물을 조금 따라가지고, 실백을 방망이 끝으로 자근자근 이겨서 양즙 짤 제 섞어 가지고 고운 베헝겊 같은 데다가 꼭 비틀어 짜서, 소금에 간 맞추어 잡수십시오.

52) 도마질할 때 도마에서 생기는 부스러기.

28. 정과류(正果類)[53]

1) 산사정과

산사를 벌레 없이 골라서 솥에 쪄가지고 식기 전에 뭉개서 체에다 걸러 설탕이나 꿀을 적당히 타서 씁니다. 혹 통으로 설탕에 조려서도 씁니다.

2) 무과정과

무과(?)를 껍질을 벗기고 얄팍하게 저며서 솥에 쪄가지고 식기 전에 체에다 걸러서 설탕이나 꿀을 타서 쓰는데, 색을 내려면 반씩 갈라서 딸기 물을 섞어 쓰면 좋습니다.

3) 행인정과

행인(살구씨)을 물에 담가 불려서 속껍질을 벗기고, 설탕에다가 물을 조금 쳐서 끓이다가 넣고 조려 냅니다.

---

53) 온갖 과일, 생강, 연근, 인삼 등을 꿀이나 설탕물에 졸여 만든 음식.

4) 청매정과

청매를 설탕에다 물을 조금만 쳐서 끓이다가 넣어서 볶아 냅니다.

5) 생강정과

전(廛, 가게)에서 민강(閩薑: 생강을 설탕물에 졸여 만든 과자)으로 정과 감으로 만들어 파는 것이 있는데, 그런 것을 사면 얇게 저며서 설탕물에다가 볶아 냅니다. 생강(날생강)이면 껍질을 벗겨서 얇게 저며 한소끔 끓여 버리고 설탕을 달게 넣고 조려 냅니다.

6) 문동[54]과(정과)

문동과도 설탕물을 끓이다가 조려 씁니다.

7) 맥문동(정과)

이것도 설탕물을 끓이다가 조려 냅니다.

8) 연근정과

연근도 정과거리로 만들어 놓고 파는 것을 사다가 알맞은 두께로 썰어서 설탕물을 끓이다가 조려 냅니다. 만일 날것이면 껍질을 벗겨서 썰어가지고 흑설탕과 꿀을 섞은 후 물을 조그만큼 타서 끓이면서 볶아 조립니다. 빛이 가무스름해야 합니다.

---

54) 한약재 맥문동처럼 약재의 한 종류.

9) 건포도정과

건포도도 설탕물을 끓이다가 조려 냅니다.

10) 귤정과

귤을 껍질을 벗기고 동글게 썰어 설탕에 재는데, 다른 정과하고 곁들여 쓸 제는 통으로 썰지를 말고 쪽쪽이 떼어서 설탕에 재어 씁니다.

29. 쌈류

1) 상추쌈 절차

• 재료

상추, 실파, 쑥갓, 산갓, 섭산적, 민어찌개, 햇깍두기, 햇김치, 무맑은 장국, 도미조림, 생선보숭이(생선고물), 고추장볶음, 비빔밥, 겨자즙.

• 만드는 법

상추는 넓은 잎을 그리마(귀뚜라미, 메뚜기 벌레) 자국 없는 것으로 골라서 정하게 씻어 마지막 씻을 제 물에다 참기름을 두어 방을 떨어뜨려 헹궈서 착착 개켜서 놓고, 쑥갓, 산갓(눈이 녹은 양지 바른 산에 자생하는 갓), 실파 등도 각각 씻어서 옆옆이 놓습니다.

섭산적은 연한 살코기를 곱게 다져서 갖은 양념을 해서 나붓하고 동그스름하게 만들어서 구워 놓습니다. 민어찌개는 호박을 조금 넣고 고추장 찌개를 삼삼하게 합니다. 무맑은 장국은 다시마는 넣지 말고 끓이십시오.

도미조림도 여럿이 두레상이면 작은 것을 통으로 조리고, 반상에다 놓을 것이면 토막을 쳐서 진장에 조립니다. 생선보숭이는 도미나 민어가 깨끗한데, 생선을 정히 다뤄서 대가리와 내부(창자 이리 등)를 없이하고 솥에다 쪄서 살만 발라서 손으로 비벼 바스러뜨려서, 파 고명만 조금 하고, 참기름을 치고, 소금으로 간을 맞추어 정한 냄비에다가 볶아서 다시 양념을 하는데, 설탕, 깨소금 등을 알맞게 쳐서 무쳐 놓습니다.

비빔밥은 밥을 질지도 되지도 않게 지어서, 콩나물, 숙주나물, 오이나물 같은 것을 간 맞게 무쳐 넣고, 콩팥과 정육(쇠고기)을 볶아 넣고, 간전유어를 부쳐서 썰어 넣고, 알쌈과 모루기도 만들어 넣고, 간 맞추어 비비는데, 깨소금은 약간 치고 참기름을 흠씬 치십시오. 고춧가루도 칩니다. 상추쌈에 겪은 비빔밥이지마는 비비지 않고 흰밥으로도 좋습니다. 겨자즙도 맛있게 타 놓으십시오.

2) 곰취쌈

곰취는 날로 잡수셔도 향취가 나서 매우 좋습니다. 말린 것은 알맞게 삶아서 갖은 양념을 하고, 고기도 곱게 다져서 갖은 양념을 합니다. 취를 펴서 착착 접어놓고 양념한 고기를 얇게 한 켜를 펴 놓습니다.

이와 같이 다 해서는 밥솥에다 쪄서는 다시 불에 잠깐 올려놓았다가 고추장에 잡수십시오.

3) 깻잎쌈

들깻잎을 끓는 물에다 얼핏 둘러(살짝 데쳐) 내서 갖은 양념을 하고, 고기도 곱게 다져서 양념해서 한 켜씩 섞바꾸어 가며 안쳐서 밥솥에다가 쪄서, 불에 잠깐 동안 끓여서 고추장에 잡수십시오.

30. 생실과[55] 웃기

1) 율란(栗卵)

• 재료

삶은 밤 거른 것 한 대접, 꿀 반 공기, 설탕 두 숟가락, 잣가루 칠 홉 공기, 계핏가루 약간.

• 만드는 법

생률을 삶아 까서 방망이 같은 것으로 뭉개가지고 도드미에다 팥 거르듯 거릅니다. 그래가지고 계핏가루를 치고 설탕을 넣은 후 꿀을 조금만 넣고 고루 섞어서 반죽합니다. 그것을 작은 밤톨만큼씩 떼어가지고 모양을 밤 모양으로 만들어서 꿀을 바르고 잣가루를 묻힙니다.

이것은 큰 잔치 때 생실과 웃기로 하는 것입니다.

55) 생실과(生實果): 생과실.

2) 조란(棗卵)

• 재료

찐 대추 거른 것 한 대접, 밤 거른 것 조금, 계핏가루 약간, 설탕 한 숟가락, 꿀 반 공기, 잣가루 칠 홉 공기.

• 만드는 법

대추를 쪄서 도드미에 걸러서 설탕과 꿀을 알맞게 쳐서 섞어 놓고, 밤도 삶아 방망이 같은 것으로 뭉개서 도드미에 걸러서 계핏가루와 설탕을 약간 쳐서 반죽해 놓습니다. 그 다음 대추를 조금 떼어가지고 밤을 대추만큼씩 떼어서 씨를 박아 대추 모양과 같이 만들어서, 꿀을 바르고 잣가루를 묻힙니다.

이것도 큰 잔치 때 생실과 웃기로 합니다. 소대기(小大朞: 소상, 대상 제사)에 합니다.

3) 생강편

• 재료

생강 다진 것 한 공기 반, 녹말가루 한 숟가락 반쯤, 설탕 한 숟가락, 꿀 칠 홉 공기, 잣가루 한 공기.

• 만드는 법

생강을 껍질을 벗기고 얇게 저며서 한소끔 끓여 내서 곱게 다집니다. 다 다져지거든 녹말가루를 치고 설탕을 섞고 꿀을 조금만 쳐서 냄비에 담아 불에 놓고 익힙니다. 익어 덩어리가 되거든 불 위에서 내려놓고 조금씩 떼어 생강 모양으로 요모조모 나오게 만들어 가지고 꿀을 바르고 잣가루를 묻힙니다.

4) 녹말편

• 재료

녹말가루 반 공기, 설탕 쓰는 대로, 오미잣국[물 타서] 두 대접 가량, 딸깃물 조금.

• 만드는 법

먼저 오미자를 담가서 우려가지고 물을 너무 시지 않을 만큼 타서 고운체에다 밭여가지고 녹말을 풀어 개고, 딸기물을 조금 쳐서 빛만 낸 후 고운체에다 다시 밭여가지고 불에 올려놓고 쑤어서, 다 엉기거든 화로에서 내놓고 설탕을 알맞게 쳐서 고루 섞어가지고 양푼 같은 데다가 쏟아서 식힙니다. 다 식은 후에 썰어서 씁니다. 만일 반죽이 된 듯하거든 물을 더 치고, 눅을 듯싶으면 다른 찬물에다가 가루를 조금만 개서 붓고 저어 익히십시오.

위에서부터 네 가지는 전부 한데 곁들이는 것인데, 소대기에나 큰 잔치 때 생실과 웃기로 하는 것입니다.

31. 젓갈 담그는 법

1) 조기젓

조기는 굵고 잠깐(약간) 축(縮)한[56] 듯해야(물기가 있는 듯해야) 젓국이 많이 나고 조기젓이 빳빳한 것이 좋습니다. 조기를 비늘을 긁지 않고 담그기도 하지마는, 나중에 손쉽게 잡수시려면 비늘을 긁어 담그면 좋습니다. 조기를 물에 담가서 비늘을 긁고 지느러미를 잘라 채반에다가 건져서 물기를 빼가지고, 양편 아가미와 아가리를 벌리고 소금을 안 들어갈 때까지 처넣어서 항아리에다 한 켜 넣고, 소금으로 몸이 안 보이도록 푹 덮어 뿌립니다.

이와 같이 다 되거든 돌로 무겁게 꼭 눌러 놓고 공기가 안 들어가게 꼭 봉해 두십시오. 소금은 육염(陸鹽: 호소금)[57]이라야 합니다. 그리고 소금빛이 눈빛같이 너무 흰 것은 도리어 감미가 적고, 약간 잿빛 같은 부유스름한 기 있는 것이 좋습니다.

---

56) 조금 상하여 신선하지 않은.

57) 우리나라의 전통 소금으로 바닷물을 끓여서 만들므로 자염(煮鹽)이라고도 함. 바닷물을 햇빛으로 증발시켜 만드는 천일염은 1907년 탁지부에서 대만의 천일염 방식을 도입하여 시작된 것이며 1960년대 이후 한국 소금의 주종이 되었다.

2) 준어젓

준치젓은 내장을 꺼내고 역시 조기젓 담그듯이 합니다.

3) 병어젓

병어젓은 그대로 조기젓 담그듯이 합니다.

이 세 가지는 김장 때 가장 필요한 것입니다.

4) 굴젓

• 재료

굴(牡蠣) 두 대접, 생률 채 친 것 한 공기, 배[작은 것] 한 개, 무 한 토막, 파 대가리 세 개, 마늘 한 쪽, 생강 반 뿌리, 소금 간 맞게, 고춧가루 알맞게.

• 만드는 법

굴을 소금을 조금 쳐서 휘휘 저어 잠깐 두었다가 찬물을 여러 번 부어 가며 쌀 일듯 대강 일어가지고 낱낱이 적을 골라서 정히 씻어 체나 채반 같은 데다가 건져서 물을 빼가지고, 먼저 무를 얇게 골패짝만 하게 썰고 밤도 채 치고 해서 고춧가루를 먼저 섞어 물을 들여서 굴을 섞습니다. 그런 후 파, 마늘, 생강 등을 곱게 채 쳐 넣고 고루 버무려서 고춧물을 다 들여가지고 간을 맞춥니다. 항아리에 담을 적에 배를 무쪽같이 썰든지 채를 쳐서 섞어 담아 익히십시오.

5) 게젓

• 재료

암게[상강(霜降: 10월 23일 무렵) 전 것], 진간장, 생강, 마늘, 통고추.

• 만드는 법

상강(서리 내리기) 전 것이라야 하는데, 너무 일러도 장이 안 들었습니다. 그저 상강 때면 됩니다. 장 많이 든 암게를 정하게 솔로 문질러 씻어서 해감내 안 나도록 정히 씻어서 항아리에 담고, 채반 같은 것으로 덮어 놓아 물을 죄다 빼가지고, 진간장을 충분히 끓여서 식혀 부어야 됩니다.

그리고 통고추를 몇 개만 두어 토막을 내고, 마늘을 반쪽으로만 쪼개고, 생강도 넓적넓적하게 저며 넣어서 꼭 봉해 두었다가, 한 삼 일 지나거든 장만 따라 다시 충분히 끓여서 차게 식혀 부으십시오. 이와 같이 서너 차례 해 두었다가 익거든 잡수십시오. 게젓은 암게라야지, 수게를 담그면 아무 맛이 없습니다.

6) 속젓

• 재료

조기, 준어, 갈치 등의 내장, 소금(육염), 고춧가루.

• 만드는 법

가조기(배를 갈라 넓적하게 펴서 말린 조기) 만들 제 꺼낸 조기 내장을 군물 안 들어가게 소금과 고춧가루만 섞어 버무려서 김 안 들어가게 꼭 봉해 두었다가 익거든 잡수십시오. 소금을 간이 조금 센 듯하게 해야 여름을 지내도 변함이 없습니다.

그 외에도 준어젓 담글 제 빼놓은 창자도 같은 법으로 담그고, 갈치도 젓 담글 제 창자는 빼서 따로 젓을 담급니다. 또 그 외에도 조기 대가리를 곱게 다져서 소금과 고춧가루를 섞어서 꼭 봉해 두었다가 곰삭은 후에 잡수시면 훌륭하답니다.

7) 뱅어젓

• 재료

뱅어, 고춧가루, 육염, 생강.

• 만드는 법

뱅어를 정히 씻어서 소쿠리 같은 데다가 건져서 물을 빼가지고, 고춧가루를 빛이 곱게 치고, 생강을 조금만 다져 넣고, 소금을 적당히 쳐서 간을 맞추어서 항아리에 담아 익혀 잡수십시오. 별로 신기한 감미는 없으나 담박하여 좋습니다.

8) 새우젓에 대한 주의사항

일상생활에 가장 필요한 것인데, 살 때도 물론 주의해 사셔야 하지만 간수하실 때도 주의가 필요합니다. 새우젓을 많이 사셔서 가을에 김장을 하고도 남아 그 이듬해까지 쓰시게 될 때는 미리 예방을 해 두시는 게 필요합니다. 가령 젓국이 적어 위가 지든지(누렇게 변색됨) 이듬해 여름에 가시(음식물에 생기는 구더기)가 날 염려가 있거든, 동짓날 잊지 마시고 찬물을 한 바가지나 두 바가지쯤 부어 꼭꼭 눌러 꼭 봉해 두면 오래 두어도 가시가 안 납니다. 덮기를 잘못하면 무효가 됩니다.

32. 음식 곁들이는 법

■ 곁들이는 법

1) 자반접시

암치(배를 갈라 소금에 절여 말린 민어)나 건대구나 두 가지 중에 한 가지와, 오징어채무침이나 복어피움 무친 것 중에 한 가지는 자반접시에 빼지 않습니다. 약포, 대추편포, 고추장볶음을 곁들이는데, 가을서부터 봄까지는 철육찬(천리찬), 고추장복이, 똑또기자반, 장포 등을 맘대로 곁들입니다. 어란 날 제는 어란을 곁들이고 그중에서 더러 빼도 좋은데, 암치, 북어무침, 약포 등속을 빼지 않습니다.

2) 장아찌접시

가을서부터 봄까지는 무숙장아찌를 하고 여름에는 오이장아찌를 해서, 전복초, 홍합초, 장산적, 숙란 등속을 곁들이는데, 장아찌접시에 곁들이는 데 대해서는 전복초, 홍합초는 빼도 다른 것은 빼지 못합니다.

3) 생실과 곁들이는 법

여러 가지 생실과를 담고 그 위에는 율란, 조란, 생편, 녹말편 등을 곁들여 괴는데, 만일 실과 껍질을 안 벗기고 놓는 경우에는 율란 같은 것은 따로 담아 놓습니다.

4) 편 곁들이는 법

갖은 편 위에는 잘하려면 두텁떡, 주악, 석이단자, 쑥굴리, 잡과편 등을 전부 곁들여 담습니다. 두텁떡만 하는 때는 산승을 해서 위에다 곁들이고, 여름에 증편을 하면 깨인절미, 대추단자를 곁들입니다. 만일 증편 같은 데다가 주악 같은 것을 곁들이면 망발이 됩니다.

5) 마른술안주 곁들이는 법

약포, 편포, 문어, 전복쌈을 곁들이는데, 때에 따라 대하 저민 것, 산포 등을 곁들이기도 합니다.

6) 정과 곁들이는 법

정과는 여러 가지를 전부 곁들이는데, 귤정과를 동글게 썰어서 하는 때에는 다른 정과를 곁들이지 않아도 좋습니다.

7) 나물 곁들이는 법

나물을 곁들이는 데는 몇 가지가 되든지 다 한데 곁들이는데, 호박나물을 통으로 동글게 썰어서 할 제는 다른 나물과 곁들이지 않는 것이 좋습니다. 또는 풋나물하고 다른 숙채는 잘 안 곁들일 뿐 아니라, 대개 그런 것은 잔칫상에 오르지를 못합니다.

33. 음식을 절기에 따라 분할함

1) 사철 공통 음식

갖은 편, 주악, 석이단자, 월수병(?), 잡채, 국수장국, 타락죽, 잣죽, 생회, 겨자선, 구절판, 송편, 약포, 산포, 편포 각종, 장포, 장산적, 숙란, 전복초, 홍합초, 갖은 전유어.

2) 시월부터 정월까지

식혜, 수정과, 갖은 육회, 갖은 누르미, 약식, 떡찜, 갈비찜, 구자, 족채, 만두, 떡국, 관전자, 움파산적, 떡산적, 배숙, 수란, 양선, 탕평채, 잡회, 강여주[58]회, 재증병, 족편, 상추만두, 숭어찜, 청어선.

3) 이월, 삼월

창면, 화면, 화전, 조기국수, 도미국수, 조깃국, 조기회, 도밋국, 도미찜, 개피떡, 미나리강회, 조개회, 굴회, 낙지회, 굴전무, 갖은 회, 갖은 누르미, 갈비찜, 탕평채, 수란, 약식, 비빔국수, 잡탕, 대하회, 대하찜, 갖은 전골.

---

58) 꼬막의 살을 강요주(江瑤珠)라 한다.

4) 사월, 오월

앵두화채, 딸기화채, 도미찜, 영계찜, 어채, 어만두, 어회, 증편, 깨인절미, 대추단자, 보리수단, 준칫국, 준치만두, 생선김치, 닭김치, 순채, 냉면, 갖은 누르미, 약식, 쑥갓전골, 태극선, 호박선, 공미리회, 느티떡.

5) 유월, 칠월

증편, 깨인절미, 대추단자, 떡수단, 복분자화채, 복숭아화채, 수박화채, 원미, 흰죽, 초교탕, 닭김치, 냉면, 닭찜, 어채, 어만두.

6) 팔월, 구월

만두, 구자, 약식, 배화채, 식혜, 갖은 누르미, 갖은 육회, 조개전무, 수란, 갖은 전골, 갈비찜, 율란, 조란, 생강편, 녹말편, 동아선, 동아정과, 겨자김치, 배추찜, 물호박떡.

이상은 대강만 적은 것이니, 다달이 새로 나는 재료를 보아 참고로 하십시오.

34. 상 보는 법

1) 미음상

미음상에서 미음에 따라 다소 다르기도 하지마는 거반(거의 절반)은 같습니다. 속미음(조미음)이나 대추미음상에는 설탕을 놓고, 암치나 건대구를 솜같이 보풀려서 산포를 폭신폭신하게 두들겨서 같이 곁들여 놓고, 대하도 마른 것을 두들겨서 보풀려 한데 곁들이기도 합니다. 이럴 때는 진간장을 반드시 놓으십시오. 김치는 절기에 따라서 다른데, 보통 나박김치나 동치미나 젓국지 같은 것을 놓습니다. 그리고 미음 대접을 놓으시고, 그 옆에다 반드시 공기를 놓으십시오. 정과도 놓으면 좋습니다.

• 미음상 보는 법

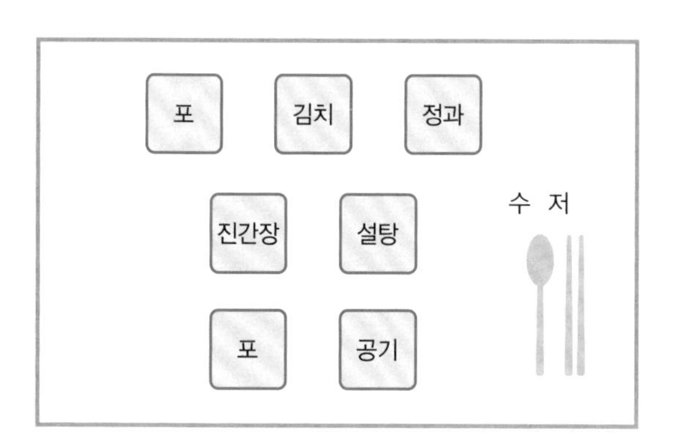

2) 조미음상

보통 때에도 조미음을 자시지만 특히 병환 계신 분이 많이 잡숫는데, 보통 때에는 다른 미음상같이 보지마는, 병환 계신 분이 잡숫게 할 제는 조금 다릅니다. 미음을 놓고 생강즙을 조금 해서 따로 놓고, 암치나 건대구를 보풀려 놓습니다. 소금을 놓고 신선한 김치를 조금만 놓으십시오. 생강즙을 타서 잡수시면 체하지 않습니다.

3) 양즙상

양즙상은 극히 간단합니다. 양즙, 소금, 동치미나 나박김치를 놓습니다.

4) 죽상(흰죽)

흰죽상에는 자반준치 찌개를 해 놓는데, 여름에는 풋고추를 썰어서 얹고 젓국찌개를 삼삼하게 만듭니다. 그리고 산포를 폭신폭신하게 두들겨서 나붓나붓하게 썰고 암치나 건대구를 솜같이 부풀려서 곁들여 놓는데, 마른 대하가 있으면 두들겨서 보풀려 같이 곁들여도 좋습니다. 이럴 때는 진장을 놓으십시오. 그 다음 장산적을 보통 때보다 약간 간간한 기가 있게 해서 장을 넉넉히 부어 놓으십시오. 장산적을 해 놓으시면 진간장은 안 놓으셔도 좋습니다. 김치는 때에 따라 신선한 것으로 놓으시고, 만일 준치가 없으면 무젓국찌개도 좋습니다.

• **죽상 보는 법**

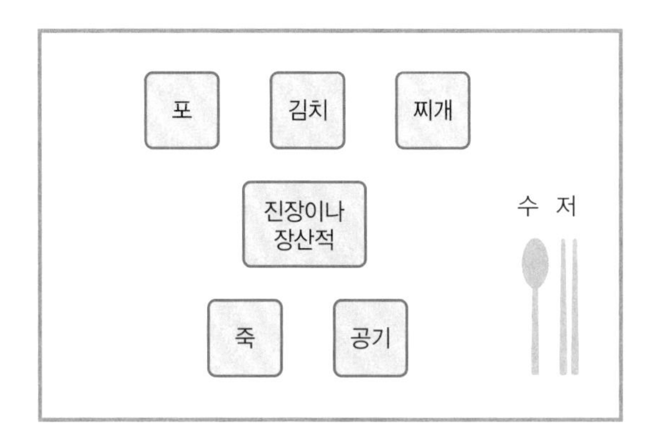

5) 원미상

원미상에는 설탕을 놓고, 산포를 푹신푹신하게 두들겨서 납작하게 썰고, 대하가 있으면 두들겨 보풀려서 곁들이고, 진장을 놓으십시오. 김치는 햇김치가 좋으나, 만일 없으면 짠무김치를 썰어서 물을 붓고 고춧가루를 약간 뿌리고 실파를 잘게 썰어 놓고 맛있는 초를 두어 방울 떨어뜨리십시오. 화채도 타 놓으시고, 정과도 놓으면 더욱 좋습니다.

6) 의이상

의이상에는 설탕을 놓고, 신선한 김치를 놓은 후, 산포가 있으면 두들겨서 놓고 간장을 놓으십시오. 여기도 만일 정과가 있으면 놓으면 좋습니다. 또는 병환 중에 잡숫게 된다면 산포 대신에 자반을 보풀려 조금 놓으십시오.

7) 반상 설계 (특히 새신랑 새색시 첫날 저녁상)

반상 수효는 팔첩을 쓰겠습니다.

밥 : 흰 찰밥과 팥밥 각각 한 그릇씩.

국 : 특히 미역국입니다. 곰국은 팥밥에 놓습니다.

김치 : 절기에 따라 햇김치, 생선조림.

깍두기 : 햇깍두기. 겨울에는 김쌈.

자반 : 암치나 건대구 저미고, 약포도 납작하게 썰고, 대추편포하고 장포도 납작하게 썰고, 북어피움이나 오징어채를 곁들이고, 고추장볶이와 천리찬, 똑도기자반도 아무것이고 곁들이고 싶은 대로 곁들이십시오. 이 중에서 더러 빼고 곁들이고 싶은 대로 곁들이는데, 약포와 암치나 건대구, 북어피움은 빼지 못합니다. 언제든지 이 세 가지를 주로 해가지고 다른 것은 맘대로 곁들이십시오. 잣가루를 위에다 뿌리십시오.

장아찌 : 무숙장아찌, 장산적, 숙란 등을 곁들이는데, 전복초, 홍합초를 곁들이면 더욱 좋습니다.

나물 : 미나리, 무나물, 숙주나물, 콩나물, 고비나물, 도라지나물 등을 곁들이는데, 미나리와 숙주, 콩나물은 빼지 말고 다른 것은 맘대로 곁들이십시오. 여름에는 오이나물이나 호박나물을 곁들이는데, 호박나물은 네 쪽을 내서 속을 빼고 착착 썰어 소금에 절여서 볶은 것을 곁들여야 합니다. 위에다 고춧가루와 깨소금을 뿌립니다.

더운구이 : 갈비, 너비아니, 겨울에는 파산적을 구워 놓고, 잣가루를 뿌려 놓습니다.

찬구이 : 편육, 전유어를 곁들이고, 족편이 있으면 곁들여도 좋습니다.

조치 : 쌍조치를 하는데, 고추장찌개를 하고 젓국찌개를 하는데, 젓국찌개를 빼고 양볶이 같은 것을 해도 좋습니다.

젓갈도 놓는데, 소라젓이나 새우젓, 명란젓을 철 맞추어 놓는데, 종지에다가 놓습니다. 초장과 간장도 놓습니다.

팔첩반상 하면 접시만 여덟이고, 김치 보(보시기) 있고, 조치 보도 둘이 따르고, 종지도 세 개가 따릅니다. 이 풍속이 꼭 좋으니 이 법대로 하라는 것이 아니고, 원 조선 풍속에 부분부분이 다르고 예전 절차가 이러했다는 것을 소개하니까 그리 아십시오. 그리고 혼인 첫날에만 이런 절차로 하고, 그 다음날에는 반상을 갖추어 보긴 하지만 반찬은 다소 변경해 다른 것을 놓기도 합니다.

• 첫날 저녁상 보는 법

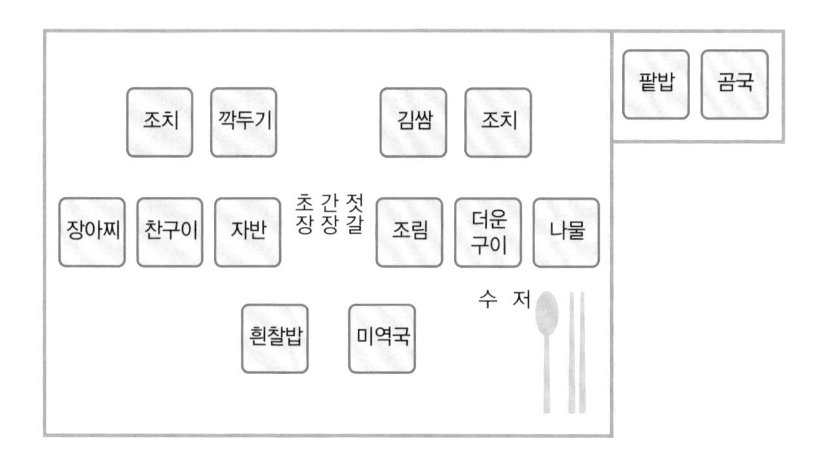

8) 아기돌차림

떡 : 흰무리, 콩버무리, 송편, 꿀거피떡, 콩찰떡, 수수경단, 찹쌀경단, 녹두찰떡, 팥거피찰떡 보통 이러합니다.

국 : 미역국이나, 때에 따라 육개장국, 곰국 등도 끓입니다. 밥은 흰밥을 짓습니다.

나물 : 미나리나물(여름에는 오이, 호박), 콩나물, 숙주나물, 무나물.

구이 : 갈비, 너비아니, 산적.

장아찌 : 장산적, 숙란, 무장아찌(여름에는 오이장아찌).

자반 : 암치나 건대구, 오징어채나 북어피움, 약포.

조치 : 절기에 따라 생선고추장찌개.

겨울에는 김쌈, 햇김치, 햇깍두기, 간장.

9) 점심상

겨울에는 국수장국, 여름에는 냉면을 말고, 편육과 전유어를 곁들이고, 생실과와, 겨울에는 식혜, 여름에는 화채, 김치, 간장, 초장, 떡을 갖추어 담고, 꿀이나 설탕을 놓으십시오.

이것은 간단히 집안이 모여 지내는 것이고, 이 외에도 손님을 청하는데, 돌 되는 아기의 외가 편과 아주 절친한 분 외에는 어린애 돌에는 다른 때와 같이 여간한 손님은 안 청하지마는, 혹 손님 대접하신다면 여러 가지를 다 차려도 관계없을 것입니다.

10) 돌상 차리는 법

남아 돌상 : 여러 가지 떡을 예반(쟁반) 같은 데 보기 좋게 담고, 활을 만들고 화살을 만듭니다. 색붓, 색두루말이, 색간지, 먹, 이것을 전부 많이 뭉텅이로 놓습니다. 무명실과 색실도 많이 덩어리를 지어 놓고, 천자(천자문)는 조부나 그 외 유명한 분의 필적을 받습니다. 어린 아기 대접에는 국수를 담고, 주발에는 쌀을 담고, 국그릇에는 대추를 담습니다. 이와 같이 다 되면 큰 팔모 목판 같은 데다가 쌀을 전과 같이 부어 놓고, 여러 가지를 순서대로 놓고, 돈도 지전으로 형세대로 놓아 줍니다. 목판 앞에다가 방석을 깔고 무명을 놓고, 아기는 옷을 갖추 입히고 전복[59]을 입힌 후 복건을 씌워 앉히고 돌상을 잡힙니다.

---

59) 소매와 깃이 없고 겹쳐 입지 않는 조끼 형태의 긴 옷. 아이들은 색동두루마기 위에 함께 입는 옷.

여아 돌상 : 남아와 다른 것은 천자 대신 반절(한글), 활과 화살 대신 색자(색갈있는 나무자), 가위, 실패 등을 놓을 뿐입니다.

• 남아 돌상

• 여아 돌상

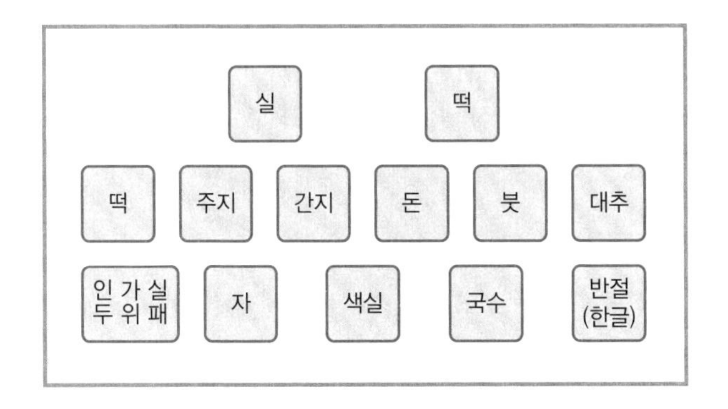

11) 곁들이는 이유

음식이란 것은 맛도 있어야 하지마는 첫째 보기에도 먹음직한 함이 돌아야 합니다. 담는 데도 여간 관계가 있는 게 아닙니다. 곬[60]을 찾아 곁들일

60) 한쪽 방향으로 트이어 나가는 길.

것은 한데 곁들여야지, 곁들이지 않고 다 각각 담아서 벌려 놓으면 할 일 없는 주막집 상이 될 뿐이고, 제법 상 모양이 안 납니다. 따라서 음식 맛도 감해지는 것 같습니다. 무슨 음식이고 곬을 찾아 곁들일 것은 반드시 곁들여야 합니다.

12) 어른 생신 차림-정월부터 삼월까지

▪ 아침상

김치 : 햇김치, 햇깍두기.

곰국 : 양, 곤자소니, 사태, 뼈도가니, 씨아가리, 흘떼기(힘줄 살 사이에 있는 얇은 껍질 모양의 질긴 고기), 대창, 무 이것이 국거리에서 좋은 것입니다.

나물 : 미나리, 콩나물, 숙주나물, 무나물, 고비나물 전부 한데 곁들입니다.

자반 : 건대구, 오징어채, 약포, 대추편포, 장포, 고추장볶음 전부 한데 곁들입니다.

장아찌 : 무숙장아찌, 장산적, 숙란, 전복초, 홍합초 전부 한데 곁들입니다.

조치 : 정월에는 청어조치나 대구조치, 이월에는 청어조치나 숭어조치, 삼월에는 조기조치(고추장에).

조림 : 정월에는 숭어나 청어조림, 이월에는 청어나 숭어조림, 삼월에는 조기나 도미조림(진장에).

구이 : 정월에는 갈비구이, 너비아니, 움파산적, 염통산적도 합니다. 이월, 삼월에는 다 같으나 움파산적은 없고 염통산적이나 고기산적을 합니다.

김쌈 : 정월에만 합니다. 혹 이월 상순까지도 무관합니다.

갖은 전골 : 양, 천엽(千葉)[61], 정육(쇠고기), 콩팥 이 네 가지를 각각 채 쳐 갖은 양념을 해 담고 잣가루를 뿌리고, 무를 곱게 채쳐서 다른 그릇에 담고, 위에다가 석이채와 지단채를 얹어 폭 싸 놓습니다. 계란을 따로 놓고 전골 풍로를 들여놓고 식성대로 익혀 잡수십시오. 이것은 따로 곁상에 들여갑니다.

▪ 점심상

장국 : 국수장국. 이월 상순까지는 만두도 하는데, 외상이면 장국 위에다 얹고, 교자상이면 따로 각각 위에다 얹든지 큰 그릇에다 담고 공기를 놓아도 좋겠습니다.

김치 : 장김치는 이월까지 하고, 삼월에는 햇김치가 좋습니다.

잡채, 신선로, 누르미, 약식, 수란.

찜 : 정이월에는 갈비찜, 떡볶이, 삼월에는 갈비찜, 도미나 조기찜.

간납 : 편육, 생선 전유어, 기타 다른 전유어, 족편 전부 곁들이는데, 족편만은 삼월에는 기후가 더울 테니까 기후를 보아 하십시오.

---

61) 소나 양처럼 되새김질을 하는 동물의 세 번째 위(胃).

화채 : 정월에는 식혜, 이월에는 창면(녹말을 끓는 물에 익힌 다음 채를 쳐서 꿀을 탄 오미자국에 넣어 먹는 음식)이나 화면을 하는데 두견화가 없으면 창면을 씁니다. 삼월에는 두견화가 있으면 화면을 하고, 그렇지 않으면 창면이나 밀감화채를 합니다.

회 : 정월에는 육회, 강여주회, 이월에는 강여주회나 대합회, 미나리강회, 삼월에는 미나리강회, 조기회.

생실과 : 생률, 배, 사과, 귤(이삼월에는 네불: 오렌지 종류). 특히 정월에는 준시(蹲柹: 껍질 깎은 감을 납작하게 말린 것)를 곁들입니다. 율란, 조란, 생강편, 녹말편 등을 전부 한데 곁들입니다. 이 중에서 더러 생략하기도 합니다.

숙실과 : 갖은 다식(송화다식, 흑임자다식, 녹말다식, 쌀다식) 작은 판에 박고, 오화당, 팔모당, 다식과 등을 전부 곁들입니다.

편 : 꿀편, 두텁떡, 석이단자, 주악(아주 잘게) 등을 곁들여 씁니다.

정과 : 청매, 연근, 산사편, 행인, 맥문동, 문동과, 생정과, 건포도 등을 전부 곁들이는데, 이 중에서 더러 생략하기도 하지만 갖은 정과 중에서는 청매, 행인, 산사, 연근은 못 뺍니다. 행인 대신 낙화생(땅콩)도 합니다.

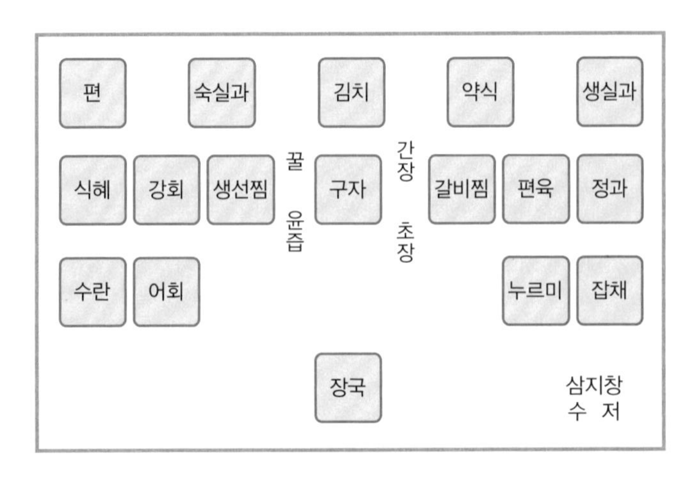

13) 사월부터 유월까지

▪ 아침상

국 : 곰국. 오월, 유월에는 육개장.

자반 : 갖은 자반.

장아찌 : 오이장아찌, 장산적, 숙란, 전복초, 홍합초.

나물 : 콩나물, 숙주나물, 오이나 물호박나물, 고비.

구이 : 갈비구이, 너비아니, 생선구이(생선은 고기와 갖추 꿰어 산적으로).

조치 : 민어조치. 호박 있는 때는 호박을 넣습니다.

김치 : 햇김치나 오이소박이, 햇깍두기나 오이깍두기.

▪ 점심상

장국 : 사월에는 국수장국, 오월, 유월에는 냉면을 마는데, 김치냉면이나 장국냉면, 김치, 잡채, 어채, 어만두, 병어회를 해도 좋습니다. 영계찜, 생선찜, 갖은 정과.

간납 : 편육, 갖은 전유어.

편 : 증편, 깨인절미, 대추단자. 사월에는 갖은 편을 합니다. 일기를 보아서 너무 더우면 다소 변경합니다.

생실과 : 배, 사과, 바나나, 수박, 녹말편, 참외.

화채 : 딸기화채, 복숭아화채, 보리수단, 떡수단, 앵두화채 각각 절기 따라 하는데, 한 가지만 합니다. 오월에는 보리수단, 유월에는 복분자화채나 멍석딸기 떡수단이니, 다른 것과 바꾸어 해도 관계없습니다.

숙실과 : 갖은 다식, 오화당, 팔모당, 다식과. 약식은 잘 차리려면 언제든지 하는데, 기후가 몹시 더우면 안 해도 좋습니다.

만일 약주 잡숫는 분이 계시면 마른안주를 하는데, 전복쌈, 약포, 산포, 대추편포 등을 하고, 문어가 있거든 모양 있게 새겨(오려) 놓기도 하고 구워서 나른하게 두들겨 산포같이 썰어 곁들이기도 합니다.

누르미와 수란은 사월에는 하고, 오월에도 기후를 보아 하십시오.

14) 칠월, 팔월, 구월까지

▪ 아침상

국 : 칠월에는 육개장국, 팔구월에는 곰국.

김치 : 팔구월에는 배추통김치, 전무(깍두기).

자반 : 팔구월에는 어란이 들어갑니다. 다른 것과 곁들이십시오. 생선조림. 생선조치.

구이 : 칠월에는 여러 가지 구이 중에 산적은 민어산적을 곁들이십시오. 갖은 나물.

장아찌 : 장산적, 숙란, 무숙장아찌, 전복초, 홍합초를 곁들이는데, 칠월에는 오이장아찌를 하십시오.

팔구월에는 김쌈이 있습니다.

팔구월에는 갖은 전골을 합니다. 여름에도 전골을 하는데, 농어가 있으면 정육(쇠고기)과 섞어 하십시오.

▪ 점심상

장국 : 칠월에는 냉면, 팔구월에는 온면입니다. 기후가 서늘하면 만두도 합니다.

간납 : 편육, 갖은 전유어. 누르미, 수란은 팔구월에 하십시오. 칠월에는

영계찜, 생선찜, 팔월에는 구자, 생선찜, 닭찜, 구월에는 구자, 갈비찜, 배추찜. 잡채, 갖은 정과.

화채 : 칠월에는 복숭아화채, 팔월에는 창면, 구월에는 식혜.

회 : 칠월에는 어회, 어만두, 팔월에는 낙지, 조개회를 곁들입니다. 상순까지는 어채, 어만두도 하고 육회도 합니다. 구월에는 육회, 강여주회.

생실과 : 칠월에는 포도, 참외, 수박, 배, 사과, 팔월에는 침시, 연시, 생률, 배, 사과, 녹말편, 포도, 구월에는 생률, 귤, 준시, 사과, 배, 녹말편.

숙실과 : 갖은 다식, 다식과, 오화당, 팔모당.

김치 : 칠월에는 나박김치, 팔구월에는 장김치.

편 : 칠월에는 증편, 깨인절미, 대추단자, 팔구월에는 갖은 편에 웃기까지 합니다. 약주 잡숫는 분이 계시면 마른 술안주도 해 놓습니다. 약식.

국 : 칠월에는 육개장국, 팔구월에는 곰국.

김치 : 팔구월에는 배추통김치, 전무(깍두기).

자반 : 팔구월에는 어란이 들어갑니다. 다른 것과 곁들이십시오. 생선조림. 생선조치.

구이 : 칠월에는 여러 가지 구이 중에 산적은 민어산적을 곁들이십시오. 갖은 나물.

장아찌 : 장산적, 숙란, 무숙장아찌, 전복초, 홍합초를 곁들이는데, 칠월에는 오이장아찌를 하십시오.

팔구월에는 김쌈이 있습니다.

팔구월에는 갖은 전골을 합니다. 여름에도 전골을 하는데, 농어가 있으면 정육과 섞어 하십시오.

▪ 점심상

장국 : 칠월에는 냉면, 팔구월에는 온면입니다. 기후가 서늘하면 만두도 합니다.

간납 : 편육, 갖은 전유어. 누르미, 수란은 팔구월에 하십시오. 칠월에는 영계찜, 생선찜, 팔월에는 구자, 생선찜, 닭찜, 구월에는 구자, 갈비찜, 배추찜. 잡채, 갖은 정과.

화채 : 칠월에는 복숭아화채, 팔월에는 창면, 구월에는 식혜.

회 : 칠월에는 어회, 어만두, 팔월에는 낙지, 조개회를 곁들입니다. 상순까지는 어채, 어만두도 하고 육회도 합니다. 구월에는 육회, 강여주회.

생실과 : 칠월에는 포도, 참외, 수박, 배, 사과, 팔월에는 침시, 연시, 생률, 배, 사과, 녹말편, 포도, 구월에는 생률, 귤, 준시, 사과, 배, 녹말편.

숙실과 : 갖은 다식, 다식과, 오화당, 팔모당.

김치 : 칠월에는 나박김치, 팔구월에는 장김치.

편 : 칠월에는 증편, 깨인절미, 대추단자, 팔구월에는 갖은 편에 웃기까지 합니다. 약주 잡숫는 분이 계시면 마른 술안주도 해 놓습니다. 약식.

15) 시월, 십일월, 십이월까지

▪ 아침상

국 : 곰국.

김치 : 나박김치, 햇깍두기, 갖은 나물.

구이 : 갈비구이, 움파산적, 너비아니.

갖은 자반(어란을 곁들이십시오.), 갖은 장아찌, 생선조림, 생선조치나 명란조치, 김쌈, 갖은 전골.

▪ 점심상

장국 : 국수장국, 만두, 장김치.

찜 : 구자, 갈비찜, 떡찜이나 숭어찜.

회 : 육회, 강여주회.

생실과 : 배, 사과, 생률, 준시, 녹말편, 생강편, 율란, 조란, 귤, 갖은 숙실과.

간납 : 편육, 갖은 전유어, 족편 한데 곁들입니다. 수란, 누르미, 잡채, 약식, 갖은 정과.

편 : 갖은 편에 웃기까지 합니다.

화채 : 식혜, 수정과, 원수병. 어떤 것이든지 한 가지는 생략해서 해도 좋습니다.

▪ 교자상

교자상은 정한 법이 없고, 여러 분이 앉으시니 어느 편을 중대시할 게 없이 그중에서 가장 중요한 음식을 가운데로 놓고 사방으로 섞바꾸어 갈라놓아 먹기에 편하도록 합니다. 외상이나 겸상에는 절차가 있어도 교자상에는 특별한 절차가 없습니다. 겸상에는 손님이든지 손위 되시는 분의 편리를 보아 중요한 것을 손쉽게 놓습니다.

35. 예법 몇 가지

1) 상 드리는 법

어른 진지상을 잡수어('들여간다'는 말) 갈 제는 반드시 자세를 반듯하게 가진 후 진지 놓은 쪽을 뒤로 하고 반찬 놓은 쪽을 앞으로 향해서 드는데, 얕게 들어 팔이 축 늘어져서는 안 됩니다. 팔에 힘을 단단히 주어가지고 상을 높직이 들어 상전과 눈이 일치하게 되어야 합니다. 걸음을 천천히 하되 치마를 늘여 발끝이 안 보이도록 주의를 해서 들고가서 상 받으실 분 앞에 놓는데, 거리가 너무 멀지도 가깝지도 않게 수저 들어 잡숫기 좋을 만한 거리를 취해 놓습니다.

또는 상을 놓을 제 서서 엉거주춤하고 놓는다든지 놓을 제 상다리가 방바닥에 부딪혀 소리가 난다든지 하면 못씁니다. 상을 놓으려고 할 제 미리 주의를 해서 상을 사르르 내려놓으면서 몸도 같이 곱게 앉아서 놓아야 합니다. 그러고는 반상 뚜껑을 소리 안 나게 벗기는데 그것도 순서가 있어야 됩니다. 맨 처음에는 메탕(국) 그릇으로부터 진지(밥) 뚜껑을 벗기고 가운데 김치 그릇을 벗겨, 차차로 다 벗겨 놓은 후에는 사르르 일어나서, 홱 돌아서지 말고 뒷걸음으로 발을 살짝살짝 밀어 디디어 물러섭니다. 진지를 잡수시기 시작하면 메탕을 거지반 잡수신 다음에는 숭늉을 대접에 떠서 쟁반에 받쳐 들고 가서 메탕 그릇을 내려놓고 숭늉 대접을 올려놓습니다. 진짓상을 낼 제도 같은 태도로 몸을 가져야 합니다. 상을 들고 바로 홱 돌아서서 나오지 않고 뒤로 걸음을 몇 번 걸어 나온 다음 살며시 옆으로 돌아서서 나와야 됩니다. 그 다음에 반과(飯果: 식후에 먹는 과일)를 얌전한 곁반에 마침 준비해 놓았다가 그 상이 나게 되면 들여가고, 양치기(양치할 때에 쓰는 그릇)에 양칫물을 들여가야 합니다. 예전에는 양치기가 격식 찾아 만든 것을 반드시 썼습니다.

2) 상 받았을 제

만일 손아랫사람이 어른을 모시고 한 방에서 먹을 제는 나란히 앉지 못하고 반드시 모를 꺾어 앉아 상을 받게 되고, 어른보다 먼저 다 먹은 후라도 수저를 내려놓지 못하는 법입니다. 밥그릇 혹은 숭늉 대접 위에다 걸쳐 놓았다가 어른 진짓상이 난 후에 수저를 내려놓습니다.

3) 어른 진지 잡수실 제 몸 갖는 법

손위 어른 진지 잡수실 제는 아랫사람 되는 자손들은 상 받으신 분과 마주 서거나 털썩 앉는 것은 못씁니다. 모를 꺾어서 양수거지(兩手据之: 두 손을 마주 잡고 서 있음)를 하고 있다가 상이 난 다음 물러서게 됩니다.

이것은 전부가 옛날에 있던 풍속인데 참고삼아 적었을 뿐입니다.

부록 1. 《조선요리법》 보유(補遺)[62]

1. 회류

1) 백순회

• 재료

생오징어, 생죽순, 애오이, 소금, 윤집(초고추장).

• 만드는 법

신선한 오징어를 정하게 씻어가지고 먹통이 안 깨지게 조심해서 껍질을 벗겨서, 물을 충분히 끓이다가 소금을 약간 넣고 오징어를 잠깐 동안만 넣어 삶아 냅니다. 오래 삶으시면 오히려 질겨지고 빛이 변하니까, 제일 쉬운 법은 물이 용솟음쳐서 끓을 적에 오징어를 넣고 휘휘 둘러 내면 됩니다.

이것을 쓰시는데, 발은 잘라 놓으시고 몸뚱이를 길이 칠팔 푼(약 2.1~2.4센티미터), 너비 서 푼(약 0.9센티미터) 대중으로 저며 놓으시고, 생죽순은 연한 골만 잘라서 알팍하게 같은 치수로 썰어 삶는데, 고운 쌀겨가 있으면

62) 1939년 출판된 원본에 이미 추가 요리법을 35장 뒤에 붙여놓았다. 편집상의 문제 때문에 그리된 듯.

조금 넣고 삶으면 더 잘 삶아집니다. 다 삶아졌으면 건져 놓으시고, 오이는 애오이를 껍질을 벗기고 역시 같은 치수로 썹니다. 이것은 소금에 얼핏(살짝) 절였다가 펄펄 끓는 물에 잠깐 둘러 내십시오. 그래가지고 세 가지가 다 식거든 보기 좋은 접시에 쑥갓을 펴고 세 조각씩 색을 맞추어 담아 놓으시고, 윤집을 타 놓으십시오. 생죽순이 없으면 통에 든 것도 좋습니다. 오이 안 넣고 죽순하고 오징어로만도 하고, 죽순만도 합니다.

2) 생복회

- 재료

생전복, 잣가루, 조선진간장, 고춧가루.

- 만드는 법

신선한 전복을 먼저 솔로 잘 문질러 정하게 씻어가지고 칼끝을 밑으로 밀어넣어 까가지고, 다시 정하게 문질러 씻고 소금으로 문질러 씻어가지고, 가장자리 곁살은 도려내고 얇게 저며서 그대로 전복껍질에다가 다시 담고, 위에다 잣가루를 뿌려 놓습니다. 그리고 조선진장에다가 고운 고춧가루를 약간 뿌려 놓으십시오. 조선진장이 없으면 왜간장 같은 진장을 쓰시도록 하십시오. 전복 사실 제 주의는, 먼저 전복을 손으로 꼭 눌러 보시면 움찔하고 들어가니까 그것은 산 것입니다. 눌러도 누른 자국이 그대로 있고 움찔하는 힘이 없으면 위험하니 날로 쓰지 마십시오.

3) 생합회

- 재료

생대합, 실백가루, 진간장, 고춧가루.

• 만드는 법

이것도 생복회와 같은데, 역시 성한 대합을 까서 물에 너무 씻지 마시고 검은 것만 떼어 버리고 소금물에 한번 헹궈가지고 얄팍하게 저며서, 역시 대합 껍질에다가 다시 담고, 잣가루를 뿌리고 진장에 고춧가루를 뿌려 놓습니다.

4) 어선

• 재료

민어(작은 것) 반 마리, 표고 큰 것으로 세 개, 석이 큰 것으로 네 개, 홍당무(당근) 중으로 한 개, 오이 한 개, 계란(큰 것) 한 개, 녹말 조금, 소금 약간, 간장 약간, 깨소금 반 숟가락, 참기름 세 숟가락, 설탕 약간.

• 만드는 법

먼저 신선한 민어를 정하게 다뤄서 등의 된 살을 도톰도톰하고 나붓하게 저며서 소금과 후춧가루를 약간 뿌려 놓으시고, 석이는 튀해 채를 치시는데, 표고가 두꺼운 것은 저며서 곱게 채를 치시고, 오이는 역시 쇤 것은 껍질을 벗기고 얇게 저며 채 쳐서 소금에 절였다가 기름에 볶습니다.

석이, 표고 등도 기름에 볶아 놓습니다. 홍당무도 껍질을 벗기고 곱게 채 쳐서 끓는 물에 삶아 기름에 잠깐 볶아 놓으시고, 계란은 황백을 각각 부쳐 채 칩니다. 채를 치실 제 그냥 둘둘 말아 썰지 마시고 다른 것과 같은 치수로 썰어가지고 채를 치십시오. 이와 같이 준비가 다 되었으면 볶아 놓은 재료를 각각 양념을 해야 됩니다. 만일 오이가 없을 제는 애호박을 쓰셔도 좋습니다. 다음엔 생선 토막을 죽 늘어놓고 색을 맞추어 색동 모듯이(여러 색의 비단을 한 곳에 모아놓듯이) 해서 채반에다 늘어놓은 후, 녹말을 체에 담아 고루 뿌려가지고 솥에다 찝니다.

5) 동아만두

• 재료

동아(冬芽)[63], 정육, 숙주, 계란, 실백, 표고, 석이 각각 조금씩. 이 중에서 정육을 넉넉히 쓰시고 계란과 숙주는 조금만 쓰십시오. 석이도 빛만 보는 거니까 조금만 쓰세요. 파, 후춧가루, 간장, 소금, 참기름, 녹말은 쓰는 대로. 양념은 어만두 속과 같은 법으로 하시면 됩니다.

• 만드는 법

과히 굳지 않은 동아로 껍질을 벗기고 얇게 저며서 소금에 살짝 절였다가 펄펄 끓는 물에 잠깐 살짝 데쳐 놓으시고, 고기는 곱게 다져서 갖은 양념해서 볶고, 숙주는 거두절미해서 데쳐 곱게 다지십시오.

표고, 석이도 각각 채를 쳐 기름에 잠깐 볶으십시오. 계란은 지단을 부쳐 채를 치십시오. 준비가 다 되었으면 지단채와 실백만 내놓으시고 전부 한데 섞어 양념해서 간이 맞추어지거든 지단채를 섞으십시오. 데쳐 놓은 동아를 마른행주로 물기를 찌어가지고(빼가지고) 한 조각씩 펴 놓고 속을 조금씩 놓고 어만두처럼 마주접어 모양을 송편같이 도려서 녹말을 씌워 찝니다. 초장을 찍어 잡수시게 됩니다.

6) 흰떡만두

• 재료

흰떡, 정육, 돼지고기, 송이, 석이, 미나리, 계란, 숙주(혹은 무나물), 녹말, 간장, 깨소금, 참기름, 후춧가루, 설탕, 초장.

63) 동아시아 지역에 있는 박과에 속한 한해살이 덩굴식물의 열매

• 만드는 법

흰떡을 만들어 가래를 짓지 마시고 오래 쳐가지고 다시 쪄서 또 칩니다. 몇 차례고 할 수 있는 대로 해서 놓으시고, 돼지고기는 곱게 채를 치시고 고기는 다집니다. 그래서 고기에만 양념을 해서 모아 다시 부서뜨려 놓으시고, 버섯들은 각각 채를 쳐서 기름에 살짝 볶아 놓습니다.

미나리는 연한 줄거리만 닷분 길이쯤 되게 썰어 파랗게 절여 놓고, 숙주는 거두절미해서 역시 데쳐가지고 굵직하게 썰어 기름에 잠깐 볶으십시오. 또는 연한 무로 나물을 해서 숙주 대신 써도 좋습니다. 계란은 지단을 부쳐 채를 칩니다. 준비가 다 되었으면 전부 한데 합쳐서 동아만두 소와 같이 양념을 합니다.

그 다음 쳐 놓으신 떡을 반은 흰 것으로, 반은 분홍을 들여서 불그스름하게 되어야 합니다. 그것을 얇게 밀어가지고 어만두만큼씩 하게 소를 넣어 만들어서 녹말을 씌워 찝니다. 초장에 잡수십시오.

2. 구이류

1) 어포구이

• 재료

담백한 생선, 진간장, 참기름, 후춧가루, 파대가리, 설탕.

• 만드는 법

담백한 생선을 정히 다뤄서 한 조각씩 한 번에 잡수실 수 있도록 나붓나붓하게 저며서 칼자루로 자근자근하게 고루 두들겨서, 보통 고기구이 하듯이 간장에다가 갖은 양념을 고루 해가지고 생선을 무쳐서 채반에다가 죽 늘어놓아 한나절만 볕을 쪼여, 잠깐 물기가 걷히거든 살짝살짝 구워서 담아 놓으시고, 잣가루를 뿌려 놓으십시오.

2) 육포구이

• 재료

연한 살코기 100돈(375g, 반 근이 좀 넘음), 간장 큰 숟가락으로 하나 반, 진간장, 참기름 한 숟가락, 설탕 싹 깎아서 세 숟가락, 후춧가루 찻숟가락으로 반 가량.

• 만드는 법

연한 살코기를 약포 뜨듯이 얇게 저며서 칼자루로 판판하게 두들겨 놓으시고, 진간장 혹은 왜간장이나 기타 다른 진간장에다 위에 양념을 섞어서 고루 무칩니다. 만일 싱거우면 소금을 약간 치셔도 좋습니다. 그런데 여기 간장의 분량을 쓰기는 했지만, 간장 품질에 따라 다소 싱겁고 짜고 하니까 참작하셔야 합니다. 그와 같이 양념을 다 하셨으면 채반에 펴 놓아 반쯤 말려서 약간 구워 잣가루를 뿌려 놓습니다.

3) 대합구이

• 재료

대합 깐 것 100돈(375g), 정육 대합의 5분의 1(75g), 소금 찻숟가락으로 하나쯤, 후춧가루 4분의 1, 파 대가리(작은 것) 하나, 깨소금 찻숟가락으로 반, 밀가루 찻숟가락으로 둘, 계란(작은 것) 두 개, 대합 껍질.

• 만드는 법

신선한 대합을 까서 물에 넣지 마시고 검은 것은 손으로 눌러 짜내시고 나중에 물에 한 번 얼른 씻어서 체나 소쿠리 같은 데 건져 물기를 빼가지고 곱게 다집니다. 고기도 힘줄 없는 데로 곱게 다져서(다진 것이 뭉글뭉글하면 못씁니다.), 아주 가루가 되도록 곱게 다져서 한데 합해가지고 숟가락으로 자꾸만 뭉개 갭니다.

그런 다음에 양념을 해가지고 대합 껍질에다가 다시 담아서 뭉근한 불에 석쇠를 놓고 그 위에다가 올려놓아 굽습니다. 계란은 조금 남겼다가 익어 갈 제 위에다 고루 발라 익으면 노란 것이 보기 좋습니다. 보통 대합 껍질이면 여러 개를 큰 접시에다가 담아 놓으시고, 큰 조개류의 껍질이 따로 있는 것이면 겸상에 함께 놓아도 좋습니다.

옛날엔 그런 껍질에다가 주석이나 백통64)으로 장식을 하고 고리를 해서 두고 썼습니다. 또는 대합구이에 고기를 안 넣고 대합만으로도 합니다.

4) 송이산적

• 재료

송이, 정육(正肉: 소의 살코기), 갖은 양념, 대꼬챙이.

• 만드는 법

자잘한 송이를 그 길이대로 쓰는데, 보통 고기산적보다 자잘하게 씁니다. 그래가지고 소금물에다가 잠깐 담가서 씻어 놓으시고, 고기도 같은 치수로 썰어서 몇 개씩 놓고 앞뒤로 잔칼질을 고루 해가지고 보통 산적 양념하듯 하시고, 송이도 위의 송이구이 양념하듯 해서 대꼬챙이에다가 색 바꾸어 가며 꿰어가지고, 중간 불에다가 구워서 잣가루를 뿌려 놓습니다. 너무 길게 꿰지 마시고 짤막짤막하게 꿰십시오. 송이 씻는 법도 위의 송이구이 하는 때와 같이 합니다.

64) 구리, 아연, 니켈의 합금으로 본디말은 백동(白銅).

3. 찜류

1) 잉어백숙

• 재료

잉어(작은 것) 두 마리, 곰거리(곱창만 빼고) 각각 합쳐서 한 근 가량, 등무(연한 무) 중으로 두 개, 계란 한 개, 볶은 통고추 한 개, 소금, 후춧가루, 초장, 잣가루, 파 대가리 조금.

• 만드는 법

먼저 곰거리를 정하게 씻어서 물을 펄펄 끓이다가 넣고 곱니다. 양은 껍질을 튀해가지고 곱니다. 무도 중간 무, 보기에 물이 많을 듯한, 말하자면 연한 무를 통으로 혹은 반으로 쪼개서 같이 곱니다. 다 고아지면 보통 국거리 썰듯 해가지고 소금과 후춧가루, 파 대가리만 곱게 다져 넣고 다시 고는데, 국물이 너무 많지 않게 하는 것입니다.

잉어를 정히 다뤄서 통으로 넣고 푹 고아가지고, 탁 아우러지게 되거든 통고추를 다른 찜에 넣는 것처럼 갸름납작하게 썰어 넣으시고 끓이셔서, 바특하게 되거든 갸름하고 보기 좋은 그릇에다 담고 잣가루와 지단채를 뿌리시고, 무는 네 갈래로 쪼개 그대로 옆에다가 놓으십시오. 뚜껑을 덮고 초장을 맛있게 타서 놓으시면 찍어 잡수시게 되는데, 이것은 겨울 음식입니다.

2) 해삼찜

• 재료

해삼(제일 잔 것으로) 스무 개, 돼지고기 삼십 돈(112.5그램), 표고(큰 것) 네 개, 송이(작은 것) 세 개, 전복(제일 잔 것으로) 두 개, 황이(?) 조금, 죽순(작은 것) 한 개,

계란 한 개, 실백 한 숟가락, 통고추 두 개, 꾸미 스무 돈(75그램), 간장 듬뿍 두 숟가락, 파 대가리(작은 것) 한 개, 깨소금 반 숟가락, 후추 약간, 소금 약간, 잣가루, 참기름 조금, 녹말 반 숟가락.

• 만드는 법

먼저 해삼을 물에 담갔다가 너무 뭉그러지지 않게 삶아가지고 배를 갈라 속을 정히 씻어 담가 놓고, 잔 것은 한 이틀만 물을 갈아 가면서 담가 놓으면 알맞게 무릅니다.

그렇게 되거든 전복도 준비를 하시는데, 아주 바짝 마른 것이면 담가 놓았다가 꾸미를 재워 맑은 장국 끓일 제 같이 넣고 삶아 건져가지고 가장자리는 도려내고 가운데 살만 얄팍하게 썰어 놓으시고, 황이도 물에 담갔다가 속을 빼 버린 후 잘게 찢지 마시고 그대로 속만 빼 버리신 후 정하게 씻어 놓으십시오.

그 다음 표고는 불려서 정히 씻어가지고 전복과 같은 치수로 씁니다. 송이도 잔 것으로 씻어가지고 가로놓고 얄팍하게 써십시오. 죽순도 연한 것을 반으로 쪼개 같은 치수로 써시고, 돼지고기도 얇게 저며서 갖은 양념을 해가지고 해삼 속에다 두어 조각씩 넣으십시오. 이와 같이 준비가 다 되었으면 각각 참기름을 붙지 않을 정도로 두르고 번철이 달아올랐을 제 살짝살짝 볶아서 먼저 끓여 놓은 맑은 장국에다가 넣고, 해삼도 같이 넣습니다.

탁 아우러지거든 간을 다시 맞추시고, 간 맞추실 제 싱거우면 소금을 치십시오. 이런 데는 간장만 치지 마시고 소금을 섞어 쓰십시오. 그 다음 녹말을 물에 개어서 부으시면 조금 걸쭉한 모양이 됩니다. 계란은 지단을 부쳐 채쳐 놓으셨다가, 알맞은 합에 담으시고 위에다가 잣가루와 지단채를 뿌리십시오. 이것도 겨울 음식입니다.

3) 호박찜

• 재료

애호박 다섯 개, 정육 사십 돈(150그램), 표고(작은 것) 다섯 개, 석이(작은 것) 다섯 개, 숙주 한 줌, 계란 한 개, 물 네 공기 가량, 간장(조선간장) 두 숟가락, 소금 약간, 참기름 두 숟가락, 파 두 개, 마늘(작은 것) 한 쪽, 후춧가루 찻숟가락으로 반, 깨소금 반 숟가락, 잣가루 한 숟가락.

• 만드는 법

먼저 물을 끓이다가 소금을 조금 넣고 애호박(길이가 짧은 것)을 씻어서 잠깐 숨만 죽여 내가지고 길이로 놓고 조붓하게 뚜껑처럼 도린 후 속을 파 놓으시고, 한편으론 고기를 연한 데로만 조금 다지시고 나머지는 잘게 썰어 맑은 장국처럼 끓입니다.

표고, 석이는 씻어서 곱게 채를 치시고, 숙주는 거두절미해서 씻어 데쳐가지고 두어 번에 써십시오. 준비가 다 되었으면 고기와 같이 섞어 양념을 해가지고 먼저 파 놓은 호박 속에다 담습니다. 너무 눌러 담지 마시고 사부랑하게(살살) 담아 놓았다가 장국이 잘 끓어서 아우러질 제 넣고 끓입니다. 만일 속 넣고 남거든 장국에 같이 넣고 끓이십시오. 끓어날 제 계란을 풀어서 위에다 숟가락으로 고루 떠 부으시고, 남은 것은 지단을 부쳐 채쳐 놓으셨다가 다 된 뒤에 그릇에 담고 뿌리고, 잣가루를 뿌립니다.

물 분량을 위에 썼지만, 센 불에다 오래 끓이면 몹시 졸고, 또는 약한 불에 잘 끓이지 않으면 멍텅그레해서(맛이 잘 우러나지 않아서) 맛이 다릅니다. 이 점을 잘 주의해 주십시오. 그릇은 사기 합에 담는 것입니다.

4) 닭찜(1)

• 재료

닭 중간 크기로 한 마리, 정육(쇠고기) 삼십 돈(112.5그램), 표고 열 개, 석이 한 줌(살며시), 통고추 두 개, 계란(작은 것) 여섯 개, 밀가루 조금, 파 두 개, 마늘 한 쪽, 후춧가루 한 찻숟가락, 간장 세 숟가락, 소금 약간, 참기름 쓰는 대로, 물 여섯 공기 가량, 실백 두 숟가락, 쑥갓(작은 것) 석 단.

• 만드는 법

닭을 정하게 다뤄서 한입에 들어갈 만큼씩 토막을 쳐서 소금과 후춧가루를 조금만 훌훌 뿌려 놓고, 한편으론 고기를 잘게 썰고 파는 채 치고 마늘은 다져 넣습니다. 그래가지고 맑은 장국을 끓이시고, 먼저 준비해 놓으신 닭은 밀가루를 묻히고 계란을 씌워 부칩니다.

둥글려 가면서 고루 익혀 내놓으시고, 석이는 튀해서 정히 씻어가지고 썰지 마시고 손으로 대강 찢어 놓습니다. 표고도 나붓나붓하게 썰어서 끓는 장국에 넣으십시오. 장국이 잘 끓어 물이 4분의 1쯤 줄거든 부쳐 놓은 닭을 넣고 한참 끓입니다. 고추는 조붓하고 갸름하게, 보통 고추는 두 토막으로 자르면 됩니다.

아주 처음부터 넣고 끓여도 됩니다. 실백도 같이 넣으십시오. 이것도 간을 조금 하고 섞어 타십시오. 바특하게 되었으면 알맞은 사기 합에 담고 지단채를 뿌리십시오. 쑥갓을 데쳐서 그릇 밑에다 깔고 위에 다진 건더기를 담고 국물을 붓습니다.

5) 닭찜(2)

위의 닭찜은 어린 닭으로 하는 것이기 때문에 날것을 부쳐 하니까 국물에 맛이 우러날 것이 없어서 꾸미를 썼지만, 만일 연하지 않은 닭을 쓰실 제는 토막을 쳐서 물을 붓고 푹 무르게 곱니다. 그래가지고 다시 건져 소금과 후추를 뿌려 간을 해가지고 부쳐서, 삶은 국물에다가 간을 하고 다시 넣고 끓입니다. 하는 법은 위의 것과 꼭 같은 법으로 합니다. 고기만 안 들어갈 뿐입니다.

6) 닭찜(3)

• 재료

중닭으로 한 마리, 정육(쇠고기) 삼십 돈(112.5그램), 느타리 열 개, 석이 열 개, 목이 조금, 숙주 한 줌, 쑥갓(작은 것) 석 단, 도라지 한 줌, 은행 열다섯 개, 밀가루 조금, 계란 두 개, 밤 다섯 개, 통고추, 파(작은 것) 세 개, 마늘(작은 것) 한 쪽, 후추 찻숟가락 하나, 참기름 쓰는 대로(양념하는 데는 한 숟가락), 간장 세 숟가락, 소금 약간, 물 네 공기 가량,

• 만드는 법

먼저 닭은 정하게 다뤄 토막을 치지 마시고 각 관절마다 잘라서 잔칼질을 해가지고 소금과 후추를 뿌려가지고 한참 두었다가, 도라지는 생것이나 혹 마른 것이면 미리 삶아 담가 불려가지고 속은 빼고 잘게 찢어 양념해 볶고, 다른 버섯들도 같은 치수로 썰어 볶습니다.

숙주도 거두절미해서 데쳐 다시 기름에 볶아 다 각각 양념합니다. 고기는 꾸미로 재워서 물을 붓고 끓이십시오. 계란은 조금만 지단을 부쳐 곱게 채를 치십시오. 밤은 반씩 쪼개서 같이 넣고 끓입니다. 황률이면 더욱 좋습니다. 은행은 껍질을 벗겼다가 나중에 넣습니다.

준비가 되었으면 간 해 놓은 닭은 밀가루 씌우고 계란 씌워 바싹 부칩니다. 쑥갓은 국물에 데쳐 놓았다가 나중에 씁니다. 그 다음엔 국이 끓는 냄비 밑에다가 도라지, 버섯들을 조금씩만 남겨 놓은 후 펴놓고, 닭을 관

절만 끓은 것이니까 다시 모양을 맞추어 담아 놓으십시오. 그리고 위에다가 여러 가지를 색 맞추어 펴고, 통고추를 조붓하게 썰어 사이사이에다 색을 내십시오. 그리고 은행도 군데군데 놓고 다시 불에 놓아 푹 무르게 끓입니다.

다 끓어 바틋하게 되거든 보기 좋은 사기 넓은 합에다 데쳐 놓은 쑥갓을 넓게 펴고 부스러지지 않게 옮겨 담고 잣가루를 뿌려 놓습니다. 국물이 흥건하면 안 됩니다. 만일 닭이 몹시 질기거든 삶아가지고 하십시오. 닭을 담으실 제 젖혀 놓지 마시고 엎어 놓으십시오.

7) 게찜

• 재료

큰 게 세 마리, 정육 열 돈(37.5그램), 애오이 한 개, 죽순(작은 것) 한 개, 표고(작은 것) 세 개, 후춧가루 약간, 소금 조금, 파 대가리 중간 크기로 한 개, 계란 한 개, 녹말 혹은 밀가루 반 숟가락.

• 만드는 법

큰 게를 정하게 씻어서 쪄가지고 살을 전부 발라 놓으시고, 다리 살로 바릅니다. 고기는 곱게 다지고 표고는 불려 씻어 곱게 채를 치고 오이도 채를 쳐서, 소금에 살짝 절였다가 볶습니다. 준비가 다 되었으면 한편에서 고기 조금 넣고 맑은 장국처럼 끓이시고, 준비한 것은 전부 한데 합해서 양념해가지고 다시 게딱지 속에다가 담아서 팔팔 끓는 국물에 넣고 끓이다가, 계란을 위에다 떠 부어 끓입니다.

8) 생복찜

• 재료

생전복 큰 것으로 한 개, 송이 잔 것으로 두 개, 살코기 스무 돈(75그램), 표고(큰 것) 한 개, 계란 반 개, 녹말 반 찻숟가락, 파 대가리 두 개, 소금 약간, 간장 한 숟가락, 후춧가루 약간, 실백 반 숟가락, 물 두 공기 가량.

• 만드는 법

먼저 생전복을 솔로 정히 문질러 씻어가지고 까서 소금으로 문질러 씻어가지고 통으로 분량의 물을 붓고, 고기도 두어 토막을 내서 그대로 넣고, 파도 통으로 넣고 푹 무르게 끓입니다.

송이는 살살 문질러 씻어가지고 반으로 쪼개서 다시 엎어 놓으시고 얄팍하게 썰어 소금물에 잠깐 담갔다가 헹궈 놓으신 후, 전복이 물렀거든 건져서 가장자리 살은 도려내시고 가로놓고 약간 도톰하게 저미시고, 고기 건더기는 건져 내십시오.

그리고 그 국물에다가 소금 후추 간을 하시는데, 간장은 약간만 친 후 송이와 같이 넣고 다시 끓여 바특하도록 하십시오. 표고는 불려서 채를 쳐 같이 넣는데, 간은 삼삼하게 해야 됩니다. 바특해지거든 녹말을 풀어 붓고 익히는데, 실백도 아주 넣고 끓입니다. 다 되었으면 알맞은 사기 합에 담고, 계란은 지단을 부쳐 채를 쳐 위에다 얹습니다.

이것은 가을 요리로, 겸상에 한 그릇으로 놓을 수 있습니다. 국물이 몹시 줄었거든 다시 조금 부어서 끓이지마는, 해 놓은 것이 바특한 편이 좋습니다.

9) 배추찜

• 재료

배추 속잎 넓은 것으로 열 개 가량, 돼지고기 정육 오십 돈(187.5그램), 표고(큰 것) 네 개, 황이(버섯의 일종) 한 줌, 목이 조금, 계란(큰 것) 한 개, 숙주 한 줌 듬쑥, 실백 한 숟가락, 간장 두 숟가락, 소금 약간, 파 한 개, 마늘 반 쪽, 후추 반 찻숟가락, 깨소금 반 숟가락, 참기름 네 숟가락쯤, 설탕 약간, 미나리 몇 오리, 물 두 공기 반 가량.

• 만드는 법

먼저 넓고 좋은 배추 속잎을 정히 씻어서 잠깐 숨만 죽게 찌든지 데쳐 놓으십시오. 그 다음엔 소고기를 곱게 다져 갖은 양념해서 볶아 놓습니다. 돼지고기는 곱게 채를 쳐 역시 양념해 볶습니다. 표고는 정하게 씻어서 담가 놓았다가 붇거든 담가 놓은 물은 버리지 마시고 나중에 장국에 부으십시오.

그래가지고 곱게 채를 쳐 기름에 살짝 볶고, 목이도 담가 불려가지고 채를 쳐서 볶습니다. 황이도 담가 불려서 솔을 뽑아 버리고 대강 찢습니다. 계란은 지단을 부쳐서 채를 칩니다. 그런데 먼저 고기 다지실 제 조금만 남겨서 장국을 끓이십시오.

숙주는 거두절미해가지고 데쳐서 대강 썰어 다른 것과 전부 한데 섞어서 다시 양념하십시오. 지단채는 나중에 부서지지 않게 살짝 섞고, 조금만 남겨 놓으십시오.

준비가 다 되었으면 잎을 하나씩, 혹 좁으면 둘씩 펴놓고 과히 크지 않은 정도로 싸시는데, 젓가락으로 조금씩 놓고 실백을 몇 개씩 놓고 앙그러지게 꼭 삽니다. 미나리를 데쳐 놓았다가 흐트러지지 않게 모양 있게 동여매서 끓어나는 국물에 한 켜 놓고, 만일 고명이 남았으면 한 켜 놓으시고,

배추 싼 것 한 켜 놓으십시오.

그래가지고 바특하게 끓이셔서 합에 담고 위에다 지단채를 얹습니다. 이것은 가을 음식입니다.

4. 맑은 장국류

1) 해삼메탕

• 재료

해삼(큰 것) 세 개, 고기 오십 돈(187.5그램) 가량, 숙주 조금, 두부 한 모의 6분의 1, 계란(작은 것) 두 개, 밀가루 조금, 물 네 공기 가량, 간장 두 숟가락, 소금 약간, 파 한 개, 깨소금 한 찻숟가락, 참기름 쓰는 대로, 후추 약간.

• 만드는 법

먼저 해삼 불리는 법은 위에도 말씀하였거니와, 늦어도 4~5일 전에 불려야 쓰시기 좋게 됩니다. 대개 마른 것이 둘째손가락만 하면 불은 뒤에 적당히 큰 게 됩니다. 훨씬 불려서 연해지거든, 고기를 조금만 남겨서 꾸미로 재워 장국을 만들고, 연한 것으로 곱게 다지고, 숙주는 거두절미해서 정히 씻어서 말랑하게 삶아 물기를 빼가지고 곱게 다집니다.

두부는 정한 보나 행주에 싸서 꼭 짜가지고 전부 한데 섞어서 양념을 합니다. 그런 뒤에 해삼을 얄팍하고 나붓하게 저며서 안쪽으로 양념해 놓은 고기를 얄팍하게 입힌 후 밀가루와 계란을 씌워 번철에 부칩니다. 먼저 준비해 놓은 국물을 다시 간을 잘 맞추어가지고, 펄펄 끓거든 담방담방 넣어서 위로 둥둥 뜨거든 한소끔 끓여 내십시오.

그런데 장국을 맞추어 끓여야 하지 너무 졸든지 잘 닳지 않으면 분량이 안 맞으니, 너무 졸거든 다소 간물을 더 부으십시오. 이것도 겨울 메탕인데, 대개 4인분 분량입니다.

2) 수제탕

• 재료

영계(아주 어린 것) 한 마리, 표고 두 개, 도라지 반 줌, 계란 두 개, 미나리 반 단, 전복(작은 것) 반 개, 석이(큰 것) 세 개, 파 두 개, 후추 반 찻숟가락, 간장 조금, 소금 조금, 참기름 한 숟가락, 밀가루 조금.

• 만드는 법

영계를 푹 고아서 잘게 찢어 갖은 양념을 해 놓고, 표고는 불려서 채치고, 미나리는 줄거리만 연한 것으로 표고와 같은 치수로 썰어서 끓는 물에 살짝 데쳐 놓으시고, 도라지는 생도라지면 더욱 좋고 그렇지 않으면 삶은 거라도 속을 빼고 같은 치수로 썰어 가늘게 썰어서, 전부 한데 합쳐 간을 해 가지고 계란과 밀가루를 섞어서(밀가루 분량은 재료가 서로 엉길 정도로) 펄펄 끓는 물에다가 숟가락으로 조금씩 떼어 담방담방 떨어뜨리면 익어 위로 둥둥 뜹니다. 그것을 건져 놓으셨다가, 먼저 닭 삶은 국에 간을 해서 다시 끓이다가 용솟음쳐 끓거든 건더기를 넣고 잠깐만 끓이십시오. 그릇에 담고 실백을 얹으십시오.

3) 깨국탕

• 재료

영계[작은 것] 한 마리, 표고[큰 것] 두 개, 감국 잎 조금, 석이[큰 것] 네 개, 민어 한 조각, 계란 한 개, 참깨 한 홉, 실백 한 숟가락, 녹말 약간, 소금 약간, 후추 약간, 배[작은 것] 한 개.

• 만드는 법

영계를 푹 고아 살만 찢어서 양념해 무치시고, 국물은 안 쓰니까 물을 조금만 붓고 고으셔야 됩니다. 자작해 국물이 없어도 됩니다. 혹은 닭을 쪄서도 합니다. 그 다음 표고도 불려서 결대로 조붓하게 썰어 기름에 잠깐 볶습니다.

석이도 튀해서 굵게 찢어 놓으십시오. 생선은 얇게 저며서 찬물에 헹궈 놓으십시오. 국화잎도 녹말 씌워 삶아 놓으시고, 배도 같은 치수로 썰어 소금물에 헹궈 놓으십시오. 깨는 껍질을 벗겨 볶아 물을 붓고 갈아서 고운체에 걸러 물을 적당히 타서 소금으로 간을 해 놓으신 후, 다른 것을 전부 합쳐서 고루 섞어 간을 해서 깻국에다가 넣습니다. 적당한 그릇에 담고 실백을 띄웁니다.

5. 잡채류

1) 배추선

• 재료

배추속대 썬 것 한 공기, 표고[큰 것] 두 개, 돼지고기 썬 것 3분의 1공기, 정육(소살코기) 같은 분량, 목이 조금, 배 반 개, 파 한 개, 후추 약간, 간장 반 숟가락, 설탕 약간, 겨자즙 적당히, 지단채 조금, 참기름 쓰는 대로, 깨소금 반 숟가락, 초 조금.

• 만드는 법

배추를 노란 속대만 길이 육 푼(약 1.8센티미터), 넓이 삼 푼(약 0.9센티미터)쯤 되게 썰어서, 소금에 약간 절였다가 끓는 물에 얼핏 둘러 냅니다. 아주 익으면 못씁니다. 이것을 기름 조금만 두르고 잠깐 볶으십시오. 그 다음 표고도 불려 볶습니다.

목이는 불려서 정하게 씻어가지고 손으로 대강 찢어 이것도 잠깐 볶고, 배는 배추 치수와 같은 치수로 썰어 소금물에 잠깐 헹궈 놓으십시오. 준비가 다 되었으면 전부 한데 섞어가지고 겨자즙에다 무치시는데, 알큰하게 무치십시오.

2) 동아선

• 재료

털 굳은 동아 썬 것 한 공기, 돼지고기 썬 것 반 공기, 우설 썬 것 반 공기, 표고(큰 것) 세 개, 석이큰 것 네 개, 전복(작은 것) 한 개, 해삼(작은 것) 한 개, 홍당무(작은 것) 한 개, 겨자즙 알맞게, 미나리(작은 것)반 단, 설탕 조금, 소금, 식초 각각 조금.

• 만드는 법

쇠게 굳지 않은 동아를 껍질을 벗기고 육 푼 길이로 잘라서 속을 도려내고 얄팍얄팍하게 썰어 소금에 잠깐 절였다가 끓는 물에 잠깐 데쳐 내시고, 돼지고기와 우설은 다 채로 썰어 놓으십시오. 표고도 불려 채 치시고, 석이는 튀해서 대강 손으로 뜯어 놓습니다.

전복은 마른 것이면 불려 삶아서 가장자리는 도리고 가로놓고 얇게 썰고, 해삼도 삶아서 몇 날 담갔다가 잘 불었을 제 보통 것이면 반으로 갈라서 얄팍하게 썰어 놓고, 미나리는 줄거리만 다른 것과 같은 치수로 썰어 정하게 씻어서 끓는 물에 데쳐 건져 놓으십시오.

홍당무도 알맞게 삶아 동아보다 조금 좁게 썰어 놓으십시오. 배도 같은 치수로 썹니다. 이것을 전부 한데 합해가지고 겨자즙에 무치시는데, 간은 초, 설탕, 소금으로 합니다.

6. 생채류

1) 죽순채(1)

• 재료

죽순(큰 것) 한 개, 황이 반 줌, 표고(큰 것) 두 개, 편육 연한 것 열 돈(37.5그램), 오이 작고 연한 것 한 개, 소금 약간, 초 약간, 설탕 조금, 겨자즙.

• 만드는 법

죽순을 가늘게 채를 쳐서 물에 살살 흔들어 빨아 놓고, 황이는 물에 담가 불려가지고 속을 빼고 가늘게 찢어 역시 물에 한 번 씻어 놓으십시오. 표고도 불려서 곱게 채칩니다. 편육도 차돌박이 쪽으로 아주 곱게 채를 치십시오. 그 다음 오이는 될 수 있는 대로 꽃맺이로 껍질을 벗기지 마시고 그대로 채를 쳐가지고, 전부 한데 섞어 겨자즙에다 무치시는데, 간은 초, 설탕, 소금 등으로 간을 하십시오. 겨자 맛이 알큰하게 나고 다소 새콤달콤해야 됩니다.

2) 죽순채(2)

• 재료

죽순(큰 것) 한 개, 생오징어(작은 것) 반 마리, 우설 열 돈(37.5그램) 가량, 오이(작은 것) 한 개, 배(작은 것) 3분의 1, 홍당무(작은 것) 반 개, 겨자즙, 초, 설탕, 소금 각각 조금씩.

• 만드는 법

죽순을 먼저와 같은 법으로 채를 치시고, 오징어는 발 떼고 껍질을 벗긴 후 끓는 물에 얼핏 둘러 내서 얇게 가로놓고 썰어 놓으신 후, 우설도 껍질을 벗기고 가늘게 채를 칩니다. 오이도 곱게 채 치시고, 배는 채 쳐서 소금물에 잠깐 헹궈 놓습니다. 홍당무는 껍질을 벗기고 곱게 채를 쳐서 끓는 물에 잠깐 데쳐 건져가지고 식힙니다. 준비가 되었으면 먼저 번 것과 마찬가지로 양념을 합니다. 이런 생채는 찰수록 좋으니까 될 수 있는 대로 얼음에 채웠다가 쓰시도록 하십시오.

7. 화전류

1) 옥잠화전

• 재료

옥잠화, 찹쌀가루, 참기름, 설탕.

• 만드는 법

시들지 않은 꽃으로 술을 뽑아내고 물에 씻어 안팎으로 잇게 해가지고 찹쌀가루를 속과 거죽으로 듬쑥 묻혀가지고 참기름에 지져 내서 잠깐 식은 후에 설탕에 재웁니다. 화전 하는 비결은 제일 중요한 것이 기름 끓는 온도. 지져 낸 후 뜨거울 제 설탕을 뿌리면 설탕이 녹아서 물러지고 납작해집니다. 한 김 난 후에 설탕을 훌훌 뿌려 놓습니다. 만일 약주 안주로 하실 제는 설탕을 뿌리지 마시고 소금을 뿌리십시오.

2) 황장미꽃전

• 재료

노랑장미꽃, 찹쌀가루, 참기름, 설탕.

• 만드는 법

노랑장미꽃을 꽃잎이 떨어지지 않게 조심해서 줄거리만 바싹 자르고 물에 잠깐 담가 놓습니다. 물이 속속들이 배거든 찹쌀가루를 훌훌 뿌려 속속들이 묻거든 끓는 참기름에 지져서 식은 후에 설탕에 재웁니다. 이것도 안주로 할 제는 소금을 뿌립니다.

3) 감잎전

• 재료

감잎(속잎), 찹쌀가루, 참기름, 설탕.

• 만드는 법

연한 감잎을 줄거리가 조금 갸름하게 달리게 따가지고 물에 씻어서 찹쌀가루를 흠씬 묻혀 기름에 지져서 설탕에 재웁니다. 장미꽃전과 곁들여 놓습니다.

4) 백합꽃전

옥잠화와 같은 법으로 하는데, 물에 한참 담갔다가 합니다.

5) 감국전

감국(가을에 피는 노랑국화 재래종)전도 장미꽃과 같은 법으로 합니다.

6) 감국잎전

감잎과 같은 법으로 해서 국화꽃과 곁들여 놓습니다. 두견화로 할 제도 감국잎을 곁들입니다.

7) 돈전병

• 재료

참쌀가루, 백비탕(白沸湯: 맹물 끓인 것), 대추, 감국잎, 색비름잎, 설탕, 참기름.

• 만드는 법

찹쌀가루를 끓는 물로 반죽을 누긋하게 해서 샐시미(샐심, 새알심)만큼씩 동글려가지고 번철에 기름을 두르고 족 늘어놓고 국화잎이나 채 친 대추를 놓고 꾹 누르면 납작해집니다. 한쪽이 다 익거든 뒤집어놓고 타지 않을 정도로 지져서 뚜껑 있는 그릇에 담고 설탕을 뿌립니다. 찹쌀가루를 반죽하실 제는 가령 주악, 전병, 샐시미 등을 반죽하실 제는 언제든지 더운물로 반죽을 하십시오. 만일 주악을 찬물로 반죽을 했다가는 빛기가 급하게 갈라져서 힘이 듭니다.

이것도 화전과 곁들여 놓기도 합니다. 또는 색비름[65]을 가늘게 썰어서 글자를 새겨 부쳐서 하기도 합니다.

8. 장국류

1) 추포탕(麤布湯)

• 재료

곰거리(곱창만 빼고) 한 근, 참깨 한 홉, 밀가루 두 공기 반, 애오이 세 개(꽃맺이로), 계란 두 개, 파 한 개, 깨소금 반 숟가락, 후춧가루 한 찻숟가락, 간장 약간, 소금 조금.

65) 비름과의 한해살이풀. 붉은 색 또는 누런 색의 무늬가 있다.

• 만드는 법

먼저 곰거리를 푹 무르게 고아가지고 보통 곰거리보다 자잘하게 썰어 갖은 양념을 해 놓으시고, 깨는 껍질을 벗겨서 타지 않고 희게 볶아서 곰국을 붓고 매에 갈거나 절구에 찧습니다. 혹은 뚝배기 같은 데 갈아서 고운체로 거른 후 곰국에 기름을 다 걷어 버리고 한데 타서 소금으로 간을 해가지고 훨씬 식히는데, 얼음에 채워 식혀 아주 차게 하십시오.

밀가루는 본가루만 남기고 계란 한 개를 넣고 물을 조금 쳐서 되직하게 해가지고 오래 치대서, 노글노글하게 되거든 얇게 밀어 가늘게 썰어가지고 끓는 물에 삶아 건져 다시 찬물에 헹궈서 소쿠리에 건져 놓으시고, 계란은 지단을 부쳐 채 쳐 놓으십시오. 깻국이 다 식었거든 알맞은 그릇에 국수를 담고 곰거리를 위에 얹고 국물을 부은 후 지단채를 얹으십시오. 이 분량이면 네 그릇은 됩니다.

2) 생치냉면

• 재료

생치, 배, 동치미, 실백, 백면, 초, 설탕, 간장, 소금.

• 만드는 법

성한 생치를 정히 다뤄서 살만 얇게 저며 갖은 양념해서 볶고, 뼈는 물을 붓고 푹 곱니다. 배는 작은 것이면 다섯 쪽을 내서 속을 빼고 껍질을 벗겨가지고 가로놓고 착착 썹니다. 동치미도 껍질을 벗기고 같은 치수로 썹니다. 준비가 다 되었으면 뼈 삶은 국물을 차게 식혀가지고 동치밋국과 반반씩 섞어서 간장, 초, 설탕, 기름 간 맞게 해서, 국수를 찬물에 빨아서(씻어서) 알맞은 그릇에 담고 위에다 고명을 얹은 후 국물을 붓고 실백을 띄웁니다. 깊은 겨울에 하는 냉면입니다.

9. 정과 등

1) 앵두편

• 재료

앵두, 꿀, 녹말, 참기름.

• 만드는 법

앵두를 정하게 씻어서 쪄가지고 체에 걸러서, 꿀 혹은 설탕을 달게 치고 녹말을 약간만 섞어가지고 오래 뭉근한 불에다 조립니다. 그래가지고 판판한 넓은 그릇에다 참기름을 바르고 반듯하게 펴놓아 무칩니다. 다 굳은 뒤에 반듯반듯하게 썰어 정과 위에 곁들여 놓습니다. 생실과 위에도 곁들여 놓습니다.

2) 살구편

앵두편과 꼭 같이 합니다.

3) 백동아정과

• 재료

동아, 꿀, 석회(조선회?)

• 만드는 법

잘 굳은 동아를 껍질을 벗기고 속을 파서 도톰도톰하게 써시는데, 넓이는 보통 산사편 썰듯 하면 알맞습니다. 다 써시거든 그릇에다 회 한 켜, 동아 한 켜 이런 순서로 담아 바람 안 들어가게 꼭 봉해 한 사흘간 두었다가, 물에다 정하게 씻어서 한 이틀 물을 갈아 가면서 담가 놓으셨다가 소쿠리 같은 데다 건져 물을 뺀 후, 꿀을 눅여 부어 놓으셨다가 한나절 만에 다시 꿀을 따라서 끓입니다.

그것을 다시 섞어 몇 시간 두셨다가 한바탕 불에 놓아 끓이시는데, 너무 센 불에 마시고 뭉근한 불에다 한참 끓여야 됩니다.

10. 대미류(약과, 만두과, 큰다식과, 룡게 등을 통틀어 대미라 함)

1) 약과

• 재료

밀가루 소두 한 되, 참기름 한 종지 가득, 꿀 한 홉, 소주 반 종지, 물 조금.

• 만드는 법

밀가루를 체에 쳐가지고 참기름을 먼저 섞어서 고루 비벼 다시 부숴 가루같이 해가지고, 소주에다 물을 약간 섞어서 다시 고루 비벼가지고 꿀 넣고 반죽을 합니다. 손으로 쥐어 봐서 부서지지 않을 정도로 해서 모체(미는 방망이)로 밀어 사방이 번듯하게 썰어서 과히 끓지 않는 기름에 지지는데, 한 번 지져서 내놓았다가 다시 기름 온도를 높여가지고 지져 냅니다.

기름이 잠깐 빠지거든 꿀을 눅여서 담갔다가 건져서 잣가루를 뿌립니다. 꿀에 적셔 내는 것을 즙청(汁淸)한다고 합니다. 이것은 모약과라 합니다.

2) 다식과

먼저 것과 같은 법으로 반죽을 해가지고 다식판에 박아서 기름에 지집니다. 이것 역시 즙청을 해가지고 계핏가루와 잣가루를 뿌립니다. 꿀이 없으면 설탕을 녹여서 쓰십시오. 또는 조청도 쓰는데, 꿀에 한 것같이 연하질 않고 암만해도 뻣뻣하고 질깁니다. 이것은 보통 쓰는 것이지만, 큰 틀에 박아 둥글게 하여서도 씁니다.

11. 유과류

1) 강정

• 재료

참쌀, 약주(혹은 탁주), 설탕, 물.

• 만드는 법

멥쌀이 안 섞이고 좋은 찹쌀을 정하게 씻어서 물에 술을 3분의 1 가량 담가서, 겨울이면 한 일주일 내지 열흘 가량 두었다가 건져 빻아서 고운체에다 칩니다. 그래가지고 물에다 술을 섞는데, 가령 가루가 소두 한 되이면 진품 술을 반 종지 가량, 설탕을 한 종지 가량 섞어 고추장떡 반죽하듯 해서 솥에다 찝니다.

김이 잘 오르거든 양푼 같은 데다 방망이로 오래 저어 꽈리가 일도록 해서 제가루(찹쌀가루)를 뿌리고 얄팍하게 밀어가지고 무장아찌 썰듯 썰어서 바람이 안 통하게 주의하고 말립니다. 아주 바싹 말리지 말고 갈라 보아 가운데가 아직 덜 말랐을 제 참기름을 끓이다가 지져 냅니다. 잘 된 것은 손가락같이 잘 일어나지만 잘 안 된 것은 일어나지 않고 부서집니다. 그래가지고 거죽에 묻히는 것은 참깨를 껍질을 벗겨서 볶아 묻히기도 하고, 잣을 반으로 쪼개 묻히기도 하며, 콩가루도 묻힙니다. 찰벼를 튀겨 꽃

같이 된 밥풀도 묻히고, 싸라기도 튀해서 묻힙니다. 거죽 묻히는 데 따라 이름이 다릅니다. 깨강정, 잣강정, 콩강정, 매화강정 이런 식으로 이름이 다릅니다. 또 방울강정이라고 있는데, 쓸 제 강정 길이로 썬 것을 잘게 썰어 말려 튀긴 것을 각각 묻혀서 쓰게 됩니다.

2) 산자

• 재료

찹쌀, 소주, 물, 설탕.

• 만드는 법

찹쌀을 정히 씻어서 물에다 소주를 섞어 겨울이면 한 10여 일 담가서, 시큰해지거든 건져서 빻아서 고운체에 쳐서, 강정보다 부슬부슬하게 반죽해서 쪄가지고, 오래 친 다음에 역시 제가루를 뿌려 가면서 미는데, 강정보다 얇게 밀어서, 보통 산자는 너비가 조붓하고 길이가 갈쯤하게 아주 썰어 말려서, 기름에 지질 적에 숟가락 같은 것으로 눌러 가면서 지져야 반듯합니다.

이것은 꿀이나 엿물을 묻혀가지고 튀긴 밥풀을 묻힙니다. 밥풀 튀기는 것은 다음에 말씀하겠습니다. 잣박산(산자에 잣을 쪼개 붙인 유밀과) 하는 것은 사방이 꼭 같게 썰어서 지집니다. 역시 즙청해가지고 잣을 반으로 쪼개 붙인 것은 잣박산, 찰벼 튀겨 붙인 것은 매화산자, 싸라기 튀긴 것은 연사(軟絲)라고 합니다.

3) 밥풀 튀기는 법

찹쌀을 술에다 오래 담갔다가 시루에 쪄가지고 뜸을 훨씬 들여서 물에 한 번 헹궈가지고 채반에나 방에나 아무데라도 서로 붙지 않게 펴서 말려가지고 기름에다 튀기는데, 빛이 누래지지 않게 부풀어 나거든 바로 건져 내십시오. 또는 고운 모래와 같이 볶아 체로 치기도 합니다. 멥쌀로도 합니다. 물을 들여 곱게 하려면 밥을 쪄가지고 물을 들여서 말려 튀기면 마음대로 색을 낼 수 있습니다.

4) 매화밥풀

찰벼를 바싹 말려가지고 솥에 볶으면 꽃같이 튀겨지는데, 튈 제 채반 같은 것을 덮어야 튀어나가질 않습니다. 온통으로만 골라 산자 혹은 강정에 붙이시고, 나머지 부스러기는 티 없이 골라 절구에 붓고서 슬쩍슬쩍 찧어 어레미(구멍이 굵은 체)에 치면 싸라기 같은 모양이 되니 그것도 따로 묻힙니다.

5) 빈사과

강정 재료를 잘게 써는데, 가령 장아찌 모양같이 썰었다면 그것 한 개를 여러 개로 써시는데, 길이와 너비는 같게 동글하게 써셔서, 같은 법으로 말려가지고 기름에 지져 내서 엿물 혹은 꿀에다 버무려, 백토지(하얀 종이)를 기름 바른 반듯한 그릇에 깔고 버무린 것을 그릇에 담고 판판하게 손질한 후, 굳거든 반듯반듯하게 썰어서 씁니다.

6) 묵강정

• 재료

녹말묵, 참기름, 꿀이나 설탕물 졸인 것, 잣가루, 계핏가루.

• 만드는 법

녹두묵을 골패짝처럼 썰어서 바싹 말려가지고 기름에 튀겨 꿀을 바르고 잣가루와 계핏가루를 뿌려 놓습니다.

7) 매자과[66]

• 재료

밀가루 두 공기, 약주 큰 숟가락으로 둘, 참기름 한 숟가락 반, 설탕 큰 숟가락으로 둘, 물 대중해서, 꿀이나 설탕 녹인 물, 잣가루, 계핏가루.

• 만드는 법

먼저 밀가루에다가 참기름을 섞어서 고루 버무려가지고 물, 설탕, 술 등을 합해 치고 반죽을 잘 해서 방망이로 밀어서(한 푼 두께로), 괴어 쓰는 데는 길이를 한 치 칠 푼(약 5.1센티미터), 너비 한 치(약 3센티미터) 가량으로 썰어서 길이로 구멍을 내는데, 아래위로 닷분(약 1.5센티미터)씩만 남기고 한 칠 푼(약 2.1센티미터)쯤 길이로 한가운데를 칼로 째고 양 옆으로도 같은 길이로 째는데, 너비는 사분파(?)해서 째면 적당하다고 생각합니다.

이것을 기름에 얼핏 지져 냈다가 다시 기름 온도를 높여가지고 지져 내면 한 번 지져 낸 것보다 더 고소합니다. 이것을 꿀을 묻혀서 그대로도 쓰고, 잣가루와 계핏가루를 묻혀 쓰기도 합니다. 이렇게 큰 것은 소대기 제사, 환갑, 혼인 이런 때 고여 쓸 제 합니다. 보통 때 반과 혹은 주물상에 쓰는 것은 너비 칠 푼 길이, 길이 한 치 한 푼(약 3.3센티미터)이면 적당합니다.

66) 매잡과(梅雜菓): 유밀과(油蜜果)의 하나.

8) 백잣편

• 재료

실백(잣), 꿀, 설탕(꿀의 절반), 청매, 대추.

• 만드는 법

꿀과 설탕을 합쳐 끓이다가 실백을 넣고 조립니다. 엉길 만하면 판판한 그릇에 기름을 바르고 납작하게 펴 놓습니다. 두께는 두 푼(약 0.6센티미터)쯤 되게 하시고, 위에다 청매채를 얹으시고, 대추를 거죽만 저며 채를 쳐 얹어, 식혀가지고 반듯반듯하게 썰어 숙실과 위에다 곁들입니다. 호두로도 이런 것을 할 수 있습니다.

12. 다식류

1) 송화다식

• 재료

송홧가루, 꿀.

• 만드는 법

가루 만드는 법은 봄에 송화를 따서 물에다 대고 털어서 담가 놓았다가 다른 물을 갈아 부어 둡니다. 한 서너 번 이렇게 해가지고 채반에 백지를 깔고 건져 말려서 고운체로 쳐 두고 쓰십시오. 여기에다가 꿀을 넣고 반죽을 하는데, 겨울에는 관계없지만 여름에는 더우니까 처음에는 된 듯하다가도 차차 녹아서 누그러집니다.

2) 흑임자다식

검은깨를 정히 씻어서 볶아가지고 절구에다 붓고 오래 찧어, 가루가 되도록 오래오래 찧어서(나중에는 덩어리가 됩니다.) 꿀을 달게 섞어 판에 박습니다. 이 다식 박을 제는 제 몸에서 기름이 나니까 기름행주로 씻을 필요가 없습니다.

3) 녹말다식

• 재료

녹말, 오미자, 분홍(먹는 분홍, 食紅), 꿀.

• 만드는 법

미리 오미자를 담가서 그 물에다가 분홍 물을 조금 타서 너무 진하지 않게 연분홍빛을 해서 녹말에다 섞고 꿀을 섞어서, 이것을 조금 질다 하게 하십시오. 그래가지고 판에 박을 제 힘 있게 눌러 박으십시오.

4) 쌀다식

찹쌀을 씻어 쪄가지고 말려서 볶아, 매에다 갈아서 채로 쳐서 꿀에 반죽해 판에 박습니다.

5) 콩다식

흰콩을 혹은 밥밑콩(퍼런 것)을 씻어 볶아가지고 매에 타서 껍질은 까불러 버리고, 매에 곱게 갈아서 고운체로 쳐가지고 꿀물에 반죽하는데, 여기는 생강물을 조금 섞어 하면 향긋한 게 좋습니다.

13. 갖은 편, 웃기

1) 은행경단

• 재료

찹쌀가루 소두 한 되, 은행 네 홉, 물 조금, 꿀이나 설탕, 밤채, 대추채, 잣가루.

• 만드는 법

은행을 겉껍질만 벗기고 따뜻한 방에 두면 속껍질이 다 벗겨집니다. 이것을 방망이로 찧어 물을 조금만 붓고 저어서 고운체에 걸러가지고 찹쌀가루에다가 섞어 버무리시고, 설탕을 조금만 섞어 고루 버무려서 채반에 보를 깔고 찝니다. 이것을 힘 있게 저어야 하는데, 꿀을 처음부터 넣고 저으십시오. 밤과 대추는 채를 쳐서 잣가루에다가 섞어 놓으시고, 떡을 작은 밤톨만큼씩 떼어서 꿀이나 설탕물을 발라 궁굴려 묻힙니다.

2) 생강단자

찹쌀가루에다 생강물을 섞어 은행떡[67]같이 쪄가지고, 잘 저어서 석이단자같이 썰어가지고, 대추 다져서 묻힙니다.

67) 은행단자. 찹쌀가루와 은행가루를 함께 섞어 찜통에 쪄서 절구에 친 후 인절미처럼 잘라 잣가루를 무친 궁중 떡.

14. 술안주김치

1) 육김치(겨울음식)

• 재료

동치미, 편육 차돌박이, 배, 실백, 초, 설탕, 간장.

• 만드는 법

맛 좋은 동치미를 골패짝처럼 썰고, 편육, 배도 같은 치수로 썰어서 한데 섞어가지고 동치미 국물에다 간장, 초, 설탕으로 간을 해 새콤달콤하게 해가지고 건더기를 섞어 유리대접에다 담고 실백을 띄우고, 동치미에는 붉은 고추를 반듯하고 갸름하게 썰어서 위에다 띄웁니다.

15. 소찬(素饌)[68] 몇 가지

1) 장떡

• 재료

백면가루, 간장, 고추장, 참기름, 실백.

• 만드는 법

가루에다 간장과 고추장을 조금만 넣어 간을 하는데, 반죽은 물로 합니다. 동글동글하게 밀전병 부치듯 합니다. 크게 해서 썰어 놓아도 좋지만, 작게 동글게 부쳐서 잣을 박아 쓰십시오. 밀가루로도 합니다.

68) 육고기나 생선이 들어 있지 않은 반찬.

2) 호두튀김

• 재료

호두, 녹말, 소금, 참기름.

• 만드는 법

호두를 끓는 물에 담가서 한참 만에 속이 부서지지 않게 깨뜨려가지고 속 껍질도 물에 담갔다가 꼬챙이로 벗겨서, 녹말을 씌워서 참기름에 볶아 소금을 뿌려 놓습니다. 녹말이 없으면 찹쌀가루도 좋습니다.

3) 김자반

• 재료

김, 찹쌀가루, 통깨, 간장, 고춧가루.

• 만드는 법

찹쌀가루를 묽게 풀어 풀처럼 쑵니다. 거기다 고춧가루를 조금 넣고 간장을 쳐서 간을 해가지고, 김을 두 장씩 포개가지고 다시 겹쳐서 찰죽을 얇게 발라 채반에다 늘어놓고 통깨 볶을 것을 뿌립니다. 바싹 마른 뒤에 구워서 썰어 놓습니다.

4) 죽나무 순

이것은 연한 순을 데쳐서 담갔다가 위의 법과 같이 하는데, 기름에 튀겨서 놓습니다.

5) 깨주저리

이것은 날것대로 위의 법과 마찬가지로 하는데, 역시 기름에 튀겨서 놓습니다.

6) 두릅

이것도 데쳐 껍질을 벗겨 가지고 찹쌀 끓인 데다 간을 해서 무쳐 말려가지고 튀겨 놓습니다.

위의 음식들은 예전에 친기(親忌, 부모의 제사), 기타 기고(忌故, 제사라는 말)가 계시면 수일 전부터 근신하는 뜻으로 소찬을 잡수시던 일이 있을 때 만들던 것입니다. 이 외에 어떠한 것이고 고기, 생선 등은 한 점도 안 들어가는 음식이면 됩니다. 갖은 채소 전골 등으로 시작해서 많습니다. 대강 이러한 것 몇 가지만 적었습니다.

16. 찬합 꾸리는 법(삼 층, 건, 진, 반과)

전복쌈	약포 (갖은 양념을 한 육포)	건대하
산포 (소금과 기름만 바른 육포)	호두나 실백	대추편포 (대추 크기의 작은 육포)
어포	새우살	문어삭임 (문어를 말려 오린 것)

1) 건찬합

전복쌈, 약포, 산포, 대추편포 등은 위의 난에 있으니 참작하십시오. 건대하를 저며서도 넣고 보풀려서 소금 기름에 무쳐도 놓습니다. 새우살은 잔새우 말린 것을 까서 참기름을 발라 비벼서 그대로 넣습니다. 어포는 겨울에 하는 것은 두들겨 산포같이 하고, 없으면 강여주로 만들어 넣습니다.

문어를 삭여서 꽃으로 된 것을 썰어서 넣기도 합니다마는, 원래는 길게 삭여서 찬합 가장자리를 뻥 돌려 싸고 난간도 이것으로 하고 다른 것을 담는데, 그럴 때는 문어삭임 담을 때는 다른 것을 담으십시오. 어란이나 북어포, 때에 따라 관목(말린 청어) 등을 넣어도 좋습니다. 그리고 찬합 속을 유지(油紙: 기름종이)로 만들어 넣습니다. 바닥에도 깔고 가장자리에도 두르고, 칸도 만들어 넣습니다. 모양도 제일 쉬운 법으로 썼으니, 더 고운 법으로 생각해서 하십시오.

2) 진찬합

장 산 적	전복초	송이장아찌
철 립 찬	생북초	똑도기자반
무숙장아찌	장 포	홍 합 초

이것대로만 하는 게 아니고 절기에 따라 다르니까 다소 개비(改備: 달리 준비함)해도 좋습니다. 더러는 위의 난에 있고 더러는 다음 난에 있으니 참작하십시오.

3) 반과(후식 혹은 간식)

율 란	산 승	생강단자[69]
깨 다 식	다 식 과	쌀다식
녹말다식	송화다식	조 란

69) 생강을 껍질 벗겨 오랫동안 물에 삶아 쓰고 매운 것을 빼 버리고 질게 익혀서 계핏가루와 꿀을 넣고 녹말풀을 쑤어 함께 섞어 반죽한 뒤 도토리만큼 빚어서 잣가루를 묻힌다. 생단자, 생막단자라고도 함.

예전에는 집안 어른이 어디 원행하실 제는 반드시 이런 식으로 찬합을 해서 가지고 가시게 합니다. 또는 대소가 혹은 친구 댁에 선사도 합니다.

17. 장아찌류

1) 생합초

• 재료

생전복, 소금, 정육(쇠고기), 파대가리, 참기름, 녹말.

• 만드는 법

생전복을 정하게 씻어서 물이 잠길 만큼 붓고, 고기는 조그만 덩어리로 썩썩 어여서[70] 그대로 넣고, 파대가리 두어 개만 통으로 넣고 푹 고아 가지고, 전복이 거의 무르거든 고기와 파는 꺼내고 전복만 가장자리 살은 도려내시고 얄팍하게 저며서, 소금으로 간을 하고 참기름을 약간 치시고 오래 조려서 국물이 다 졸아 가거든 녹말을 조금만 개어서 부으면 다 된 것인데, 잠깐 사이에 걸쭉해집니다. 이것을 격지격지에다가(각 켜마다) 잣가루를 뿌려 놓습니다.

2) 송이장아찌

무숙장아찌 하듯 합니다.

70) '어이다, 에다'에서 나온 말. '칼로 도려내듯 베다'의 뜻.

부록2. 조자호 선생 자필 원고
(《조선요리법》 이후에 쓰인 것)

1. 삼색 꿀편[삼색밀설고(三色蜜雪糕)]

• 재료

백미 가루 750그램, 꿀물 3분의 2컵 정도, 물 3분의 1컵, 대추(대) 네 개, 생률 두 개, 석이(대) 두 쪽, 잣 대여섯 알, 승검초 가루 찻순가락 둘, 백지 한 장, 식용유 약간.

• 만드는 법

① 꿀과 설탕을 물에 끓여 식힙니다.

② 쌀가루를 준비합니다.

③ 대추는 겉만 얄팍하게 저며서 쌀가루를 묻혀 가며 붙지 않게 차곡차곡 개켜서 채를 친다.

④ 밤은 껍질을 벗겨서 얇게 저며 가늘게 채 친다.

⑤ 석이는 끓는 물에 잠시 담가 부드러워지면 싹싹 비벼서 깨끗하게 씻는다. 딱딱한 꼭지는 따 버리고 행주로 물기를 닦고 돌돌 말아서 가늘게

채 친다.

⑥ 잣은 속껍질까지 벗긴 후 닦어 놓고 칼로 반에 쪼갠다.

⑦ 백지는 시루 크기에 맞추어 잘라서 식용유를 발라 놓는다.

⑧ 쌀가루의 3분의 2에다 꿀물을 붓고 고루 섞어서 약간 굵은체에 쳐서 반으로 나누어 반 분량에는 승검초 가루를 섞어 다시 체에 친다.

⑨ 남겨 놓은 3분의 1에는 설탕물을 내려놓는다.

⑩ 시루에 식용유를 바른 백지를 깔고, 색별로 가루를 붓고 편편하게 고루 손질한다.

⑪ 꿀물 내린 데는 대추채, 밤채를 고루 섞어 뿌려 김 잘 오르는 물솥에 얹어 찐다.

⑫ 설탕물을 내린 가루도 같은 식으로 시루에 붓고 편편하게 손질하고 위에 석이채를 뿌리고, 반을 쪼갠 잣을 두 쪽씩 간격 맞추어 놓고 빠져나오지 않도록 살짝 누른다.

⑬ 삼색이 다 쪄졌으면 적당한 치수로 썰어 곁들여 담는다.

• 참고

흰색은 백편, 누런색은 꿀편, 파란색은 승검초편이다. 승검초 가루는 당귀잎을 말려서 빻은 것이다.

• 주의

떡 찔 때는 반드시 시루 위에다 보자기를 덮고 쪄야 습기가 새나가는 것을 막을 수 있다.

2. 삼색 주악

• 재료

찹쌀가루 200그램, 끓는 물 큰 숟가락 하나, 대추(대) 다섯 개, 승검초 가루 찻숟가락 하나.

• 속 재료

참깨가루(깨소금) 반 컵, 계핏가루 큰 숟가락 반, 설탕 반 컵, 잣가루 큰 숟가락 하나, 지지는 기름 3분의 2컵 정도.

• 만드는 법

① 찹쌀을 깨끗하게 씻어서 물에 담갔다가 가루를 만든다.

② 대추는 씨만 발라내어 도마에 놓고 형체가 없어지도록 곱게 다진다.

③ 승검초 가루는 고운체로 친다.

④ 깻가루는 꿀물이나 설탕물에 촉촉하게 개고, 계핏가루를 섞어서 꼭꼭 눌러놓는다.

⑤ 쌀가루 3분치 1을 끓는 물로 반죽해서 한참 치댄다.

⑥ 쌀가루 3분의 1은 승검초가루를 섞고 끓는 물에 반죽하여 치댄다.

⑦ 남은 가루 3분의 1에는 대추 다진 것을 고루 섞고 끓는 물을 조금씩 부어 가며 노글노글하게 반죽한다.

⑧ 반죽한 것을 색별로 작은 대추알만큼씩 떼어 둥글려 놓는다.

⑨ 반죽을 한 개씩 엄지손을 살살 돌려 가면서 구멍을 파고 깻가루를 조금씩 넣고 벌어지지 않게 양편을 마주 아물려 살짝 눌러놓는다.

⑩ 번철(프라이팬)을 불 위에 놓고 기름을 부어 끓어날 때, 빚은 떡을 넣고 앞뒤로 익힌다. 완전히 익으면 채반에 건져서 식힌다.

⑪ 설탕을 켜켜로 뿌리거나 혹은 꿀물로 잰다.

⑫ 그릇에 담고 잣가루를 뿌린다.

• 참고

속 재료는 깻가루 이외에 볶은 팥가루를 설탕물과 계핏가루에 축여 쓰기도 한다. 기타 여러 가지 재료가 있다.

3. 송편[송엽병(松葉餠)]

• 재료

멥쌀가루 300그램, 쑥 한 줌, 식용염료 극소량, 끓는 물 한 컵(계량컵 정도), 솔잎 한 줌.

• 속 재료

대추 다섯 개, 생률 다섯 개, 깨소금 큰 숟가락 셋 정도, 설탕 반 컵, 참기름 찻숟가락 둘.

• 만드는 법

① 쌀가루를 준비한다(다른 떡보다 좋은 쌀이라야 송편이 부드럽다.

② 쑥은 잎만 따서 깨끗하게 씻어서, 잘 끓는 물에 잠깐 데쳐서 소쿠리에 건진다.

③ 대추는 씨를 발라내고 굵직하게 썰어 설탕에 잰다(설탕을 뿌려둔다는 뜻).

④ 속껍질까지 벗겨 중간 밤이면 4등분한다. 꿀물이나 설탕물에 졸여서 건져 놓는다.

⑤ 깨는 껍질을 벗겨서 볶아 가루를 만든다. 꿀물과 계핏가루를 섞어 숟가

락으로 꼭꼭 눌러 놓는다.

⑥ 데친 쑥을 도마에 놓고 곱게 다진다. 분량이 많을 때는 절구에 찧어서 도마에 다져야 빠르다.

⑦ 쌀가루를 잘 끓는 물로 익반죽한다. 처음엔 약간 되직하게 반죽해서 오래 치대야 노글노글하다. 이것을 3등분한다.(① 흰색, ② 쑥색은 쑥 다진 것을 넣고 혼합이 되도록 오래 치댄다. ③ 분홍은 극소량의 물감을, 반죽을 조금 떼어서 고루 섞은 후 전체에다 넣고 오래 치대서 물감 멍울이 나타나지 않도록 한다.

⑧ 대추 크기만큼씩 동글려 엄지손가락 끝으로 살살 돌려 가면서 구멍을 파놓는다.

⑨ 색별로 대추, 밤, 깨를 넣고 벌어지지 않게 꼭꼭 아물린다. 배가 통통하고 볼록하게 만든다.

⑩ 시루에 솔잎을 깔고 서로 몸이 닿지 않게 줄 맞추어 놓고 다시 솔잎을 얹는다. 솥에 쪄서 찬물에 담가 솔잎을 떼어 소쿠리에 건진다. 식은 후에 참기름을 바른다.

• 참고

원래는 송기[71] 를 썼지만 대신 식용염료를 쓰게 되었다. 속 재료도 때에 따라 다른 것으로 쓰게 된다.

71) 송기(松肌): 소나무 속껍질.

4. 경단

• 재료

참쌀가루 300그램, 흑임자가루 1컵, 콩가루 1컵, 볶은 팥가루 1컵, 설탕물 반 컵 정도, 계핏가루 찻숟가락 하나, 끓는 물 1컵 정도

• 속 재료

볶은 팥가루 반 컵, 설탕물 큰 숟가락 셋.

• 만드는 법 1

① 찹쌀가루를 준비한다.

② 흑임자(흑호마: 검은깨)를 깨끗하게 씻어서 조리로 일어 건진다. 불에 달궈진 냄비에 톡톡 튀도록 볶아, 식기 전에 소금을 넣고 빻아서 굵은 체로 쳐서 가루를 만든다.

③ 콩은 청태, 백태 등이다. 좋은 것으로 골라 씻어 물기를 빼고 콩 비린내만 안 날 정도로 볶는다. 매(맷돌)에 타서 껍질은 까불러 버리고 빻아 고운 가루를 만든다.

④ 볶은 팥가루는 분량의 설탕물과 계핏가루를 넣고 축축하게 축여 놓는다.

⑤ 속 넣을 팥가루에는, 반 컵 정도의 설탕물과 계핏가루를 넣어 약간 질게 섞어서 숟가락으로 꼭꼭 눌러 놓는다.

⑥ 찹쌀가루에다 끓는 물을 붓고 되직하게 반죽을 해서 한참 치댄다.

⑦ 작은 대추알 정도의 크기로 동글려 놓는다. 한 개씩 구멍을 파고 속 넣는 팥가루를 조금씩 떼어 넣고 다시 동글게 한다.

⑧ 잘 끓는 물에 넣어 삶는다. 위로 뜨면 잠시 후 찬물에 식혀 소쿠리에 건진다.

⑨ 각각 색별로 고물을 묻힌다. 그릇에 삼색으로 담고 편청(떡을 찍어 먹는 꿀)을 놓는다.

• 만드는 법 2 (간단하게 만드는 법)

재료는 같다.

① 찹쌀가루를 끓는 물에 반죽해서 치대어 대추알 크기로 전부 동글려 놓는다.

② 끓는 물에 삶는다. 위로 다 떠오르면 찬물에 건져 식혀 소쿠리에 건져 물을 뺀다.

③ 준비한 대로 각각 고물을 묻힌다. 고물은 위의 것 외에 여러 가지가 많이 있다. 반드시 편청을 곁들인다.

5. 오색축병(五色祝餠: 오색 축하떡)

• 재료

멥쌀가루 700그램, 설탕 240그램, 물 반 컵 정도, 호두 열두 개, 잣(송실) 반 컵, 치자 한 개, 녹색 잎사귀 조금, 식용염료 홍색 극소량, 흑임자가루 큰 숟가락 하나, 두텁가루(진한 것) 중간 숟가락 둘, 대추(대) 세 개, 즙청(조청 끓인 것) 3분의 1컵 정도

• 만드는 법

① 쌀가루를 준비해서 5등분한다.

② 설탕에다 물을 붓고 끓여 식힌다.

③ 호두는 망치로 깨뜨려 겉껍질을 벗기고 속살을 왔게 썰어 대강 다져서 4등분한다.

④ 잣은 껍질을 벗겨 종이에 놓고 칼로 다져 가루로 만든다.

⑤ 치자는 깨끗하게 씻어 반에 쪼개어 약간 물에 담근다.

⑥ 녹색 잎은 잎만 따져 씻어 놓는다.

⑦ 검은색을 필요로 할 때는 흑임자가루를, 갈색이 필요할 때는 볶은 팥가루를 약간 진하게 볶는다.

⑧ 분홍 물감은 따뜻한 극소량의 물에 푼다.

⑨ 쌀가루에 한 가지씩 물들인다. 흰색, 분홍, 노랑, 청색, 흑색이나 갈색으로 설탕물을 조금씩 부어 색소를 넣고 고루 섞어서 약간 굵은체로 친다. 청색은 가루에 녹색 잎을 넣고 절구에 빻아 체로 친다. 역시 설탕물을 섞어 체로 친다.

⑩ 대추는 얇게 저며 필요한 글자를 새겨 놓는다.

⑪ 백지에 기름을 발라 시루에 깔고 색별로 한 켜씩 안친다. 갈색이나 흑색가루를 붓고 고루 손질한 후 호두의 한 분량을 뿌린다. 차례로 황색, 청색, 분홍, 백색의 순서로 한다.

⑫ 맨 위에다 대추를 간격 맞추어 글자를 놓아 김 오르는 솥에 쪄서 쏟는다.

⑬ 즙청을 위에다 고루 바르고 잣가루를 고루 뿌린다.

• **참고**

대추글자는 가위나 칼끝으로 새긴다. 갈색을 준비할 때는 볶은 팥가루를 약간의 물을 축여서 가루에 넣고 물을 내린다. 흑색은 물 내린 가루에다 검은깨 가루를 섞으면 된다.

6. 쑥두텁 고물편

• 재료

멥쌀 450그램, 쑥 30그램, 설탕물 3분의 2컵 정도, 생률 열 개, 대추 열 개, 식용유 조금, 백지 반 장, 두텁가루 100그램, 설탕물 큰 숟가락 여섯 정도.

• 만드는 법

① 거두(거피팥)를 매(맷돌)에 반으로 타서 물에 담근다.

② 쌀은 깨끗한 물이 나도록 씻어서 하루쯤 물에 담근다(햅쌀이면 대여섯 시간,묵은 쌀이면 하루 정도라야 가루가 부드럽다).

③ 쑥은 연한 잎사귀만 깨끗하게 씻어 소쿠리에 건져 놓는다.

④ 대추는 씨만 발라내고 세 쪽으로 쪼개어 놓는다.

⑤ 밤은 겉껍질을 벗기고 물에 잠깐 담갔다가 속껍질을 벗기고 반에 쪼갠다.

⑥ 설탕은 물을 붓고 설탕이 녹도록 끓여서 식힌다.

⑦ 거피팥에 껍질이 흠씬 붙었으면, 물을 따르고 썩썩 비벼서 따라 두었던 물을 다시 붓고 껍질을 흘려 버린다. 조리로 일어서 시루에 푹 무르게 찐다. 소금을 넣고 으깨어 도드미에 걸러 설탕을 넣고 갈색이 되도록 볶는다. 고운체로 쳐서 설탕물로 다시 축축하게 축여 놓는다.

⑧ 불은 쌀을 소쿠리에 건져 물을 빼서 소금을 넣고 방아에 빻아 고운체로 친다. 식힌 설탕물을 고루 섞어서 약간 굵은체로 다시 친다.

⑨ 백지를 시루에 맞추어 잘라서 식용유를 고루 바른 것을 펴 놓는다.

⑩ 으깬 팥의 반만 종이가 보이지 않게 시루밑에 헤쳐 놓는다.

⑪ 쌀가루에다 쑥을 넣어 가볍게 섞는다.

⑫ 쑥을 섞은 쌀가루를 시루에 붓고 켜가 고르게 살살 펴 놓는다.

⑬ 대추와 밤을 간격을 맞추어 놓고 살짝 눌러서 위로 노출되지 않게 한다.

⑭ 으갠 팥의 반 남긴 것을 가루가 안 보이도록 푹 뿌려서 김이 잘 오르는 솥에 찐다. 적당한 크기로 썰어서 그릇에 담는다. 즙청이 따른다.

7. 기름편[진유병(眞油餠), 진유설고(眞油雪糕)]

• 재료

멥쌀, 참기름, 소금, 호두, 백지

• 만드는 법

① 쌀을 깨끗하게 맑은 물이 나도록 씻어 담근다.

② 호두는 펄로 끓는 물에 잠시 담갔다가, 겉껍질을 장도리 같은 쇠망치로 살짝 두드려 간다. 다시 끓는 물에 담가서 꼬챙이로 속 떫은 껍질을 벗겨 굵직하게 다진다.

③ 소금물을 끓이다가 참기름을 붓고 한소끔 끓여 식힌다.

④ 백지를 시루 치수에 맞추어 재단해서 기름을 발라 놓는다.

⑤ 쌀이 불었으면 소쿠리에 얹어 물기를 빼서 방아에 빻아 고운체로 친다.

⑥ 쌀가루에다가 소금물을 붓고 고루고루 섞어서 약간 굵은체로 친다.

⑦ 체에 친 쌀가루에다 소금물을 골고루 섞어서 시루에다 백지를 깔고 부어서 편편하게 손질을 해서 물 잘 끓는 솥에 찐다. 위에다 대추, 생률채도 얹어서 장식한다. 당분이 없는 고소한 특이한 떡이다.

• 재료 2

참깨, 흑임자.

• 만드는 법

① 참깨는 껍질을 벗겨 볶아 식기 전에 빻아 가루로 한다.

② 흑임자는 맑은 물이 나도록 씻어서 소쿠리에 건져 물기를 빼고 볶아서 가루를 만든다.

③ 호두를 안 쓰고 이 두 가지(참깨, 흑임자)를 기름 물을 내린 가루를 2등분해서 반은 흰깨가루, 반은 흑임자가루를 섞어서 양색으로 하기도 한다.

• 재료 3

딸기, 앵두, 복숭아(단단하고 진한 색) 화채 등.

• 만드는 법

계절에 따른 진한 색 과일이면 된다. 과일즙을 낸다. 이런 것을 사용할 때는 쌀에 수분을 완전히 빼야 된다. 방아 빻을 때 조금씩 쳐 가면서 빻는다. 고운체로 쳐서 만드는 방법은 위와 꼭 같다. 과일 색을 낸 가루는 그늘에서 말리고 급할 때 사용하면 좋다. 이때에 취미(臭味: 냄새와 맛)에 따른 재료는 얼마든지 있다. 특히 복중(伏中)에 쓰는 떡이다.

8. 콩찰떡

• 재료

찹쌀 500그램, 검은 콩(흑두) 400그램, 밤 열 개, 대추 여덟 개, 호박고지 15그램, 소금 조금, 설탕 큰 숟가락 반.

• 만드는 법

① 찹쌀을 맑은 물이 나도록 씻어 담근다.

② 검은 콩은 성한 것만 골라서 씻어 물에 담근다.

③ 호박초지는 겨울에 말렸던 것을, 2센티미터 크기로 썰어서 물베 잠깐 씻어 소쿠리에 건져 물기를 빼고 설탕을 뿌린다.

④ 밤은 겉껍질을 벗겨 물에 잠시 담갔다가 속껍질을 벗긴다. 넓은 쪽으로 반을 쪼갠다.

⑤ 찹쌀을 소쿠리에 건져 방아에 빻아서 고운체로 쳐서 삼삼한 소금물로 물을 내린다. 호박고지를 섞는다.

⑥ 시루에 시룻밑을 깔고 불린 콩을 반만 시룻밑이 안 보이도록 고루 깐다.

⑦ 찹쌀가루를 시루에 넣고 고루 손질한다.

⑧ 밤, 대추 준비한 것을 간격 맞추어 얹고 살짝살짝 눌러 준다.

⑨ 불린 콩 반 남긴 것을 위에 푹 뿌려 얹고 잘 끓는 물솥에 찐다.

• 참고

호박고지는 서리 맞은 후에 딴 늙은 호박이라야 달다. 늙은 호박을 껍질을 벗겨 꼭지 쪽을 도려내고 속을 완전히 파내고, 5밀리미터 정도의 두께로 끊어지지 않게 둥글게 켜서 볕 잘 드는 양지 쪽에 줄을 매고 널어 말린다. 완전히 마르면 돌돌 말아 두고 쓸 때에 적당한 양을 잘라 물에 씻어 설탕을 뿌려 쓴다. 물에 오래 담가 두면 단맛이 감한다. 콩찰편은 다른 편과 같이 설탕물을 내리면 떡이 늘어진다. 설탕물을 내리려면 메떡보다 설탕물을 되게 끓여서 써야 된다.

9. 부꾸미

• 재료

찹쌀가루 300그램, 치자 한 개, 식용염료 약간, 쑥 잎 혹은 쑥갓 잎 조금, 대추 한 개, 식용유 찻숟가락 하나 반, 계핏가루 찻숟가락 반.

• 속 재료

볶은 팥가루 반 컵, 설탕물 큰 숟가락 셋, 녹두, 계핏가루, 밤, 물.

• 만드는 법

① 찹쌀을 물에 깨끗하게 씻어 담근다.

② 밤은 쪄서 겉껍질과 속껍질을 벗겨 으깨 도드미에 걸러, 계핏가루와 설탕물(꿀)에 되직하게 섞어서 꾹꾹 눌러 놓는다.

③ 치자는 물에 씻어 반으로 쪼개어 약간의 물에 담가 놓는다.

④ 대추는 얇게 거죽만 저며서 직경 4~5밀리미터 정도의 원형이나 기타 모양으로 잘라 놓는다.

⑤ 쌀은 물을 빼서 방아에 빻아 고운체로 친다.

⑥ 가루는 3등분하여 흰색부터 약간 노글노글할 정도로(송편 반죽보다 눅게) 반죽해서 한참 치댄다. 노란색은 치자 물로, 분홍색은 식용염료로 엷은 빛을 낸다.

⑦ 중간 밤톨만큼 하게 각각 동글려 약간 납작하게 눌러 놓는다.

⑧ 한편 끝에서 양편으로 쑥이나 쑥갓 잎을 모양 보아 놓고 가운데는 준비된 대추 한 쪽씩 놓아 떨어지지 않게 살짝 누른다.

⑨ 뭉근한 불에 깨끗이 닦은 번철(프라이팬)을 준비한다.

⑩ 붙지 않을 정도로 기름을 두르고 준비한 떡을 놓고 골고루 살짝 눌러 부친다. 익으면 뒤집어 눋지 않게 익혀, 꽃 붙인 것이 위로 되도록 채반

에 내어 놓는다.

⑪ 약간 식은 후 한 개씩 도마에 놓고 밤 가루와 계피, 설탕물 섞은 것을 대추씨만큼씩 떼어 한쪽에 놓고 반으로 덮어서 꼭 누른 후 가장자리를 예쁘게 도려낸다.

• 참고

색깔을 취미대로 할 수 있다. 속에 당분을 넣을 때는 거죽에 참기름을 바르고, 설탕을 안 넣고 할 때는 꿀물에 잰다. 속 재료는 볶은 팥가루에 설탕물과 계핏가루로 축여서도 쓴다.

10. 약과

• 재료

밀가루 250그램, 참기름 큰 숟가락 다섯, 꿀 큰 숟가락 둘, 설탕물 큰 숟가락 여섯, 계핏가루 찻숟가락 하나, 지지는 기름 두 컵 정도.

• 즙청 재료

설탕, 물, 물엿, 생강.

• 만드는 법

① 설탕에 물을 붓고 끓이다가 설탕이 다 녹거든 꿀을 붓고 다 녹도록 끓여서 고운체에 밭여 놓는다.

② 생강은 껍질을 벗겨 얇게 썰어 물을 붓고 삶는다.

③ 삶은 생강에 설탕을 넣고 끓인다. 설탕물이 걸쭉하게 될 때 꿀과 조청(물엿)을 넣고 다시 끓인다(반죽하는 물보다 진해야 한다).

④ 밀가루에 계핏가루를 합쳐 고루 섞이도록 굵은체로 두 번 정도 친다.

⑤ 다식판에 꼭꼭 차게 박아 낸다.

⑥ 기름이 끓을 때(튀김할 때보다 약하게) 찬찬히 넣어 지진다. 밑이 익으면 뒤집어 양쪽이 같은 색이 피면 건져서 즙청에 담근다.

⑦ 약 6~7분 정도 경과하면 건져 내어 그릇에 담고 잣가루를 뿌리기도 한다.

• 참고

즙청에 넣었을 때 부지지 소리가 강하게 날수록 제품이 잘 된 것이다. 기름 온도가 지나치게 강하면 거죽만 익고, 크기가 줄어져서 실패작이 된다. 규격은 네모로도 만든다. 이것을 모약과[방과(方菓)]라 하고 다식판에 찍어 낸 것은 다식과(茶食菓)라 한다.

---

11. 만두과

만두과는 만두 모양으로 된 약과이다.

• 만드는 법

① 만두과는 위의 반죽보다 약간 눅게 한다.

② 속 재료는 대추를 푹 쪄서 굵은체에 거른다.

③ 생강은 껍질을 벗겨 얇게 썰어 물에 삶아서 매운 물을 제하고(빼고) 도마에 곱게 다진다.

④ 대추 거른 것과 다진 생강을 합치고 계핏가루를 혼합한다.

⑤ 약과 반죽을 용도에 따른 크기로 둥글려 구멍을 파고 대추 거른 것과 다진 생강 합친 것을 조금씩 속에 넣고 터지지 않게 꼭 아물려 가장자리를 예쁘게 접어서 기름에 지져 즙청한다.

12. 화면

• 재료

오미자 물 다섯 컵, 진달래곶 삼십 송이쯤, 녹말 쓰는 대로, 잣.

• 만드는 법

하루 전에 오미자 물은 준비해 놓는데, 먼저 번에 말씀드린 것을 참작해 주십시오. 진달래꽃을 꽃술을 뽑고 물에 담가 살살 흔들어 체나 소쿠리에 헝클어지지 않게 쪽 건져 놓습니다. 한 송이씩도 하지만 너무 힘이 없으니까 두 송이씩 포개서 녹말을 묻혀 잘 끓는 물에 살짝 데쳐 냉수에 식혀 소쿠리 같은 데에 덩어리지지 않게 펴 놓습니다. 쓸 때마다 화채 그릇에 오미자 물을 담고 꽃송이를 세 개 혹은 그릇에 따라 다섯 송이 정도 띄우고 잣을 얹습니다. 이때 너무 많이 얹으면 잡수시기 전 보기에 질리게 되니까, 이것도 그릇에 따라 다섯 개 혹은 일곱 개 정도가 적당합니다. 참고로 진달래꽃을 두견화, 지방에 따라 참꽃이라고도 부릅니다. 녹말을 씌울 때 너무 많이 씌우면 겉만 익고 속에 가루가 하얗게 뭉쳐서 익지 않으니까 앞뒤로 살짝 묻히십시오.

13. 화전

• 재료

진달래꽃, 찹쌀가루 다섯 컵, 술 찻숟가락 다섯, 물 약간, 설탕, 참기름.

• 만드는 법

꽃은 꽃술을 뽑고 물에 살살 흔들어 씻어 놓고, 찹쌀가루에 술과 물을 쳐서 골고루 섞어 보슬보슬하게 해 놓습니다. 부드러운 헝겊을 물에 적시어 꼭 짜가지고 사기공기 같은 것을 엎어 놓고, 그 굽에다가 헝겊 한쪽을 펴고, 꽃 한 송이를 놓고 가루를 반쯤 담고, 꽃을 또 비벼서 속을 박고 가루를 꼭 차게 담고선 헝겊 한쪽을 덮고 꼭꼭 누릅니다. 가장자리를 국화 모양으로 돌아가면서 손톱으로 꼭꼭 꼬집어 자국을 내서, 튀김할 때보다 약간 약한 기름에 지져서 식은 후에 설탕을 뿌립니다. 식기 전에 뿌리면 늘어져서 전병같이 됩니다. 잘 지져진 것은 오뚝한 모양 그대로 예쁩니다. 화전이라고 해서 여러 가지가 지방에 따라 많이 있는데, 이것은 재래식 것으로 한 가지 소개했습니다.

14. 돈전병

• 재료

찹쌀가루 세 컵, 설탕 큰 숟가락 하나, 물 조감, 두견화, 대추, 쑥갓 잎이나 파슬리, 참기름, 꿀이나 설탕 쓰는 대로, 잣가루 조금.

• 만드는 법

꽃은 꽃술을 뽑고 물에 씻어 놓고, 찹쌀가루에 설탕과 물로 노글노글하게 반죽을 해서 놓고, 대추는 씨를 뽑고 납작하게 굵은채같이 썰고 납작하게 능형[72]으로도 썰어 놓습니다. 쑥갓이나 파슬리를 물에 씻어 잎을 따 놓습니다. 준비가 되었으면 과히 세지 않은 불에 번철을 놓고. 기름으로 닦아내는 정도로만 하고 반죽한 것을 경단만큼씩 동글려서 납작하게 눌러 놓고, 꽃 한 송이를 반에 접고 또 접어 떡 위에 놓고, 잎사귀와 대추를 모양

72) 능형(菱形): 마름모꼴.

있게 놓고, 밑이 익었으면 뒤집어 눋지 않을 정도로 익혀 냅니다. 이것도 한 김 난 후에 설탕을 뿌리십시오. 위의 화전하고 이 전병하고 곁들여 담고 잣가루를 뿌려 놓습니다. 이것을 대추전병 혹은 꽃전병이라고 하는데 반죽할 때 꽃을 많이 넣고도 합니다.

15. 녹말편

• 재료

녹말 큰 숟가락 셋, 오미자물 큰 숟가락 열, 식용염료(분홍) 약간, 설탕 큰 숟가락 둘 반.

• 만드는 법

오미자 물의 신맛을 맞추어 물을 타고, 빛깔이 안 고우면 분홍 물을 섞어서 빛을 낸 후, 녹말을 풀어서 고운체로 밭여 풀 쑤듯 쑵니다. 다 익어갈 때 불에서 내려놓고 설탕을 넣어 한참 저어 완전히 혼합이 되었을 때, 다시 불에 얹어 눋지 않게 저어, 투명해지거든 판판한 그릇에 부어 식혀서, 쓸 때마다 장방형으로 혹은 능형으로 썰어 생률하고 곁들여 놓습니다. 나뭇잎이 활짝 피기 전에 하는 반과(후식)의 한 종류입니다. 오렌지를 까서 그 물에도 하면 노란색으로 되어 분홍과 양색 녹말편을 곁들이면 더욱 곱습니다. 녹말편만은 녹두 녹말이라야 완전한 물건이 됩니다.

16. 조기국수

• 재료

생선 조기 세 마리, 소고기 열 냥쭝, 달걀 네 개, 밀가루 조금, 백면(메밀국수) 열다섯 사리 내지 스무 사리 정도, 쑥갓 작은 것 다섯 단, 통고추 한 개, 각종 조미료.

• 만드는 법

먼저 고기를 모리(속칭 완자) 감으로 조금만 다져 놓고, 꾸미로 재워 장국을 끓입니다. 한편에선 물 좋은 조기를 비늘을 잘 긁고 깨끗하게 손질해 배 바닥 쪽은 잘라 내고 뼈를 빼낸 후, 가운데로 세 토막씩을 내서 소금을 뿌려 놓았다가 밀가루와 달걀을 씌워 전유어로 부쳐 놓습니다. 다져 놓은 고기를 양념해서 자잘하게 모리를 만들어 밀가루와 달걀을 씌워 익혀 놓고, 쑥갓은 다듬어서 씻어 놓습니다. 잘 끓는 장국에 전유어로 만든 조기와 모리를 넣고 끓이다가 쑥갓을 넣어 잠깐 익혀 얹어놓습니다. 통고추를 씨를 빼고 예쁜 모양으로 다섯 쪽만 썰어 넣어 끓입니다. 다 되었으면 국수를 따끈한 물에 헹궈 적당한 그릇에 담고, 더운 장국으로 토렴을 한 후 조기를 세 쪽씩, 모리를 몇 개씩 드문드문 얹고 쑥갓을 가장자리로 색 맞추어 담습니다. 맨 위에 고추 한 쪽을 얹어 놓고 더운 장국을 부어 먹게 되는데, 이런 생선 국수를 할 때는 식초에다 고춧가루를 타서 놓으면 생선을 찍어 먹게 되어 맛이 더욱 깨끗해집니다.

17. 후식용 과자와 편[떡, 餠]

연회상이나 교자상에는 주식과 또 여기에 따르는 여러 가지 요리가 있는데, 이 후식의 종류에는 역시 그 계절에 따라 색다른 것을 바꾸어 놓을 줄 아는 감각이 필요하다.

후식은 크게 나누어 편, 물편, 전병, 전과, 강정, 다식, 유밀과. 화채, 약식 등으로 이러한 것을 계절이나 행사 등에 맞추어 적절한 것을 택함이 필요하다.

예부터 우리나라의 음식은, 지금은 일본에서 가져가 버린 것이지만. 음식을 그릇에 담을 때 맛깔스럽게 조금씩 담았다고 한다. 뿐만 아니라 다식이든 화채도 조금씩 담았고 조그맣게 만들었다 한다. 그러나 조선 중엽부터 나라가 어지럽고 세도가 성행하여 음식을 차려내는 데도 소위 고봉으로 담기 시작했다고 한다. 우리나라의 요리는 지금 여러 모로 변화하고 있다. 또 그래야 할 것이다. 그러나 우리 것을 아끼고 우리 것을 사랑하는 마음의 바탕이 있고, 우리 것을 잘 알고 난 후 새로운 요리에 대해 눈을 돌리는 것이 바른 길이라고 본다.

주로 일반인 집안과 조선시대 궁중에서 들던 후식에 대해서도 새로운 관심을 가져 고유의 맛을 살려야겠다.

(1) 유밀과

유밀과는 보통 밀가루에 기름과 꿀을 넣어 되직하게 반죽을 해서 판에 박아 내거나, 예쁜 모양으로 빚어서 기름에 지져 내는 것이다. 유밀과는 반죽을 꿀로 하는 것이 원칙이나, 근래에 와서는 설탕과 엿을 녹여서 꿀 대신으로 쓰기도 한다.

유밀과 중 약과, 다식과, 만두과는 회갑이나 혼인 잔치 때의 큰상에 놓고, 채소과는 제사상에 놓는 것이다.

1) 다식과

• 재료

밀가루 열 컵, 설탕물 한 컵 반(설탕 600그램, 물 네 컵, 꿀 한 컵을 합해서 끓인 것), 참기름 한 컵, 계핏가루 작은 숟가락 둘, 후춧가루 작은 숟가락 하나, 생강(큰 것) 한 개, 즙청(설탕 600그램, 물 세 컵, 꿀 한 컵을 섞어 끓인 것) 적당히, 지지는 기름 쓰는 대로.

• 만드는 법

① 반죽할 꿀물을 끓여 식힌다.

② 생강을 껍질을 벗겨 강판에 곱게 갈아 즙청할 꿀물에 합해 완전히 끓여 놓는다.

③ 밀가루에 후춧가루, 계핏가루를 섞어 체로 두세 번 친다.

④ 완전히 혼합되면, 적당한 그릇에 담고 가운데를 우묵하게 헤치고 분량의 기름과 꿀물을 붓고 가볍게 슬슬 버무리듯 섞어서 수분이 고루 섞였으면, 판판한 그릇에 펴고 꾹꾹 눌러 다져 놓는다.

⑤ 다식판 크기에 따라 적당하게 잘라서 박아 낸다.

⑥ 튀김할 때보다 약한 온도로 끓는 기름에 지진다.

⑦ 지질 때 한쪽이 엷은 갈색이 나면 뒤집고, 밑이 타지 않게 두서너 번 저어 준다.

⑧ 갈색이 되면 건져서 준비한 즙청에 담근다. 즙청 속에서 부지지 소리가 강하게 나는 것일수록 좋다. 또는 전체의 몸이 툭툭 터진 것이 잘된 것이고, 박아 낸 대로 매끈한 것은 잘 안 된 것이어서 즙청이 흡수되지 않는다.

2) 만두과

• 재료

밀가루 열 컵, 꿀물 한 컵 반~두 컵, 참기름 한 컵.

• 속 재료

대추 스무 개, 생강(큰 것) 둘, 꿀물 큰 숟가락 둘, 지지는 기름 적당히, 즙청.

• 만드는 법

① 꿀물을 준비하면서 한편으로 대추를 깨끗이 씻어서 씨를 발라 곱게 다진다.

② 생강은 물에 씻어 껍질을 벗겨 강판에 곱게 갈아 반은 대추에 섞고 반은 즙청에 섞는다. 꿀물을 쳐 가면서 숟가락으로 잘 섞어 놓는다.

③ 밀가루는 체에 쳐서 적당히 큰 그릇에 담고 가운데를 우묵하게 헤쳐 놓고 분량의 기름과 꿀물을 붓고 가볍게 섞어 반죽한다.

④ 반죽한 것을 편편하게 눌러 아물리게 해 놓고, 필요에 따라 크기를 마음대로 한다.

⑤ 양편을 잘 붙이고 약간 가장자리를 얄팍하게 누른 후 예쁘게 돌돌 말아 둔다.

⑥ 끓는 기름에 지지는데 약간 약한 기름에 천천히 지지는 것이 좋다. 역시 몹시 진하지 않은 갈색이 되면 건져서 준비된 즙청에 담근다.

⑦ 다식과와 마찬가지로 전체가 툭툭 터지고, 즙청 속에서 지직지직 하는 소리가 강하게 나야 좋다. 또 반죽은 다식과보다 약간 눅어야 빛기가 좋다.

• 참고

재료 배합에 있어서 꿀물 분량은 밀가루의 질에 따라 다소 가감이 된다. 기름이 너무 세게 끓을 때 지지면 반죽이 잘된 것이라도 딱딱해진다. 꿀을 많이 쓸수록 뻣뻣하지 않고 눅진한 기가 있다. 잘게 해서 장국 상에 놓아야 어울리는데, 이는 다식과도 마찬가지이다.

3) 백잣편

• 재료

실백 한 컵, 즙청 큰 숟가락 둘(설탕 200그램, 꿀 한 컵, 조청 큰 숟가락 셋 끓인 것).

• 만드는 법

① 실백을 잘 말려서 껍질을 벗기고 반으로 가른다.
② 즙청을 끓여서 끓는 것을 붓고 빨리 섞어서 도마에 기름을 바르고 판판하게 밀어서 적당한 두께와 크기로 썬다.
③ 밑에다가 유산지[73]를 깔고 썰면 다루기가 편하다.

• 참고

전에는 조청하고 꿀만 사용했지만 꿀의 가격이 비싸서 설탕을 많이 쓴다.

73) 유산지: 진한 황산 용액으로 처리한 종이. 종이의 질이 균일하며, 얇고 반투명하다. 물과 기름에 잘 젖지 않아 식품이나 약품을 포장하는 데 쓴다.

(2) 강정

강정은 찹쌀가루를 반죽해서 솥에 쪄가지고 방망이로 찧어서, 도마 같은 데 펴놓고 적당히 썰어서 말린 다음 기름에 튀겨, 즙청을 바르고 각색 고명을 묻혀서 만드는 것이다.

1) 잣강정, 세반강정

• 재료

찹쌀가루 열 컵, 소주(도수가 높은 것) 큰 숟가락 둘, 물 세 컵, 설탕 큰 숟가락 셋.

• 만드는 법

① 좋은 찹쌀을 깨끗하게 씻어서 항아리 같은 데 푹 담가 둔다. 11월 초순경의 날씨로 보통 2주일 정도 담가 둔다.

② 다 삭은 쌀을 건져서 깨끗한 물에 헹궈 방아에 빻는다. 고운체로 쳐서 소주를 물에 섞어 붓고 반죽한다.

③ 한참 치대어서 시루에 보자기를 깔고 펴 놓아 찐다.

④ 두어 번 저어서 골고루 익힌 다음, 위에 잔 방울같이 송골송골 일어나면 튼튼한 그릇에 쏟아서 방망이희 꽈리가 많이 일도록 오래 젓는다.

⑤ 큰 도마 같은 데다 번가루(강정가루)를 뿌리고 펴 놓아 방망이로 판판하게 밀어서, 넓적넓적하게 조각을 내어 더운 방에 종이를 깔고 늘어놓아 위가 약간 꾸둑꾸둑할 때, 뒤집어서 적당한 크기로 썬다. 보통 강정은 무쑥장아찌만큼씩 썰면 적당하다.

⑥ 이것을 앞뒤로 고루 말려서 적당한 항아리에 가루를 깔고 담고서, 그 위에 가루로 푹 덮어 건조하지 않게 하고 용도에 따라 적당한 고물을 묻혀 쓴다.

⑦ 즙청은 설탕에다 물을 붓고 끓이다가 거품이 나기 시작할 때, 꿀을 넣

고 잠시 끓이다가 조청을 넣는다. 너무 세지 않은 중간 불에 끓인다. 여름에는 젓가락 끝에 떨어뜨려 실 같은 것이 길게 쭉 뻗치면 적당하고, 겨울에는 약간 실이 날까 하는 정도가 좋다.

2) 고물 만들기

• 재료

흰 세반, 홍 세반, 잣가루.

• 만드는 법

강정 쌀 담근 것을 건져서 시루에 고루 깔고 쳐서, 채반에 될 수 있는 한 밥알을 다 떼어 바싹 말린다. 말린 것을 매에다 조금씩 넣고 타서 체에 친다. 처음에는 도드미에 치고, 잘게 하려면 약간 가는 체로 치고 용도에 따라서 더 가는 체로 친다. 최종에는 가루만 빠지는 체에 쳐서 가루는 다른 데에 이용하고 굵은 것만 쓰는데 싸라기 같이 된다. 이것을 빠지지 않을 정도의 소창 창호지와 같은 헝겊에 조금씩 떠부어 잘 끓는 기름에 재빨리 숟가락으로 저으며 튀긴다. 그러면 흰 싸라기 밥풀이 된다. 깨끗한 종이를 깔고 쏟아서 기름을 뺀다.

분홍 세반은 역시 오래 담갔던 쌀을 먼저와 같이 쪄서 물에 식용염료를 풀고 담가서 물을 들여 말린다. 잣가루는 실백을 더운 데서 바싹 말려 껍질을 벗긴다. 벗긴 것은 기름이 나지 않게 다져서 뺀다.

분홍 세반은 역시 오래 담갔던 쌀을 먼저와 같이 쪄서 물에 식용염료를 풀고 담가서 물을 들여 말린다. 잣가루는 실백을 더운 데서 바싹 말려 껍질을 벗긴다. 벗긴 것은 기름이 나지 않게 다져서 쓴다. 만일 덩어리가 지고 기름이 나면 밀가루나 고운체를 편편한 데 펴고 백지를 깔고 잣가루를 얇게 펴서 한참 둔다. 그러면 보슬보슬해진다.

3) 빈사과

• 재료

강정 바탕 열 컵(잘게 썰어 기름에 일은 것), 즙청 두 컵(설탕 400그램, 조청 100그램).

• 만드는 법

① 오래 담가 두었던 찹쌀가루를 강정 바탕 하듯이 준비하여 잘게 썰어 말려 두고 쓸 때마다 일어서 쓰는데 기름의 온도는 강정과 같다.

② 일은 것을 큰 그릇에 담고 끓인 즙청을 섞어 도마에 유산지를 펴고 그 위에 쏟는다.

③ 편편하게 손질해서 적당한 치수로 썰어 쓴다.

(3) 다식

다식이란 여러 종류의 날 것으로 먹을 수 있는 가루에 꿀을 넣어 반죽해 가지고 다식판에 박아 낸 것이다. 다식으로는 녹말가루로 만든 녹말다식을 비롯해서 송화다식, 흑임자다식, 밤다식, 승검초다식, 콩다식, 용안육다식, 생강다식 등이 있으며 이러한 각 다식을 약과(다식과)와 어울려 담으면 보기가 좋다.

1) 송화다식

• 재료

송화 한 컵, 즙청 끓인 것(꿀 한 컵, 설탕 200그램, 조청 큰 숟가락)

• 만드는 법

① 송화는 봄에 소나무의 송화가 피었을 때 물에 대고 톡톡 털어 담는다.

② 이것을 휘휘 저어서 다른 그릇에 물을 담고, 바가지 밑으로 송홧가루를 묻혀다가 새 물그릇에 흔들어 담기를 끝까지 한다.

③ 여러 차례 같은 식으로 해서 수비를 한다(물에 바랜다).

④ 물 밑에 가라앉은 것이 없이 깨끗하고, 맛을 보아 아무런 잡맛이 없으면 수비가 잘된 것이니, 채반에 백지를 펴고 역시 바가지 밑으로 건져서 널어 말린다.

⑤ 다 말랐으면 고운체로 쳐서 두고 쓴다.

• 참고

덜 마른 것을 잘못 간수하면 곰팡이가 피므로 조심해서 다룬다.

2) 녹말다식

• 재료

녹두(녹두 전분) 한 컵, 오미자 물 작은 숟가락 하나, 설탕물 큰 숟가락 셋, 식용염료 약간.

• 만드는 법

① 먼저 오미자를 정하게 씻어서 담갔다가 우러나거든 설탕물에 맛을 맞추어 탄다.

② 염료를 약간만 색을 내어 완전히 끓여 식혀서 가루에 붓고 반죽한다.

③ 반죽은 밀가루같이 반죽이 안 되고 뽀독뽀독하게 된다.

④ 적당한 다식판에 마른 가루를 뿌려 가면서 박아 낸다.

3) 강분다식

• 재료

녹랄 한 컵, 생강(중간치) 한 개, 즙청 큰 숟가락 셋.

• 만드는 법

① 먼저 생강을 씻어서 껍질을 벗기고 강판에 곱게 갈아서 꼭 짠다.

② 설탕물에 생강즙을 합쳐서 완전히 끓인다.

③ 차게 식힌 설탕물을 가루에 붓고 반죽해서 녹말다식 박듯한다.

• 참고

녹말 내는 법

이른 봄에 녹두를 매에 타서 담갔다가 껍질을 벗겨서 고운 매에 간다. 이것을 자루에 담아 큰 그릇에 물을 담고 오래 주무르면 비지만 남 전분은 다 빠진다. 이 물을 그늘에 놓아 두면, 밑으로 전분이 가라앉고 위에는 누런 물이 된다. 위의 물을 따라 내고 다시 새 물을 붓고 침전된 가루를 전부 풀어 놓는다.

이와 같이 서너 번 계속해서 가루가 완전히 희게 되면 수비가 잘된 것이다. 물을 따르고 채반에 흰 종이를 깔고, 위의 것은 따로 가만가만 떠서 놓고, 역시 밑의 것도 따로 다른 데다 펴서 말린다. 먼저 것은 빛도 덜 좋고 탄력도 약하므로 달리 쓰고, 밑의 것은 다식용이니 기타 귀한 음식에 쓰인다. 바싹 말랐으면 부서뜨려서 겹체로 쳐 두고 사용한다. 녹말은 날씨가 더워지면 잘 가라앉지 않고 쉬어서 위로 뜨기 때문에 더운 날은 피하도록 한다.

4) 깨다식

• 재료

흑임자가루 한 컵, 즙청 큰 숟가락 셋(꿀 한 컵, 설탕 200그램, 조청 큰 숟가락 둘 끓인 것).

• 만드는 법

① 흑임자를 티 없이 까불어서 깨끗하게 여러 번 씻는다.

② 볶아서 절구에 콩콩 빻는다.

③ 준비한 꿀물을 치고 절구에다 오래도록 치댄다.

④ 치댈수록 차지고 윤이 흐른다.

⑤ 이상 준비된 것을 적당한 판에 박는다.

5) 콩다식

• 재료

콩가루 한 컵, 생강(중간치) 한 개, 즙청 큰 숟가락 다섯(꿀 한 컵, 설탕 300그램, 끓인 것).

• 만드는 법

① 굵은 콩을 씻어서 비린내가 안 날 정도로 볶는다.

② 이것을 매에 타서 껍질을 까불어 버리고 고운 매에 갈아 겹체로 친다.

③ 생강은 씻어서 껍질을 벗기고 강판의 고운 쪽으로 갈아서 꼭 짠다.

④ 꿀물에 합쳐 끓여 식혀서 반죽을 한다.

⑤ 반죽을 노글노글하게 한다. 판에 박아서 위의 네 가지 색과 색을 맞추어 오색다식으로 담아 놓는다.

⑥ 위의 재료 분량에 있어서 완전 정확하다고 하기 어려운 것은 재료 분량의 되기에 달렸으니 다소 가감이 될 것이다.

6) 밤다식

• 재료

밤 또는 황률 오 홉, 즙청 약간.

• 만드는 법

① 밤을 삶아서 껍질을 벗기고 체에 친다.

② 즙청에다 넣어 정성스럽게 반죽해 가지고 다식판에 박아 낸다.

③ 황률을 가지고 다식을 만들 때는 황률을 절구에 찧어 체에 쳐서 가루를 만들어서 반죽한다.

• 참고

밤다식은 가을 철 새로 나온 햇밤으로 만들면, 빛도 곱고 맛도 훨씬 좋을 뿐 아니라 계절의 풍미를 살릴 수 있다.

(4) 편[餠]

편에는 여러 종류가 있는데 보통 갖은 편, 물편, 편 웃기 등을 말한다. 갖은 편은 백편, 꿀편, 승검초편 세 가지를 말하고, 물편은 송편이나 경단 종류를 말하며, 편 웃기로는 각색 주악과 단자 등이 있다.

보통 가정에서 잘 만들어 먹는 것으로는 팥시루편, 깨설기, 콩시루편, 무시루편, 호박시루편, 개피떡, 절편, 인절미, 대추인절미, 쑥굴리, 증편 등이 있다. 물편류로는 송편, 쑥송편, 콩, 수수, 감자, 깨, 팥으로 만든 경단이 있다. 편 웃기로는 팥, 밤, 석이, 승검초, 유자, 건시를 재료로 하여 만든 단자와 화전, 생강편, 앵두편 및 주악이 있다.

그중 대표적인 것들의 만드는 법을 들어 보면 다음과 같다.

1) 축하용 편

• 재료(한 틀 분)

멥쌀 서 되 반, 설탕 약 한 근 반, 설탕물 한 대접 넉넉히, 호두 스물다섯 개, 대추 너덧 개, 잣가루 쓰는 대로, 식용염료(홍, 황, 녹, 코코아) 약간, 즙청 조금.

• 만드는 법

① 쌀은 좋은 것으로 깨끗하게 씻어 담가 하루쯤 불린다.

② 불은 쌀은 건져 물기를 뺀다.

③ 소금을 넣어 빻아서 고운체로 친다.

④ 여기에 설탕물을 붓고 고루 섞어 물 내리는 체로 다시 친다.

⑤ 물을 다 내린 가루에 등분해서 코코아가루로 엷은 갈색을 내고, 연한 연두, 노랑, 연분홍, 흰색 등의 색을 만든다.

⑥ 호두는 껍질을 까서 얇게 착착 썰어 놓는다.

⑦ 이상 준비가 다 되었으면, 시루밑에 기름을 칠한 백지를 깔고 밑에서부터 갈색을 안치고 호두를 썬 것을 등분해서 한 몫 뿌리고, 연구색을 안치고 호두를 뿌린다. 다음 노랑, 분홍, 흰색으로 윗막이를 해 놓는다.

⑧ 대추를 저며서 용도에 따르는 글자를 새겨 떡 안친 위에다 놓고 찐다.

⑨ 떡을 다 찌면 한 김 낸 후에 쏟는다. 글자 가장자리 진면에도 꿀물을 바르고 잣가루를 뿌리기도 한다.

• 참고

축 생신, 축 화혼 등 그때그때 필요한 글씨를 쓴다. 물론 색깔도 마음대로 금색이나 혹은 오색으로 하고, 호두 뿌린 중간에 건포도나 다른 잼을 섞으면 더욱 좋다.

2) 잡과편

• 재료

찹쌀가루 다섯 컵, 밤 열다섯 개 정도, 대추 한 개, 석이(큰 것) 석 장, 계핏가루 작은 숟가락 하나, 꿀물 적당히, 끓인 물.

• 만드는 법

① 찹쌀을 깨끗하게 씻어서 불려 가루를 만들고 고운체로 친다.

② 밤을 반은 삶아 까서 으깨어 가지고 도드미에다 걸러, 계핏가루와 노글노글하게 반죽한다.

③ 남은 밤은 껍질을 벗겨 가늘게 채 친다.

④ 대추는 될 수 있는 한 왈게 저며서 역시 가늘게 채 친다.

⑤ 석이는 더운 물에 담가 불린 뒤 밑에 있는 퍼런 이끼가 다 벗겨지도록 깨끗이 손질한다. 이것을 마른 행주로 물기를 없앤 후 돌돌 말아 가늘게 채 쳐 둔다.

⑥ 이상 준비가 다 되었으면, 가루를 끓는 물에 되직하게 반죽을 해서 둥글넓적하게 반대기를 만든다.

⑦ 잘 끓는 물에 넣고 센 불에 삶으면 위로 뜬다.

⑧ 다 익으면 꽈리가 일도록 방망이로 젓는다. 준비한 밤소를 조금씩 떼어서 넣고 작은 경단으로 세 가지 채 친 것을 묻히는데, 각각 묻혀서 곁들이기도 하고 세 가지를 한데 섞어 묻히기도 한다. 대개는 밤, 대추 양색으로 한다.

• 참고

정월 장국 상의 편 웃기로, 혹은 이것 단독으로 놓는다.

3) 두텁편

• 재료

찹쌀가루 다섯 컵, 두텁가루 쓰는 대로, 밤 서너 개, 대추 서너 개, 실백 조금, 유자정과 약간, 꿀물 약간.

• 만드는 법

① 찹쌀가루를 준비해서 꿀물은 한 컵당 작은 숟가락 하나 정도로 치고, 미지근한 물로 반죽을 노글노글하게 한다.

② 두텁가루를 설탕물이나 꿀물에 촉촉하게 축여 놓고, 그중에서 조금만 소금으로 반죽한다.

③ 유자는 잘게 썰어 속에 섞는다.

④ 밤은 껍질을 벗겨 굵직하게 썰고 대추도 씨를 발라서 굵직하게 썬다.

⑤ 이상 준비가 다 되었으면 찹쌀가루 반죽한 것을 밤톨만큼씩 떼어서 송편 소파듯이 파고 속을 큰 콩알만큼씩 떼어 놓고 대추, 밤을 한 개씩 넣고 구멍을 아물린다.

⑥ 밑을 약간 움푹하게 눌러 놓고 잣을 두 개씩만 위에 박는다.

⑦ 시루에 백지를 깔고, 축여 놓은 두텁가루를 고루 뿌리고, 떡을 드문드문 늘어놓고 위가 보이지 않을 정도로 고물을 푹 덮고 찐다.

⑧ 이상 다 쪄지면 뚜껑이 있는 그릇에 담고, 더운 곳에 묻어 놓고 쓸 때마다 꺼내 쓰면 좋다.

⑨ 반죽을 하지 않고 가루를 한 숟가락씩 드문드문 떠 놓고 여러 가지 고명을 얹은 그 위에 떡가루를 다시 덮는다. 위에 잣을 꽂은 후 고물을 푹 덮어 찌기도 하는데 가장자리가 늘어나서 모양이 좋지 않다.

• 참고

두텁가루 만드는 법
거피팥(거두)을 매에 타서 물에 담가 두었다가 불으며 깨끗이 껍질을 벗긴다. 시루에 쪄서 푹 무르면 큰 그릇에 퍼내어 소금으로 간을 한다. 더울 때 주걱으로 으깨서 어레미(구멍이 굵은 체)에 친다. 이것을 조금씩 솥에 붓고 설탕을 섞어서 뭉근한 불에 볶는다. 처음 볶을 때는 당분이 섞여서 곤란한데, 널찍한 칼(나무로 만든 편칼) 같은 것으로 솥 밑을 긁어 가면서 볶으면 된다. 수분이 차차 없어지고 갈색이 되면 방아에 곱게 빻아서 사용할 때마다 설탕물로 축여 쓴다. 간수만 잘하면 1년이 지나도 변하지 않는다. 두텁편 같은 것을 한 뒤에 고물이 많이 남게 되는데 이것을 말려 두었다가 써도 좋다.

4) 증편(1)

• 재료

쌀 한 되, 대추 조금, 석이 조금, 실백, 물 한 되, 막걸리 반 컵, 소다 작은 숟가락 하나.

• 만드는 법

① 쌀가루에 분량의 물과 막걸리를 넣고 잘 저어, 자배기에 담아 따뜻한 곳에 덮어서 대여섯 시간을 놓아 두면 약 세 배가량 부풀어 올라온다.
② 이것을 솥에 보자기를 깔고 3~4센티미터 두께로 펴 놓는다.
③ 미리 잘 손질하여 가늘게 채 썰어 둔 석이, 대추를 펴 놓은 위에 뿌리고 실백도 뿌린 다음 쪄 낸다. 식은 후에 적당한 크기로 썰어서 쓰는데, 솥에 찔 때에 소다를 조금 넣으면 신맛이 없어지고 잘 부풀어 오른다.

5) 증편(2)

• 재료

쌀가루 열 컵, 탁주 한 그릇, 누룩 작은 숟가락 셋, 설탕 한 컵, 물 한 컵.

• 만드는 법

① 쌀을 물에 잘 불려 고운 가루를 만들어서 넓은 그릇에 담는다.

② 미지근한 물 반 컵에다 설탕, 막걸리, 누룩을 다 한데 넣어서 잘 풀어 가루에 넣어 젓는다.

③ 큰 그릇에 미지근한 물(약 35"C)에다가 담아 중탕을 해서 놓고 잘 덮어서 바람 없는 따뜻한 볕에 두 시간 동안 놓아두면 잘 부풀어 올라오고, 숭숭 구멍이 뚫린 채 높이 괴어 올라온다.

④ 적당한 그릇에 담고 석이채와 대추 채 썬 것, 실백을 모양 있게 뿌려서 찐다.

⑤ 얇고 납작한 도시락 같은 데다 기름을 바르고 반죽한 것을 2센티미터 운두(그릇이나 신 따위의 둘레나 둘레의 높이)쯤 붓고 그 위에 고명을 뿌려 중탕한다.

6) 경단

경단은 찹쌀가루를 끓는 물로 익반죽해서 도토리 알만큼씩 둥글려 가지고, 이것을 펄펄 끓는 물에 삶아 동동 뜨면 건져 내어 고물을 묻히는 것이다.

• 재료

찹쌀가루 한 되, 콩가루(또는 깨, 흑임자, 팥) 닷곱, 설탕 조금, 소금 조금.

• 만드는 법

① 찹쌀가루를 끓는 물로 말랑말랑하게 익반죽을 해서 도토리 알만큼씩 둥글게 빚는다.

② 끓는 물에 넣어 삶아 건져 낸 후, 콩경단의 경우는 콩가루를, 팥경단은 팥을 묻히거나 깨, 흑임자 등의 고물을 묻힌다.

③ 깨경단에 있어서는, 흑임자를 잘 씻어 물에 불려 싹싹 비벼 씻으면 껍질이 다 벗겨진다. 이것을 모래 없이 일어 가지고 타지 않게 살짝 볶아 소금 조금으로 간을 맞추어 찧어서 쓴다.

④ 수수경단은 찰수수가루를 끓는 물로 익반죽해서 역시 앞의 방법으로 만든다.

7) 주악

• 재료

찹쌀가루 한 되, 대추 두 홉, 깨소금(밤, 대추) 작은 컵 반, 꿀 조금, 실백 조금, 기름 쓰는 대로, 설탕 조금, 계핏가루 조금, 소금 조금.

• 만드는 법

① 대추를 씻어서 씨를 빼고 부드럽게 다져 준비한 찹쌀가루에 섞는다.

② 소금을 넣고 물로 날반죽을 한다.

③ 깨소금에 계핏가루와 꿀을 섞어서 소를 만든다.

④ 찹쌀가루 반죽한 것을 조금씩 떼어 속을 넣고 송편 모양으로 빚어서 기름에 지진다.

⑤ 지진 것은 넓은 채반에 서로 붙지 않게 펴 놓는다.

⑥ 식은 다음 접시에 담고 위에 설탕과 잣가루를 뿌린다.

⑦ 삶은 밤을 으깨어 꿀과 계핏가루를 치고 섞어서 소를 넣으면 밤주악이

라 하고, 대추를 쩌가지고 어레미에 걸러 꿀과 계핏가루를 섞어 소를 만들면 대추주악이라 한다. 또 청(靑)주악이나 홍(紅)주악은 가루 반죽할 때 식용염료를 물에 풀어서 청, 홍으로 물들여 만들기도 한다.

(5) 단자

단자는 갖은 편 위에 얹는 편 웃기로 조란, 율란, 생강편을 곁들여 담고 그 위에다 얹기도 한다. 또 물편(송편) 위에 단자와 주악을 얹어 놓기도 한다. 단자에는 팥단자, 밤단자, 석이단자, 은행단자, 쑥굴리단자, 유자단자, 승검초단자 등이 있는데, 그 만드는 법은 대개 다음과 같다.

1) 밤단자

• 재료

찹쌀가루 한 되, 꿀, 밤 닷곱, 계핏가루 조금, 잣가루 조금.

• 만드는 법

① 찹쌀가루는 익반죽을 해서 납작납작 반대기를 만들어 끓는 물에 넣어 삶아 건져, 깨끗한 행주로 물기를 닦고 식기 전에 손바닥으로 꼭꼭 눌러서 잘 쳐 놓는다.

② 밤은 삶아서 어레미에 쳐 놓는다.

③ 손바닥에 꿀을 바르고 쳐 놓은 떡을 조금씩 떼어서 말끔하게 만들고, 어레미로 쳐 놓은 밤가루에 꿀과 계핏가루를 섞어서 소를 넣는다.

④ 이것을 아물려 왼손에 들고 오른손으로 밤톨만큼씩 떼어서 밤가루를 묻힌다.

2) 유자단자

• 만드는 법

① 가을에 흔한 유자 껍질을 모아서 말려 고운 가루를 만든다.

② 건시는 바짝 말려서 가루를 만들어 둔다.

③ 승검초가루를 체에 곱게 쳐 둔다.

④ 밤을 삶아 짓찧어가지고 설탕과 계핏가루를 섞어 놓는다.

⑤ 호두는 칼로 이겨서 가루를 만들어 밤과 섞어 놓는다.

⑥ 찹쌀가루에 유자가루, 건시가루, 승검초가루를 한데 섞고 설탕물에 반죽한다.

⑦ 이 반죽한 것을 도토리 알만큼씩 떼어 골무처럼 오목하게 파가지고 밤소를 넣어, 다시 둥글게 빚어서 끓는 물에 삶아 건진다.

⑧ 이상 다 되면 잣가루나 팥소를 묻혀 낸다.

(6) 화전

예로부터 우리 민족은 이 산 저 산에 봄을 몰고 오는 진달래 꽃잎이나 이른 여름 뜰에 활짝 핀 두견화, 장미꽃, 혹은 한편으로 오곡이 풍성한 가을이면 한 송이 국화잎으로 화전을 부쳐 먹으며 계절의 미각을 살렸다. 참으로 너그럽고 멋있는 생활이었다. 화전을 부치는 요령은 대개 다음과 같으므로 국화잎으로 만드는 것을 들어본다.

1) 국화잎 화전

• 재료

찹쌀가루 한 컵, 대추(큰 것) 여섯 개, 석이 넉 장, 국화잎 조금, 기름 큰 숟가락 다섯, 물 적당히.

• 만드는 법

① 찹쌀가루를 연하게 반죽을 해서 소금으로 간을 맞춘다.

② 프라이팬에 기름을 두르고 반죽한 것을 얄팍하게 펴 놓는다.

③ 국화잎을 깨끗이 손질하고 대추는 채를 쳐 둔다.

④ 재빨리 얄팍하게 펴 놓은 반죽에 국화잎과 채 친 대추를 보기 좋게 놓는다.

⑤ 급히 뒤집어서 기름을 두르고 잠간 지져 꺼낸다.

⑥ 3센티미터 길이, 1.5센티미터 넓이로 썰어서 설탕을 뿌리거나 꿀이나 조청에 즙청해서 낸다.

(7) 숙실과

숙실과는 여러 가지 과일의 열매에서 씨를 빼고 설탕과 물을 붓고 흠씬 끓여서 물기가 없어지고 꾸둑꾸둑해지면, 식혀서 갖가지 열매 모양으로 빚어 조청을 바르고 잣가루를 묻혀서 만드는 것이다.

숙실과를 곁들이는 법을 들어 보면 다음과 같다. 즉 담는 방법은 지방과 형편에 따라 다른 것으로 가지각색을 많이 곁들여 담기도 한다. 그러나 근래에는 그러한 종류를 모두 구할 수 없고 또 치레뿐이므로 그냥 재래식을 알아두는 정도면 족하다.

먹을 수 있는 것만 골라 담되 색깔을 맞추어 모양 있게 담는데 담는 종류는 오화당, 팔보당, 용안, 여지, 세반산자, 각종 강정, 빈사과, 각종 다식, 약과, 한과, 율란, 조란, 편, 석이단자이다. 대개 이렇게 담는데 매우 아름답다. 숙실과에는 율란, 조란, 생편, 앵두편, 살구편, 백잣편, 잣박산, 대추초, 준시단자, 밤초 등이 있다.

1) 율란

• 재료

밤(큰 것) 열 개, 계핏가루 작은 숟가락 넷, 꿀물 큰 숟가락 넷, 잣가루 적당히, 즙청 쓰는 대로.

• 만드는 법

① 밤을 푹 삶아 까서 으깬 후 도드미에 거른다.

② 분량의 꿀물과 계핏가루를 치고 반죽한다.

③ 생강즙도 쓰는데 위의 분량이면 중간치로 한 개면 된다. 강즙을 쓸 때는 반드시 꿀물과 같이 끓여서 쓴다.

④ 잣은 기름 안 나게 곱게 다져 놓는다.

⑤ 반죽한 밤을 도토리 알만큼씩 떼어 밤 모양을 만들어 전체에 꿀을 바르고 잣가루를 묻힌다.

2) 조란

• 재료

대추 다진 것 한 컵, 꿀 큰 숟가락 둘, 계핏가루 작은 숟가락 반, 율란 감 약간, 잣가루 약간.

• 만드는 법

① 대추를 씨를 바르고 곱게 다진다.

② 완전히 다졌으면 시루에 찌거나 중탕해서 익힌다. 다 익으면 검고도 붉은 빛깔이 난다.

③ 이것을 다시 한 번 곱게 다져 꿀을 조금 치고 계핏가루를 섞어 숟가락으로 치댄다.

④ 율란 감을 대추씨같이 비벼서 만들어 놓는다. 대추는 잔 대추알만큼씩 떼어서 가운데에 밤 소를 한 개씩 넣고 싼다.

⑤ 대추 모양으로 만들어 꿀 칠을 하고 잣가루를 묻힌다.

3) 생란

• 재료

꿀 한 컵, 생강 두 개, 물 한 컵, 실백 조금.

• 만드는 법

① 생강은 정월 음식 만들 때 국물을 우려내고 건져 놓은 것을 이용하면 좋다. 이러한 것이 없을 때는 생강을 껍질을 벗기고 얇게 썰어 매운 맛을 우려낸다. 너무 맵지 알을 정도이면 건져서 곱게 다진다.

② 여기에다 꿀이나 설탕을 간 맞추어 치고, 녹말 한 컵이면 가볍게 한 숟가락 정도만 넣고 불에 익힌다.

③ 차게 식혀서 조그맣게 떼어 생강 모양으로 만들어 꿀을 발라서 잣가루를 묻힌다.

• 참고

이 세 가지는 같이 곁들여 놓는다. 때에 따라서 두 가지 혹은 한 가지만으로도 한다.

(8) 약식

• 재료

참쌀 한 말, 설탕 너 근, 꿀 두 근, 대추 너 되, 밤 서 되, 진간장 두 컵, 참기름 다섯 컵.

• 만드는 법

① 찹쌀은 하루쯤 물에 담가 두었다가 시루에 푹 찐다. 된 김이 나기 시작하면 가끔 뒤적거려서 다 익도록 한다. 쌀이 잘 안 불었으면 물을 훌훌 뿌려 가면서 익힌다.

② 한편으로는 밤을 삶아 까서 반씩 쪼개 놓는다. 대추는 씻어서 씨를 빼고 대강 찢어 놓는다. 대추씨에 물을 조금 붓고 푹 고아서 거른다.

③ 준비가 다 되었으면 큰 그릇에 밥을 펴 놓고 설탕, 진간장, 대추씨 거른 물 등을 섞어 고루 버무린다. 대추도 같이 넣고 버무리다가 기름을 쳐서 다시 섞는다. 간을 맞추어 알맞은 그릇에 담는데 켜켜로 밤을 섞는다.

④ 위를 잘 덮어 중탕한다. 처음에는 센 불에 중탕하다 한참 끓으면 중간 불에 꾸준히 둔다. 제대로의 시간은 8시간 정도면 된다. 중탕 그릇에 따라 다소의 시간변경이 생긴다. 혹은 시루에 찌기도 하는데 자연 소모량이 생긴다.

• 참고

꿀을 많이 넣으면 빛깔도 곱고 윤기가 나며 쉬 굳지도 않는다. 꿀을 더 쓸 때는 설탕의 분량을 줄어야 한다. 너무 달아도 약식의 독특한 맛을 잃게 된다.

(9) 생실과

생실과, 즉 과일은 과일의 독특한 풍미와 계절감, 그리고 아름다운 모양 등으로 연회상이나 큰상, 제상 등에 놓이고 손님 대접에도 빠질 수 없는 중요한 식품이다. 참고로 주로 쓰이는 생실과의 제철을 들어 보면 다음과 같다.

과일명	산출기
앵두	5월
딸기	6월
청매	6월
토마토	6~8월
멜론	6~7월
살구	7~8월
복숭아	7~8월
포도	7~8월
참외	7~8월
수박	7~8월
수밀도[74]	8월
행인	7~8월
배	8~9월
은행	10월
잣	10~11월
바나나	12월
사과	9~10월
맥문동	8~9월
산사	9월
대추	9월
유자	9~10월
밤	9~10월

무화과	9~10월
모과	9~10월
동아	9~10월
석류	10월
귤	10월
감	10월
호두	10월
풍강	12~1월
주란	2~3월

• 참고

생실과 곁들이는 법

생률- 밤을 겉껍질을 벗기고 위아래로 편편하게 저며 내고 왼손 세 손가락으로 저민 곳을 붙잡고, 오른손에 창칼을 들고서 밤을 돌려가면서 양편 가장자리를 비스듬히 깎는다.

곶감- 씨를 곱게 꺼내고 동글납작하게 눌러가지고, 주위로 군데군데 꼬챙이로 구멍을 뚫어 실백(잣)을 박아 놓는다.

대추- 붉고 좋은 대추를 깨끗이 씻어 행주로 물기를 닦아 내고, 꼭지 달렸던 자리에 실백을 두 개씩 박아 놓는다.

배- 배는 네 쪽이나 여섯 쪽으로 썰어 속을 저며 내고 설탕물에 담가 둔다.

녹말편- 적당한 크기로 썰어 놓고 여러 가지 재료들을 모양 있게 담은 맨 위에 녹말편을 얹는다.

(10) 각종 전과(煎菓)

전과는 여러 가지 재료로서 각색으로 만들 수 있는데, 대개 전과를 만들 때는 재료를 저며서 물을 붓고 한소끔 끓여 우러난 물을 따라 버리고, 설

74) 수밀도(水蜜桃): 껍질이 얇고 살과 물이 많으며 맛이 단 복숭아.

탕 녹인 것을 넣고 다시 약한 불로 오래 조린다. 빛깔이 검붉고 윤택이 나도록 조린다. 빛깔을 희게 할 때는 설탕 대신에 꿀을 넣어 조려도 된다. 전과에는 연근전과, 생강전과, 유자전과, 도라지전과, 동아전과, 산사전과, 모과전과, 청매전과 등이 있다.

1) 연근전과

• 재료

연근(중간치) 한 뿌리, 설탕 한 근 반, 물 서 홉.

• 만드는 법

① 연근을 깨끗이 씻어서 그대로 한 푼 두께로 썰어 물을 많이 붓고 오래 끓여, 연근이 잘 무르면 물을 따라 버린다.

② 다시 물 서 홉을 붓고 설탕을 넣고 숯불에 세 시간 동안 조리면 알맞게 된다.

③ 빛깔이 검붉고 윤택이 나고 졸깃졸깃하게 되면 잘된 것이다.

2) 생강전과

• 재료

생강(저며서) 한 보시기, 설탕 한 홉, 물 반 홉,

• 만드는 법

① 생강은 껍질을 벗기고 깨끗하게 씻어서 될 수 있는 대로 얇게 저며서 물을 붓고 끓인다.

② 생강이 우러난 맨 웃물을 따라 버리고, 또 새 물을 붓고 끓여서 생강이

우러난 맨 웃물은 따라 버린다.

③ 두서너 번 다시 끓여서 생강에 남아 있는 매운맛을 다 뺀 다음, 다시 설탕 녹인 것을 부어서 약한 불로 오래 끓인다.

④ 빛깔이 맑고 윤택이 나며 졸깃졸깃해지면 다 된 것이다.

3) 건포도전과

• 재료

건포도 한 홉, 솔잎 조금, 꿀물이나 조청 쓰는 대로.

• 만드는 법

① 건포도를 솔잎에 한 개씩 꿰어가지고 한 묶음씩 보기 좋게 잡아맨다.

② 건포도를 꿀물이나 조청에 묻혀 송실(잣)과 곁들여 낸다.

(11) 전병

전병에는 밀쌈, 찰전병, 수수전병, 녹두부침(빈자떡), 팥전병, 부꾸미, 일홍, 매자과 등이 있다.

1) 밀쌈

• 재료

밀가루 큰 숟가락 여섯, 깨소금 큰 숟가락 둘, 계핏가루 작은 숟가락 반, 설탕 작은 숟가락 하나, 물 작은 숟가락 여섯, 소금 작은 숟가락 반, 미나리 잎 조금.

• 만드는 법

① 깨를 잘 불려 문질러 씻어 껍질을 벗긴 다음, 모래 없이 일어 타지 않게

볶아서 약간 찧는다.

② 찧은 깨는 분량의 계핏가루와 설탕을 섞어 놓는다.

③ 밀가루를 물에 개어서 프라이팬에 기름을 약간 두르고, 밀가루 갠 것 한 숟가락을 떠서 갈쭉하게 프라이팬에 흘려서 편다.

④ 빨리 미나리 잎 한 개를 그 위에 펴 놓고 급히 뒤집고, 찧은 깨를 조금만 한가운데 놓은 후, 밀쌈의 양편 자락을 붙잡아 소를 덮어 셋에 접어 부친다. 부칠 때는 깨가 나오지 않도록 양편을 꼭꼭 눌러 부친다.

⑤ 4센티미터 길이, 3센티미터 넓이로 썰어 접시에 담고 꿀이나 설탕을 곁들인다. 아이들의 간식으로 좋다.

2) 부꾸미

• 재료

찹쌀가루 다섯 컵, 율란 감 한 컵, 대추 서너 개, 쑥갓 잎이나 파슬리 조금, 기름 조금, 꿀물 쓰는 대로.

• 만드는 법

① 찹쌀가루를 되게 반죽한다. 소는 율란 감으로 만든다.

② 대추는 얄팍하게 저며서 넓이 4센티미터 정도로 썰어서 능형(마름모꼴)으로 갈쭉하게 썬다.

③ 쑥갓 잎을 물에 씻어 잎만 따 놓는다.

④ 경단 크기만 하게 둥글려 놓고, 프라이팬을 불에 올려놓아 뜨거워지면 기름으로 잘 닦아 낸다.

⑤ 너무 세지 않은 불에 부쳐야 빛이 곱다.

⑥ 프라이팬에 납작하게 타원형으로 눌러 놓고 한쪽 끝에나 가운데 대추를, 양편으로는 쑥갓을 붙여서 잠간씩 익힌다.

⑦ 대추를 붙이지 않은 데에 밤소를 동글갸름하게 해 놓고, 반달 모양으로 가장자리를 곱게 도려낸다.

⑧ 꿀물에 재웠다가 편 웃기에 쓴다. 이것을 지짐이라고도 하는데 부꾸미가 그 원명이다.

3) 매엽과

• 재료

밀가루 한 컵, 약주 반 컵, 설탕 반 컵, 잣가루 큰 숟가락 둘, 조청 큰 숟가락 다섯, 튀김 기름 쓰는 대로.

• 만드는 법

① 밀가루를 부드럽게 쳐서 약주와 설탕을 넣고 차지게 반죽한다.

② 이 반죽을 칼로 잘라 보아 빈 구멍이 없으면 방망이로 판판하게 밀어서 직사각형의 크기로 잘라 가운데를 베어 매듭 모양을 만든다.

③ 미리 불에 기름을 올려놓고 뜨거워지면, 준비된 매듭 모양의 반죽을 넣고 튀겨 낸다.

④ 튀겨 낸 것을 조청에 담갔다가 잣가루를 뿌려 낸다.

4) 빈자떡(녹두부침)

• 재료

녹두 두 되, 배추김치 4분의 1 포기, 돼지고기 조금, 파 두 단, 소금 조금, 애호박(오이) 한 개, 기름 쓰는 대로.

• 만드는 법

① 녹두는 맷돌에 타서 불린 다음 껍질을 벗기고 조리로 모래 없이 일어

둔다.

② 녹두를 맷돌에 되직하게 갈아 여기에 배추김치를 채 쳐서 넣고, 돼지고기도 채로 썰어 넣는다. 파도 넉넉히 넣은 다음 소금으로 간을 맞춘다.

③ 프라이팬에 기름을 넉넉히 두르고 조그맣게 부쳐 낸다.

④ 계절에 따라 애호박이나 오이를 채 쳐 소금에 절였다가 꼭 짜서 녹두에 섞어 지져도 맛이 있다. 빈자떡은 너무 크게 만들지 말고 자그마한 보시기 둘레만큼씩 만들면 좋다.

(12) 가루

여러 가지 가루를 집에서 만드는 것은 이제 거의 옛이야기가 되다시피 했다. 인근 방앗간에 가면 무엇이든지 빻아 준다. 그러나 조금씩 사용하는 것은 집에서 손수 만드는 것이 여러 모로 좋을 것 같다. 그 만드는 법을 들어 본다.

1) 수수가루

찰수수를 잘 닦여서 깨끗하게 씻고 모래 없이 조리로 일어서 물을 넉넉히 부어 우린다. 떫은맛이 없어질 때까지 물을 자주 갈아 부어(보통 2~3일 동안) 건져 놓았다가 새 물을 부어 맷돌에 곱게 갈아 가만히 놓아 가라앉힌다. 웃물만 따르고 밑에 가라앉은 앙금만 베 보자기에 쏟아서 엷게 펴서, 볕에 놓아 바짝 말려 두고 쓴다. 이 수수가루로는 암죽도 할 수 있고 경단, 전복도 부치며 부꾸미도 만들고 무엇이나 맛있는 음식 만드는 데 쓰인다.

2) 콩가루

콩을 모래와 벌레 먹은 것들을 다 골라내고, 재빨리 물에 씻어 소쿠리에 쏟아 물을 다 뺀다. 솥에 붓고 타지 않게 볶아서 맷돌에 굵게 갈아 키로 까불어 껍질은 날려 보낸다. 다시 맷돌에 곱게 갈아 고운체에 밭여 두고 사용한다.

3) 감자녹말

감자는 껍질을 벗겨 얇게 썰어 물에 담가 하루쯤 우려낸다. 잘 씻어서 맷돌에 갈아 그릇에 담고 가라앉힌 후 웃물은 따라 버린다. 앙금을 보자기에 얇게 펴서 바짝 말려 부스러뜨려 체에 다시 쳐서 두고 쓴다.

4) 떡가루

뉘가 없는 좋은 쌀을 정성스럽게 씻어 모래나 잡티를 일어 버리고 물을 많이 부어 반나절가량 물에 담가 불린다. 이렇게 불린 쌀을 방아 찧기 한 30분 전쯤 소쿠리에 쏟아서 물기를 싹 빼고, 방앗간에 가져가거나 혹은 소량일 때는 집에서 절구에 찧는다. 찧을 때는 소금을 조금씩 자주자주 뿌려가며 찧어 간을 맞추고 가루를 만든다. 다시 이 가루를 절구에 쏟아 넣고서 설탕물을 훌훌 뿌려가며 찧고, 겹체로 치면 매우 부드러운 가루가 된다. 쌀 큰 되로 하나면 소금의 분량은 큰 숟가락 하나, 물은 한 보시기가 소요된다. 이상 말한 것처럼 떡가루를 두 벌 찧어서 떡을 찌면 윤택이 있고 부드러운 떡이 되며, 떡이 잘 부서지지 않는다. 떡가루는 언제든지 촉촉해야 되고, 마르면 떡이 설고 부서지기 쉬우니 햇볕이 없는 곳에서 이상의 과정을 준비해야 한다.

5) 도토리가루

가을바람이 불면 햇도토리가 나온다. 이런 도토리를 겉껍질을 벗기고 맷돌에 대강 갈아 물을 많이 붓고 담가 쓴맛을 우려낸다. 매일 두어 번씩 새 물을 갈아 부어 우리기를 한 일주일쯤 계속한다. 그 후에 속껍질을 벗기고 잘 씻어 절구에 찧는다. 다음 시루에 안쳐 잿물 내리는 요령으로 물을 자주 부어 이틀이나 사흘 동안 독기를 빼내가지고 다시 꺼내어 맷돌에 곱게 간다. 이것을 고운체로 쳐서 가라앉혀 두면 앙금이 단단하게 굳게 되니, 웃물을 가만히 따라 버리고 볕에 바짝 말려 두고 쓴다. 이상 준비된 것은 묵을 만들거나 혹은 미음을 쑤거나 푸딩 같은 것을 하면 좋다.

6) 엿기름가루

겉보리를 키에 까불러 씻어 물에 하룻밤 담가 불려가지고 소쿠리에 건져 물기를 없앤다. 다른 그릇에 옮겨 담고 위를 덮어 따뜻한 곳에 놓아 싹이 트게 한다. 보리싹이 나온 후에 하루 건너씩 씻어 놓는다. 보리 싹과 뿌리가 적당히 자라났을 때 멍석 같은 데 펴 놓고 말려 맷돌에 갈아서 체에 친다. 이 엿기름가루는 엿이나 감주, 식혜를 만들 때 전분을 당화(糖化)시키는[75] 작용을 한다.

7) 승검초가루

한약방에 가면 쉽게 당귀를 구할 수 있다. 이 당귀를 말려 절구에 빻아 체에 쳐서 가루를 만든다. 이 승검초가루는 떡가루에 섞어 단자, 편을 만들기도 하고 콩가루, 송홧가루에 섞어 꿀로 반죽을 해서 다식도 만들 수 있다.

8) 계핏가루

계피도 한약방에서 구할 수 있다. 계피를 잘 말려 절구에 찧어 체에 쳐서 가루를 만드는 것인데 약과, 약식, 단자, 수정과 등에 조금씩 뿌린다.

---

75) 달게 하는.

9) 송홧가루

이른 봄 소나무에 노랗게 피는 송화를 따서 그 가루를 말려 두었다가 다식을 만든다.

10) 미숫가루

찹쌀로 밥을 고슬고슬하게 지어 잘 펴서 말린 다음, 큰 솥에 넣고 타지 않도록 주의해 가며 볶는다. 이 볶은 찹쌀을 맷돌에 갈아 고운체로 쳐서 가루를 만든다. 여름에는 화채 대신으로 꿀물에 타 먹는다. 영양상 좋다. 이와 같은 방법으로 보리를 볶아서 미숫가루를 만들 수도 있다.

(13) 엿

1) 검은엿

쌀을 잘 씻어 모래 없이 일어 물에 담가 충분히 불려 시루에 안쳐 쪄 놓는다. 더운 아랫목에다가 항아리를 놓고 항아리 속에 엿기름가루를 두어 줌 집어넣은 뒤 뜨거울 때 밥을 그 위에 넣는다. 손을 담그기에 적당한 정도의 더운 물을 붓고 엿기름가루 남은 것은 축축하게 물을 뿌려 놓았다가 밥 위에 넣는다. 방망이로 잘 저어서 덮어, 덥게 두었다가 7~8시간 후에 보면 맑은 물이 떠 있을 것이니 이때 주머니에 떠 담아 주물러 짜 가지고 식기 전에 솥에 붓고 끓여야 맛이 시지 않다.

2) 흰엿

검은엿을 잡아 늘여서 켜면 점점 하얗게 되는데, 이것을 흰엿이라고 한다.

3) 대추엿

엿은 고아서 널찍하게 펴 놓는다. 대추씨를 빼고 대추를 둘 혹은 셋으로 썰어 엿 위에 가지런히 박거나 엿이 굳기 전에 넣는다. 섞어서 납작하게 만들어서 굳히면 먹음직한 대추엿이 된다.

4) 수수엿

수수를 적은 말로 한 말 잘 닦아 이삼일 자주 물을 갈아 부어 우려낸다. 이것을 조리로 일어 시루에 찐다. 깨끗한 항아리에 수수제밥을 담는데, 엿기름가루를 한 켜 한 켜씩 사이사이에 뿌려서 담고, 맨 위에는 엿기름가루를 더 많이 뿌린다. 잠길 정도의 더운 물을 항아리에 붓고 더운 곳에 두었다가 조금 후 방망이로 한 번 저어서 잘 덮어 두었다가 7~8시간 후가 되면 맑은 물이 뜨게 된다. 베 헝겊 자루에 퍼 담고 힘 있게 주물러 짜가지고 식기 전에 솥에 부은 다음 끓인다. 묵 쑤듯 쑤어 펴서 굳히면 꼭 알맞게 된다.

5) 콩엿

검은콩이나 푸르대콩을 볶아서 엿에 약간 섞어, 무슨 모양으로든지 원하는 대로 만들어 굳힌다. 이렇게 하면 콩엿이 된다.

6) 잣엿

잣을 까서 속껍질을 벗기고 깨끗이 해서 엿이 굳기 전에 섞어서 납작하게 굳히기도 하고 엿을 납작하게 만든 다음 그 위에다 잣을 펴 놓아 굳혀도 좋다.

7) 호두엿, 깨엿

깨는 잘 일어 씻어 볶아 엿과 섞어 굳히면 깨엿이 되고, 호두엿은 호두를 대강 잘게 만들어 가지고 엿에 섞어서 굳힌다.

18. 원기 돕는 차

백출(白朮: 삽주뿌리·한약재) 5전(다섯 돈:3.75x5=18.75그램)쌀뜨물에 이틀 담갔다가 볕에 말림

백복령(白伏令: 소나무 버섯·한약재) 생강 말린 것, 귤 껍질 각 한 돈(약 3.75그램)

연밥: 한 돈 반(약 5.6그램)

엿기름: 5전(18.75그램)

위의 약을 가루로 만든 후, 설탕 2돈(약 7.5그램)을 넣어 끓는 물에 3전(세 돈: 11.25그램) 타서 복용한다.

19. 연육(연밥)고

연밥, 멥쌀을 4돈(약 15그램)을 볶고 백봉령 2돈, 이상 세 가지를 설탕 5돈(약 18.75그램) 중에 섞어 고를 만들어 매 한 번에 5~6수저씩 끓는 물에 타서 마신다.

20. 식단자

• **식사**

1. 잣죽	잣, 쌀
2. 신선로	생선, 쇠고기, 호도
3. 간랍 ─ 느리미전	계란, 해삼, 전복
└── 대합전	은행, 실백
4. 양선	속이, 쇠고기, 대합

5. 닭찜	계란
6. 족편 향느리미	닭
7. 느리미-전복초	전복, 해삼, 쇠고기
	당근, 꿀, 송이
8. 가리구이	민어, 오이, 석이, 표고
	녹말, 계란, 당근
9. 겨자채	우설(쇠혓밑), 생복, 배추
	배, 겨자, 죽순
10. 만두	밀가루, 돼지고기, 닭, 쇠고기
	숙주, 두부, 잣

• 반과

1. 석류화채	석류
	꿀, 잣
2, 편 석이단자	찹쌀, 꿀, 꿀팥
두텁편	용안육, 석이, 잣
잡과단자	밤
3. 유밀과 만두과	밀가루, 꿀, 귤병
잣박산	잣, 향료
4. 생과 웃기 율란	녹말, 오미자
	꿀
5. 배숙 ─ 배	엿기름, 쌀, 설탕
─ 생강	
─ 꿀	

21. 약주(藥酒)방문

(1) 방문주

술 밑을 무슨 그릇이고 쌀을 이십오 개를 되어서 가루로 만들어 물을 끓여서 범벅같이 개어 두었다가 그 이튿날 쌀 되는 그릇으로 가루누룩 좋은 것을 두 그릇 가웃(수량을 나타내는 단위로 절반 정도 분량의 뜻.)과 밀가루 두 그릇을 넣어서(서로 섞어) 두었다가 일망(一望:한 보름 동안)이 지나거든 불 켜보아 안 꺼지거든 이왕 쌀 되던 그릇으로 찹쌀 서른 그릇과 멥쌀 서른 그릇을 물에 담갔다가 제 밥을 잘 익게 쪄서 물을 먼저 끓이는데 쌀 된 그릇으로 쉰다섯 그릇을 넣어서 오십이 개를 합하여 위를 덮으면 술이 나기도 잘 합니다.

(2) 상약주

멥쌀 두 말이면 누룩 한 말 가웃 넣고 떡을 쪄서 식은 후에 주물러 넣었다가 한 십여 일이 되면 백미 서 말, 찹쌀 서 말을 제밥을 쪄서 물 세 동이만 붓고 한데 섞어 독에 넣었다가 불 안 꺼지거든 뜨되 맛이 몹시 독하거든 이슬 주어 떠라.

다 뜬 후에 밥 두 말을 하여 더운 김에 누룩 한 말 가웃 섞어 물 두 동이 붓고 이미 나온 재강(술지게미)과 합하여 두면 칠팔일 후면 또 뜹니다.

(3) 삼우주

쌀 몇 말이고 하는데 쌀 한 말이면 누룩 한 말을 작은 주먹같이 깨뜨려 넣는 대로 쌀을 한 사오일 두었다가 밥을 주었다 거의 찌되 씻지 말고 건져서 노랗도록 쪄서 식은 후 밥 한 켜 누룩 한 켜씩 넣는데 독이 장 뼘(손바닥 크기) 한 뼘 남는 것이 한정인데 물을 독에 전과 같이 채워 부었다가 술 냄새가 나거든 매일 두 번씩 작대기로 깊이 저어 나중에는 작대기가 공중 돌아가거든 꼭 맞는 뚜껑을 덮고, 진흙으로 봉하였다가 일삭(一朔: 한 달) 후 고으는데 먼저 물 두어 사발을 고리에 붓고 끓이다가 술 두어 동이 씩 붓고 고으십시오.

(4) 송순주(松筍酒)

솔 순 데친 것이 몸이 차게 식은 후에 술에 담그십시오. 한 제를 하려면 찹쌀 서 말을 뉘 없이 쓸어서 정히 씻어 물에 담그고 솔 순 한 말을 따서 정히 다듬어서 물을 끓이다가 잠깐 데쳐서 식은 후의 맛도 좋고 도청(탁한 액체를 가라앉혀서 맑고 깨끗하게 함)도 찰한 약주에 담가서 덮어 놓고 가루 누룩 두 되를 지어 밥에 싹싹 비벼서 솔 순 한 켜 밥 한 켜씩 넣어 솔 순 담가둔 술을 다 부어 덮어 두었다가 삼일 후 먹어 보아 감탕같이 달거든 소주를 삼사 동이 부어 일주일이 되거든 열어보아 밥이 죄다 뜨거든 뜨십시오. 다 뜨고 또 소주를 부어도 좋습니다.

(5) 삼해주

정월 첫 해일(亥日)에 멥쌀 두 되를 정히 씻어 담갔다가 빠셔(빻아서) 범벅처럼 개서 삭히고 밥을 해서 가루 누룩 두 되 밀가루 두 되 넣어서 마루에 두었다가 이월 첫 해일(亥日)에 멥쌀 너말을 정히 씻어 담갔다가 가루를 만들어 물 사십 사발을 끓여 범벅처럼 개서 두었다가 이와 밀과 합하여 두었다가 삼월 첫 해일(亥日)에 멥쌀 여덟 말을 정히 씻어 담갔다가 잘 쪄서 물 여든 사발을 이왕 밑에 한데 부어서 주었다가 이십 일 후 불 아니 꺼지거든 뜨십시오.

(6) 청매주

청매가 열려서 씨가 들만 하거든 따서 일주일 쯤 되거든 항아리에 담고 소주 두 말쯤 붓고 사오 일 되거든 생강즙을 하여 두어 사발 붓고 설탕을 맛보아 치고 맛보아 조내하라.

(7) 과하주

한냇을 하려면 멥쌀을 말가웃(한 말 반쯤의 분량) 씻어 담갔다가 빻아서 식은 후 부서트려 식은 후 차거든 누룩 두 되를 넣어서 싹싹 비벼 간신 몸의 누룩 붙을 만큼 버무려 두어 몸이 너무 마르거든 누룩 넣고 소주를 조금 쳐서 하나 버무려 항에 넣고 한 삼일 되거든 맛보아 감탕 같거든 찹쌀 서 말로 밥을 지어서 식은 후 이왕 밑과 한데 버무려 넣는다. 몸이 너무 된 모양이면 소주를 조금 쳐 버무려 두었다가 한 삼사일 되거든 감탕 같거든 소주 서너 말을 부었다가 이삼일 후 밥이 죄다 뜨면 맛보아 뜨십시오. 또 부어 두었다가 땅에 묻고 써도 좋고 위를 더 덮어도 무방합니다.

(8) 진장

메주를 쑤어 조막만큼 만들어 삼칠일을 손으로 뒤집어가며 띄워서 바싹 마른 후에 독을 땅에 묻은 후 메주를 말에 되어 몇 말이고 독에 붓고 소금물은 물 한 동이에 소금 찻되 서 되씩 처서 만들고 몇 동이든지 메주 수효대로 붓는데(한 동이에 메주가 한 말) 후에 물 두어 동이 더 잡아 붓습니다. 입동 임시에 담그노니, 이월에 대리는데(달이는데). 잘 만드십시오.

22. 오색축병(五色祝餠: 오색 축하떡)

• 재료

멥쌀가루 750그램, 설탕 320그램, 물 1컵 정도, 호두 12개, 잣(松實) 반 컵, 치자 1개, 녹색 잎사귀 조금, 식용염료 홍색 극소량, 흑임자 가루 두텁가루(진한 것) 중 한 수저, 대추(大) 3개, 즙청(汁淸:생강, 계피 끓인 물에 조청을 넣어 졸인 것. 집청이라고도함) 1/3컵 정도

• 만드는 법

① 쌀가루를 준비해서 5등분 합니다.

② 설탕에 물을 붓고 끓여서 식힙니다.

③ 호두는 망치로 깨뜨려서 겉껍질을 벗기고 속살을 얇게 착착 썰어 대강 다져서 4등분합니다.

④ 잣을 껍질을 벗겨서 종이에 놓고 가루로 만듭니다.

⑤ 치자는 정한 물에 씻어 반으로 쪼개어 약간의 물에 담급니다.

⑥ 녹색 잎은 줄거리를 볶아 버리고 잎만 정하게 씻어 놓습니다.

⑦ 검은색을 필요로 할 때는 흑임자 자루를 준비하고 갈색이 필요할 때는 볶은 팥가루를 약간 진하게 볶습니다.

⑧ 분홍 물감은 극소량의 따뜻한 물에 풉니다.

⑨ 쌀가루를 한 가지씩 물을 들입니다. 흰색 분홍, 노랑, 청색, 흑색이나 갈색 등으로 설탕물을 조금씩 부어서 색소를 넣고 고루 섞어서 약간 굵은 체로 칩니다.

청색은 가루에 채소 잎을 넣고 절구에 빻아서 체로 칩니다. 역시 설탕물을 섞어 체로 칩니다.

⑩ 대추는 필요한 글자를 새겨 놓습니다.

⑪ 백지에 기름을 발라 시루에 깔고 색별로 한 켜씩 안칩니다. 갈색이나

흑색가루를 붓고 고루 손질을 한 후 호두의 한 분량을 뿌립니다. 차례로 황색, 청색, 분홍, 백색의 순서로 합니다.

⑫ 맨 위에다 대추를 간격에 맞추어 글자를 놓아 김 오르는 솥에 쪄서 쏟습니다.

⑬ 집청을 위에다 고루 바르고 잣을 고루 뿌립니다.

• **참고**

대추 글자는 가위나 칼끝으로 새깁니다. 갈색을 준비할 때는 볶은 팥가루를 약간의 물에 축여서 가루에 넣고 물을 내립니다. 흑색은 물 내린 가루에다 깁은 깨 가루를 섞으면 됩니다.

23. 메추라기 구이

쪼개서 닭구이하듯 해서 앞앞이 한 다리씩 통으로

24. 족편육

족을 고아서 약간 덜 물렀을 제 건져서 뼈 빼고 눌렀다가 편육으로 썰어 쓰고 국물은 졸여서 족편을 만듭니다.

25. 메추라기 전유어

사방으로 살을 쪼개어 부치고 부서지지 않게 다 건져서 뼈를 빼고 녹말 씌워 양 전유어 지지듯 합니다.

26. 간단한 요리법 메모들

은행단자 소, 유자, 생강 다져 꿀에 조려서 놓고 잣가루를 묻힙니다.

고염찰떡

밤단자

석이단자: 일반하듯 나붓하게

콩찰편

화권 - 백비탕에 비벼서 눌러 반죽

쑥구리(청아단자): 잘게 주악처럼 해서 데쳐 고물을 묻힙니다.

개피병

오리알산병 정월(正月)

색산병

밀쌈 - 삼복(三伏) - 봉숭아: 감국잎 소는 깨, 꽃을 부쳐서 속으로 들어가 양끝을 누른다.

승검초찰편

석이 찰편, 깨고물

여름에

빈자병 , 참기름 두르고 조금씩 떠놓고 밤, 대추 나붓하게 놓고 지져서,

정월에는 빈자병

오리알산병

주악

*빈자병 참기름 두르고 조금씩 떠 놓고 밤 대추 나붓하게 놓고 지집니다.

소화전 - 소는 꿀, 팥

잔절편

생강단자 - 깨소, 대추, 밤, 석이, 청매 무침

생복찜 - 고기, 생복 삶아서 파대가리 쪼개 삶고 생복을 저며서 놓습니다.

잣가루, 국물, 참기름 후추를 빡빡 개서 간장 섞어서 홉싸, 가을 절기

소전골

두부 부쳐서 나붓, 갸름하게, 무채 볶고 숙주, 미나리, 황파나 청파 고갱이, 표고, 석이, 송이, 느타리, 은행, 호도, 잣 각각 양념해서 봉오리를 잣가루 묻혀서 놓습니다. 난면은 노랑, 흰색으로 합니다.

관자절편 편숙이 정월 보름 전후 엽전 둘레만하게 살을 찍어서

27. 설(정월 초하루) 음식

각색편: 약식

전유어: 양전, 생선전, 해삼전, 전복초, 화양적

편육, 저육 창자를 찢어서 갸름하게 얹는다), 족편

가리찜 육찜 떡찜

생치구이: 소금, 잣가루, 후추, 깨소금, 참기름, 마늘, 파, 설탕

신선로

만두: 백면

면: 나붓하게 고기 볶고 줄알

편숙이: 떡국, 장꼬챙이 산적, 줄알

초장, 겨자, 장김치, 식혜

잡과: 사색 다식, 약과

생실과: 사과, 배, 준시, 생율은 우매기(찹쌀가루에 막걸리를 넣고 반죽하여 기름에 지진떡, 개성 향토음식))

깨강정, 계피강정, 잣강정

숙실과: 앵도편, 살구편, 율란, 조란, 생편

정과: 연근, 생산자, 모과, 인삼, 동아

수전과

이구치: 약주 한 병, 생율 한 그릇, 포(육포, 문어, 전복쌈, 상어) 그믐날 밤 12시 경에

녹말편

이삼월에 밤 우매기

이월 탄신: 마를 쪄서 박같이 썰어 담고 생율 우매기

녹말편

28. 정월 대보름

오색채소

무나물: 진장에 검게, 불그레하게, 희게, 분홍, 초록, 치자

파대가리를 모양으로 쪼개서 날로 사이사이에 끼워 담고 봉오리 잣가루 묻혀 우매기(수북하게 고이고)

각색채소

콩나물, 무껍질, 시레기, 오가리, 가지오가리 도라지 고비

正朝(설날 아침)

과전지

생치 볶고 (너붓) 오이 벗겨 나붓, 어슷하게 썰어 기름에 볶고 고기 장국에 넣고 통잣, 고추 두어 쪽 사기그릇에

보름

편에 단자만 가려합니다.

---

1. 진지 짓는 법, 죽류, 미음류, 메주 쑤는 법
2. 간장 담그는 법
3. 고추장 담그는 법
4. 각종 가루
5. 고명과 양념의 구별
6. 고명 만드는 법
7. 양념 만드는 법
8. 각종 초즙
9. 김장하는 법
10. 햇김치와 술안주 김치
11. 창국
12. 맑은 장국류(맑은 메탕)
13. 냉메탕
14. 토장 메탕
15. 지짐이

29. 각종 식단

12/25 허준씨 연회 - 잣죽, 구자, 마른안주(포, 매자과, 은행, 낙화생), 족편, 약식, 약과, 너비아니, 닭찜, 굴전유어, 전복회, 생과, 유자차, 진지, (배추메탕)

12/26 대판부인회대표환영회 - 떡국, 잡채, 생과, 편, 한상 전과 약과

12/27 여성문제연구원주최 황 - 고문 파쓰 축하연

비빔밥, 파메탕, 탕평채 및 물편, 수정과

12/28 동경미전동창회 - 비빔밥, 배추국, 물편, 떡찜, 탕평채, 나물

12/28 송교장 내외 - 경기교직원초대 12명

잣죽, 구자, 마른안주, 저육, 전유어(술) 닭찜, 육회, 전복회, 탕평채, 겨자채(도라지) 구이(너비아니), 진지, 배추메탕, 김, 알젓, 생과, 약과, 유자차, 수정과, 조악

12/16 구자, 태극밀설고, 색찰편 주악, 약과, 빈자병, 냉채(배, 무, 저육) 새우 튀김, 8. 만두 9. 생과(귤, 배, 사과), 10. 식혜, 장김치, 동치미, 배추김치

7/16 가정교회 태극밀설고, 식혜, 개인○○○, 매자과, 밀설고, 색밀찰병, 삼색주악, 동치미

7/15 잣죽, 구자, 편(색밀설고), 우설, 굴전유어, 탕평채, 두부조치, 김치, 젓무, 동치미, 굴젓, 배추메탕, 전육장과, 실과, 수정과

/2일 이화이사회 - 잣죽, 구자, 족편, 전유어, 저육, 꿀편 조악, 구이, 떡찜, 김, 초나물, 생과, 수정과

/8일 문경자당 이종형부 미 교육사절단

잣죽, 구자, 전유어, 태극편, 가리찜, 약식, 전복찜, 은행, 냉채, 약과, 생과, 율란, 식혜, 느리미, 만두

30. 이 절기의 반과 몇 가지(후식)

원소병, 재송편, 배숙, 율란, 두텁편

원소병 5인분

• 재료

오미자, 찹쌀가루 한홉, 설탕, 대추 큰 것 일곱여덟 개, 녹말 조금, 실백약간

• 만드는 법

오미자를 정하게 씻어서, 끓여 식힌 물에다 하루 전에 담가 우러나거든 고운체에 바친 후 설탕과 물을 적당히 타 놓습니다. 대추를 쪄서 도듬이에 걸러 계핏가루를 약간 섞어 놓습니다. 가루를 송편 반죽하듯해서 …….

부록3. 조선요리연구발표

단기 4282년 5월 27일

(서기 1949년)

중앙여자중학교

차 례

서론[76]

한 민족의 음식은 의복이나 주택과 같아서 그에게 알맞은 것이 바로 내려오고 또 발전하는 것이다. 우리의 일음일식(一飮一食:음식 하나하나)이 우리 역사권 외의 것이 아니다. 멀리 옛날로 올라가 보더라도 환웅천왕의 '웅호수계(熊虎受戒:곰과 호랑이가 계를 받음)'에 관한 신화 가운데 마늘이 있으니 우리가 마늘을 먹은 것이 무던히 오랬던 것이요《관자(管子)》에 산융지방(山戎地方)에서 겨울 파를 얻어왔다는 기록이 있으니[77] 이로 보아서도 우리가 오랜 옛날부터 움파를 먹었던 것이 확증된다. 중간에 한족의 출입과 몽고, 돌궐의 왕래로 말미암아 우리 음식에 그 풍습이 섞인 게 있으니 한인의 신선로[78] 몽고의 쑬렝이[79] — 혹은 전양(全羊), 전저(全猪)를 고아 먹는 것이니 지금 설렁탕과 비슷하다 — 가 그 자취이다. 이런 것까지라도 그 형식에 있어서는 외래의 그것을 본뜬 것이나 맛을 맞추고 조제를 알맞게 하는 데는 마침내 우리 민족의 전해진 음식을 보위로 하여 고유한 찬품으로 더불어 서로 막질리거나 거슬리는 것이 없이 다른 맛이면서도 한 상에 마땅한 것으로 서투르지 않게 놓이게 된 것이니 당시의 식단에서 우리의 과거를 찾아볼 수 있다. 임진란(1592) 이전은 전 민족이 대개 곤궁(困窮)하지 아니하고 중류 이상의 생활은 상당히 호화로워 연석(宴席:잔치자리) 항선(恒膳: 요리)이 지금은 상상하기 어려울 만큼 진미하였으며

---

76) 이 글은 조선요리 연구발표회 때 당대의 석학 위당 정인보 선생께서 축하와 격려를 겸해 직접 써 주신 글임(정양완 선생 증언).

77) 산융족이 살던 지방은 지금 북중국 천진(天津) 부근으로 옛날 우리의 땅.

78) 지금 신선로 혹은 구자(口子).

79) 전우(全牛): 소나 양, 돼지를 통째로.

몇 번 대란을 지난 뒤에도 전해 오는 솜씨가 있어 만들지는 아니할망정 할 줄은 알았었다. 우리에 전래되는 음식 가운데는 궁중 식단의 종목이 가장 많고, 또 만드는 방법이 혹 외간과 다른 점이 있으나 공주, 옹주 하가(下嫁)[80], 대군, 왕자, 출합(出閤)[81] 으로 인하여 전하는 것이 많으며, 외교하는 인사의 국외품 수입과 모다 피차 서로 연락하는 관계가 되었으니 우리의 식성이 우리로서 대개 일치되는 그것을 어리로 하여 그 안에서 넘나드는 것을 실상 한 가지의 것으로 보아도 좋다. 최근 사십여 년 간 풍파를 겪는 동안 나라 잃은 민중은 입맛조차 제 것을 가지고 있지 못하여 한 상 위의 격식은 말할 것도 없고 한 그릇 속에도 맛의 모순을 가리지 못한 채 오늘까지 이르렀다. 우리는 음식에서도 우리를 찾아야 한다. 남의 것을 취하더라도 우리 입맛에 알맞도록 우리의 것으로 만들어 놓아야 한다. 상 하나에도 보이는 것이 있고 양념 한 가지에도 취하고 버릴 것이 있다.

숙영묘(肅英廟)[82] 이래로 학자의 풍기가 점점 자아고구(自我考究: 자기 내면의 세계를 연구함)로 향하게 되자 서유본(徐有本)의 부인 빙허각(憑虛閣) 이씨의 백과사전 《규합총서》1권 〈주사의(酒食議)〉, 서유구(徐有榘)의 임원십육지(林園十六志) 8장 〈정조지(鼎俎誌)〉 등이 모두 우리 음식에 대한 문헌이요, 김좌균(金左均)의 《송간이록(松澗貳錄)》과 이규경(李圭景)의 《오주연문(五洲衍文)》 외 여러 서적에 열거한 것이 있다. 이제 상기한 문헌에서 비교하고 또 궁중 어주(御廚)[83]의 법과 고가(古家) 반빗[84]의 솜씨를 두루 찾아 이 길을 갈고 닦으시는 여러분의 참고에 비하려 한다.

---

80) 공주나 옹주가 귀족이나 신하에게로 시집감을 이르던 말.

81) 왕자가 자란 뒤에 사궁(私宮)을 짓고 따로 나가서 살던 일.

82) 숙종 영조 때.

83) 대궐 소주방, 부엌.

84) 예전에, 반찬 만드는 일을 맡아 하던 직책.

명칭

1. 고명

지단: 달걀을 얇게 혹은 두껍게 부친 것

난면: 달걀 부친 것을 채로 썬 것

초대

알붙이: 지단 난면을 이름이니 근래에 도는 말인 듯함.

미나리 지단: 미나리를 밀가루 달걀을 씌워 번철에 부친 것(혹은 지진다).

파 지단: 파로 미나리 지단과 같은 법으로 함

미나리 부침

미나리 지짐: 미나리 지단을 말함이니 방언인 듯싶다.

봉오리(궁중 용어): 고기를 다져서 양념한 것을 동글게 만들어 밀가루와 달걀을 씌워 번철에 지져 신선로, 찜 위에 얹는 것.

모리(민간 용어): 고기를 다져 계란에 부친것. 완자라고도 함

육란(민간 용어)

모루기

완자: 모리를 말함인데 와전인 듯함.

완자: 달걀 미나리 부친 것 등을 규형 혹은 마름모꼴로 썬 것.

2. 음식

느리미(누르미): 여러 가지 재료를 각각 양념을 해서 익혀 꼬챙이에 꿴 것.

느림적: 느리미와 같은 재료를 날로 꿰어 밀가루 달걀을 씌워 번철에 부친 것(간랍류)

산적: 고기, 파 혹은 흰떡 염통 등을 양념해 꼬챙이에 꿰어 석쇠에 구은

것(구이류)

적(제사상 또는 큰 상에 오르는 것)

갖게(모두 갖춰) 차릴 때는 단적에서 구적까지 있는데 삼적만 소개하려 함

1 은 고기(우둔)를 넓이 10센티미터, 길이 25센티미터 가량의 세 조각을 큰 대꼬챙이 둘에 폭을 맞추어 꿰어 슬쩍 구워 사지를 감는다.

2 는 숭어를 통으로 대강 만져서 간장만 발라 슬쩍 구워 꽁지에 꼬챙이를 꿰고 사지를 감는다.

3 은 닭 혹은 꿩을 배만 가르고 대가리를 자르고 두 발 끝에 꼬챙이를 박고 간장만 발라 슬쩍 구워 사지 를감아 놓는다.(사지…꼬챙이 끝에 백지 넓이 5센티미터, 길이 25센티미터 되는 것을 양쪽으로 감아놓는다. 제사에는 백지로 혼인 환갑에는 황, 홍, 청 삼색으로 끝을 오글오글하게 만듦.)

전유어: 부치개(부침개, 전유어의 방언)

지짐질

간납(갈랍): 일반 전유어와 편육

편육: 양지머리, 우설(牛舌: 쇠혓밑), 소머리 등을 삶아 쓰는 것

수육: 편육의 방언

3. 진지

수라: 임금, 황후께 쓰는 말

메: 임금, 황후 외에 궁중에서 쓰는 말

젯메: 제사메

진지: 존경 용어

밥: 보통 용어

4. 국

탕: 흔히 제사 때 쓰는 말

메탕: 존경 용어

국: 보통 용어

5. 화채의 종류

식혜

수건과(蜜○柿餠)

원소병(圓小餠, 元宵餠): 찹쌀가루를 반죽하여 귤병이나 대추 살을 넣어 잘게 만들어 녹말을 씌워 삶아서 오미자 물에 넣는다.

청면(淸麵): 녹말을 물에 풀어 넓은 그릇에 조금씩 얇게 부어 끓는 물에 익혀 채를 쳐서 오미자 물에 말고 실백을 띄운다.

화면: 진달래꽃 장미꽃을 이용하여 오미자물에 띄운다.

딸기 화채

앵도 화채

복숭아 화채

복분자 화채(일명 멍석 딸기. 우리나라 딸기)

보리 수단: 보리를 푹 삶아서 녹말 묻혀 삶아 오미자 물에 넣는다.

떡 수단: 흰 떡을 잘게 잘라 녹말을 묻혀 삶아서 꿀물에 넣는다.

수박 화채: 수박 위를 조금 도리고 소주 조금과 꿀(설탕)을 넣고 다시 봉하여 얼음 혹은 우물에 채웠다 쓴다.

미시: 꿀물에 볶은 찹쌀가루를 탄 것

순채(蓴菜:수련과에속한 다년생 풀) 화채: 순채를 오미자물에 띄운다.

산사 수전과: 새 아가위를 꿀에 재었다 꿀물에 띄움

배 화채: 오미자물에 배를 삐지거나(?) 채 쳐서 넣는다.(재 썬 것은 소금물

에 잠깐 헹군다.)

유자 화채: 유자 알맹이를 까고 껍질을 채 쳐 꿀에 재었다 꿀물에 탄다. 석류물도 같이 탄다.

배숙: 눈 내리는 겨울에 쓰는 것으로 생강차에 계피를 넣고 배를 끓이는 것. 계핏가루는 얇은 면 헝겊에 싸서 넣음.

6. 차 종류

작설차(雀舌茶): 초봄에 삽주, 두릅, 구기자, 산사, 두견, 질레, 당귀 등(이 밖에도 여러 종류가 있다.)의 새순을 따서 만든 우리나라의 고유한 차

마가목: 주로 강원도 산으로 유명한 차다. 색은 자단향과 백단향의 간색, 끓이면 엷은 오미자 색이 난다. 껍질은 한약에 쓰는데 약명으로는 정공등(丁公藤)이라 한다.

산사차(山査茶): 말려 두고 끓여서 쓴다. 구기자(枸杞子)를 섞으면 더욱 좋다(불로장생한다고까지 이르는 차다).

동귤차(童橘茶): 생으로도 쓰고 말려 두고도 쓴다.

다명차(茶茗茶): 산사(山査)잎인데 과하게 쓰면 소화력이 강하며 오히려 좋지 못하고 조금씩 쓰면 대단히 좋다.

7. 상의 종류

어상(御床): 임금님의 상

수라상: 평소의 임금 황후의 진지상

사찬상(賜餐床): 임금께서 신하 내외빈에게 내리시는 상

　큰상: 상을 받아서 집으로 가져간다.

　작은상: 즉석에서 먹는다.

큰상: 혼인, 환갑, 회혼례, 시에 쓰는 상

주물상(일명 낫결상): 큰 상과는 성질이 다르고 약주와 함께 갖은 안주와 갖은 음식을 차리는 것. 음식 높이는 3촌(약 9센티미터)가량.

입매상: 큰상 혹은 주물상 받기 전에 우선 시장기만 면하도록 받는 상. 근래에는 일반적으로 장국상이라 한다.

외상: 갑오(甲午: 1894년) 이전은 진지상은 다 외상이 있었다.

겸상: 갑오 이후에 생긴 것

교자상: 원래는 음식 즉 주물상만 교자로 하였으나 갑오 이후에 처음 식교자가 생겼다. 식교자는 밥상인데 원래의 인원은 한 면에 1인씩 4인이 앉았다. 얼핏 말하자면 네 겸상이다.

두레기상: 근래에 생긴 말인데 허물없는 사이에 한데 둘러앉아 먹는 상.

건교자: 그렁저렁하며 되는 대로 차리는 교자(건달교자의 약어)

식교자: 음식은 갖추하되 두루거리 밥상(근래에 와서)

얼교자: 건교자에 방사(倣似: 아주 비슷함)한 것인데 주식이 일정하지 않다.

주안상: 안주 만드는 대로 다 놓는 것인데 소규모의 주물상. 음식은 있는 대로 다 놓는다.

다담상: (차담상 이것은 전라도 방언): 환갑, 혼인 잔치에 특별히 대접하는 손님상이나 원 감사에게 역로(거쳐 가는 길) 고을에서 차려내는 상. 지정한 고을에서 물론 차린다. 주물상과 같다.

요전상(澆奠床): 대신이 성묘 갈 때 그 골에서 만들어 바치는 제물.

8. 상 반배하는 법(상 본다는 말)

예전 법이 희미해진 관계로 뚜렷하다고는 못하겠으나 먼저 수라상 반배법을 소개하려 한다. 수라상은 민간과 달라 꼭 칠첩이니 오첩이니 정해져 있지 않다.

상은 나주반(羅州盤)인데 둥그런 큰 반에 붉은 칠을 올리고 상발은 팔각으로 벌어지면서 목판으로 통 둘러싸고 거기에 아(亞)자 무늬나 쌍희(囍)자 무늬를 새긴 것인데 용트림한 다리도 있다.

이것은 원반이고 같은 모양으로 규모만 좀 작은 곁상 다음은 책상만으로 곁상이 음식에 따라 하나 혹은 둘 셋까지도 끼게 된다.

전부 도합 셋 넷까지 상발은 사각으로 된 것도 있다.

삼복(三伏) 음식 식단

(민간에서 보통 말하는 장국상과 같음)

편숙(떡국), 팥죽, 장국, 냉면 어채, 편, 약식, 영계찜, 생선찜, 편육, 생선 전유어, 향느리미(향누르미), 전복초, 규아상, 깨국탕, 양전, 해삼전, 잡탕

숙실과 잡과, 정과, 복분자 화채, 떡수단, 생실과, 김치

민간 식단과 상보는 법

오첩 반상 …… 오첩 반상엔 외조치

칠첩 반상부터는 쌍조치

김치, 젓무(깍두기), 좌반, 장아찌, 구이, 나물, 조치(찌개), 진지, 메탕, 반과

1월		
2월	한식	송편, 경단
3월	삼질	도미면, 화면, 화전
4월	파일	고염편(느티떡)
5월	단오	앵도화채, 보리수단, 수리취떡
6월	유두	밀쌈, 떡수단
7월	칠석	밀전병, 육개장

	삼복	팥죽, 육개장
8월	추석	오려송편, 토란국
9월	구일	감국전(甘菊煎), 밤단자
10월	무오일	무오병(戊午餠) (항간에서 이르는 고사떡)
11월	동지	팥죽, 전약(煎藥)
12월	○평	갖은 전골

휘건(揮巾)

보통 사용하는 냅킨은 서양에서 말함이요 예전부터 우리 식사 때 휘건을 썼는데 앞에 두른다 하여 휘건이라 하였다.

결 론

궁중에서 음식은 말할 나위도 없겠거니와 민간에도 살림이 넉넉한 중인의 음식이 가장 호화하고 사치스러웠으며 그 다음은 '우대'를 치겠으니 이는 나인(여관女官, 혹은 상궁)들과 서로 관계를 맺었던 것이요 공경세가(公卿世家:권력가)의 편당으로 나뉜 뒤에 제각기 특색을 띄게 되었으나 역시 우리의 입에 맞도록 조미한 데 지남이 없었다.

그러나 중간에 나려오면서 재래의 제법은 점점 자취를 감추고, 지금은 다만 궁중에만 얼마 남아 있으니 그 까닭은 민중의 이주와 함께 또 중국, 서양, 일본의 식종이 넘나드는 데서 자연히 그리된 것 같다. 그러므로 현재 민간에 도는 음식은 과연 우리 전래의 특색이 있으며 또 우리의 것인가까지도 의심을 자아 낸다.

위에 말한 모든 것은 다 예전부터 전해 온 것으로 지금 우리의 생활에 늘 이용되는 식종이니 예전에는 집안과 곳에 따라서 명칭과 맨들이(만드는 방법)가 다 달랐던 까닭으로 서로 섞바꾸기 쉽고 규중에서도 헷갈리게 되었으니 이런 것을 바로잡고 잊었던 우리의 것을 도로 찾기에 도움이 될까 한다.

-끝-

발표자 조자호(趙慈鎬)

부록4. 요리실습 원고[85)]

-1950년대의 기록으로 추정. 학생들을 가르치기 위한 자료. 고기섭산적, 무숙장아찌, 구절판, 잡탕, 더덕구이, 매자과, 젓국지, 젓무, 유자화채, 두텁편, 닭찜, 영계찜, 전유어, 식혜, 편육, 냉이메탕, 오리알산병, 개피떡, 준치메탕, 준치만두, 두부전골 등 수십 가지 요리법들이 본문의 1930년대 어투와 달리, 자세하게 해설되어 있다.(편집자주)

〈요리 실습 주의사항〉

• 실습 전

①실습장의 문을 열 것

② 물 준비, 불 준비

③ 실습 복장, 머리 수건

④ 손외 준비(손을 깨끗이 닦으라는 뜻)

⑤ 재료 준비 혹은 분배

85) 자필 원고 상태가 좋지 않아 안 보이는 글자가 많습니다. 참고용으로 봐 주시길 바랍니다. - 편집자주.

• **실습 중**

① 정숙, 침착

② 재료 다루기

③ 실습복장용, 연구 태도

④ 질서, 친목

• **실습 후**

① 담는 법

② 요리 분배

③ 시식, 비평

④ 조리대 정돈, 소재

⑤ 불조심, 폐물 처분(쓰레기 버리기)

⑥ 실습 중 자기 태도 반성

유병(油餠) (정 선생님)

• **재료**

밀가루 반 근(300그램), 소금 찻숟가락 하나, 물 조금

비스켓

• **재료**

밀가루 반 근, 설탕 1근 1/5, 향료 몇 방울, 소금 찻숟가락 하나, 중조(소다) 찻숟가락 하나, 낙화생(땅콩) 조금, 기름 버터 한 개, 물 조금

• 만드는 법

밀가루 반 근에 설탕, 향료 몇 방울, 소금, 중조(소다), 땅콩을 곱게 다져 놓고, 기름 큰 숟가락으로 하나 손으로 골고루 잘 섞어서 땀이(분량) 맞게 반죽을 합니다. 한 후 밑에서 밀가루를 뿌린 후 두 푼(약 0.6센티미터) 두께로 밀어서 자기 마음대로 모양을 만들어서 기름에 튀겨 냅니다. 기름의 온도가 맞도록 하여야 할 것입니다.

빵

• 재료

밀가루 한 근(600그램), 술(막걸리, 약주) 작은 한 종지, 물 반 대접, 중조 찻숟가락 하나

• 만드는 법

밀가루 한 근에 술 한 종지 넣고 날씨가 출 때는 물을 미지근하게 데워, 밀가루에 물을 넣어 가면서 노글노글하게 반죽하여 하룻밤을 두면 숭굴숭굴하게 섞입니다. 거기다가 중조 찻숟가락으로 하나, 밀가루를 조금씩 섞으면서 반죽을 하여 둥굴둥굴하게 만들어서 찝니다.

볶음밥

• 재료

찬밥 다섯 공기, 고기 1/4(근), 반달어묵(나무쪽에 붙인) 1/2개, 파 두 개, 간장 큰 숟가락 하나, 계란 한 개, 소금 조금, 후춧가루 조금, 기름 큰 숟가락 다섯

• 만드는 법

기름 냄비에 기름 큰 숟가락 다섯을 넣어 펄펄 끓여 계란을 넣고 고기, 파를 넣고 들들 볶다가 어묵, 밥을 넣어 한참 볶다가 간장 한 수저 넣고 한참 볶다가 소금으로 간을 맞추어서 대접에 담습니다.

가린도

• 재료

밀가루 50돈(187.5그램), 설탕 40돈(150그램), 중조 찻숟가락 하나, 소금 찻숟가락 하나, 기름 한 근

• 만드는 법

밀가루에 중조, 소금을 채로 쳐서 설탕물에 노글노글하게 반죽을 하여 놓습니다. 설탕물 반은 반보시기(반공기)는 3분 동안 끓여 반은 남겨 놓고 반은 밀가루에 반죽합니다. 만일 설탕이 모자라면 물을 넣습니다. 반죽이 다 되었으면 3푼 부피로 2푼(약 0.6센티미터) 너비로 썰어 기름에다 건져 남겼던 설탕물에 뒤섞어 흔듭니다.

아이스크림(과외)

• 재료

설탕 85그램, 앵두 적당, 우유가루 4합(홉), 물 8합(홉)

• 만드는 법

(조리법 내용 탈락)

고기섭산적(조 선생님)

• 재료

고기 오십 돈(50×3.75그램 = 187.5그램), 두부 반 채(반 모), 설탕 큰 숟가락 한 개 1/2, 파 대가리 한 개, 후춧가루 찻술 1/2, 간장 큰 숟가락 1/2, 소금 작은 숟가락 1/2, 마늘 작은 것 한 쪽, 기름 큰 숟가락 2, 깨소금 큰 숟가락 1, 크기(산적 크기) 지름 3센티미터 1푼 부피(두께)

• 만드는 법

먼저 고기 오십 돈을 곱게 다져놓고 파, 마늘을 곱게 다지고 또 두부 반 모를 행주나 수건에다 꼭 짜서 고기 다진 것, 파, 마늘, 설탕 큰 숟가락으로 한 개, 소금 찻숟가락으로 1/2, 간장 두 수저 반, 기름 큰 숟가락 둘 넣어서 무칩니다. 깨도 넣고 다하였으면 손에다 기름 좀 발라서 지름 3센티미터로 칼질을 하여 지집니다. 혹은 굽습니다.

무숙장아찌

• 재료

무 중간 것 한 개, 우육 20돈, 미나리 25돈(93.75그램), 표고 큰 것 두 개, 석 큰 것 두 개, 실고추 조금, 진간장(왜간장) 반 컵, 설탕 큰 숟가락 셋, 깨소금 큰 숟가락 하나, 후춧가루 작은 숟가락 하나, 참기름 큰 숟가락 하나, 파 중(중간 것?) 반 개, 마늘 작은 것 한 쪽

• 만드는 법

무를 3센티미터 길이, 너비는 사방 2푼(약 0.6센티미터)씩 썰어 소금에다 절여 행주에다 짜서 돌로 눌러 놓든지 손으로 주무르든지 해서 폭 고루 절여지면 물에다 살살 씻어 꼭 짜 놓습니다. 미나리도 무처럼 3센티미터 길이로 썰어 놓습니다. 고기는 곱게 다져 양념을 합니다. 표고와 석이는 물

에 불려 꼭지를 따서 얌전히 씻은 후 곱게 채를 칩니다. 양념한 고기와 표고, 석이를 한데 기름에다 볶아 낸 다음에 간장과 설탕물을 섞어 냄비에다 끓입니다. 간장이 끓으면 무와 고기를 섞어 놓습니다. 무가 익지 않게 살짝 데쳐 건져 냅니다. 그다음에 간장이 또 끓으면 또 넣어 데쳐 건집니다. 그렇게 해서 무가 홍차빛처럼 곱게 되도록 예닐곱 번 넣었다 건졌다 합니다. 그만큼 하면 간장이 조금 남게 됩니다. 그 간장에다 미나리를 살짝 데쳐 냅니다. 그러고 난 다음에 그 미나리와 무를 한데 볶습니다. 한데 볶아 낸 무, 미나리를 접시에다 얌전히 담아 위에다 실고추를 조금 얹습니다.

핫케익

• 재료

밀가루 100돈(375그램), 계란 네 개, 설탕 50~60돈(187.5~225그램), 우유, 베이킹 파우더, 버터, 꿀 기름 조금

• 만드는 법

설탕에 계란을 다 깨트려 넣고 소금 조금 치고 비단결같이 저어서 밀가루를 저기에 쳐서 곱게 반죽한 뒤에 우유(물)을 쳐 노글노글하게 반죽을 해서 프라이팬에다 기름 묻은 종이로 싹 닦아 밀가루 반죽한 것을 부칩니다. 그리고 부친 위에다 꿀과 버터를 바르고 꿀 혹은 설탕을 끓인 것을 발라 나이프로 베어 잡수시게 됩니다.

고구마탕

• 재료

고구마 260돈(975그램), 설탕 50돈(187.5그램), 기름 냄비에 알맞게

• 만드는 법

고구마를 껍질을 벗겨 세모꼴로 모지게 썹니다. 냄비에 기름을 흥건히 부어 온도를 맞추어 끓으면 고구마를 넣어 고구마가 뜨면 건집니다. 고구마를 건지면 기름을 따르고 밑바닥에 묻은 기름에 설탕을 넣어서 같이 섞여 녹도록 끓입니다. 그래서 건진 고구마를 설탕에 놓고 뒤섞어 모두 붙으면 접시에 담아 놓습니다.

호떡(과외)

• 재료

밀가루 1근 술(막걸리) 한 종지, 소다 찻숟가락 하나, 설탕 찻 숟가락 6개

• 만드는 법

술에다 물을 섞고 하룻밤 재우고 밀가루에다 소다 찻숟가락 하나를 물에다 끓여 식혀서 밀가루 반죽에 넣고 손에 묻지 않도록 반죽을 합니다. 반죽을 왼만큼을(어느 정도) 떼어 손바닥만하게 하여 설탕을 넣고 밀가루 좀 쳐서 낙화생유를 발라 둥글둥글하게 납작하게 밉니다. 그래서 프라이팬에 굽습니다.

와플

• 재료

밀가루 80돈(300그램), 소금 찻숟가락 하나, 설탕 80돈, 계란 네 개, 우유 한 컵, 버터 찻숟가락 하나, 기름 조금, 잼

• 만드는 법

빠짐

함박스테이크

• 재료

고기, 계란, 당근, 미나리, 숙주나물, 파, 기름, 밀가루, 간장, 소금

• 만드는 법

고기를 곱게 다져 후춧가루 조금, 밀가루 반 국자, 계란 한 개를 푼 것에 파를 곱게 다져 간장 반 국자를 섞어서 무쳐가지고, 동그랗게 납작하게 빚어서 프라이팬에 기름을 두르고 노릇노릇하게 익힙니다. 당근을 곱게 채치고 프라이팬에다 먼저 볶아서 양접시 한 쪽에다 모양 있게 놓습니다.

미나리도 한 치(약 3센티미터) 길이로 썰어서 볶아가지고 당근과 곁들여 놓습니다. 숙주나물도 다듬어서 기름에다 데쳐서 두 가지를 곁들여 놓습니다. 그래가지고 초에다 소금을 쳐서 조금 시게 간을 맞춰 위의 세 가지를 한데 무칩니다. 그래가지고 고기하고 곁들여 놓습니다.

홍소황어(紅燒黃魚: 중국요리)

• 재료

조기 1미(마리) 완두 2근(1.2킬로그램), 인삼 반 근, 마늘 반 통, 파 5근(3킬로그램), 간장 큰 숟가락 다섯 개, 초 큰 숟가락 두 개, 설탕 큰 숟가락 세 개, 갈분가루 큰 숟가락 다섯 개

• 만드는 법

먼저 조기를 비늘을 거슬리고(벗기고?) 날개는 자르지 말고 칼을 옆으로 기울여 놓았다가 갈분가루를 되게 반죽하여 조기에다 간장을 잠가서 갈분가루 반죽한 것을 모루 바릅니다. 파, 인삼은 채를 치고 마늘은 다져 놓고 기름 조금에다 무치고 완두, 마늘, 파, 당근, 간장, 초, 갈분가루 반죽해서 남은 것을 넣어서 끓입니다.

커틀릿

• 재료

돼지고기 10돈(약 37.5그램), 후추 조금, 소금 조금, 계란 한 개, 밀가루 조금, 빵가루 조금, 둥근 파(양파) 한 개, 완두 조금, 오이 조금, 기름

• 만드는 법

고기를 서 푼(약 0.9센티미터) 두께로 썰어 후추, 소금을 쳐 놓고 계란 풀어 놓고 완두에다 후추, 소금을 넣어 기름에 볶다가 물 넣고 후추, 소금으로 간을 맞춥니다. 둥근 파는 0로(?) 썬다. 둥근 파 썬 것을 기름에 볶으면서 물을 조금 붓고 소금, 후추로 간을 맞춥니다. 먼저 고기를 썰어서 소금 쳐 놓은 것에 밀가루를 칠하고 그 위에다가 계란을 칠하고 다음에 빵가루에 묻혀서 기름에 들뛴다(튀긴다).

발고(發糕: 바가오)

• 재료

밀가루 50돈(약 187.5그램), 계란 세 개, 설탕 50돈, 베이킹파우더 큰 숟가락 한 개, 버터(참기름 대용) 큰 숟가락 하나, 소금 찻숟가락 하나

• 만드는 법

먼저 계란 세 개와 설탕을 섞어 희게 되도록 거품이 날 때까지 젓습니다. 밀가루는 베이킹파우더를 넣어 추리기에(?) 다지고 계란하고 설탕 섞은 데다 밀가루를 넣어 살살 저어서 찝니다.

500원으로 12인분 장보기

고기 200원, 준치 100원, 쑥갓 10원, 조개 100원, 계란 75원, 김 10원, 묵 20원

식단

① 조개에다 쑥갓 넣은 탕

② 계란구이

③ 오무라이스

④ 김 자반

⑤ 탕평채

⑥ 준치 조림

오므라이스

• 재료

계란 세 개, 고기 40돈. 둥근파 반 개, 후춧가루 조금, 소금 찻숟가락 하나, 기름 큰 숟가락 두 개

• 만드는 법

먼저 고기를 곱게 다진 다음에 프라이팬에다 기름 좀 두르고 고기 다진 것, 소금, 후춧가루, 둥근 파를 넣어 볶다가 간이 맞으면 대놓고, 프라이팬에다 깨끗이 종이로 닦고 계란을 깨뜨려 놓았던 것을 프라이팬에 부쳐 익으면 고기 볶았던 것을 계란 반지름만한 곳에 고기 놓고 반을 접어 아무립니다.

동태전유어

• 재료

동태 중(중간 것) 한 마리, 계란 대(큰 것) 한 개, 밀가루 큰 숟가락 둘, 소금 조금, 후춧가루 조금, 참기름

• 만드는 법

동태를 손질하여 내장, 뼈, 껍질 모두 벗겨서 살 있는 데만 살살 흐트러지지 않게 저며 칼자루로 살짝 두드려서 편편한 데에 소금과 후춧가루를 뿌려놓았다가 밀가루를 입히고 계란을 입혀 지집니다.

약과

• 재료

밀가루 열 홉(1.8리터), 참기름 2/3홉(120밀리리터), 설탕물 두 홉(360밀리리터), 후춧가루 큰 숟가락 둘, 생강즙 반 홉(90밀리리터), 약주 1/3홉(60밀리리터), 지지는 기름, 꿀(설탕물), 잣가루

• 만드는 법

먼저 밀가루에 후춧가루 참기름 넣고 비벼 체에 친다. 설탕, 생강즙, 약주를 넣어 반죽을 하여 고루고루 섞어서 끈기 없이 한다. 잘 되었을 때는 손으로 꽉 쥐어 봐서 덩어리가 부서지지 않을 정도가 좋다. 복판에 고루고루 넣어서 손으로 꽉꽉 누르며 방망이로 치면서 치댄다. 터진 데는 물을 살짝 바르면 된다.

※ 기름에 지질 때 반죽이 되면 온도가 높아야 한다. ○○외 기름에 눅은 반죽을 지지면 딱딱하다. 반죽이 된 것은 불이 약하면 부스러진다.

반죽과 지지는 것이 잘 되면 짝짝 갈라져서 집청할 때 가라앉는다. 계핏가루는 반죽할 때 넣는 수도 있다. 다 되어서 뿌리는 것도 좋다.

생강집은 계피와 같이 넣지는 않는다. 고임을 할 때는 그 위에 실백가루를 뿌리고 기름에서 건진 후 오랜 시간 뒤에 설탕가루를 뿌린다. 다식도 이와 같이 하며 다식판에 박는다.

여름철 식단(연회석)

발기

진짓상에 반드시 있어야 함은 토구(吐具)

- 김치, 젖무, 진간장
- 포, 전복쌈, 산포, 약포, 우둔, 홍도게살, 대추편포,
- 초계탕(냉탕)
- 숙회, 여채, 어만두, 들깨, 하나(?)
- 찜(온), 영계찜
- 밀쌈(채소 넣은 것)
- 생회, 민어, 전복
- 잡채, 겨자채
- 찜(냉), 가리찜-비철음식
- 진지
- 메탕, 육개장
- 나물, 깻잎, 고춧잎
- 장아찌, 오이, 마늘
- 반과
- 편, 증편, 깨인절미, 밀설고, 꿀편
- 화채, 앵도, 보리수단

※ 전유어를 갈랍류(문장이 끊겼습니다.)

찌개들 조치 장국장

초고추장을 윤즙

초장 겨자집

약주상

진지상 얼교자라 함

장국장

깨죽

• 재료

깨 1합(홉?) 쌀 7홉, 소금, 설탕

• 만드는 법

깨를 씻어 껍질을 벗겨 볶아가지고 매에 갈아 물 한 대접씩 넣어 체에 쳐가지고 세 대접을 만듭니다. 다 한 다음에 고운체에 쳐서 센 불에 뚜껑 덮지 않고 끓입니다. 쌀 담갔던 것을 갈아서 물을 쳐서 한 대접을 넣습니다. 그리고 깨물 끓은 데에 쌀 간 물을 슬슬 부어 저으면 죽이 됩니다. 거기에 소금, 설탕을 넣어서 자시게 됩니다.

※ 땀수

되고 묽은 것이 맞갖은 것을 말함

또 깨죽은 병자들, 노인, (어린아이들에게 줌)

게전유어

• 재료

게(암게) 대(큰 것?) 다섯 개, 우육 10돈(37.5그램), 밀가루 찻숟가락 두 개, 후춧가루 1/3 찻술, 소금 1/2 찻술, 계란 대? 개, 파흰대 작은 것 반 개, 참기름 조금, 김채 = 생명주지(?)나 생노방으로 만든 채

게조치

• 속 재료

게(암게) 10마리, 우육 20돈(75그램), 두부 50돈(187.5그램), 파 작은 것 반 개, 계란 노른자 한 개, 후춧가루 찻숟가락 1/세 개, 깨소금 1찻술, 간장 1찻술, 소금 1/3찻술, 참기름 2찻술, 밀가루 2찻술, 전란 한 개

• 국물용 재료

꾸미 160돈(600그램), 게발, 파 중간 것 한 개, 마늘 한 쪽, 고추장 찻숟가락 하나(수북이), 간장 1찻술, 참기름 1찻술, 후춧가루 작은 숟가락 반, 깨소금 큰 숟가락 하나, 쌀뜨물 3합(홉) 가량

반과는 율란, 조란, 생편, 녹말편 → 한 접시에 곁들여 놓는 것

스펀지 케이크(설고)

• 재료

밀가루 200그램, 설탕 200그램, 계란 200그램, 향료 찻숟가락 하나, 베이킹파우더 찻숟가락 두 개, 각종 과실, 버터 큰 숟가락 하나, 우유(물) 1/3합(홉)

• 만드는 법

밀가루, 베이킹파우더를 한 번 섞어 체에 쳐 놓고 계란 흰자는 거품기로 물기 없고 기름끼, 간끼(소금기) 없는 그릇에 젓고 노른자는 설탕과 향료와 이것도 거품기로 젓고 우유(물)는 밀가루 체에 친 데다 넣어 반죽합니다. 그리고 흰자 노른자 모두 잘 섞어 밀가루에 부어 잘 살살 반죽하여 철판에 기름을 바르고 종이 깔고 다음 밀가루 반죽을 부어 철판에 굽니다. 넣을 때 한 번 팡팡 쳐서 하면 군 다음에 빈자리가 없어집니다. 그 위에다 과일, 건포도 같은 것으로 모양을 내어도 좋습니다.

떡찜

• 재료(5인분에 한 그릇)

흰 떡 네 개 꾸미 120그램, 무 작은 것 한 개, 정육(쇠고기) 80그램, 표고 큰 것 세 개, 석이 큰 것 두 개, 미나리 반 단, 애호박 꼬지, 계란 반 개, 숙주 200그램, 마늘 한 쪽, 파 작은 것 한 개, 깨소금 큰 숟가락 하나, 진간장, 설탕, 참기름 큰 숟가락으로 둘 반, 물 한 수저 반(큰 숟가락 하나 반), 묽은 간장 큰 숟가락 하나

• 만드는 법

흰떡을 4센티미터만큼 잘라서 진간장에 담가 놓고, 고기를 곱게 다져서 채를 치고 숙주나물을 머리와 꼬리를 잘라 씻어 놓고 미나리는 잎을 떼고 씻어 3센티미터 길이로 썰고, 표고를 씻어 저며 놓고 냄비에 고기 썬 것, 애호박, 표고, 석이, 국거리 무, 숙주를 함께 씻어서 향료 조금 넣어 무쳐 놓고 물을 부어서 끓입니다. 이것이 풀떡풀떡 끓을 때 떡을 넣습니다. 그리하여 잠깐 끓이다 미나리를 넣어 조금 있다 풍로에서 내려놓습니다. 계란을 얇게 부쳐서 채를 썰어 떡찜 위에 부려 놓습니다.

젓국지

• 재료

배추 (분량 소개 없습니다), 무, 소금, 미나리, 낙지 ,배, 파, 마늘, 밤, 실고추

젓무

• 재료

무 (분량 소개 없습니다), 미나리, 낙지, 파, 마늘, 실고추, 생 설탕, 젓무

향누름이(간랍류)

• 재료

정육 반 돈, 배골 한 쪽, 전복 해삼 중간 것 두 개, 계란 다섯 개, 당근 두 개, 가는 파(움파), 대장(곰거리) 세로 썰음, 표고, 느타리 큰 것 열 개, 도라지 한 줌, 양념 조금,

와플

• 재료

밀가루 100그램, 설탕 100그램, 베이킹파우더 찻순가락 1/3, 계란 80그램, 물(우유) 큰 숟가락 셋, 잼 (사과 작은 것 한 개), 설탕 큰 숟가락 셋, 식용붉은물감 조금

• 만드는 법

① 밀가루와 베이킹파우더를 제고(?)

② 계란 노른자와 설탕을 국자로 잘 저을 것.

③ 흰자 제고(?), 물이나 우유를 노른자 저은 데다 흰자와 합하여 밀가루에다 넣어 조으나 끈기가 나지 않도록 합니다.

④ 잼, 사과를 껍질 얇게(껍질을 깎아서 얇게?) 여덟 조각을 내어 잰다. 그것에 물 조금 넣고 눌지 않을 정도로 물 좀 넣어서 끓입니다. 설탕을 넣어서 끓인 다음에 놓습니다.

포설갱(泡雪羹)

• 재료

한천(우무) 한 개, 설탕 500돈(1,875그램), 난백(계란 흰자) 세 개분, 향료(박하) 조금, 물 두 홉 반(450밀리리터)

• 만드는 법

① 우무를 물에 담가 놓고 20분된 다음에 꼭 짜서

② 그 물 두 홉 반에 우무에다 끓입니다.

③ 설탕은 넣어서 녹으면 잔거품이 나도록 끓입니다.

④ 계란 흰자를 거품이 잘 나도록 하며 설탕 끓인 것을 식혀서 계란 흰자와 합합니다. 향료는 설탕이 거의 식을 때 넣습니다.

애플 푸릿다

• 재료

사과 두 개, 레몬 반 개, 약주(포도주), 밀가루 100그램, 설탕 40그램, 계란 흰자 두 개, 우유(물) 큰 숟가락 소금, 찻숟가락 1/3

• 만드는 법

먼저 계란 흰자를 거품기로 잘 젓습니다. 사과는 속을 도려냅니다. (이것은 꼭지 있는 데서 밑까지 동그랗게 도려냅니다. 도려낸 사과를 껍질을 벗겨서 얇게 썰어 여러 조각을 냅니다. 썬 것을 설탕물에 레몬 친데다 담가 놓고 골고루 묻게) 밀가루는 물을 조금 쳐서 좀 질게 잘 섞어 놓습니다. 계란을 거품 나게 한 것을 밀가루 반죽한 데다 섞어 놓습니다. 사과는 건져서 밀가루와 계란 섞은 데다 넣어서 골고루 다 계란과 밀가루가 섞은 것이 묻으면 건져서 기름이 끓으면 튀겨 냅니다. 튀겨서 끓인 후 건져서 설탕을 슬슬 뿌려 놓습니다.

• 주의

1. 계란을 기름기, 물기 없는 그릇에 풀 것, 햇빛이 없는 데서
2. 계란과 밀가루 섞은 데다 오래 있다가 사과를 넣으면 안 된다.

대합전유어

• 재료

대합 240그램, 계란 세 개, 밀가루 큰 숟가락 둘, 소금 찻숟가락 1/2, 참기름 조금

• 만드는 법

먼저 대합의 내장을 빼고 씻어서 채에 밭여 물기를 없앤 다음 곱게 다져 물같이 되도록 다졌다가 밀가루와 계란 하나하나 담수를 보아 가면서 계란을 풀어 반죽합니다. 프라이팬에 기름을 한 수저 둘러서 지름 3센티미터 가량으로 지집니다.

율란

• 재료

밤 큰 것 2다섯 개, 잣가루 50그램, 꿀(설탕을 물을 넣어 끓여도 됨), 계핏가루(후춧가루도 됨, 생강즙), 잣가루

강정

• 재료

찹쌀 반 말(9리터, 보름동안 담금), 약주 2공기, 물 4공기

온면

• 재료: 장국용

꾸미 200그램, 간장 큰 숟가락 여섯 개, 파 한 개, 마늘 한 쪽, 참기름 큰 숟가락으로 $1\frac{1}{2}$개, 깨소금 큰 숟가락 하나, 후춧가루 찻숟가락 하나, 물 8홉, 백면

• 재료: 고명

정육 100돈(375그램), 파, 마늘 $\frac{1}{2}$개, 간장 큰 숟가락 둘, 깨소금 큰 숟가락으로 $\frac{1}{2}$, 참기름 큰숟가락 1/2, 후춧가루 찻숟가락으로 1/2, 계란 두 개

• 만드는 법

고기를 곱게 다져 양념을 하고 곰국에 넣어 고기 양념한 것을 둥그렇게 만져서 냄비에 끓입니다. 끓이다 와글와글하면 고기 넣었던 것을 건져서 다지고 국물에다 계란 푼 것을 국물냄비에 끓여 부러지면 건져, 수저로 덩

어리가 없게 만져가지고 백면가루를 넣은 다음에 고기 다진 것과 계란을 고명으로 놓습니다. 거기에 후춧가루를 조금 뿌리고 자시면 됩니다. 이것을 장국과 고명을 같이 끓인 것이지만 고명과 장국을 따로 따로 하는 법도 있습니다.

상 보기

칠첩반상(七楪飯床)

연회 준비

① 예산

② 식탁 꾸미기

③ 재료 분량

④ 재료 종합 금액

⑤ 예산에 맞으면

⑥ 재료 준비

⑦ 소제

⑧ 그릇 준비

반드시 진지상에 비아통[86]을 놓을 것.

86) 궁중에서, 밥을 먹을 때 생선의 가시나 뼈 따위를 골라 넣고 뚜껑을 덮게 되어 있는 기구를 이르던 말.

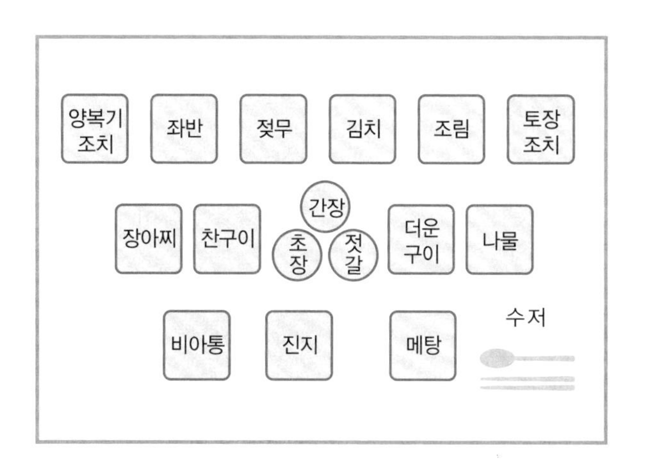

칠첩반상

조치: 단조치 오첩 때　반 대접

조치 칠첩 때　조치에는 홍두깨살

젓무

좌반 암치 포류(약포) 북어 무침.

찬구이: 전유어-장국상에는 간랍 전유어

편육　편육

장국상 젓무 더운구이에 등심, 안심을 쓸 것.

조치: 토장 조치

양복기 조치(젓국)

반주: 진지 잡술 때 잡숫는 술

장아찌: 무술 장아찌

장산적

숙난

장국상

봄철 식단 만드는 법

- 주식: 온면
- 간랍: 편육
  생선 전유어
- 편: 개피떡, 오리알 산병
- 회: 육회, 미나리강회
- 정과
- 숙과, 약과, 다식, 녹말편
- 생과, 생실과, 율란
- 화채, 생면 다음에 화면
- 약주: 감홍로
- 마른안주: 약포, 산포, 대하
- 잡채, 탕평채(묵무침)

엿을 캔다

식사 중간에 공(空) 장국을 낸다.

구절판(잡채류)

• 재료

두태(콩팥) 중간 것 반 개, 천엽 101(단위?), 고기 120돈(450그램,) 표고(송이) 40그램, 석이 40그램, 계란 두 개, 당근 중간 것 한 개, 숙주(무) 250그램, 미나리(오이) 2단, 전복 큰 것 두 개, 죽순 큰 것 네 개, 밀가루 200그램, 양념: 깨소금, 후춧가루, 파, 간장, 설탕, 참기름

• 만드는 법

① 콩팥을 한 쪽 3등분하여 채로 쳐서 양념하여 무친다. 프라이팬에다 볶아 냅니다.

② 천엽은 소금을 뿌려서 주물러서 소독을 하여 물에 깨끗이 씻어 한 겹씩 찍어 채 쳐서 양념을 하여 볶아 냅니다.

③ 이 요리는 채를 치는 게 특징이므로 아무거나 채 쳐 양념합니다.

④ 밀가루는 곱게 반죽하여 얇게 종이 모양으로 동그랗게 부쳐 구절판 가운데다 포개 놓습니다.

그리고 모든 볶은 것은 색을 맞추어 구절판 한 구절 한 구절에 담습니다. 계란은 얇게 부쳐서 채쳐서 구절판 위에 솔솔 뿌립니다.

대추주악

• 재료

찹쌀가루, 대추, 백비탕(끓인 물) 소

종류에 있어서는

흰색 승검초　세 종류

대추

• 만드는 법

찹쌀가루에 대추 씻어 씨를 빼어 가늘게 곱게 다져서 찹쌀가루 섞어 놓습니다. 율란하는 식으로 밤을 하여 놓습니다. 설탕을 두 수저 넣어서 섞습니다. 그리고 백비탕을 넣어서 젓습니다. 그리고 반죽을 합니다. 이것을 조금 떼어서 속에 삶은 밤을 넣어 이런 모양을 빚습니다. 그리고 나서 프라이팬에 지집니다. 접시에 담아 설탕을 뿌립니다.

크림 도넛

• 재료

밀가루 240그램, 베이킹파우더 찻숟가락으로 1½개, 설탕 100그램, 계란 큰 것으로 한 개, 버터 큰 숟가락으로 한 개

• 크림 재료

콘스타치(옥수수 전분) 큰 숟가락 하나, 밀가루 큰 숟가락 하나, 소금 조금, 레몬 향료 조금, 계란 노른자 반 개

• 만드는 법

-(원문 내용 누락)

잡탕

• 재료

곰거리 300그램 ,정육 (분량 소개 없습니다.), 무 작은 것 반 개, 실, 백 1/3홉, 미나리 한 단, 밀가루 (분량 소개 없습니다.), 계란 세 개

• 만드는 법

미나리 지단: 미나리에 밀가루와 계란을 묻혀서 부칩니다.

완작: ▨ (이렇게 써는 것)

꾸미 곰탕(조금)(대창)(양지머리)사태

① 곰거리는 전날부터 고아 ▥ 모양으로 잘 썰고

② 무는 가운데 손가락만큼 썰고

③ 정육은 곱게 다지고 양념하여 콩알만하게 만들어 밀가루 씌워 계란에

부쳐 기름에 굴린다. 즉 모리로 만듭니다.

④ 계란 흰자만 부치고 미나리 지단하고 남은 노른자 이것도 흰자 모양으로 부쳐 놓습니다.

⑤ 곰거리 썬 것을 양념하여 국물에 넣어 잣을 넣어 끓입니다. 이것이 끓으면 이때까지 만든 것은 다 완자 모양으로 썰어 끓인데 넣습니다.

비빔국수

• 재료

백면 아홉 사래(250그램), 정육 60그램, 편육 40그램, 미나리 한 단, 계란 큰 것 한 개, 밀가루 조금, 실백(잣) 큰 숟가락 셋, 양념: 진간장, 참기름, 파, 마늘, 깨소금, 후춧가루, 설탕, 고춧가루

• 만드는 법

① 정육은 반은 다져 알쌈하고 반은 모리로 만듭니다.

② 미나리는 아래 위를 따고 3센티미터로 썰어 놓습니다.

③ 편육은 얇게 썰어 놓고 그 밖에 양지머리, 후추리, 차돌박이는 하루쯤 담가 두었다가 합니다. 급한 때에는 한 번 와글와글 끓으면 꼬챙이로 꼭꼭 찔러서 끓입니다. 개성 명물 도야지 편육은 다 되었으면 설설 비빈다.

④ 계란 알쌈과 모리하고 남은 것을 미나리 지단을 부치고 알쌈에 계란을 살짝 덮어 이쪽에 정육을 싸고 꼭 누릅니다. 모리는 정육에 계란 싼 것. (알쌈도 갈랍류)

조기국수

• 재료

백면 (분량 소개 없습니다.), 조기, 고춧가루, 정육, 계란 밀가루, 쑥갓, 실백, 통고추, 미나리, 양념, 식초, 이 외에 화면, 화전, 강회, 간랍, 편육, 생과, 생율, 녹말, 편 등

• 만드는 법

조기는 네 토막 내어 가운데 뼈를 빼고 저며서 후춧가루와 소금을 솔솔 흩뿌리듯이 해 놓습니다. 전유어를 합니다. 고기는 곱게 다져 채를 쳐서 놓고 나머지는 장국을 만들어 놓습니다. 정육은 다져서 꾸미에 쓰고 모리를 만들고, 미나리는 지단을 부쳐 완자로 만들어 놓습니다. 생선국에는 초를 칩니다. 계란은 흰자, 노른자를 가릅니다. 국수는 뜨뜻한 물에 토렴(退染: 국수에 따뜻한 국물을 부었다 따랐다 하며 데우는 것)합니다. 고춧가루는 미리 치는 게 아닙니다.

• 주 의

※ 설탕과 고추장은 윤즙할 때 설탕이 다 녹은 후에 초를 치고 땀수를 맞추어 참기름 같은 양념이 들어갑니다.
각지 명물 순창 고추장, 전주 비빔밥, 해주 냉면, 개성 돼지 편육

구자(신선로)

찜류에 속함. 철은 가을부터 이른 봄. 대개 연회상에 나갑니다.

• 재료

전복 큰 것 1/2개, 무 작은 것 1/2개, 해삼 큰 것 한 개, 은행 20개, 간 1/4근(150그램), 미나리 석 단, 배골 2/3보, 호도 여섯 개, 곰거리 60그램, 실백 조금, 정육(우둔: 쇠볼깃살) 400그램, 계란 열 개, 생선 두 쪽, 밀가루 적당, 표고 큰 것 네 개, 통고추 한 개, 양념

• 만드는 법

전복: 솔로 닦아서 하루쯤 물에 담가 놓습니다. 넓이 10센티미터, 길이 6센티미터로 자릅니다.

해삼: 솔로 닦지 말고 그냥 물에 담가 그 물째 삶아 무른 듯하면 너무 끓이지 말고 물에 불려 놓습니다.

간(肝): 소금에 싹싹 문질러서 껍질은 벗겨서 얇게 저민 것 소금물에 담가 놓고 나중에 건져 달 두드려 저며 전유어로 합니다.

배골: 물에 한 번 씻어서 번철에 알맞게 길이를 적당히 잘라 금간 대로 한 번 갈라서 소금과 후춧가루를 뿌려 간한 듯이 합니다. 이것은 길이를 잘 놓는 것이 원칙이다. 전유어로 합니다.

곰거리: 곰거리와 전복은 한데 삶습니다. 밑에 조금만 넣고 고기 무친 것은 밸밸한 정도로 해서 위에 넣습니다.

정육: 잘게 설어서 2/3(고기살)는 곱게 체를 치고 1/3는 모리와(?) 알쌈을 만듭니다.

생선: 두꺼우면 칼짜축(칼자국)을 약간해서 전유어를 부친다.

표고: 물에 담가 붓거든 껍질을 벗겨서 슬식에 꼭 짜지 말 것.

미나리: 얄따랗게 지단을 부칩니다.

은행: 물에 담갔다가 겉껍질은 벗겨서 번철에 볶습니다.

호도: 끓은 물에 담그거나 끓이면 알맹이가 부서지지 않고 잘 떨어집니다.

알맹이를 반쪽으로 갈라 위와 같은 모양으로 놓습니다.

계란: 지단을 부칩니다.

통고추: 자극성을 돋운 빛을 내기 위하여 쓰므로 1센티미터반으로 썰어서 색이 나타나게 알이 담은 위에 틈틈이 놓습니다.

준비된 것을 다 넣어서 표고 담갔던 물이나(또는 맹물에) 간장이나 간을 맞춰 상이 들어갈 때 물을 부으며 불려 놓고 한 거룸 미나리를 들여간다. 첫봄 요 시절에 생선은 조기, 대하가 적당하다.

더덕구이

• 재료

더덕, 설탕 한 숟갈, 진간장 두 숟갈, 정육, 파 한 조각, 후춧가루, 참기름 찻숟가락 하나, 깨소금 찻숟가락 하나.

• 만드는 법

더덕을 물에 불려서 칼자루로 가볍게 두드려서 물에 담가 둡니다. 이것을 물을 갈아 주고 조금 있다가 건져서 손에 꼭 짜서 물을 뺀 뒤에 진간장, 파, 참기름, 깨소금, 설탕 다 합해서 양념을 합니다. 정육은 곱게 섭산적같이 합니다. 후춧가루와 말에 이 양념을 넣어서 한쪽에 가볍게 발라서 굽습니다.

- 더덕에 양념을 칠하면서 그릇에 차곡차곡 담았다가 석쇠를 달아오르게 한 뒤에 더덕을 구워 냅니다.
- 더덕을 접시에 담을 때 더덕 보이는 데다 정육 보이는 데를 젖혀 놓습니다.

더덕은

① 생채도 할 수 있고

② 장아찌

③ 고추장에 무쳐 굽기도 합니다.

④ 더덕은 얇게 뜯어서 기름에 볶습니다.

⑤ 간장 찌꺼기에다 더덕을 담가 두었다가 고추장에 넣습니다.

- 간장이 될 때 꺼내서 고추장에 넣었다가 꺼내면 빛이 좋고 맛도 훌륭합니다.
- 굴비나 북어를 고추장에 넣었다가 먹기도 합니다.

매잣과

• 재료

밀가루 200그램, 설탕물 큰 숟가락 열둘, 양주 큰 숟가락 하나, 잣가루 적당히, 계핏가루 약간, 꿀(설탕물)

• 만드는 법

밀가루를 체로 쳐서 설탕물로 적당히 반죽한 다음에 2밀리미터 두께로 밀어서 가로 2센티미터 세로 3센티미터로 썹니다. 다음에 이렇게 칼질을 해서 한쪽 끝은 맨 가운데 구멍에 넣습니다. 이와 같이 됩니다. 이것을 기름 온도를 맞추어 적당히 하여 기름에 튀겨서 꿀을 묻힌 다음에 잣가루를 뿌려서 놓습니다. 이것은 반과로 하여도 좋습니다.

- 밀가루를 체로 치면 설탕물 넣기 전에 계핏가루를 밀가루에 섞은 다음 참기름 한 숫갈 먼저 넣어 반죽하면 좋습니다.

가을철 김치 몇 가지

젓국지, 동치미, 장김치, 겨자김치

젓국지(秋夕)

• 재료

무는 두께 3밀리미터 젓국과 설탕으로 절이고 배추는 길이 3센티미터 길이 3센티미터 소금으로 삼삼하게 절이고

미나리, 설탕,

밤과 배는 착착 썰고

실고추(물고추), 생강, 파, 마늘은 채를 치고

조기젓국: 양념만 내놓고 먼저 배추를 씻고 버무립니다.

낙지(생): 젓국을 많이 넣고 소금을 조금 넣어서 소금을 넣고 많이 주물러 국물을 부으면 국물 맛이 청량(맑고 시원하다)합니다.

동치미

• 재료

무, 소금물, 설탕, 파대가리, 마늘, 생강, 붉은 물고추, 유자껍질, 밤, 배, 실백

무를 소금물에 절여 놓고 간이 든 뒤에 설탕물 넣고 길이 3센티미터 너비 1센티미터로 유자 껍데기를 조금 넣어 준다.

장김치

• 재료

배추속대, 무, 진간장, 파, 생강, 실고추(물고추), 설탕, 표고, 석이, 마늘 채를 친다

겨자김치

• 재료

배추(속대), 무, 표고, 석이, 실백, 실고추 겨자즙, 미나리

나박김치 모양으로 썹니다. 무와 배추를 소금에 잠깐 절인다. 소금으로 간을 하되 겨자즙으로 국물을 만듭니다. 이것은 국물을 많이 붓지 않습니다.

가을철 젓무 몇 가지

낙지젓무, 굴젓무, 조개젓무

젓무에 넣는 배추는 절이지 않고 무만 설탕에 살짝 절입니다. 새우젓국물, 낙지나 굴은 켜로 넣습니다. 그리고 버무린 다음에 조개, 배추를 넣습니다.

• 주 의

※ 설탕이나 파를 많이 넣으면 김치국이 미끈미끈해집니다. 움파는 채 치지 말고 배나 밤은 소금물에 한번 씻어서 넣습니다.

가을철 간단한 장국장

식단

주식 … 온면[의사(醫師) 장국]　　만두, 떡국은 고귀한 객

김치 … 장김치　　　　　　울임국물 울임기를 써서 합니다.

갈랍 … 편육　　　　　　"장국장에는 깍두기를 놓지 않는데

전유어 … 초장 … 느리미　　특히 요구하시면 드립니다."

찜 … 구자(口子), 가리찜

편 … 두텁편, 밤경단 … 편청(떡을 찍어먹는 조청)

(합편)

생과 … 사고, 생율, 녹말편

화채 … 유자화채 … 식혜

두텁편 웃기가 산승

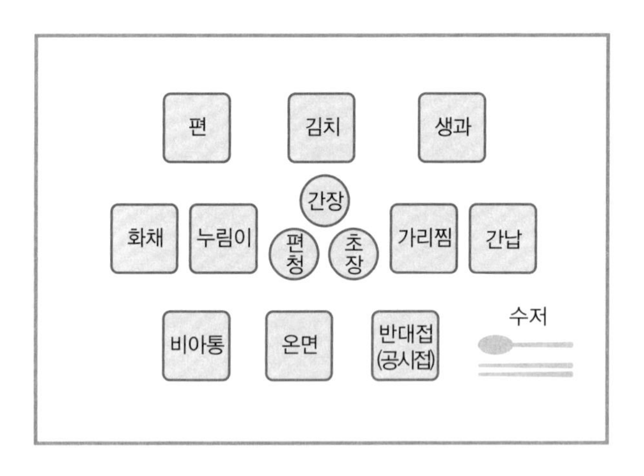

겉상 본다는 것은 상 위에 빈 그릇을 갈라 미리 가져다 놓고 그릇에 뚜껑을 제쳐 놓고 있는 것. 상보는 것은 그릇에 찬을 담아서 뚜껑을 덮는 것입니다.

유자화채 5인분

• 재료

유자 중간 것 한 개, 석류 작은 것 한 개, 배 작은 것 1/2개, 설탕 150그램(한 사람에 25그램), 물 6홉(1,080밀리리터), 실백 조금

• 만드는 법

유자: 껍질을 벗겨 그 한쪽을 배 있는 쪽으로 　이렇게 두 번한다. 다음에 흰 것 노란 것 곱게 채 칩니다.

석류: 알맹이를 뜯어 놓습니다.

배: 껍질을 깎아서 얇게 채 칩니다. 이것은 따로 하여 소금물에 넣었다가 냅니다.

설탕을 급히 녹이려고 휘젓다가는 맑고 깨끗하지 못하니까 설탕은 저절로 녹게 합니다.

오미자국이나 설탕물이나 깨끗이 하려면 탈지면에 바쳐서 한다. 이렇게 해 두었다가 마침 들어갈 때는 가만히 물을 붓습니다.

두텁편

• 재료

찹쌀가루 한 되, 붉은 팥 한 되, 꿀, 생율, 귤병(대추) 조금, 실백 조금 계핏가루 조금(조금은 같은 분량)

• 만드는 법

꿀소는 계피 팥에다 꿀(설탕)을 넣어 두꺼운 냄비에 뭉근히 볶습니다.

바실바실할 때 절구에 넣어 가루를 만들어 둡니다. 찹쌀가루는 경단하듯이 되직히 반죽을 하고 생율은 까서 네 등분하여 ⊕ 쪼갭니다.

꿀소에다 꿀을 넣어 동그랗게 도토리만큼 하게 하여 놓습니다.

찹쌀가루 반죽해 놓은 것은 꿀소, 밤, 대추를 넣어 반원처럼 만듭니다. 떡 위에 실백을 깐다. 다음 남은 잣을 짝 펴서 말려서 봉지에 넣어 매달아 놓았다가 다음에 씁니다.

이것이 누르스름하게 되어 엷은 홍차 빛으로 내여 놓습니다. 쓸 때는 다시 설탕물에 축인다. 그저 축축하게 축이면 됩니다. 속을 넣을 것은 꿀(설탕물)을 넣어서 소 넣도록 만듭니다. 반죽을 잘 합니다.

닭찜 (가을철에서 이른 봄까지)

칠향계: 『규합총서』에서 본 것

• 재료

묵은 암닭 1마리, 참기름 한 종지, 파대가리 한 개, 간장 한 종지(진장, 묵은장 섞어서 한 종지), 초 큰 숟가락으로 반, 천초(후춧가루 같은 것) 큰 숟가락 하나, 생강 한 개, 생율 열 개

• 만드는 법

닭은 끓는 물에 튀긴 후, 목을 잘라서 날개 끝을 자르고 꽁무니를 칼로 칩니다. 꽁무니의 내장을 빼내 도려냅니다. 항문으로 내장을 뺍니다. 찬물로 정하게 씻습니다.

창자를 칼로 잘 도려서 소금에 절인다. 소금 뿌려 놓습니다. 다음은 양념을 만들어서 닭에 항문에 집어 넣습니다. 적당한 그릇에 넣어 중탕을 하여서 익힙니다. 은근이 그치지 않게 4시간쯤 합니다. 다한 다음에는 그대로 살짝 꺼내서 합에다 담아서 잡술 때 뜯어 잡수십니다.

양념 파는 두어 서너 번 갈러 놓고 밤은 까서 반으로 가릅니다.

가을~초봄까지 합니다.

큰 상이나 연회상에는 통으로 하지만 겸상일 때는 각을 쳐서 여러 조각으로 만들어 드립니다.

밤을 넣는 것은 소독하기 위해서 이것을 넣고 요리합니다. 잡았다가 하룻밤 자면 외심하기 때문에 밤을 넣습니다.

버드나무와 닭은 상극입니다. 산 지네-죽은 닭도 상극입니다.

영계찜 (초하 5월~6월에)

• 재료

영계 1마리 우육 100그램(30돈), 표고 큰 것 여섯 개, 석이 약간, 숙주 60그램(거두절미), 잣가루 큰 숟가락 하나, 녹말 적당히, 통고추 한 개, 물 2홉 반(450밀리리터)
녹말전분은 탄력이 있습니다.

• 만드는 법

영계는 배를 갈라서 썰어 놓습니다. 큰 것은 반을 갈라서 해도 좋습니다.

고기는 반만 다지고 반은 꾸미를 만듭니다.

꾸미: 찌개나 국에 들어가는 것은 꾸미라 합니다.

숙주: 숙주는 아래 위를 따서(거두절미) 반은 다진데 넣고 반은 꾸미에 넣습니다.

표고: 불려서 채를 치고

석이: 튀해서 대강 뜯어서(채를 치면 그만큼 지저분하니까)

다진 것은 병아리 배 안에 놓고 실로 감아 놓습니다.

솥이나 냄비에 넣어서 닭이 잠길만하게 국물을 붓고 불을 땝니다.

- 고기를 먼저 볶다가 국물을 조금 넣고 달달 볶다가 국물을 2홉 반~3홉 반(450~630밀리리터)을 넣어 끓입니다.

장국이 펄펄 끓을 적에 닭을 넣으면 껍데기가 벗겨질 때가 있으니까 바글바글 끓는 정도로 불을 뭉근히 하여 닭을 넣어서 한참 끓은 뒤에 닭이 익거든 꺼내서 골고루 녹말가루를 뿌려서 끓은 장국물에 다시 넣어가지고 물이 바글바글 끓도록 불을 뭉근히 땝니다.

- 고기를 볶다가 물을 부어야 국맛이 납니다.
- 고기를 볶다가 물을 부을 적에 바로 닭을 넣습니다.
- 녹말가루를 뿌릴 적에 체에 넣고 슬슬 닭 위에 치면 골고루 잘 묻히게 됩니다.

이렇게 다 해 가지고 깨끗한 뚜껑 있는 사기합에다 국물을 조금 가랑가랑하게 붓고 닭 위에 잣가루를 굵직하게 썰어 얹어놓고 통고추 두세 개를 보기 좋게 툭툭 갈라서 드문드문 놓으면 보기 좋습니다.

= 잣가루를 굵게 합니다. 국물을 너무 많이 붓지 않습니다.

소금으로 간을 맞춥니다.

이 음식은 봄기분이 나게 산뜻하고 깨끗한 맛이 납니다.

녹말가루=녹두전분 … 탄력이 있고 윤이 나고 매끄럽습니다.

⊙ 수비 = 우린다는 것을 수비한다고 합니다.

⊙ 비철음식 = 때 아닌 음식을 해 놓는 것을 비철음식이라 합니다.

전유어(간랍) 장국장

1. 간전유어

• 간을 그냥 저미면 벌건 핏물이 나오므로 저며가지고 끓는 물에 담갔다가 써야 합니다.

• 소금을 넣어서 바락바락 주물러서 다시 한 번 물에 헹궈서 부쳐야 합니다.
• 밀가루를 묻힐 때 젓가락으로 약간 살살 묻혀서 달걀을 씌워서 묻혀야 합니다.
• 밑이 노릇노릇 하거든 한번만 뒤집어야 합니다.
• 간전유어는 너무 식히지 말아야 합니다.
• 달걀 씌운 전유어는 사철 아무 때나 쓸 수 있습니다.

실깨소금=껍대기를 벗겨서 볶은 것입니다.

백면가루를 묻혀 부치는 것은 여름철에 합니다.

밀가루 대신 백면가루(메밀가루국수)를 묻혀서 번철에 지집니다. 식으면 깨소금이 묻지 아니하니까 식기 전에(번철에서 그 즉시로) 깨소금을 묻히는데 너무 주무르지 말아야 합니다.(달걀은 씌우지 않습니다.)

• 이른 겨울철에 전유어는

동태, 넙치, 대구, 생대하, 잔대하 등.

전유어는 생선으로 하지만 특히 비치지 않은 것으로 해야 합니다.

잔대하는 등허리부터 저며서 반으로 쪼갭니다.

두꺼운 데는 칼날로 자근자근 잔칼질을 하며(두드리지 말아야 합니다.) 소금과 후춧가루를 뿌려 얄팍하게 놓아 둡니다. 소쿠리 따위에 역시 밀가루 조금 씌워서 달걀을 씌워서 번철에 지집니다. 꽁지는 자르지 말고 지질 적에 공지를 바짝 위로 제쳐서 지져 내면 꽁지만 빨갛게 되어서 모양이 예쁘고 맛이 있습니다.

간전유어는 달걀에 부쳐서 지져 실깨소금에 묻혀야 합니다. … 사시철 백면가루를 묻혀 지져서 실깨소금에 묻혀야 합니다. … 여름철

※ 생선 대하 등허리에 퍼렇고 뭉글뭉글한 것은 알(卵)이므로 이것만 따로 따서 칼로 곱게 다지면 묵같이 됩니다.

이것을 밀가루를 묻혀서 계란을 씌워 번철에 지져 냅니다. 이것은 노랗고 예쁜 빛깔이 됩니다. 간전유어와 곁들입니다.

편육

편육의 종류

① 양지머리(양지루): 차돌박이, 후추리

② 소머리(소머리 중에도 면상이 맛이 있습니다. 특히 코께가 가장 맛이 있습니다.)

③ 우설: 혓바닥

④ 저육(돼지고기) 개성명물

⑤ 도야지 머리: 황해도

⑥ 허파: 점잖은 손님상에는 놓지 않습니다. … 지방

• 만드는 법

양지머리는 핏물을 빼가지고 하루쯤 담가 둡니다.

물이 끓거든 집어넣어서 끓인다. 끓이다가 도중에 꺼내서 찬물에 담갔다가 또 끓는 물에 집어넣습니다. 큰 덩어리는 꼬챙이로 꾹꾹 찔러서 찬물에 담갔다가 끓는 물에 넣으면 빛깔이 뽀얗고 좋습니다.

- 돼지머리 삶을 적에는 껍데기가 위로 가게 해야 하얘집니다. 그렇지 않으면 껍데기가 누래집니다.
- 돼지고기에 천초(川椒: 제피나무 열매)를 넣어서 삶으면 돼지 냄새가 나지 않고 맛이 좋습니다.
- 개성에서는 돼지고기를 찬물에 삶을 때 뚜껑을 조금 열어서 삶는다고 합니다.

식혜

• 재료

엿기름 한 홉(180밀리리터) 찹쌀 두 홉(360밀리리터), 메쌀, 설탕, 유자 한 개, 물 5합(닷곱, 5홉 900밀리리터)

• 만드는 법

쌀에 뉘를 골라서 씻어 담가 놓았다가 건져서 밥을 지을 때 쌀을 젓는다. 김이 오르는 위에서 다시 물을 훌훌 뿌려서 주걱으로 한번 저어 놓습니다. (술밥 찌듯이) 푹 뜸이 든 뒤에 알갱이만 무르면 됩니다. 이 밥은 적당한 그릇에 쏟아 가지고 한 김 나간 후에 엿기름 담가 놓은 것을 밥에 따릅니다다. 따뜻한 아랫목에 4시간 혹은 4시간 반이면 됩니다.

두었다가 위에 밥풀이 서너 개 동동 떴을 때 밖에 내놓으면 활짝 뜹니다.

※ 밥풀이 너무 많이 뜨면 재넘었다고 합니다. 밥풀은 찬물에 건져서 담가 놓습니다. 삭힌 물에다 물을 더 하여 설탕을 넣어 펄펄 끓입니다. 다만 뚜껑을 덮지 말고 끓이고 위에 뜬 거품은 걷어 버립니다. 건더기와 분량이 맞게, 이것을 고운체에 탈지면을 떼서 밭여서 항아리에 넣어 둡니다. 유자는 셋으로 쪼개서 넣어 둡니다.

※ 유자를 물을 끓일 때 넣으면 텁텁하고 국물이 맑지 못합니다. 제물 식혜는 아예 국물은 많이 잡으나 그냥 끓입니다. 뜨거운 밥에다 식혜물을 부으면 데여서 못쓰고 밥이 그릇에 하나가 됩니다.

※ 엿기름은 겨울에 얼려서 기르면 더 답니다.

길이는 보리 길이만큼.

가마니 같은데 넣어서 뜨듯하게 하는 것을 곶이는 것이라 합니다.

찹쌀은 가볍고 멥쌀은 무겁습니다. 그때 반반하면 적당합니다.

수정과[밀양시병(蜜釀柿餠)]

조란(율란과 같이 쓰이는 것)

• 재료

대추 두 홉(살찐 대추), 계핏가루, 숙율(삶은 밤) 큰 것 다섯 개(율란 재료), 꿀 적당히, 계핏가루 찻숟가락 하나, 잣가루 1/2홉

• 만드는 법

먼저 대추를 쪄서 도드미에 바치면 대추 속은 밀려 나오고 대추 껍질만 체 위에 남게 됩니다. 이 대추 속을 꿀을 조금 넣어서 보드랍게 합니다. 여기에 꿀, 계핏가루를 넣어서 잘 섞습니다. 대추를 푹 쪄서 검게 되면 도드미에 놓고 숟가락으로 문질러 거릅니다. 이것을 뜨겁게 둡니다. 거른 데다 꿀을 조금만 치고 계핏가루, 꿀을 넣어 숙율을 해서 숟가락으로 잘 섞어 놓습니다. 밤으로는 대추씨 모양으로 만들고 대추 으깨 걸은 것은 대추 알맹이만큼 꾹 눌러 밤으로 만든 씨를 박아 꿀칠을 조금하여 손바닥에 데굴데굴 굴립니다. 이것을 대추 모양으로 만들고 잣가루를 묻힙니다. 이 율란과 조란을 같이 놓습니다.

생편

• 재료

생강 다진 것 한 공기, 녹말 찻숟가락 하나, 꿀 찻숟가락 여섯, 잣가루 1홉, 꿀 따로 적당히

• 만드는 법

수정과 하려고 생강 삶은 것을 국물은 수정과에 넣고 건더기는 아주 곱게 다져 꿀과 녹말을 넣어 쑵니다. 되직히 어울어지는 듯하면 내놓습니다.(만

져서 망실망실할 정도) 쑤은 것은(평양밤만하게) 조그맣게 떼어서 생강 모양으로 뿔을 만들어 거기에 잣가루를 뿌립니다.

※ 생실과 웃기 반과로 쓰며 여름철에 노인의 소화제로도 드립니다. 사철에 다 씁니다. 나는 가을철에 하면 더욱 좋습니다.

• 반일 생강을 쓸 때에는 한 번 우려 버립니다. 그냥하면 독하기 때문에 생강을 채 쳐서 펄펄 끓여 건더기만 씁니다.

• 위란, 조란, 생편 중 위란이 제일 먼저 쉽니다.

• 율란을 조금 오래 둘 수 있는 방법

숙율을 반죽할 때에 꿀을 좀 넉넉히 넣어 좀 질게 반죽하여 한 번 익혀내면 오래 둘 수 있습니다. (하루 두어 안 쉴 것이면 이렇게 이틀 둘 수 있습니다.)

• 율란을 오래 두는 방법은 질게 반죽해서 꿀을 넣어 불에 놓았다가 볶아서 하면 조금 오래 갑니다.

• 생강은 수정과 할 때 껍질은 벗겨서 착착 채를 쳐서 끓입니다. 이 생 찌꺼기를 또는 정과 해도 좋습니다. 율란할 때 설탕은 끓여서 합니다.

중국요리 반량채(拌凉菜)

• 재료

배추 큰 것 2통, 돼지고기 살 2근(1,200그램), 새우 여덟 개, 겨자 조금, 계란 한 개, 소금, 설탕, 참기름, 생강, 파

• 만드는 법

돼지고기는 생강을 넣어 삶아 놓고 배추는 8센티미터 가량 썰어 저며 채치고, 파를 채 치고, 고기도 얇게 저며서 채 치고, 새우는 껍데기와 함께

삶아서 식힌 다음에 까서 저며 채 치고, 돼지고기도 식은 다음 썰어서 채 칩니다. 계란은 소금을 치고 저며서 얇게 난면을 부쳐 채 치고 배추, 파, 고기, 다 난면과 새우만 남겨 놓고 겨자, 초, 설탕, 참기름, 소금 넣어서 잘 개어서 중탕해 놓은 것을 그 배추와 고기 채 친 것을 넣어 섞습니다. 다음에는 그 배추에다 설탕, 참기름, 초, 소금 넣어 새큼하게 무쳐 놓고 접시에 소복이 넣어 난면과 새우 채친 것을 고명으로 놓습니다.

냉이 메탕

• 재료

냉이 (300돈) 1,120그램, 콩나물 (200돈) 760그램, 꾸미 (모시조개), 쌀뜨물 48홉 (8,640밀리리터), 양념, 된장 360그램, 고추장 120그램, 파 한 단(움파), 마늘 반 쪽, 깨소금, 참기름

굴 전유어

• 재료

굴 130돈(487.5그램), 계란 네 개, 밀가루 찻숟가락 넷, 소금 조금, 참기름 조금, 따르는 것 초간장

콩 진지(콩밥)

• 재료

쌀 큰 되로 두되 닷곱(900밀리리터), 검은 콩 3홉(540밀리리터)

도미찜 (진달래가 피어 화전이 나올 때, 3~4월)

• 재료

도미 중 한 마리, 소고기(우둔) 200그램, 쑥갓 10단, 실파 2단, 미나리 한 단, 밀가루 찻숟가락 셋, 표고 큰 것 네 개, 달걀 큰 것 네 개, 통고추 중간 것 한 개, 참기름 찻숟가락 서너덧, 물 찻숟가락 대여섯

• 만드는 법

- 도미는 손질하여 대가리와 꼬리를 자르고 반으로 저며서 넷으로 자릅니다.
- 왼통은 꼬리로부터 저며서 양쪽에 살을 내놓고 중심의 뼈는 동강 쳐놓고 살을 저민 것을 비스듬히 3센티미터 길이로 저며서 소금 뿌리고 밀가루를 묻혀 계란에 지져 전유어를 합니다.
- 대가리 뼈를 모두 동강 쳐서 부칩니다.
- 고기는 우둔으로 얇게 저며서 채 썰고 참기름, 마늘, 파, 깨소금, 후추, 간장 넣어 무쳐 놓습니다.
- 표고는 불려서 채 치고 미나리와 실파는 3센티미터 길이로 썰어 놓습니다.
- 쑥갓은 다듬어 씻어 놓고 먼저 냄비에 고기를 깔고 다음은 표고, 다음은 미나리, 파, 골고루 놓고 대가리, 뼈, 전유어처럼 한 것을 위로 덮습니다. 다음에 또 그 위에 고기, 미나리, 파, 다음에 전유어, 고기, 파, 미나리 넣어 물 4홉 반(810밀리리터)을 넣어 간장을 물에 따 간을 맞추고 끓으면 전유어에 남겼던 계란을 솔솔 뿌리고서 다음에 쑥갓을 위에 덮어 가운데에 놓고 활짝 끓으면 내려놓습니다.

오리알 산병(3~4월)

• 재료

거죽: 멥쌀가루, 백비탕, 쑥 1/6, 소: 거피팥(껍질 없앤 팥) 1홉, 참기름 찻숟가락 둘, 참기름 적당히, 따르는 것 편청

- 익반죽: 더운 물로 반죽하는 것. 꽉 쥐어 봐서 부서지지 않을 정도가 꼭 알맞습니다. 이것을 찝니다.
- 칠적에 쑥을 넣어 칩니다. 그래야 깨끗하게 됩니다.
- 거피팥에는 참기름만 넣어 콩만큼 만들어 놓습니다.
- 떡쌀이 없는 경우에는 얇게 밉니다. 그래서 약주판으로 떠냅니다. 그래서 들여갈 때 참기름 칠을 합니다.

개피편(개피떡)

• 재료

거죽: 멥쌀가루, 백비탕, 쑥 또는 송기, 소: 개피팥 - 볶은 팥 1홉, 꿀 찻숟가락 하나, 계핏가루 약간, 따르는 것 편청

• 만드는 법

거죽이나 소 만드는 법은 오리알 산병과 꼭 같습니다.

다해서 기름 수건을 해서 도마를 싹 훔치고 한 번에 죽 밉니다.

개피소를 넣어 종지나 공기로 떠냅니다.

색절편

4가지 색을 내어 다식판에 박아서 ⊕ 모양 4가지 색을 다 내어 놓으면 예쁩니다.

화전

• 재료

두견화 적당히, 찹쌀가루 닷곱(900밀리리터), 약주 찻숟가락 네다섯, 물 조금, 지지는 재료 참기름, 집청 재료 꿀(설탕), 잣가루, 계핏가루

• 만드는 법

① 찹쌀가루에 약주 물 약간 섞어서 꽉 쥐어 봐서 부서지지 않을 정도. 덩어리지지 않도록 폅니다. 진달래는 물을 확 뿌려서 반죽한 것을 공기 밑에다 얇은 행주를 놓아 가루를 넣어 꽃을 넣고 한쪽 행주를 덥혀 놓고 꼭꼭 집어 놓아 꺼내서 기름에 주악 지지는 듯이 지집니다.
집할 때는 식은 다음에 꿀이나 설탕물을 뿌립니다.
다음에 계핏가루를 뿌립니다.
※ 도미면, 조기면과 같이 점심상에 들여갑니다.

② 감국화를 찹쌀가루에 섞어서 찝니다. 이때 잎사귀(국화잎), 쑥갓, 감잎사귀전을 해서 꽃전과 곁들여 놓습니다. 대추도 감잎사귀와 감남잎사귀에 할 때는 물에 담갔다가 물을 확 뿌려서 가루에 살짝 뿌려서 기름에 두릅니다.
감잎에는 비타민 C가 포함되어 있습니다.
잎사귀는 유리 항아리에 넣고 두꺼운 소금을 넣어 공기가 들어가기 전에 밀봉합니다.

③ 장미꽃은 좀 두려면 설탕물에 담가 두었다가 한송이 집어서 가루를 솔솔 뿌려서 기름에 지집니다. 계절에 따라 진달래, 다음에 장미, 다음에 출단화, 다음에는 옥잠화는 튀기고 화전은 지집니다.
느티떡 고열편은 이것을 쑥처럼 해서 지집니다.(4월 초파일)

화면

• 재료

오미자물 1홉 설탕 20~25그램, 두견화 녹말

• 만드는 법

화전은 화면 다음에 합니다. 진달래를 꽃술을 뽑아 물에 띄웠다가 건져서 녹말을 묻혀 끓는 물에 삶습니다. 빛이 변하면 찬물에 담가서 체에다 건져 물에 빠질 때까지 놓습니다.
오미자를 유리그릇에 7부쯤 넣어 꽃을 해놓은 것은 다섯 개쯤 담급니다. 그것은 물로 우려내는 것은 수비라 합니다.

정리(가사실)
① 부분적 각대
② 전체적 교실 전체
③ 노-트 정리

준치메탕(5~6월): 조기 다음

• 재료

준치 중간 것 한 마리, 꾸미 200그램, 물 10홉 가량, 계란 큰 것 다섯 개, 밀가루 1/2홉, 쑥갓 10단

• 재료: 양념

간장 1홉당 10~11그램, 참기름 찻숟가락 둘, 깨소금 찻숟가락 하나, 후춧가루 찻숟가락 둘, 파 중간 것 한 개, 마늘 큰 것 한 쪽, 소금 찻숟가락 1~1½, 참기름 찻숟가락 서넛, 따르는 것 초

• 만드는 법

준치: 손질하여 앞뒤에 기름칠해서 찝니다. 이러면 비린내가 안 납니다. 익으면 숟가락으로 살살 가시를 제치고 긁으면 살만 나옵니다.
양념에 깨, 파, 마늘, 모두 반만 넣다. 곱게 다져서 두고 소금으로 간을 마치고 간장 조금 넣어 두고 잘 주물러서 무친다. 섭산적 모양으로 만들어 계란을 밀가루와 무쳐서 전유어처럼 기름에 지져 놓습니다.
꾸미: 이것은 송송 썰어서 척척 이깁니다. 이는 잘 어울리게 마늘을 다지고 파는 3센티미터로 채 치고 남은 양념을 다 넣어 볶다가 물을 부어 끓입니다. 그래서 맛을 맞춰 놓습니다. 맑은 장국을 하는데 큰 숟가락으로 하나쯤 넣습니다.
마침 진짓상에 드려갈 때 국을 다시 끓여서 건더기를 넣어 불이 센 데다 와글와글 끓입니다. 여기에 쑥갓을 잠깐 숨만 죽이고 다섯으로 나누어 그릇에 담아 놓습니다. 생선 애탕에는 초에다 고춧가루를 뿌려서 내갑니다.
불이 쌀 때는 생선뼈를 끓이면 맑고 깨끗하고, 약하고 뭉근한 불에 하면 탁하고 빛이 흉합니다.

준치만두

• 재료

준치 중간 것 1마리 꾸미, 200그램, 물 6홉(1,080밀리리터)가량, 실백 쓰는 대로, 녹말 1/3홉(60밀리리터), 양념은 메탕과 꼭 같습니다. 따르는 것은 초간장에 잣가루

• 만드는 법

준치는 메탕과 같이 똑같이 하고 그 살을 양념한 뒤에 손에 기름을 묻혀 밤알만큼 만들어 실백을 사이에다 끼워 둥글려 손끝으로 꽉 넣습니다. 이 모양으로 되면 녹말에다 굴리고 꾸미를 건져 내고 국물에다 이 녹말을 묻힌 것을 넣습니다. 꾸미를 그냥 넣으면 지저분합니다. 만두와 함께 표고·석이 채 친 것을 넣습니다. (충분히 끓인 다음) 다 끓인 다음에는 잠깐 녹말만 익으면 되니까 살짝 끓입니다. 뚜껑 있는 찜그릇에 담아 더는 수저를 끼워 내갑니다. 약주상만은 안주 먼저 한 다음에 이를 내갑니다. 연회상에는 차례차례로 내갑니다.

※ 손윗분과 식사할 때 수저를 내려놓는 것을 짓는다고 합니다. 먼저 끝이 나면 그릇에 수저를 걸쳐 놓았다가 상대방이 끝이 나면 놓아야 합니다.

두부전골

• 재료

두부 한 채(한 모), 녹말 적당히, 우육 400그램, 실백 큰 숟가락 둘, 미나리 2단(양념), 당근 작은 것 한 개, 간장 큰 숟가락 넷, 마늘 2쪽, 소금 약간, 표고 큰 것 두 개, 참기름 큰 숟가락 다섯, 석이 조금, 깨소금 큰 숟가락 셋, 숙주 60그램, 후추 찻숟가락 하나, 계란 두 개, 파 작은 것 한 개

• 만드는 법

두부를 골패짝 썰기로 ○○(?), 3센티미터로 썰어서 두 쪽을 같이 붙이면서 놓습니다. 고기를 400그램에서 반은 곱게 다져 놓고 나머지 반은 채로 쳐서 각각 양념하여 무쳐 놓습니다. 다른 양념은 모두 채로 썰어서 양념하여 묻혀서 놓습니다. 다져 놓은 고기는 두부 두 쪽 사이에 얇게 넣고 이것을 녹말가루를 묻혀서 부쳐 냅니다.

냄비에 담을 때에 채 썬 고기를 맨 먼저 넣고 익혀 놓은 양념을 조금 그 위에 뿌려 놓습니다. 두부를 그 위에 한 켜 깔고 그 위에 나머지 고기를 넣고 위에 두부를 또 깔아놓습니다. 그 위에 색을 잘 조화시켜서 먼저 놓고 국물은 물에 간장을 타서 삼삼하게 하여 재료가 부서지지 않게 조심하여 가장자리로 묵고 불을 약하게 하여서 바글바글 끓일 정도로 하여서 상에 올리게 합니다.

- 두부전골은 오뉴월 삼복에는 잘 상하기 때문에 하지 않고 가을, 겨울 기간 흔히 많이 합니다. 이것은 장국상에 찜 대신으로 올려 갈 수가 있습니다. 또 연회의 술안주로 이 전골은 색의 조화가 잘 되어서 색이 선명하고 맛이 채초(採草: 가축의 먹이로 풀을 벰)로 할 것이나(?) 고기가 적으므로 맛이 쌈박하고 산뜻합니다.

부록5. 조자호 선생의 신문, 잡지, 방송기사

1. 〈동아일보〉 연재기사(1937~1940년)

1937년 11월 23일

음식 중에는 대표적인 조선 요리 몇 가지(上)

손님 청할 때 꼭 참고가 됩니다.

구자(열구자탕, 신선로)

• 재료

양, 사태, 곤자소니, 정육, 계란, 미나리, 소등골, 전복, 해삼, 파, 마늘, 후춧가루, 깨소금, 참기름, 설탕, 표고, 호도, 실백, 은행 등

• 만드는 법

먼저 양, 사태, 곤자소니, 해삼, 정육 등을 삶는데, 너무 익히지 말고 알맞게 삶아서 국거리는 보기 좋고 알맞게 썰고 해삼, 전복은 구자에다 대서(?) 길이는 썰고 넓이는 너 푼 가량 되게 썰어 놓습니다. 그 다음 소 등골

을 물에 넣고 대꼬챙이로 몸이 상하지 않게 잘 벗겨서 알맞게 잘라 두께는 반을 갈라 밀가루와 계란을 씌워 부치고 미나리도 계란 묻혀 얇게 부치고, 다음에는 계란을 노른자, 흰자를 각각 부칩니다. 그리고 정육을 조금만 잘 다져서 양념해서 큰 콩 만큼씩하게 동글게 만들어 밀가루와 계란을 묻혀 부쳐 놓고(이것을 모루기라 합니다) 남은 정육을 육회하듯 가늘게 채 쳐서 갖은 양념을 해서 이것을 먼저 구자 밑에다 펴고 그 위에는 국거리를 삶아서 썰어 놓은 것을 양념해 폅니다.

그 다음에는 무쳐 놓은 등골과 미나리 계란 부친 것, 해삼, 전복, 표고 이것들을 구자_이에(?) 짝 맞도록 돌아가면서 색을 잘 맞추어 담는데 통고추를 갈라 다른 것과 같은 치수로 썰어서 사이사이로 넣으면 색이 더 납니다.

맨 위에는 호도, 실백, 은행 등을 간격을 맞추어 얹습니다. 이리하여 구자 담는 것은 끝이 납니다.

다음에는 정육만 넣고 맑은 장국을 심심하게 끓여 놓았다가 상에 놓아 들여갈 때 끓여 놓은 장국을 붓고 가운데에다 불을 피워서 들여갑니다.

골탕

• 재료

소등골, 정육, 계란, 밀가루, 파, 마늘, 후춧가루, 설탕, 참기름, 간장, 깨소금

• 만드는 법

먼저 끓는 물에 담가 놓고 대꼬챙이로 껍질을 잘 벗겨서 한 치(약 3센티미터)가량 되게 잘라 반 정도의 두께로 갈라가지고 밀가루와 계란을 씌워 철에 부쳐 놓는다. 다른 정육은 육회같이 가늘게 채를 쳐 갖은 양념을 해서

장국을 맛나게 끓이다 부쳐 놓은 골을 넣어서 국물 위로 동동 뜨거든 그때 먹습니다. 골탕은 골이 너무 끓어서 밑으로 가라앉으면 못씁니다.

애탕

이 애탕은 특히 정월에 해먹으면 별맛이 있는 것인데 양지쪽에 파릇파릇 난 쑥을 뜯거나 떡집에 가면 파는 것도 있습니다.

• 재료

애쑥, 정육, 계란, 녹말가루, 파, 참기름, 깨소금, 간장, 후춧가루

• 만드는 법

먼저 쑥을 곱게 다져서 체에다 다 물에 띄워 푸른 물을 다 빼서 고기를 다져 한데 양념해서 둥글고 납작스럽게 엽전 넓이보다 좀 크게 만들어 놓고 고기를 잘게 채 쳐 양념해서 장국을 끓이다가 만들어 놓은 쑥에다 녹말과 계란을 씌워 잘 끓은 국에다 넣으면 익어서 떠오르거든 상에 떠 놓습니다. 겨울이니만큼 움파가 있으니 파 잎만 한 치가량 잘라서 국에 넣으면 더욱 좋습니다.

향누름이

• 재료

도라지, 정육, 양지머리, 대창, 해삼, 전복, 표고, 파, 마늘, 참기름, 설탕, 간장, 잣가루, 후춧가루

• 만드는 법

먼저 양, 대창, 해삼, 전복 등을 알맞게 삶아서 길이 두 치(약 6센티미터)가량 되게 잘라 가느스름하게 썰어 갖은 양념을 해놓습는다. 정육도 이와 같이 썰어서 양념해 놓습는다. 도라지는 알맞게 삶아 우려 버리고 다 같은 치수로 찢어 양념해 놓고 대꼬챙이에다 각각 섞어서 꿰어 놓습는다. 그래서 양쪽 끝을 층나지 않게 거두절미해서 잣가루를 앞뒤로 무쳐 놓습는다.

이것은 요리접시에 담고 그 위에 지단을 채 쳐 위에 뿌립니다. 이것은 특히 큰 잔치 때 중요한 음식이 됩니다. 술안주에도 가장 좋을 것입니다. 식성에 따라 초장도 찍으니까 초장을 맛나게 타서 놓습니다.

1937년 11월 24일
음식 중에는 대표적인 조선요리 몇 가지(下)

손님 청할 때 꼭 참고가 됩니다.

청국장

• 재료

흰콩, 양, 사태, 곤자소니, 홀더럭이, 무, 해삼, 전복, 건대구, 파, 마늘, 후춧가루, 참기름, 깨소금

• 만드는 법

먼저 콩을 솥에다 볶아서 매에다 반쪽만 되게 타서 키로 까불러 버리고 솥에 넣고 물을 붓고 잘 삶아 건져서 그릇에 담아 더운 방에다 한 24시간쯤 띄웁니다. 콩 빛이 거무스름하고 진이 나면 잘 된 것입니다.

그 다음 양, 사태, 곤자소니, 홀더럭이, 전복, 해삼, 무, 건대구 등을 국거리로 고는데 띄워 놓은 콩을 보 같은 데다 잘 싸서 그 속에 넣고 삶습니다. 알맞게 삶아지면 다 건져서 국거리같이 썰어 갖은 양념으로 간 맞추고 거기다 콩을 조금만 섞어서 국물과 함께 항아리 같은데 담아두고 먹을 때마다 고춧가루를 좀 더 넣어 먹습니다. 다 식은 뒤에 위에 기름을 걷습니다.

청어선

• 재료

생선 청어 알백이, 정육, 계란, 녹말가루, 미나리, 숙주, 당무, 파, 마늘, 후춧가루, 설탕, 간장, 깨소금, 참기름

• 만드는 법

청어를 비늘을 긁고 대가리만 조금 자르고 드문드문 잔 칼집을 해 놓습니다. 정육을 잘라서 양념을 해 앞뒤로 부치고 그 위에 당무, 미나리, 숙주는 거두절미해서 삶고 계란을 부쳐 채 치고 해서 색을 맞추어 쭉 펴놓고 녹말을 묻혀 요리접시에 담아 솥에 쪄냅니다. 초장을 맛나게 타서 같이 놓습니다. 이것은 겨울 술안주로 특히 좋습니다.

족채

• 재료

쇠족, 편육, 정육, 미나리, 숙주, 배, 실백, 계란, 파, 깨소금, 참기름, 겨자, 설탕, 간장

• 만드는 법

삶은 족을 얇게 저며 채 치고 편육, 정육, 배 전부를 채 친다. 미나리 숙주를 거두절미하여 삶아 놓고 계란을 부쳐 채 친다.

그다음 지단만 빼놓고 전부 한 데 양념을 해서 상에 놓을 때 냄비에 얼핏 눅혀 가지고 겨자를 쳐서 섞은 다음 요리접시에 보기 좋게 담고 위에다 지단 채 친 것과 실백을 얹습니다.

특히 술안주에 적당합니다.

원수병

• 재료

참쌀가루, 오미자, 설탕, 졸병, 실백, 녹말가루

• 만드는 법

먼저 오미자를 닦아서 불려 놓고 찹쌀가루를 알맞게 반죽해서 큰콩만큼씩 하게 만들어 그 속에 실백 한 개와 졸병을 잘게 썰어 넣어서 물을 끓이다 녹말을 씌워 넣어서 뜨거든 찬물에 건집니다. 다시 가루를 한 번 묻혀 삶아서 찬물에 건져 체 같은 데 물을 빼 버리고 오미자 국에 설탕을 달게 타서 알맞추어 놓고 실백을 띄웁니다.

이것은 다른 철엔 여러 가지 화채가 있지만 겨울에는 화채할 만한 재료가 없으니 이것을 화채 대신으로 합니다.

갈비찜

• 재료

갈비, 계란, 표고, 석이, 배추 속, 실백, 파, 마늘, 참기름, 깨소금, 진장, 보통간장, 설탕, 후춧가루.

• 만드는 법

갈비를 한 치가량 잘라 잘 삶아서 건져 놓고 배추 속을 얼핏 삶아서 버섯도 잘게 썰어 한 데 양념해서 다시 어우러지게 끓입니다. 다 끓인 후 그릇에 담고 위에다 지단을 부쳐 채 쳐 얹고 잣을 얹습니다. 석이는 더운 물에 튀해야 합니다.

겨자선

• 재료

호박채속, 죽순, 당무, 오이, 북감자, 제육, 배, 미나리, 숙주, 겨자, 식염(소금)

• 만드는 법

배추를 채 치고 오이를 둥글게 착착 썰어서 소금에 살짝 절여서 짜놓습니다. 제육, 배랑 당무는 살짝 삶아서 다 채 쳐 놓습니다. 숙주는 거두절미하고 미나리는 한 치가량 자르고 감자하고 다 삶아서 감자는 납작하게 썰어서 전부 한 데다 겨자를 안겨 소금으로 간 맞추어 섞습니다.

요리접시 밑에다 배추 잎을 깔고 그 위에 담습니다. 이것도 술안주에 특히 좋습니다.

1937년 12월 21일

조선 요리로는 본격적인 정월 음식 몇 가지

이것쯤 모르시고야 말이 됩니까?

못 해 잡수어도 알아는 두십시오.

만두

• 재료

백면가루, 밀가루, 국수, 생치, 정육, 배추통김치, 무, 숙주, 미나리, 실백, 두부.

• 만드는 법

먼저 꿩을 살만 굵직굵직하게 썰어 양념해 볶아서 다시 곱게 다져 놓습니다. 다음 숙주를 아래위 따서 삶고 미나리도 줄거리만 삶아서 배추통김치 하얀 줄거리만 비어 속을 떨어 버리고 물에 잘 빨아 한데 곱게 다져서 먼저 다져 놓은 꿩과 정육을 한데 섞고 무나물을 가늘게 썰어 볶아서 두부와 전부 한데 섞어 갖은 양념을 해놓습니다.

그다음 백면가루에다 밀가루를 3분의 1만 섞어서 국수를 끓는 물에 빨아 그걸로 반죽을 해서 작은 밤톨만큼 하게 잘라서 속을 얕게 파고 양념해 놓은 속을 넣고 실백을 두어 개씩 넣어서 아물립니다. 그런데 다 막지 말고 한쪽 귀를 조금만 남겨야 장국이 그 속에 들어가 맛이 더욱 좋습니다. 그다음 맑은 장국을 끓이다가 만두를 넣어 삶되 국물 위로 뜨면 다 익은 것입니다. 다 익은 뒤에 그릇에 뜨고 그 위에는 정육을 곱게 다져 볶아 얹습니다.

잡채

• 재료

정육, 죽순, 홍무, 저육, 양파, 파, 표고, 석이, 느타리, 배, 오인, 전복, 우설(牛舌), 겨자집

• 만드는 법

정육과 저육을 곱게 채쳐 양념해서 볶아 놓습니다. 양파, 표고, 느타리 이것도 채 쳐 기름에 볶습니다. 석이는 더운 물에 튀해 채 쳐 이것도 볶습니다. 오이는 반을 갈라 착착 썰어 소금에 살짝 절여 물에 빨아 버리고 기름에 잠깐 볶고 홍무도 채 쳐 볶아 놓고 전복은 얇게 저며 채 쳐 역시 볶으십시오. 우설과 배는 채만 쳐서 전부 한데 섞어 갖은 양념을 해서 그릇에 담고 그 위에 겨자집을 얹습니다.

족편

• 재료

소족, 꿩이나 정육, 잣가루, 계란, 석이.

• 만드는 법

족을 흐물흐물 하도록 푹 고아서 뼈는 추려 버리고 살을 건져 곱게 다져 갖은 양념을 해서 그 국물에다 다시 넣고 불을 땝니다. 생치나 정육을 곱게 다져 갖은 양념을 해서 볶은 뒤 다시 보푸라기가 되도록 다져 놓습니다. 석이도 튀겨 채를 쳐 기름에 볶습니다.

족을 고는 것이 거의 엉길만 하면 반죽을 잘 대중해 보아서 그릇에다 두께 서너 푼(약 0.6~0.9센티미터)가량 되게 푸고 그 위에 볶아 놓은 고기

와 석이, 잣가루를 뿌리고 계란 흰자 노른자를 따로 얇게 부쳐서 채를 쳐 얹습니다.

숭어찜

• 재료

숭어, 정육, 표고, 미나리, 밀가루, 파, 계란.

• 만드는 법

숭어를 알맞게 토막을 쳐서 밀가루와 계란을 씌워 부칩니다. 미나리도 계란을 씌워 얄팍하게 부쳐 납작납작하게 썰고 계란도 흰자 노른자를 따로 부쳐 같은 치수로 썰어 놓고 표고도 이와 같은 치수로 썹니다. 정육을 조금만 곱게 다져 양념을 해서 큰 콩알만큼씩 동글게 만들어 밀가루와 계란을 묻혀 부칩니다.(이것을 모루기라 합니다.)

그다음 남은 정육을 육회하듯 재워서 냄비 밑에 깔고 그 위에다 부쳐 놓은 숭어를 놓고 썰어놓은 미나리, 표고, 계란, 모루기를 냄비 가장자리로 쭉 돌아가며 색 맞추어 얹고 국물은 간장물을 간 맞추어 타서 붓고 끓입니다.

1937년 12월 23일

조선 요리로 본격적 정월 음식 몇 가지(3)

손님 청할 때 시험해 보십시오.

식혜

• 재료

찹쌀, 멥쌀, 설탕, 유자, 실백.

• 만드는 법

찹쌀과 멥쌀을 반씩 섞어 도듬이로 싸래기를 내려 버리고 물에다 하룻밤쯤 담급니다. 그동안 엿기름을 곱게 갈아 물에 담갔다가 걸러 가라 앉혀 놓습니다. 담가 놓은 쌀을 건져 시루에 쪄서 익거든 가라앉은 엿기름 물을 찌꺼기가 섞이지 않게 따라서 밥을 넣어 더운 아랫목 같은 데에 더웁게 싸 놓아 삭힙니다. 가끔 열어 보아 밥알이 네댓 개 뜨거든 서늘한 데로 놓으면 밥풀이 위로 다 뜹니다.

다 뜨거든 철조리 같은 것으로 밥알이 상하지 않게 건져 찬물에 헹구어 다시 찬물에 담가 놓고 국물은 건더기 대중해서 물을 섞고 설탕을 먹을 만하게 타서 끓입니다. 거의 끓거든 유자를 넣어(요즘 같으면 레몬도 좋을 것입니다) 한소끔 끓여 퍼 놓고 식은 뒤에 먹을 때마다 국물에 건더기를 넣고 잣을 띄웁니다. 이와 같이 하면 빛도 깨끗하고 시간이 좀 지나도 잘 가라앉지 않습니다.

배숙

• 재료

배, 설탕, 생강, 통후추, 실백

• 만드는 법

먼저 생강차를 달여 배를 벗겨서 네 쪽에 조개 속을 발라 버리고 배 등에다 통후추 네댓 개씩 박아서 끓여 놓은 생강차에다 설탕을 타고 배를 넣어 끓입니다. 배 빛이 불그스름하고 검은 빛이 좀 나면 불에서 내놓아 식혀서 먹을 때 실백을 띄웁니다.

수정과

• 재료

준시, 생강차, 설탕, 실백, 계피.

• 만드는 법

먼저 생강차를 달여 식혀서 준시를 넣습니다. 한 이틀 되거든 다른 그릇에 건더기를 건져 두고 먹을 때마다 국물을 뜨고 감을 넣어 잣을 띄웁니다. 이렇게 따로 두면 며칠 가도 건더기가 풀리지 않고 국물이 깨끗합니다. 그리고 대개가 계핏가루를 푸는데 보기에도 지저분하고 재미없으니까 통계피나 계핏가루를 헝겊에다가 싸서 수정과 담글 제 넣으면 향기만 나고 좋습니다.

이 세 가지는 정월에 빼지 못할 음식인데 상에 놓을 때는 언제든지 수정과나 배숙은 한 가지만 식혜하고 놓고 세 가지를 다 놓지 않습니다.

약식

• 재료

참쌀, 밤, 대추, 꿀, 검은 설탕, 진장, 참기름, 실백

• 만드는 법

참쌀을 좋은 쌀로 하루쯤 담갔다가 건져서 시루에 쪄서 다 익거든 큰 그릇에 펴내 놓고 밤을 삶아 까고 대추는 씨를 발라 놓고, 설탕은 끓여 체에 바쳐서 꿀, 진간장, 참기름 등을 전부 한데 혼합하여 잘 섞어 다시 시루에 앉혀 찝니다. 불을 주의해 잘 때야 하나니 처음에 한 소끔 때고 뭉근하게 땝니다.

실백은 그릇에 담고 위에 얹습니다. 약식 안칠 때 그냥 평평하게 안치면 위에 허실이 많이 나니까 가운데 모아 안치고 밀가루 반죽을 해서 위에다 씌우면 허실이 많이 안 나서 좋습니다. 약식은 정월 보름 음식이지만 대강 말씀합니다.

1937년 12월 24일

조선 요리로 본격적 정월 음식 몇 가지(4)

손님 청하실 때 시험해 보십시오

오곡밥

• 재료

찹쌀, 붉은팥, 검은 밤콩, 청정미(靑精米: 차조의 하나인 생동찰로 찧은 좁쌀), 찰수수, 대추, 밤

• 만드는 법

팥을 먼저 삶되 반쯤 퍼지거든 건져 놓고 수수와 콩은 담가 불려서 찹쌀, 청정미와 삶아 놓은 팥을 한데 섞습니다. 대추는 씨를 안 빼고 밤을 벗겨서 골고루 섞어 안치는데 많으면 시루에다 안쳐 떡 찌듯 합니다. 조금 해 잡수시면 솥에다 해도 좋습니다. 솥에 안치실 때 반드시 먼저 솥 밑에 참기름을 바르고 안치면 많이 눌지를 않습니다. 밥물은 팥 삶아 놓은 국물을 부으면 빛이 더욱 좋습니다. 밥이 끓어서 넘은 뒤 잦아들만 하거든 소금물을 간 맞추어 타서 간이 맞을 만큼 밥 위에다 뿌려 놓으십시오.

물송편

• 재료

멥쌀가루, 꿀소, 녹말

• 만드는 법

쌀가루를 끓는 물에 익반죽을 해서 송편을 만드는데 아주 적게 만들어 꿀

소로 속을 넣어 녹말을 씌워 끓는 물에 삶아서 냉수에 헹구어 물을 빼 놓습니다. 일전에 말씀한 두텁떡과 같이 여러 가지를 곁들여 놓아도 좋고 이것은 더욱이 졸지에 오시는 손님에게 대접하기 위해서는 대단히 간편하고 빨리되어 좋습니다.

양선(胖膳)

• 재료

양지머리, 녹말, 겨자집

• 만드는 법

양지머리 좋은 것을 깨끗하게 튀해서 얄팍얄팍하게 저며 사방 한 육칠 푼(약 1.8~2.1센티미터)가량 잘라 잔칼질을 잘해서 녹말을 묻혀 끓는 물에 삶아 건져 냉수에 식혀서 체 같은 데다 물을 뺀 후 겨자를 찍어 잡수십시오. 특히 이것은 술안주에 적당합니다. 양선하는 법이 외에도 있지만은 이 법이 제일 경편합니다.

열구자(悅口子)

• 재료

숭어나 도미, 정육, 계란, 밀가루, 고초장, 죽순, 표고, 홍무.

• 만드는 법

생선을 잘 다져 알맞게 토막을 쳐 밀가루와 계란을 묻혀 번철에 부치고 정육을 곱게 다져 모루기를 만들어 부칩니다. 그다음 미나리를 계란을 묻혀 얇게 부치고 계란도 흰자 노른자를 각각 부쳐 미나리와 다 같이 넓이 한 너 푼 가량 길이 한 치가량으로 썰고 표고, 파, 죽순도 같이 썰어 놓습니다. 홍무는 살짝 데쳐 위에 것과 같은 치수로 썰어 놓은 후 정유회하듯 곱게 채 쳐 갖은 양념을 고추장으로(간을 하고 싱거울 듯하면 장을 치십시오)

알맞은 냄비에 펴고 부쳐 놓은 생선을 놓고 그 위에다 준비해 놓은 계란 부친 것과 여러 가지로 다 가장자리로 돌아가며 색을 맞추어 펴 놓고 국물을 해 붓되 고추장을 풀어 부으십시오. 이것도 술안주에 적당합니다.

두부전골

• 재료

두부, 정육, 표고, 석이, 미나리, 숙주, 계란, 홍무, 죽순, 녹말, 무

• 만드는 법

두부를 서 푼가량 두께로 저며 납작스럽게 썰어 정육을 곱게 다져 양념해서 두부에다 입혀서 두부 한 쪽을 맞 부쳐서 녹말을 묻혀 철에 부치고 숙주는 아래 위 잘라 살짝 데쳐 기름에 볶아 갖은 양념을 합니다. 표고, 죽순도 채 쳐 기름에 볶아 양념하고 미나리와 홍무도 살짝 데쳐 먼저 것과 같이 기름에 볶아 양념합니다. 석이는 더운 물에 튀해서 채 쳐서 기름에 볶기만 하고 계란은 노른자 흰자를 각각 부쳐 채 칩니다. 무도 채쳐 나물하듯 합니다. 그다음 정육을 채 쳐 양념해 냄비 밑에 깔고 그 위에다 부쳐 놓은 두부를 담고 맨 위에 다 준비해 놓은 숙주 미나리와 여러 가지를 다 색을 맞추어 펴 놓고 국물은 장물을 슴슴하게 타서 붓고 끓입니다.

수전채

• 재료

생치, 배추 통김치, 표고, 석이, 실백, 베, 죽순

• 만드는 법

생치를 살만 발라 얄팍얄팍하게 저며 갖은 양념을 해서 볶고 남은 뼈는 푹 삶아서 국을 식혀 놓습니다. 표고도 납작스레 썰어 양념해 볶습니다. 석이는 더운 물에 튀해 채 쳐 볶고 죽순은 연한 곳만 얇게 착착 썰어 놓습니다.

그 다음 배추 통김치를 알맞게 익을 것을 납작납작하게 썰어서 유리그릇 같은 데다 김치 한 켜 담고 준비해 놓은 고명 한 켜씩 섞바꾸어 담고 국물은 생치 뼈 삶은 국물을 간 맞추어 붑니다. 그리고 위에다 잣을 띄워 놓습니다. 배도 얄팍얄팍하게 썰어 넣습니다. 이것은 특히 겨울에 만든 음식인데 술안주로 좋습니다.

게묵채

• 재료

게묵, 겨자, 단 것, 설탕

• 만드는 법

게묵을 굵고 좋은 것으로 너무 묽어지지 않게 삶아서 껍질을 벗겨서 하루쯤 담가 둔다. 게묵이 원래 씀바귀 뿌리가 되어 몹시 쓰니까 그럽니다. 쓴맛이 웬만큼 우러나거든 건져서 겨자, 단 것, 설탕, 깨소금 등을 넣어 무치는데 소금으로 간을 맞춥니다. 이것도 겨울에들 많이 하는 음식인데 술안주로 많이들 합니다.

1938년 3월 4일
생각만 해도 입맛 나는 봄철의 조선 요리(上)

요리에 녹말을 쓰는 데가 있는 고로 먼저 녹말 내는 법을 말씀합니다. 그리고 재료에 있어서 조미료라 구하는 것은 기름, 깨소금, 후춧가루, 파, 마늘 등 조선 음식의 가지 양념을 번번이 말할 것 없이 조미료라 구하겠습니다.

녹말 내는 법
녹두를 굵고 좋은 것을 매에 타서 담갔다가 깊이를 정하게 해서 매에다 곱게 갈아서 고운체에다 바칩니다. 바친 건더기를 무명 자루 같은 데다가 넣고 다른 맑은 물에다 자루를 넣고 맑은 물이 나도록 주물러 녹말을 뺀 후 더 우러날 것이 없게 되거든 찌꺼기를 쏟아 놓고 바쳐 놓은 국물을 먼저대로 자루에 넣고 역시 맑은 물에 자루를 담가 놓고 주물러 뽀얗게 다 나올 때까지 주물러 뺍니다. 빼 놓은 물을 건드리지 말고 잘 놓아 두면 가라앉습니다.

그런 뒤 웃물은 가만히 따라서 묵물국을 끓여 먹고 가라앉은 앙금은 정한 물을 다시 부어 휘휘 저어서 가만히 놓아 두면 다시 가라앉습니다. 이렇게 하기를 서너 번 해서 깨끗이 우러나거든 물을 다 따라버리고 채반 같은데 백지를 펴고 살살 펴놓아 말려 쓰십시오. 지금 가게에서 파는 녹말은 집에서 낸 것같이 음식을 해도 맛이 안 나니까 철을 놓치지 말고 녹말을 내놓고 쓰면 좋습니다.

국수비빔

• 재료

백면, 정육, 편육, 미나리, 계란, 조미료.

• 만드는 법

먼저 미나리를 알맞게 썰어 살짝 대쳐 놓고 정육을 곱게 다져 갖은 양념을 해서 적은 콩 만큼씩하게 모루기를 만들어 밀가루와 계란을 묻혀 부치고 계란을 잘게 알쌈을 부치고 다음에는 정육을 가늘게 채 쳐 양념해 볶다가 미나리를 잠깐 넣어 볶아 냅니다.

편육도 가늘게 채 쳐 놓은 후 국수를 정히 빨아 물을 뺀 후 준비해 놓은 모루기, 알쌈, 고기볶음, 편육을 전부 한 데 넣고 갖은 양념을 해서 간을 잘 맞추어 무칩니다. 그릇에 담고 위에는 알쌈과 모루기 고기 볶은 것을 보기 좋게 얹습니다. 비빔국수 상에는 맑은 장국을 옆에 놓으십시오.

도미국수

• 재료

도미, 정육, 계란, 밀가루, 백면, 쑥갓, 조미료

• 만드는 법

성하고 좋은 도미를 머리를 잘라내고 토막을 치되 도미에 따라 너무 크지 않게 잘라 반으로 갈라서 뼈를 뺀 후, 밀가루와 계란의 씌워 철에 부치고 장국을 맛나게 꾸미를 재여 끓이다가 부쳐 놓은 도미를 넣어 잠깐 동안 끓이다가 쑥갓을 넣어 숨만 죽여 다른 그릇에 건져 놓고 국수를 정히 빨아 그릇에 담고 도미 토막을 얹은 뒤에 쑥갓을 펴놓고 국물을 붓습니다. 조기는 절대로 신선한 것이라야 합니다.

도미찜

• 재료

도미, 정육, 계란, 밀가루, 쑥갓, 표고, 조미료, 미나리, 실백, 홍고추

• 만드는 법

도미를 정히 다루어 알맞게 토막을 쳐서 밀가루와 계란을 씌워 철에 부치고 정육은 연한 살로만 곱게 다져 콩알만하게 모루기를 만들어 밀가루와 계란을 묻혀 역시 철에다 부쳐 놓고 미나리도 계란과 밀가루를 묻혀 부쳐 놓습니다.

계란도 흰자 노른자를 각각 부쳐서 미나리 부친 것과 표고 이 네 가지를 다 각각 넓이 너 푼(약 1.2센티미터)가량 육칠 푼(약 1.8~2.1센티미터) 길이로 썰어 놓고 알맞은 냄비에다 정육을 가늘게 채 쳐 맛나게 양념을 해서 밑에 깔고 그 위에 부쳐 놓은 도미를 놓고 그 위에다 준비해 놓은 미나리 표고 계란 부친 것을 색 맞추어 얹고 통고추도 다른 것과 같은 치수로 썰어 새새에 색을 맞추고 모루기와 실백을 얹고 장물을 슴슴하게 타서 붓고 끓이다가 상에 놓을 때 쑥갓을 얹어 내놓습니다.

도미를 통으로 잔칼질을 해서 진장 발라서 통으로 냄비에 안쳐 웃고명을 위에 말씀드린 대로 얹으면 됩니다.

미나리강회

• 재료

미나리, 계란, 실백, 실고추, 편육, 저육, 고추장

• 만드는 법

연하고 좋은 미나리를 다듬어 데쳐서 머리 흰 곳은 잘라 버리고 육 푼(약 1.8센티미터)가량 되게 잘라 놓습니다. 다음 계란을 흰자 노른자 각각 도톰하게 부쳐 길이는 잘라 놓은 미나리같이 자르고 넓이는 가느스름하게 썹니다.

편육, 저육도 이와 같이 썰어 놓은 후 미나리를 네댓 개씩 집어 들고 뱅뱅 돌려가며 색 맞추어 썰어 놓은 고명과 실고추를 대고 가느스름한 그 미나리로 한 개만 집어 칭칭 감아서 끝에다 실백 한 개를 끼어 놓습니다. 다 만들어 접시에 보기 좋게 담고 고추장을 맛난 초에 맛있게 타서 놉니다.

1938년 3월 5일
생각만 해도 입맛 나는 봄철의 조선 요리(下)

조개회

• 재료

조개, 녹말가루, 쑥갓, 윤집(고추장)

• 만드는 법

조개를 까서 까만 똥집을 빼 버리고 큰 조개 같으면 반에 저며 정하게 씻어서 녹말을 씌워 펄펄 끓는 물에 삶아 전져 냉수에 헹구어 체에다가 물을 뺀 후 접시에 쑥갓을 놓고 조개 한케 놓고 섞바꾸어 보기 좋게 담아 놓고 초고추장을 맛있게 타서 놓습니다.

조개구이

• 재료

조개, 정육, 조미료

• 만드는 법

조개와 정육을 곱게 다져 양념을 하는데 물이 나니까 소금으로 간을 맞추어 본래 조개구이하는 큰 조개껍질을 장식해 두고 쓰는 것이나 그런 것이 없으면 대합껍질을 배지로 폭 싸 발라서 거기에 담아 뭉근한 불에다 구어 놓습니다.

조개전골

• 재료

조개, 정육, 계란, 조미료

• 만드는 법

조개를 까서 까만 데를 빼 버리고 정육과 같이 다져 갖은 양념을 해서 냄비에다 펴서 뭉근한 불에 놓아 거의 익거든 계란을 풀어 위에다 푹 씌워 익혀서 그릇에 납작한 모양대로 떠서 모양 있게 담아 놓습니다.

조기국

• 재료

조기, 정육, 계란, 밀가루, 쑥갓, 조미료

• 만드는 법

성하고 좋은 조기를 거두절미해서 알맞게 토막을 쳐 밀가루와 계란을 묻혀 철에 부쳐 놓고 정육을 연한 것으로 잘게 썰어 양념을 맛나게 해서 맑은 장국이 한소끔 끓을 때 부쳐 놓은 조기를 담방담방 넣어 잠깐 끓이다가 쑥갓을 넣어 잠깐 익혀 빛만 냅니다. 그릇에 뜰 때 조기를 먼저 뜨고 위에다 쑥갓을 얹고 상에다가 맛난 초에 고춧가루를 타서 놓으면 조기살은 초장을 찍어 먹게 됩니다.

도미국도 이와 같은 법으로 끓이고 그것 역시 초를 찍어 먹습니다.

조기회

• 재료

조기, 참기름, 실고추, 파, 소금, 윤집(초고추장)

• 만드는 법

성하고 크고 좋은 조기를 다루어 머리를 자르고 반에 저며 뼈를 뺀 후 얇게 포를 떠 놓고 칼 안팎으로 참기름을 바르고 도마에도 기름을 바른 후 조기 저민 것을 가로 썰지 말고 세로 가늘게 썰어 놓으십시오. 파 잎을 채치고 실고추와 참기름을 조금 치고 소금으로 간을 맞추어 손을 대지 말고 목저(나무수저) 같은 것으로 고루 잘 섞어 무쳐서 접시에 담을 때 쑥갓을 펴고 그 위에 담아 놓으시고 초고추장을 맛있게 타 놓으십시오.

화전

• 재료

진달래꽃, 찹쌀가루, 참기름, 꿀

• 만드는 법

먼저 진달래꽃을 술을 뽑아 놓고 찹쌀가루를 물을 내려서 공기 굽 같은 데다 얇은 헝겊을 놓고 그 속에다 가루를 조금 담고 꽃 한 송이를 얹고 그 위에다가 가루를 또 담고 헝겊을 덮고 꼭꼭 누른 후 겉으로 돌아가며 두 손가락으로 꼭꼭 집어 국화꽃 모양으로 모양을 만들어 기름을 끓이다가 지저 내서 꿀에 재어 놓습니다.

화면

• 재료

진달래꽃, 녹말가루, 실백, 오미자국, 설탕

• 만드는 법

먼저 오미자를 담가 우려 놓고, 진달래꽃 술을 뽑아 물에 흔들어서 녹말을 무쳐 끓는 물에 삶아 건져 냉수에 헹구어 건져서 체 같은 데다가 물을 빼서 오미자국에 설탕을 달게 타고 꽃을 넣고 실백을 띄웁니다. 봄철 화채로 신선하고 보기도 좋습니다.

챙면(淸麵)

• 재료

녹말, 오미자국, 실백, 설탕

• 만드는 법

녹말을 물에 개서 백비탕을 끓이다가 큰 합 뚜껑이나 밑이 편편한 양푼 같은 데다가 얇게 부어 끓는 물에 띄워 익혀 냅니다. 식은 후에 칼로 착착 썰어 준비해 놓은 오미자국에 설탕을 달게 타서 썰어 놓은 녹채를 넣고 실백을 띄웁니다. 여름나기 전엔 화채 대신 챙면을 씁니다.

준치만두

• 재료

준치, 정육, 실백, 녹말, 조미료

• 만드는 법

준치를 정히 다루어 솥에다 쪄서 가시를 다 바르고 살만 긁어서 정육을 곱게 다져 한데 갖은 양념을 해서 주물러 맑은 장국을 맛있게 끓이다가 양념을 해 놓은 준치를 콩알만큼씩 만드는데 그 속에다 실백 한 개씩 넣어 단단히 만들어 녹말을 묻혀 끓는 장국에 넣어 익혀서 위에 뜨면 사기그릇에 뜨고 초장을 맛있게 타서 놓습니다.

탕평채

• 재료

녹말묵, 미나리, 김, 편육, 정육, 조미료

• 만드는 법

얌전하게 잘 쑤어진 묵을 얇게 착착 채로 썰어서 진장을 쳐서 물을 들여 놓고 미나리를 다듬어 알맞게 썰어 살짝 데쳐 놓고 편육은 가늘게 채 칩니다. 정육은 다져서 갖은 고명을 해서 볶다가 미나리를 넣어 간을 맞춰 내놓고 김을 구어 비벼 묵에 섞고 볶아 놓은 고기, 편육을 넣고 갖은 양념을 해서 간이 맞게 무칩니다. 묵을 백묵만 무치는 것보다 노랑묵을 반반 섞어서 무치면 보기 좋습니다.

1938년 3월 19일
남녀 아가 구별이 있는 돌상 차리는 법

봄철에 차리는 생일잔치에 많은 참고가 되실까 하여 1월부터 3월까지 남녀 아가 돌차림, 어른 생신 차림, 환갑 차림을 지상으로 열어서 참고에 제공합니다.
지상으로 이 여러 가지 잔치는 조자호 씨가 담당하기로 하였습니다.

남아 돌상: 큰팔모판이나 보통 모판에 다음에 말씀드리는 여러 가지를 차려서 교자상 같은데 올려놓고 어린아이는 방석 위에 무명 한 필 깔아 앉힙니다.
쌀, 돈, 천자문, 활, 화살, 색간지, 색두루마기, 색붓, 국수, 대추, 무명실과, 명주실, 먹, 떡 이상 여러 가지를 그림에 보이는 대로 위치를 놓으십시오.

여아 돌상: 여아돌상도 남아돌상과 같은데 그중에 천자와 활이 없고 반절, 자, 가위가 놓입니다.
그리고 아침상은 다음에 말씀드릴 생일 차림과 같은데 곰국만 빼고 미역국입니다. 점심상도 점잖은 손님을 청해서 잘 차리려면 어른 생일 차림과 거의 같게 차립니다.
떡 가지 수효는 보통으로 보면 다음과 같습니다.
흰무리, 콩버무리, 콩찰떡, 수수경단, 찰경단, 송편, 꿀떡, 팥계피해서 찰떡, 메떡, 녹두계피한 찰떡과 메떡을 합니다. 이 중에서 몇 가지 빠져도 좋으나 가짓수를 짝맞게 아니하는 법입니다.

1938년 3월 21일

남녀 아가 구별이 있는 돌상 차리는 법

떡은 짝 맞추지 않는 법입니다

아침상

곰국: 양, 곤자소니, 사태흘드러기, 대창, 삐도간이, 씨아가리, 무, 이것 등이 제일 좋은 국거립니다.

김치: 나박김치, 햇깍두기

나물: 콩나물, 숙주나물, 미나리나 물 무나물, 고비나물, 전부 한데 곁들입니다. 이 위에는 고춧가루와 깨소금을 뿌립니다.

자반: 암치나(건대구) 북어뒴이나(오징어채) 약포, 대초편포, 고추장 볶음장포 이것을 전부 한데 곁들여 놓습니다. 그 위에 잣가루를 뿌립니다.

장아찌: 무수장아찌, 장산적, 숙란 이것을 곁들입니다. 이 위에도 잣가루를 뿌립니다.

조치: 이때는 청어나 대구를 고추장에 지집니다.

3월쯤은 조기조치가 좋습니다.

조림: 이때에는 청어나 대구를 조리는데 진장에 조립니다.

구이: 갈비구이, 너비아니, 염통산적, 고기산적과 염통너비아니를 추가해도 더욱 좋습니다. 특히 정월에는 움파 산적을 해 얹습니다.

김쌈: 이것은 특히 정월에만 놓고 정월이 지나면 못 놓습니다.

갖은 육회와 전골 양, 천엽, 콩팥 정육, 무채, 계란채, 석이채, 계란

네 가지 고기를 각각 양념해서 편편이 곁들여 놓고 무채를 가늘게 채 쳐 담고 위에 석채와 계란채로 폭 덮어 싸 놓고 풍로에다 전골냄비를 놓아 드려가며 육회로도 잡숫고 전골로 익혀도 잡숫게 됩니다. 전골 지질 때 무채를 먼저 거의 익혀가지고 고기를 넣어 익힙니다.

점심상

장국: 백면, 정육, 계란.

만두: 이것은 여러 겸상이면 큰 그릇에 한데 담아 놓고 각기 덜어 잡수셔도 좋고 장국 위에 몇 개씩 얹어도 좋습니다. 만두는 정월이나 혹 2월 상순까지 한해야 하고 그 후면 재미없습니다.

김치: 장김치, 잡채, 신설로, 향누루미, 약식, 수란.

찜: 정월과 2월에는 갈비찜, 떡볶이, 3월에는 갈비찜, 도미나 조기 찜.

갈랍: 편육, 생선, 전유어, 양 전유어, 간전유어, 족편 이것을 전부 곁들이는데 족편만은 3월쯤은 기후가 더워 재미없습니다.

화채: 정월에는 식혜, 2월~3월에는 챙면이나 화면, 두견화가 없을 때는 챙면을 합니다.

회: 정월에는 강여주나 대합조개 회, 육회, 이월에는 미나리강회, 대합이나 강여주회, 삼월에는 어채, 어만두, 미나리강회.

숙실과 갖은 다식, 송화다식, 흑임꽤(검은깨)다식, 녹말다식, 쌀다식이니 아조적은 판에 박아야 합니다. 오화당, 팔모당, 다식과 이것도 썩 적은 것이라야 합니다. 이것 등을 한데 곁들여 놓습니다.

생실과 생율, 배, 사과, 귤(2~3월에는 네불) 특히 정월에는 준시(곶감), 율란, 조란, 생편, 녹말편 이것을 전부 곁들이는데 만일 너무 벅차거든 율란, 조란, 생편, 녹말편은 따로 담아도 좋습니다.

편: 꿀편, 두텁떡, 조악 등을 곁들여 놓습니다.

정과: 행인, 청매, 산사편, 문동과, 맥문동, 연근, 생강정과 이것 등인데 그것 중에 약을 한다 해도 청매, 행인, 연근, 산사편 등은 갖은 정과에서 빼지 못합니다.

1938년 3월 22일

봄이 되면 차리기 좋은 환갑잔치차림

1월부터 3월까지의 법식입니다.

환갑상

생실과: 생율, 황율, 배, 사과, 준시, 호도, 은행, 실백, 대추, 귤(2~3월에는 네불)

숙실과: 다식(흑임자다식, 녹말다식, 송아다식, 쌀다식 큰 틀에 박아 한데 색 맞추어 괴입니다. 산자: 잣박산, 세박산자, 매화산자, 빈사과 이것들은 전부 각각 고입니다.강정: 깨강정, 세반강정, 잣박산 강정, 색강정 이것도 각각 네 기명(器皿: 집안에서 쓰는 그릇))으로 따로 고입니다.

당속: 원당, 귤병 이 두 가지를 곁들여 고입니다. 옥춘당, 팔모당, 인삼당, 호도당, 이것을 잘 차리는 데는 전부 각각 고이지만 웬만큼 차리는 데는 한데 곁들입니다. 용안, 여지, 당대추(중국대추) 이것은 따로 고입니다.

대미: 모약과, 만두과, 다식과(대번으로) 중게 벽돌과, 매자과 이것은 전부 각각 고입니다.

정과: 청매, 연근, 행인, 곽연, 동청, 산사편, 맥문동, 문동과, 생강정과 이것은 한데 곁들여 고입니다.

어물: 암치, 상어, 광어(말린 것) 산포, 약포, 전복쌈, 문어새김, 봉전복. 상어, 광어, 암치 이 세 가지를 고이고 산포를 얹고 약포를 고인 위에다 전복쌈을 놓고 문어새긴 것(문어새김)을 밑에서부터 위까지 가위로 둘러 올라가고 가운데다 전복으로 봉을 오려 세웁니다. 어물에 돈이 그중 많이 드는 것이니 실과키(실과 고임의 높이)와 같이 합니다.

적: 가리적, 생선적, 닭적, 간적, 족적이니 밑에 가리적, 간적, 어적, 닭적 이렇게 순서로 고입니다. 그 위에다 다홍 노랑 남 이세가 색기(색지?)를 나붓

하게 오려 적위에 띠처럼 띠어 놓고 또 그 색지를 기름하게 오려 끝을 오글오글하게 주름잡아 정면 밑에 끼워 놓습니다. 이것을 '적사지'라 합니다.

탕: 어탕, 해삼탕, 잡탕, 양탕, 각각 그릇에 담습니다.

갈랍: 편육, 갖은 전유어, 족편 이 세 가지를 한데 고이는데 기후를 보아 더운 때는 족편은 쓰지 않습니다. 향누루미, 갖은 육회, 미쌈, 수란 이것을 다 각각 고입니다. 적을 오적을 하면 탕도 오(五)탕, 갈랍도 오(五)갈랍이라야 한답니다. 잘 차리려면 구(九)적, 구갈랍, 구탕까지 하지만 대강 약해 버리고 적었습니다. 여기도 향누루미에는 삼색 사지를 끼입니다. 잡채, 구카(?), 약식 숭어찜, 가리찜, 장김치, 적국지, 간장, 초장, 꿀, 겨자집, 식혜, 화채, 장국

편: 갖은 시수편에 갖은 주악, 석이단자, 두텁떡, 이것을 전부 편들에 한데 고인다. 맨 밑에는 메떡을 고이는데 짝만 맞게 고이고 위에 찰떡 고이고 두텁떡 얹고 갓으로 뺑 둘러가며 주악을 놓고 한복판에 석이단자를 고입니다. 편키는 실과키보다 높거나 같거나 해야지 얕으면 못씁니다.상을 다 꾸며 놓고 수팔련(잔치 때 종이로 만든 연꽃장식)을 꼽는데 실과에만 죄 꽂고 밀동자 달린 수팔련은 편에 꽂습니다. 이와 같이 차리는 것은 보통에서 조금 지냈지만 정말 잘 하려면 한이 없습니다. 상 꾸미는 것도 집집마다 다르니만큼 일정한 법이 없는 줄 압니다. 생률 고이는데 위를 밤으로 막지 마시고 녹말편, 생편, 율란, 조란으로 위를 막습니다. 환갑상을 차리는데 큰상은 전부 사치로 꾸며 놓기 때문에 상 받는 분이 잡숫기가 불편합니다. 따라서 앞에다 입매상이라 하여 보통 장국상과 같이 간단히 잡숫기 좋을 대로 보아 놓습니다. 그리고 상 꾸미는 것도 거의 같지만 집안 풍속에 따라 다른 점도 있는데 지금 이 그림은 동(東)을 상(上)으로 잡았으니 서(西)를 상으로 잡는다면 가운데는 그냥 두고 잡과만 동서를 바꾸어 놓으면 됩니다.(앞서 '돌상 차리는 법'이라고 한 것은 생일차림 아침상, 점심상 차리는 것입니다.)

1938년 4월 15일
봄 타는 입에도 맞는 조선 음식 몇 가지

생선김치

• 재료

무, 배추, 실고추, 파 대가리, 마늘, 생강, 설탕, 미나리, 생선, 녹말가루, 표고

• 만드는 법

무를 육칠 푼(약 1.8~2.1센티미터) 길이로 잘라 사오 푼(약 1.2~1.5센티미터) 넓이 한 푼(약 0.3센티미터) 두께로 썰어 놓고 배추도 속대로 이와 같이 썰어서 다 각각 소금을 조금씩 뿌려 절여 놓습니다. 그동안에 파, 마늘, 생강을 채 쳐 놓고 배추를 건져서 무에다 한데 섞고 준비해 놓은 양념을 넣고 골고루 버무려서 알맞은 항아리에 담고 물에다 소금으로 간을 맞추고 설탕을 알맞게 쳐서 부어 놓습니다. 김치가 알맞게 익으면 싱싱한 생선을 얄팍하고 나붓하게(지금 철엔 조기) 저며서 녹말을 묻혀 끓는 물에 삶아 건져서 냉수에 헹구어 체 같은 데다 물을 뺍니다. 그 다음 김치 건더기를 건져서 생선과 섞바꾸어 고아가며 담아서 놓고 불려서 꼭지를 따 버리고 나붓하게 썰어서 위에다 얹고 실백을 띄우고 국물을 부어 놓습니다.

승개기탕

• 재료

잣도미[빛이 불그레하고 약간 감으레한(검은) 것], 정육, 표고, 진장, 설탕, 파, 깨소금, 참기름, 후춧가루, 실백, 계란, 밀가루, 쑥갓, 전복, 해삼

• 만드는 법

도미를 정하게 다루어서 내장만 빼 버리고 지느러미를 잘라 버리고 안팎으로 잔칼질을 드문드문해 놓고 정육을 조그만큼 곱게 다져서 갖은 양념을 해서 잔칼질해 놓은 도미에다 새새로 끼우고 뱃속에도 넣어 진간장을 발라 슬쩍 구어 놓고, 다져서 양념한 고기를 조금만 남겨서 동글고 잘게 만들어서(모루기) 밀가루와 계란을 씌워 번철에 부쳐 놓고, 계란 흰자 노른자를 각각 도톰하게 부쳐서 납작납작하게 썰어서 놓은 뒤 표고도 불려서 납작하게 썰어 놓습니다. 그 다음 정육을 곱게 썰어서 갖은 양념을 해서 알맞은 냄비 밑에다 깔고 구어 놓은 도미를 담고 전복도 불려 삶아서 같은 치수로 썰고 해삼도 삶아서 정히 씻어가지고 나붓하게 썰어서 도미 담은 위에다 가으로(가장자리로) 돌아가며 준비해 놓은 고명을 색 맞추어 담고 모루기와 실백을 얹고 통고추 한 개를 네 쪽에 쪼개서 새새로 끼어 색을 내고 국물을 간 맞추어 해 붓고 끓이다가 상에 놓을 때 쑥갓을 넣어 들여갑니다.

대하회

• 재료

대하(큰새우), 녹말, 윤집(초고추장)

• 만드는 법

생대하를 껍질을 벗기고 나붓나붓하게 저며서 녹말을 씌워 끓는 물에 삶아서 찬물에 헹구어 체 같은데 건져 물을 빼서 담아놓고 윤집을 맛있게 타 놓으십시오.

낙지회

• 재료

낙지, 녹말, 윤집

• 만드는 법

성하고 좋은 낙지를 소금을 넣고 힘 있게 주물러 씻어 버리고 껍질을 벗기는데 꽁지에서부터 벗겨야 잘 벗겨집니다. 다 벗긴 후 정히 씻어서 골은 빼 버리고 육칠 푼 길이로 썰어서 발은 반으로 갈라서 납작하게 만들어서 녹말을 씌워 끓는 물에 삶아 건져서 냉수에 헹구어 체 같은데 건져 물을 빼서 담아놓고 윤집을 맛있게 타 놓습니다. 낙지에 녹말을 안 씌우고 살짝 데쳐서 썰어도 놓습니다.

두릅나물

두릅을 삶아서 너무 무르지 않고 나물 무치기 좋을 만큼 삶아 건져서 껍질을 벗기고 잎사귀를 잘라내고 얇게 썰어 다시 가늘게 썹니다. 그래서 맛있는 고추장과 초, 설탕, 깨소금, 참기름, 파를 곱게 다져 넣고 양념해 무칩니다.

두릅나물은 소금 기름에 갖은 양념을 해서 무쳐도 좋습니다.

두릅회

두릅을 삶아서 껍질을 벗기고 잎을 따 버리고 굵은 것이면 반에 쪼개서 깔끔한 모양대로 담아 놓고 윤집을 타 놓으십시오.

두릅전유어

두릅을 삶아서 껍질을 벗기도 얄팍하게 저며서 밀가루와 계란을 씌워 번철에다 기름을 두르고 좁은 것이면 두서너 쪽씩 늘여 놓고 부쳐 냅니다. 고기를 곱게 다져서 양념해 한쪽에다 부쳐서 만들지만 술안주에는 그냥 부치는 게 더 신선합니다.

두릅은 전에 나라에 진상하던 것인데 퍽 신기로운 채소입니다.

더덕생채

더덕을 껍질을 벗기고 물에 담가 불려서 모루망치 같은 걸로 두들겨서 그 결대로 짝짝 가늘게 찢어서 간장, 고춧가루, 초, 설탕, 파 다진 것, 참기름, 깨소금 등을 맞게 치고 무칩니다.

자충이전유어

자충이(쪽파뿌리)를 까서 곱게 다지고 연한 살을 곱게 다져서 한데 섞고 갖은 양념을 해서 동글납작하게 만들어서 밀가루와 계란을 무쳐 번철에 부칩니다.

도미구이

도미를 진장에만 굽는 것보다 참기름과 소금, 설탕, 생강즙은 약간 기운만 해서(냄새만 느낄 정도로 적게 넣어서) 한데 박박 개서 도미를 잔 것을 통으로 안팎을 잔칼질을 해서 고루 발라가며 구으면 퍽 신선합니다.

더덕구이

더덕을 껍질을 벗겨 담가 불려서 저며 가지고 모루망치 같은 걸로 두들겨 부풀부풀하게 해서 진장에 갖은 양념을 해서 무치고 고기를 곱게 다져서 역시 갖은 양념을 해서 더덕 한 쪽에다 얄팍하게 무쳐서 구어 놓습니다.

1938년 5월 11일

첫 여름에 차릴 수 있는 생일과 신랑신부의 상

아침상은 얼마 전에 소개한 것과 거의 같습니다.

점심상

장국: 10월에는 국수장국, 5월 6월에는 냉면을 마는데 장국냉면이나 김치 냉면

갈랍: 편육, 전유어를 곁들입니다. 수란과 느림이를 하는데 복중(伏中)에 안 합니다.

찜: 10월에는 도미찜, 가리찜, 하순께는 영계찜도 합니다. 5월, 6월에는 영계찜 생선찜을 합니다.

화채: 4월에는 딸기 화채나 앵도 화채, 밀감 화채(중복) 등을 신출(新出: 새로 나옴)로 나는 대로 하십시오. 5월에는 보리수단, 앵도화채 등을 신출로 나는 대로 합니다. 유월에는 복분자화채나 떡수단을 합니다.

회: 어채, 어만두를 하는데 병어회를 해도 좋습니다.

편: 4월에는 꿀편, 두텁떡, 주악석이단자 등을 해서 곁들이고 5월, 6월에는 증편, 대추단자. 깨인절미를 작고 얌전하게 만들어서 곁들입니다.

생실과: 4월에는 바나나, 사과, 배, 딸기 등을 곁들이고 녹말편을 얹습니다. 5월, 6월에는 능금, 복숭아, 참외, 수박 등을 신출로 나는 대로 쓰십시오.

숙실과: 갖은 다식, 다식과, 오화당, 팔모당 등을 곁들입니다. 약식, 잡채, 김치, 초장, 간장, 겨자집, 꿀, 만일 약주 잡수시는 분이 계시면 마른 술안주도 해 놓으면 좋습니다. 안주는 전복쌈, 산포, 약포, 문어를 모양 있게 새기든지 구어서 두들겨서 산포와 같이 썰어서 한데 곁들여 놓고 진장을 놓습니다. 곁상에 약주와 같이 놓으십시오. 상 놓는 것을 대강 그려 봅니다. 이 법은 아주 완고한 구식이니까 여러분의 뜻대로 변경을 하시는 것이 좋을 듯합니다.

여기 소개하려는 것은 칠첩반상에 쌍조치만 소개하겠습니다. 이외에도 팔첩, 구첩, 십첩까지입니다.

밥: 흰 찰밥, 팥밥, 국=곰국, 미역국

김치: 햇김치, 햇깍뚜기. 김치는 철 맞추어 다소 다릅니다.

나물: 갖은 나물, 갖은 자반, 장

아찌: 무숙장아찌, 전복초, 홍합초, 장산적, 숙란 등을 곁들입니다. 여름에는 오이장아찌를 하고 무장아찌는 뺍니다.

더운 구이: 자리 너비아니, 산적, 겨울에는 움파산적 여름에는 생선산적, 생선조림.

찬 구이: 편육, 갖은 전유어, 겨울에는 족전도 합니다.

조치: 생선고추장조치와 양복이 겨울에는 명란조치

젓갈: 철 맞추어 놓습니다. 종지에 놓습니다.

1938년 7월 21일

주부의 자랑이 되는 여름철 조선 요리

영계찜

• 재료

영계, 녹말, 정육, 파, 마늘, 깨소금, 간장, 참기름, 표고, 석이, 숙주, 후춧가루, 잣가루, 지단채

• 만드는 법

자그마한 영계를 끓는 물에 튀해서 머리와 발은 잘라 버리고 내부는 정히 씻어 놓습니다.

그다음 연한 살코기를 곱게 다져서 갖은 양념을 해서 영계 뱃속에 넣고 실로 서너 번 감아서 물을 적당히 붓고 내부도 한데 넣고 폭신하게 고아서 다시 건져 놓습니다. 그리고 표고는 불려서 채를 치고 석이는 끓는 물에 튀해서 대강 손으로 뚝뚝 떼어놓고 숙주는 조그만큼만 곱게 채를 쳐 갖은 양념을 하여 알맞은 냄비에다가 깔고 숙주도 조금만 펴 놓고 그 위에 닭에 녹말을 묻혀 담고 그 위에 버섯들을 얹고 숙주를 조금만 얹어서 끓입니다. 그래서 다 익으면 사기합에다 통으로 떠 놓고 지단채와 잣가루를 보기 좋게 뿌려 놓습니다. 이것은 잔치 때에 하려면 사람마다 앞에 통으로 한 마리씩 담아 놓습니다. 간장도 집에 있는 보통 장을 써야지 진장을 치면 빛이 변합니다.

닭김치

• 재료

열무김치, 영계, 정육, 고추장, 깨소금, 참기름, 파, 마늘, 실백, 얼음, 초, 설탕, 간장.

• 만드는 법

연한 열무를 간 맞게 김치를 담가 알맞게 익거든 닭을 정히 튀해서 연한 살코기를 곱게 다져 갖은 양념을 해서 뱃속에다 넣고 물을 조금만 붓고 폭 무르게 곱니다. 고기 양념할 때 고추장으로 간을 맞추십시오. 다 익으면 건져서 식힌 뒤 살만 발라서 뜯어 넣고 유리 대접 같은 데다가 김치 건더기 한 켜, 닭고기 한 켜 이렇게 담고 국물은 김치국과 닭 삶은 물을 반반으로 타서 초와 설탕을 조금씩 타 간을 맞추는데 싱거우면 간장을 조금 타십시오. 그리고 얼음을 잘게 깨쳐서 밑에다 지르고 국물은 훨씬 식혀서 붓고 실백을 위에 띄웁니다. 이것은 여름 한철 술안주로 적당합니다. 잔치 때도 술 자시는 분이 계시면 특히 해놓습니다.

밀국수

• 재료

밀가루, 계란, 콩가루, 닭, 정육, 호박, 간장, 파, 마늘, 후춧가루, 참기름, 깨소금

• 만드는 법

먼저 고기를 재워 맑은 장국을 국수를 말 만큼 대중해서 끓여서 식히고 닭도 정하게 다루어 물을 조금만 붓고 푹 무르게 고아서 살만 추려 잘게 찢어 갖은 양념을 간을 맞추어 해 놓습니다. 호박은 어린 애호박을 겉만 발

라서 얇게 착착 썰어서 소금에 살짝 절였다가 정한 물에 헹구어 꼭 짠 뒤 번철에다 기름을 두르고 살짝 볶아 빛만 내서 양념을 하고 밀가루를 반죽하는데 콩가루를 조금만 섞고 계란을 풀어 놓고 반죽을 해서 오래 잘 치대야 좋으니 충분히 치대서 조그맣게 덩어리를 만들어 얇게 밀어서 접은 뒤 곱게 채를 칩니다.

그러고는 맹물에 넣고 충분히 끓이다가 삶아서 건진 뒤 찬물에 헹구어 소쿠리 같은 곳에 건져 놓고 미리 준비해 놓은 맑은 장국에 기름기를 완전 걸러 내고 닭 삶는 물도 섞어 놓고 국수를 대접에 한 칠 홉(70퍼센트)쯤 되게 담고 위에 닭고기와 호박 나물을 보기 좋게 얹고 국물을 부어 놓습니다. 국수를 만 게 국물이 너무 많고 건더기가 적어서 그렁그렁하면 덜 좋으니 탁 아우러지게 바틋하게 마십시오.

보리수단

• 재료

보리, 녹말, 오미자, 실백, 설탕

• 만드는 법

보리를 정하게 씻어서 잘 무르게 푹 삶아서 찬물에 헹군 뒤 녹말을 씌워 충분히 끓는 물에 삶아 건진 뒤 다시 찬물에 헹구어 건져 또 한 번 녹말을 씌워 끓는 물에 삶아 건집니다. 그리고 오미자를 미리 정하게 씻어 담가서 우러나거든 체로 밭여서 물을 적당히 타고 설탕을 달게 타서 삶아 놓은 보리를 넣고 실백을 띄웁니다. 이것은 5월~6월까지의 화채입니다.

1939년 1월 16일
간단하게 해 먹을 수 있는 정월 요리 몇 가지(上)

약식

이것은 급할 때 간단히 하는 데는 다소 간편하고 손쉽게 됩니다. 조금씩 할 때 한번 실험해 보십시오.

• 재료

찹쌀, 밤, 대추, 실백, 진간장, 흑설탕, 꿀이나 백설탕, 건포도

• 만드는 법

좋은 찹쌀을 정히 씻어서 솥에다 밥을 짓는데 아주 되직하게 지으십시오. 그러든지 또는 밥 찌는 통에다가 쪄가지고 미리 물을 조금만 충분히 끓여 놓았다가 위에다 훌훌 뿌리고 대강 뒤섞어서 뚜껑을 덮어 놓으시면 밥알이 아주 잘 퍼집니다. 이러는 동안에 한편으로는 밤을 삶아 까서 두어 동강씩 내놓고 대추는 쪄서 걸러 놓으시고 건포도도 대강 썰어 놓으십시오. 흑설탕은 대추씨와 함께 뭉근히 끓여서 체에다 밭여 놓으시고 밥을 알맞은 그릇에 쏟아 놓고 버무리는데 밤과 실백은 설탕에 절여 놓으시고 버무리십시오. 흑설탕을 쳐보시고 빛을 보아가면서 진간장을 치십시오. 꿀이 있으면 더욱 좋고 그렇지 않으면 백설탕을 섞으셔서 간을 맞추십시오. 그리고 참기름을 약간 넉넉하게 쳐야 윤이 잘납니다. 다 버무린 다음에 밤은 부서지지 않게 섞고 이것을 뚝배기나 놋양푼 같은 데다 담아서 솥에다 중탕을 해가지고 찝니다. 밥알이 3분의 1쯤 지내치는 듯하게 반쯤 뭉그러진 듯해야 알맞은 것입니다. 밥알이 왼통(정상, 본모양)으로만 있다면 된 편이고 윤도 안 납니다. 실백은 약식을 그릇에 담고 위에다 얹으십시오.

관전자

• 재료

배추, 통김치, 생치(꿩), 오이, 표고, 죽순, 실백배, 전복, 석이, 단 것(초), 소금, 실고추, 간장.

• 만드는 법

성한 꿩을 껍질을 벗기고 내부를 꺼내 버린 후 정하게 행주로 훔쳐가지고 얄팍하고 나붓하게 저며 놓습니다. 그리고 남겨진 뼈는 물을 붓고 끓여서 밭여 놓고 그 국물에나 육수에 저며 놓은 살을 익혀 내는데 냄비에다 저며 놓은 살을 죽 늘어놓고 국물을 간을 맞추어 가지고 떠 부어가면서 익혀 냅니다.

오이는 골패짝같이 썰어서 소금에 살짝 절였다가 맑은 물에 빨아가지고(씻어서) 기름을 조금만 번철에 두르고 살짝 볶아 맛만 내놓고 표고도 불려서 나붓나붓하게 썰어서 얼핏 볶습니다. 죽순도 같은 치수로 썰어서 잠깐 볶아 놓습니다. 전복은 통조림에 든 것이 손쉽게 쓰게 되니까 그것을 나붓하게 저며서 반듯하게 썰어 놓습니다. 석이는 튀해서 채를 쳐 놓고 그 다음엔 알맞게 익은 배추 통김치를 길이 육칠 푼 길이로 가운데 하얀 줄기만 잘라서 나붓나붓하게 썰어가지고 알맞은 유리대접에다 김치 한 켜, 고명 한 켜씩 번갈아 가면서 담고 위에는 석이채와 실고추를 뿌려 색을 낸 후 뼈 삶아 놓은 국물에다 촉, 간장, 소금으로 간을 맞추고 설탕을 약간 쳐서 간을 잘 맞추어서 붓고 실백을 띄웁니다. 석이채는 위에다 가만히 얹으십시오. 이것은 술안주로 가장 좋은 것입니다.

잡회

• 재료

정육, 콩팥, 양, 천엽, 표고, 계란, 미나리, 숙주, 배, 황이(황화채), 석이, 잣가루, 죽순, 파, 마늘, 후춧가루, 참기름, 설탕, 간장, 소금, 전복, 겨자집이나 윤집(초고추장), 깨소금

• 만드는 법

양은 깃머리로 튀해서 곱게 채를 치고 다른 고기도 각각 다 채 쳐서 각각 물에 담가 핏물을 빼십시오. 표고는 불려서 곱게 채를 쳐 기름에 볶아 양념해 놓고 미나리는 줄거리만 한 치가량으로 잘라 삶아서 양념합니다. 숙주도 아래위를 따가지고 삶아 물기를 잘 짜서 양념을 해 놓습니다. 황이도 불려서 잘게 찢어 기름에 볶고, 석이는 끓는 물에 튀해서 채 쳐 역시 볶습니다. 죽순도 채를 쳐 볶아 놓고 전복은 통조림 것을 곱게 채 쳐 놓습니다. 그다음 계란은 흰자와 노른자를 각각 지단 부쳐 곱게 채를 쳐서 놓은 뒤 배는 제일 나중에 채를 쳐서 소금물에 잠깐 담갔다 건져서 물기를 빼십시오. 고기들을 각각 양념해 무쳐서 보기 좋게 그릇에다 색을 맞추어 담고 위에는 석이채와 지단채로 설맞히어 얹고 잣가루를 뿌려 놓으십시오.

이것은 연회 때 제일 좋은 것인데 특히 반찬도 되고 술안주도 되는 것입니다. 겨자집이나 윤집에 잡숫는데 이런 때는 식성대로 먹을 것이니 이 두 가지를 타 놓는 것이 좋습니다. 또는 식성대로 냄비에 볶아 잡수셔도 좋습니다. 이게 너무 복잡하거든 이 중에서 간단히 정육과 황이만 섞어 무치시고 배추만 썰어 놓으셔도 좋습니다.

1939년 1월 17일
간단하게 해 먹을 수 있는 정월 요리 몇 가지(中)

숭어찜

• 재료

숭어, 정육, 움파잎, 미나리, 통고추, 계란, 표고, 밀가루, 간장, 후춧가루, 파, 마늘, 참기름, 깨소금

• 만드는 법

숭어를 정히 다루어 머리는 잘라내고 양편 살만 저며 내고 뼈를 빼낸 후 나붓나붓하게 토막을 내서 소금을 약간 뿌려 놓았다가 물기를 정한 행주로 닦아 내고 밀가루와 계란을 씌워 번철에 부쳐 놓고 미나리도 밀가루와 계란을 씌워 지단을 부쳐 놓습니다.

이것을 길이 육칠 푼가량 넓이는 너 푼가량으로 썰어 놓고 움파도 잎사귀만 지단을 부쳐서 같은 치수로 썰어 놓습니다. 계란 흰자만 도톰하게 지단을 부쳐 역시 같은 치수로 썰어 놓고 표고도 불려서 같은 치수로 썰어 놓습니다. 통고추는 네 쪽을 내어 길이만 같은 치수로 잘라 놓은 뒤 연한 살코기로 조금만 채를 쳐서 간 맞게 재워 밑에 깔고 부쳐 놓은 생선을 한 켜 담고 고명을 색 맞추어 담은 후 이와 같이 다 담고 맨 위에 켜는 색을 맞추어 담고 국물은 상을 들여갈 때 장물을 간 맞게 타서 부어 끓이십시오. 이것은 장국 상에도 놓고 술상에도 놓습니다.

식혜

• 재료

멥쌀, 찹쌀(이것은 멥쌀보다 반분만), 엿기름가루, 유자, 백설탕, 실백

• 만드는 법

쌀은 미리 하루 동안쯤 씻어 담가 놓고 엿기름도 미리 미지근한 물에 담갔다가 불거든 물을 밥 잠길 만큼 대중해서 붓고 주물러 고운체에 걸러 가라앉혀 놓습니다. 쌀을 건져서 시루에, 적으면 밥 찌는 통에(어반중) 쪄서 가라 앉은 식혜국을 알맞은 그릇에 담아서 밥을 나무 주걱으로 살살 풀어 담가서 더운 방 아랫목 같은 데에 몸을 덥게 싸서 놓아두었다가 몇 시간 후에 열어 보면 밥알이 국물 위로 두어 개 떠오릅니다. 이때에 찬 곳으로 내놓으면 밥알이 위로 다 떠오르는데 이것을 칠조리로 밥알이 깨지지 않게 건져 찬물에 헹구어 다시 찬물에 담가 놓고 식혜 삭힌 물과 밥알 씻은 물을 합쳐 항아리에 붓고 유자를 두어 쪽 쪼개서 담가 둡니다.

식은 후에 먹을 때마다 국물을 뜨고 밥을 건져 띄우고 실백을 앉히십시오. 식혜 탈 때 주의는 엿기름을 뜨거운 물에 거르지 말 것이오, 또는 제국 식혜를 하려면 엿기름을 진하게 쓰고 밥을 물에다 한 번 빨아서(씻어서) 국물에 넣어 삭히십시오.

배속

• 재료

배, 통후추, 꿀, 설탕, 유자집, 실백

• 만드는 법

품질 좋은 배를 네 쪽을 내 속을 빼고 껍질을 벗긴 후 통후추를 네댓 개 박아서 놓고 설탕을 물에 타서(보통 배 세 개면 설탕 한 근의 1/3) 충분히 끓입니다. 이때에 꿀을 조금 섞고 배를 넣고 과히 강하지 않은 불에 끓입니다. 만일 꿀이 없으면 설탕을 조금 더 넣으십시오. 이때에는 냄비 뚜껑을 덮지 마십시오. 오래 끓이면 빛도 약간 흰빛이 없어집니다.

꺼내 보셔서 속이 말갛게 들여다보이거든 조금 후에 내려놓는데 중간에 한참 끓을 적에 유자즙을 짜서 조금만 치면 향취가 더욱 좋습니다. 이것은 화채의 한 종류입니다.

두부만두

• 재료

두부, 정육, 녹말가루, 실백, 표고, 석이, 통고추, 소금, 간장, 참기름, 후춧가루

• 만드는 법

두부를 정한 행주 같은 데 싸서 슬며시 눌러 물을 짜내고 고기는 연한 살로만 곱게 다져서 두부와 한데 섞습니다. 파를 약간 다져 넣고 양념을 하는데 간장으로만 간을 맞추지 말고 소금을 섞어 쓰십시오. 이것을 모양 있게 과히 크지 않게 만들어 녹말을 씌워 물을 충분히 끓이다가 삶아 건져서 찬물에 헹구어 놓습니다. 표고는 불려서 납작하게 썰어 이것도 녹말을 씌워 삶아 건지고 석이도 튀해서 이와 같이 하고 홍고추도 네 쪽을 내서 같은 길이로 잘라 녹말을 씌워 삶아 건져서 알맞은 접시에 쑥갓을 깔든지 다른 채소 잎을 깔고 보기 좋게 담아 놓고 버섯과 고추는 새새로 색을 맞추어 놓으십시오. 이것도 술안주로 간단하고 담박합니다.

족편

• 재료

소족, 꿩이나 정육, 표고, 석이, 잣가루, 지단채, 소금, 참기름, 붉은 장 약간

• 만드는 법

소족을 충분히 고아 뼈는 추려 내고 만일 생치를 쓴다면 같이 고십시오. 뼈를 다 추려 낸 후 곱게 다져 참기름만 조금 치고 소금으로 간을 맞추는데 붉은 장을 조금만 섞으십시오. 짜지 않게 국물에 뜬 기름을 다 걷어 내고 양념한 고기를 다시 넣고 고는데 생치만은 다져서 따로 양념해 다시 볶아서 따로 두시고 만일 정육을 쓰신다면 족하고 한데 고지 마시고 따로 다져 양념해 볶아서 물기 없이 다시 곱게 다져서 놓습니다.

표고는 불려서 다지고 석이는 튀해서 채를 쳐 놓습니다. 계란은 흰자 노른자를 각각 지단을 부쳐 곱게 채를 쳐 놓고 족 고는 것을 조금만 떠 보아서 잘 엉기면 편편한 그릇에 푸는데 두께는 두껍지 않게 보기 좋을 만큼 푸고 위에다 여러 가지 고명을 얹어 식히십시오. 상에 놓을 때는 나붓나붓하게 썰어서 전유어 접시에 곁들여 놓으십시오.

만일 장족편을 하시려면 건더기를 곱게 안 다져도 좋습니다. 이것은 진장을 섞어 간을 보시고 두껍게 펴서 식혀가지고는 알맞게 썰어 놓습니다. 이것은 밥반찬이 주장(주된 쓰임)이고 장국상에는 흰 족편을 놓는 것이 격식입니다.

겨자김치

• 재료

배추속대, 미나리, 파, 마늘, 소금, 실고추, 표고, 석이, 실백, 생률, 배, 생전복, 겨자집, 생강, 설탕

• 만드는 법

배추속대를 나박김치 쪽같이 썰어서 소금에 절이고 미나리는 줄거리만 한 치 길이로 썰어 씻어 놓습니다. 파, 마늘, 생강 등은 곱게 채를 쳐서 조금만 놓고 표고는 불려서 나붓하게 썰어 놓고 석이는 튀해서 채를 쳐 놓습니다. 배도 껍질을 벗기로 얄팍하고 나붓나붓하게 썰고 전복은 갓을 도려내고 얄팍하게 배와 같이 썹니다. 생률은 곱게 채를 칩니다. 이와 같이 준비가 다 되었으면 여러 가지 고명을 다 섞어서 보통 나박김치 버무리듯 하는데 실고추는 잘게 잘라서 약간만 넣고 소금으로 간을 맞춘 다음 겨자집을 맛있게 개서 섞으십시오. 설탕도 조금 기운만 하십시오.

이 김치는 국물은 안 붓고 이대로 꼭꼭 눌러 놓았다가 하룻밤을 재워서 잡수십시오. 겨자집은 될 수 있는 대로 통겨자를 쓰시는 게 좋은데 통겨자 가시는데 멥쌀을 조금만 섞어서 갈아가지고 초와 설탕, 소금을 쳐서 간을 맞추고 과히 될 듯하면 물을 조금 쳐서 체에 걸러서 저어가며 충분히 불어야 맵습니다. 오래 불수록 매워집니다. 그래가지고 참기름을 몇 방울 치면 쓴맛이 덜합니다.

대구숙회

이때까지 대구는 허름한 생선으로만 알고 경멸해 왔는데 이것도 가장 품이 좋다고 생각합니다. 첫째는 빛이 깨끗해서 보기에도 좋고 다른 생선같이 몹시 비리지 않고 퍽 담백하고 좋은 생선입니다. 이것도 좋은 방법으로 써야 됩니다.

• 재료

생선 대구, 대하, 녹말가루, 소금, 통고추, 석이, 표고

• 만드는 법

생선 대구를 정히 다루어 등살만 나붓나붓하게 저며 냅니다. 너무 크지 않게 오, 육 푼(약 1.5~1.8센티미터)가량. 대하는 껍질을 벗기고 곱게 다져서(이것을 다질 때는 칼을 뉘어서 두들겨 좌우로 문질러야 잘 부서집니다.) 소금만 약간 섞어 양념을 합니다. 이것을 저며 놓은 대구의 한편에다가 얄팍하게 붙이고 녹말을 앞뒤로 묻혀서 채반에다 채여 담아 솥에다 찝니다. 솥에서 꺼내면서 바로 찬물을 끼얹어 식히십시오.

표고도 불려서 나붓하게 썰어 녹말을 묻혀서 쪄 내든지 삶아 냅니다. 석이도 튀해서 같은 치수로 썰어 녹말 묻혀 찌든지 삶든지 하고 통고추도 네 쪽을 내어 같은 치수로 길이를 잘라 역시 같은 방법으로 합니다. 이것들을 보기 좋은 그릇에 담고 새로 색을 맞추어 담아 놓고 초장을 타 놓으십시오. 술안주로 담박하고 좋습니다.

1939년 1월 18일

간단하게 해 먹을 수 있는 정월 요리 몇 가지(下)

생치만두

• 재료

생치(꿩), 정육, 실백, 녹말가루, 무, 표고, 후춧가루, 간장, 소금, 파, 참기름, 깨소금

• 만드는 법

성한 꿩을 깨끗하게 다듬어 내장을 버리고 고는데 보통 한 마리면 무는 제일 작은 것으로 아래 위를 자르고 한 개만 넣으십시오. 무가 무르도록 삶아서 건져서 뼈를 추려 내고 무와 부서트려서 충분히 주물러 파는 약간만 아주 곱게 다져 놓고 양념을 간 맞게 해서 대추만큼씩 떼어서 만두 모양으로 만듭니다. 이 속에다 실백 두어 개씩 박아서 모양을 냅니다.

녹말을 씌워서 미리 맑은 장국을 끓여 건더기는 건져 내고 충분히 고른데다 넣어서 삶습니다. 위로 떠오르면 다 익은 것이니 그릇에 뜨고 표고는 불려서 채를 쳐 기름에 살짝 볶아 위에다 얹고 실백을 띄웁니다. 이것도 술안주로 적당합니다.

대하전유어

• 재료

대하, 대구, 소금, 계란, 밀가루, 참기름

• 만드는 법

대하를(잔 것도 좋습니다.) 껍질을 벗겨서 도마에 놓고 칼을 뉘어 두들겨 부서트려 좌우로 문지르면 잘 부서집니다. 충분히 다져지면 대구도 등살만 다지는데 대하 1/3만 섞으십시오. 이와 같이 한 뒤 한데 섞어서 소금만 약간 쳐 간을 맞추시고 밀가루는 엉길 만큼만 섞으십시오. 계란을 풀어 넣을 때 흰자만 섞어서 부치는데 번철이 뜨거워서 불지 않을 정도로 달궈서 부치십시오. 두껍지 않게 얄팍하게 부치는데 한쪽을 뒤집으면 노른자를 발라서 부쳐야 한편은 희고, 한편은 노래져서 보기에 좋습니다.

청어선

• 재료

생선 청어, 정육, 숙주, 미나리, 당근, 지단채, 녹말가루, 간장, 깨소금, 참기름, 후춧가루, 파

• 만드는 법

신선한 청어를 비늘을 긁고 지느러미를 자른 후 머리 끝만 잘라 내고 통으로 앞뒤를 잔칼질을 대강해서 진장을 한 번만 발라 타지 않을 정도로 구어 연한 살코기를 곱게 자져서(다져서?) 양념을 앞뒤에 다 붙이고 숙주는 아래 위를 따서 삶아 건져 놓고 미나리도 줄거리만 한 치 길이로 잘라 데쳐서 물기 없이 해놓고 계란은 흰자 노른자를 각각 지단을 부쳐 채를 쳐 놓

습니다. 당근도 곱게 채를 쳐서 삶는데 소금을 조금 넣고 삶습니다. 이와 같이 되었으면 청한 편에다 색을 맞추어 얹고 녹말을 뿌려서 알맞은 접시에 담아서 솥에다 경그레(솥에 음식을 찔 때 재료가 물에 안 잠기도록 솥 안에 걸쳐 놓는 것)를 놓고 쪄냅니다. 이것은 초장에 잡수십시오.

1939년 12월 28일

간단하게 만들 수 있는 정월 음식 몇 가지

잡채보다는 족채가 산뜻합니다.

족채

• 재료

소족, 편육, 저육(猪肉: 돼지고기), 미나리, 숙주, 배, 석이, 실백, 간장, 참기름, 설탕, 후춧가루, 파, 마늘, 깨소금, 겨자집

• 만드는 법

먼저 소족을 잘 무르게 삶아 얇게 저며 채를 쳐 놓고 편육도 차돌박이를 곱게 채 치시고 저육도 비게 없는 살만 채 쳐 놓으십시오. 미나리는 줄거리만 다듬어서 _길이로 잘라 정하게 씻어서_숙주도 아래 위를 따고 삶으십시오. 석이는 조금만 튀해서 곱게 채를 치시고 배도 채 쳐 놓으십시오. 이와 같이 준비가 다 되면 다 각각 갖은 양념을 간 맞게 해서 번철에다 각각 볶아 내서 전부 한데 합해 무칩니다. 겨자집을 만들어 놓았다가 상에 놓을 때 불에 올려놓고 겨자집을 쳐서 고루 섞어 그릇에 담고 위에다 실백과 지단채를 얹습니다. 이것은 추운 때 하는 음식이니까 정월 한철에 더욱 긴요한 음식입니다.

두부만두

• 재료

두부, 정육, 실백, 간당, 소금, 설탕, 파, 후춧가루, 참기름, 녹말

• 만드는 법

고기를 연한 살로 심줄 안 섞인 것을 물에 한참 담가 놓아 핏물을 뺀 후 곱게 다져 놓으시고 두부는 정한 행주 같은 데 싸서 물을 짜서 도듬이에 걸러 먼저 다져 놓은 고기와 합해 간 맞게 양념하시는데 녹말을 양념하실 때 조금만 섞어하시면 더욱 잘 엉깁니다. 양념을 간 맞게 하셨으면 대추만큼씩 떼어서 녹말을 씌워서 끓는 물에 삶아 건져 보기 좋은 그릇에 담아 놓으십시오. 이것은 초장에 잡숫게 됩니다.

생치구이

• 재료

꿩, 소금, 후춧가루, 참기름, 설탕, 마늘, 파

• 만드는 법

생치를 털을 뜯고 정히 다루어 살을 얄팍하게 저며 잔칼질을 해놓고 마늘, 파는 약간만 곱게 다져서 기름을 넉넉히 치시고 후춧가루 설탕을 적당히 쳐서 고루 섞어 무쳐서 구우십시오. 생치구이는 간장에도 하지만 원 맛은 소금에 간을 해 구어야 합니다. 그리고 뼈 남은 것은 곱게 나른히 다져서 갖은 양념을 해 섭산적으로 구으면 좋습니다.

느리미

• 재료

도라지, 움파, 정육, 느타리, 간장, 참기름, 설탕, 깨소금, 후춧가루, 파, 마늘.

• 만드는 법

먼저 도라지를 뜨물에 담갔다가 삶는데 알맞게 무르게 삶아 건져 다른 물을 부어 우려서 속을 빼고 침척(針尺: 바느질자) 한 치 육칠 푼(약 5센티미터) 가량으로 잘라 가지고 두어 푼(약 0.6~0.9센티미터) 넉넉히 넓이가 되게 씁니다. 고기도 써는데 도라지 길이보다 다소 갸름하고 과히 두껍지 않게 저며가지고 가로 결이 되게 쓰셔야 연합니다. 가느스름하게 쓰십시오. 그 다음 느타리도 담가 불렸다가 정하게 골라서 무칠 때 부서질 생각하고 다소 굵직하게 썰어 놓으신 후 움파는 잎사귀만 잘라서 정히 씻어 끓는 물에 살짝 데쳐 내서 다른 물에 씻어 꼭 짭니다. 이것들을 다 각각 양념을 간 맞게 무쳐서 번철에 볶아서 꼬챙이에다 한 개씩 섞바꾸어 꼬여서 양끝을 염접(가지런히 접거나 베어버린다는 말)해 놓습니다. 양념하시기 전에 고기는 몇 개씩 가지런히 늘어놓으시고 잔칼질을 해야 오그라지지 않습니다.

은행편

• 재료

은행, 찹쌀가루, 잣가루, 밤채, 대추채, 꿀

• 만드는 법

먼저 은행을 속껍질까지 벗겨서 도마에 놓고 곱게 다져서 정한 베 행주 같은 데 싸서 꼭 짜 놓으시고 찹쌀가루를 고운체에 쳐서 끓는 물로 익반죽을 하는데 되게 해서 끓는 물에 삶아 위로 떠오르거든 조리에 건져서 물을 쭉 빼서 먼저 준비해 놓은 은행물을 따듯하게 데워 붓고 방망이로 힘 있게 뭉개서 꽈리가 일도록 저어서 조금씩 떼어 꿀을 묻혀서 고명을 무칩니다. 고명은 미리 준비해야 됩니다. 잣가루에다 밤채, 대추채를 섞어 가지고 무칩니다. 이것은 편에 웃기로 하는데 이것만 해서 알합에 담아 놓아도 좋습니다.

약식

• 재료

재료, 찹쌀, 대추, 밤, 참기름, 흑설탕, 꿀, 진간장

• 만드는 법

찹쌀을 정하게 씻어서 하루쯤 담갔다가 시루에 쪄서 한 김을 푹 올려야 합니다. 그 한편으로 대추를 쪄서 어레미에 거르고 밤은 삶아서 깝니다. 흑설탕도 물을 많이 붓지 말고 눋지 않을 정도로 물을 두르고 끓여 밭여 놓으십시오. 밥이 김이 잘 올랐을 때 버무릴 그릇에 쏟아 놓고 밤만 제해 놓으시고 고명을 고루 넣고 버무리시는데 진간장을 쳐서 간을 마치시고 꿀이 많이 들어가야 약식은 좋습니다.

다 버무리셨거든 급히 안치시려고 하지 마시고 더운 아랫목 같은데 덮어 놓으시고 가끔 뒤적거려 간이 잘 밴 후에 시루에다 시루 밑을 깔고 위에다 정한 보를 두어 겹 깔고 백지 한 장을 펴신 후 시루 가장자리로는 집을 족 세우고 버무린 밥을 안치실 제 밤을 섞어 안치시고 밀가루 반죽을 해서 얇게 밀어 위를 폭 싸서 안치고 불을 때면 위가 헤실이(설익음) 잘 안

납니다. 불을 때시는데 한소끔 김을 올린 뒤에는 뭉근하게 때다가 몇 시간 후엔 다시 된 김을 올려야 합니다. 이러기를 수차 해가지고 떼어 내십시오. 약식은 불 때는 것에 달렸는데 세게만 때면 단물이 다 빠지고 뭉근히만 때면 질게 됩니다. 그리고 대추를 거르는 이유는 잡수실 제 아무래도 껍질이 있어 깔깔한 기가 있으니까 그것을 피하기 위해 그럽니다.

1940년 1월 19일
우리 집 폐물 이용
휴지를 모았다가 그릇 만드는 법

폐물 이용이라 하면 으레 아주 소용없이 된 물건을 다시 만들어 갱생시키는 걸 말하는 줄 누구나 다 잘 아실 겁니다. 그러므로 오늘 같은 비상시에 이르러서는 더욱 각 방으로 폐물 이용이 수효를 셀 수 없이 많이 생기기를 바라는 바입니다. 여기에 한 가지 말씀드리고자 하는 것은 참으로 신기하다고 할 만한 물건입니다. 휴지라 하면 그것은 아무 소용없이 생각하시고 허름하게 알기가 쉬운데 이런 것을 이용해서 우리의 손으로 새 물건 하나라도 만들어 쓰도록 하시는 것이 우리의 실생활에 도움도 되고 따라서 우리의 본의라고도 볼 수 있습니다. 그럼 이제로부터 휴지 그릇 만드는 데 대해서 말씀드리겠습니다.

오랫동안 모아 두셨던 편지, 휴지나 기타 무슨 종이고 다 소용이 되는데 그중에도 백지 같은 끈기 있는 종이가 3분의 1가량이라도 섞이는 것이 더욱 좋습니다. 이런 종이를 따뜻한 물에다 잿물을 약간 떨어뜨려 저어 놓은 후 많이 모으셨던 종이를 담가서 하루쯤 둡니다. 그랬다가 이튿날쯤 솥에다 붓고 푹 뭉그러지게 삶아 건져서 물에 담가 놓고 힘 있게 주물러 알알이 풀어서 다시 물에 담그는데, 체에다 건져 물을 빼가지고 담가 잿물 기운이다 빠지도록 울궈야 합니다. 이와 같이 되었거든 체에다 밭여서 물기를 다 뺀 후 쌀풀을 섞어서 절구에다가 붓고 충분히 찧어야 하는데 풀이 넉넉히 들어갈수록 차지고 좋습니다.

그리고 만일 종이에 물기가 너무 없거든 물을 조금만 쳐서 땀구를(?) 보십시오. 오래 찧어 물과 종이가 고루 합해졌거든 어떠한 그릇을 만드시든지 생각대로 하시는데 가령 함지박을 만드시려면 먼저 함지박에다가 기름을 고루 살짝 바르시고 백지로 한 번 바르신 후(거죽으로) 찧어 놓은 종이를 그 위에다 고루 부치시는데 두께가 과히 두껍지도 않고 얇지도 않게 하려면 침척(針尺: 바느질자) 너 푼(약 1.2센티미터)가량이면 알맞습니다. 다 고루 부치신 후에 꼬챙이 같은 것으로 찔러 보셔서 치수를 꼭 맞추어야 몸이 고르게 됩니다. 이와 같이 다 되었으면 말리시는데, 아주 마르기 전에 반쯤 마르거든 살살 돌려 몸이 한데 붙지 않게 말리십시오. 그다음 충분히 말려 물기를 빼가지고 콩댐을 합니다. 콩댐하기 전에 안팎을 백지로 한 번 발라 바짝 말려서 합니다.

콩댐하는 법은 콩을 담갔다가 곱고 되직하게 갈아가지고 들기름을 섞어서 안팎으로 바르든지 자루 같은 주머니에 담아 문지르든지 해서 말립니다. 이와 같이 말려서 두고 쓰시면 아무리 오래 두고 쓰셔도 깨지지도 않고 가볍고 해서 좋은 실용품이 됩니다. 만드실 때 주의는 잿물에 삶아서 아주 곱게 풀어져야 곱게 됩니다. 또 만드시는 시기는 봄이나 가을이 좋습니다. 겨울에도 만들지만 덜 마르면 끈기가 없어지기 쉬우니까 재미가 적습니다. 버리시는 휴지를 모으셨다가 실험해 보십시오.

1940년 5월 6일
춘계지상강습회
새로 나는 여러 가지 재료로 봄철 요리 몇 가지

게살전유어

• 재료

게살, 감자, 소금, 계란, 밀가루, 참기름, 후춧가루

• 만드는 법

게살을 발라 놓고 파는 것이 있는데 만일 없으면 통에 든 것도 좋습니다. 이것을 알알이 흐트러지게 해 놓으시고 감자를 삶아 건져서 충분히 뭉개 어레미(바닥의 구멍이 굵은 체) 같은 데다가 걸러서 한데 섞어 소금과 후춧가루를 알맞게 넣으시고 밀가루도 엉길만큼만 치신 뒤 계란을 풀어 붓고 충분히 저어 고루 섞이게 해서 번철에다가 기름을 둘러 더워진 후에 조금씩 떠 부어 보통 전유어 부치듯 하십시오. 더운 김에 잡수셔야 좋습니다. 초장에 잡숫게 하십시오.

비빔국수

• 재료

백면, 정육, 계란, 미나리, 편육, 밀가루, 조미료, 파, 마늘, 간장, 후춧가루, 깨소금, 참기름, 설탕

• 만드는 법

먼저 연한 살코기를 조금만 다져서 갖은 양념을 간 맞게 해서 콩알만큼씩

하게 동글게 만들어서 밀가루와 계란을 씌워 모루기를 만들고 자디 잘게 알쌈을 몇 개고 알처럼 만들어 놓으시고 남겼던 고기를 곱게 채쳐서 갖은 양념을 간 맞게 해서 볶아 놓습니다. 그다음 미나리를 연한 줄거리만 다듬어서 깨끗하게 씻은 뒤 끓는 물에 살짝 데쳐 끝만 내버리고 찬물에 헹궈 놓으시고 편육도 곱게 채를 쳐 놓으십시오.

준비가 다 되었으면 국수를 물에 헹궈 한데 붙은 것이니 알알이 흐트러지게 헹구셔서 소쿠리 같은데 건져 물을 빼서 널찍한 그릇에 담으시고 비비시는데 모루기와 알쌈은 빼 놓으시고 다른 양념만 넣으시는데 진장으로 빛을 내십시오. 고춧가루는 식성대로 넣기도 하고 안 넣기도 합니다. 다 비벼졌으면 알맞은 그릇에 담는데 모루기와 알쌈을 켜켜로 얹으시고 미리 지단채를 준비해 놓으셨다가 위에다 얹으십시오. 실백은 위에다 뿌립니다. 국수비빔에는 반드시 맑은 장국이나 잡탕이 있어야 하는데 별안간 하는 데는 맑은 장국도 좋습니다.

잡탕

• 재료

양, 사태, 곤자소니, 뼈도가니, 홀더러기, 무, 실백, 계란, 미나리, 밀가루, 정육, 간장, 깨소금, 후춧가루, 파, 마늘

• 만드는 법

양은 끓는 물에 튀해서 깨끗하게 씻고 다른 국거리도 정히 씻어서 보통 국거리 고듯 곱니다. 무는 요새 무가 맛이 덜하니만큼 한번 다른 물에 삶아 건져서 국에 넣는 게 좋습니다. 국거리가 다 물렀거든 건져서 쓰시는데 보통 국거리보다 다소 자잘하게 쓰시고 무도 자잘하게 모양 있게 쓰셔 가지

고 양념을 해서 국물에다가 다시 넣고 아우러지게 끓이십시오. 보통 국보다 바특해야 됩니다. 그러는 한편으로 고기를 연하게 다져서 무루이(?)를 잘게 만드시고 미나리는 연한 줄거리만 다듬어 지단을 부치셔서 조붓하고 잠깐 갸름하게 완자로 쓰십시오. 계란도 도톰하게 지단을 부쳐서 같은 치수로 썰었다가 국을 뜨시고 위에다가 얹으십시오. 실백도 넉넉히 얹으십시오. 이것은 특별히 국수비빔에 쓰는 것입니다.

1940년 5월 7일
춘계 지상 강습회
새로 나는 여러 가지 재료로 봄철 요리 몇 가지(中)

청면(淸麵)

• 재료

오미자, 녹말, 실백, 설탕

• 만드는 법

먼저 오미자를 여러 번 씻어서 티 없이 정히 일어 담그시고 빛이 우러나거든 녹말을 물에 개어 고운체에 밭여서 땀수(질거나 됨의 정도)를 너무 되어도 딱딱하니까 맑으렴하게(묽게) 타야 됩니다. 이것을 놋양푼이나 기타 판판한 그릇에다가 조금씩 부어서 끓는 물에 띄워서 익힙니다. 거의 익어갈 때 끓는 물을 조금씩 부어 놓으면 잘 익습니다. 충분히 익거든 꺼내서 찬물을 부어 떼어 냅니다. 이것을 곱게 채를 쳐 놓으시고 준비해 놓은 오미자국을 체에 밭여 알맞게 타가지고 설탕을 간 맞게 타서 다시 고운체로 밭여가지고 그릇에 따라 놓고 채를 쳐 놓은 청면을 넣고 실백을 띄웁니다. 이것은 다른 화채하기가 어찌 빠른(조금 이른) 때 하는 것입니다.

도미면

• 재료

도미, 정육, 밀가루, 계란, 파, 마늘, 간장, 깨소금, 후춧가루, 참기름, 백면, 쑥갓

• 만드는 법

성하고 좋은 도미를 정히 다려서 머리를 자르고 가운데 뼈를 빼내고 나붓하게 토막을 쳐서 소금을 삼삼하게 뿌렸다가 밀가루와 계란을 씌워 번철에 부쳐 놓으시고 꾸미를 간 맞게 재워 맑은 장국을 끓이시다가 충분히 끓여 간이 맞고 아우러지거든 부쳐 놓은 도미를 넣고 한소끔 끓이십시오. 쑥갓은 정히 씻어서 상을 들여갈 때 위에다 얹어 숨만 죽여 놓으시고 국수를 헹궈 물을 빼서 큰 그릇에 담고 잔 그릇들을 놓으시면 각각 국수를 덜고 생선과 쑥갓을 뜨시고 국물을 부어 잡숫게 됩니다. 이것이 불편하시면 각각 그릇에 말기도 합니다.

화면

• 재료

두견화, 오미자, 설탕, 실백

• 만드는 법

먼저 오미자를 씻어 담그시고 우러나거든 두견화를 꽃술은 뽑아 버리고 물에 튀겨 가지고 녹말을 씌워 충분히 끓는 물에 젓가락으로 한 개씩 집어 넣어 위로 뜨거든 찬물에 건져 헹궈 내어 채 같은데 담아 물기를 없애가지고 준비해 놓은 오미자국을 체에 밭여서 물과 설탕을 간 맞게 타서 다시 고운체에다가 밭여서 그릇에 담고 삶아놓은 두견화를 넣으시고 실백을 띄우십시오.

화전

• 재료

두견화, 찹쌀가루, 참기름, 청주(약주), 설탕

• 만드는 법

찹쌀가루를 고운 겹체에 쳐서 약주 조금하고 물 조금을 섞어서 고루 버무려 덩어리 없이 해가지고 손을 꼭 쥐여 보아 활 풀어지지 않을 정도면 알맞습니다. 너무 질어도 못씁니다.

그다음 꽃술을 뽑아 놓으십시오. 얄팍한 헝겊을 물에 튀겨 꼭 짜가지고 공기 굽은 데다 펴놓고 꽃 한 개를 놓으시고 찰가루를 공기 굽에 꼭 차게 넣으신 후 헝겊을 덮고 꼭꼭 눌러 갓을 뻥 돌려가면서 두 손가락으로 꼭꼭 꼬집어 놓으면 국화 모양이 됩니다. 이것을 충분히 끓는 참기름에다가 지져 내어 설탕에다 재웁니다. 기름이 너무 괄하게 끓어도 타기만 합니다. 그리고 꽃을 가루에다가 한데 섞어 반죽해도 좋습니다.

1940년 5월 9일
춘계 지상 강습회
새로 나는 여러 가지 재료로 봄철 요리 몇 가지(下)

대하회

• 재료

생대화, 쑥갓, 녹말, 윤집

• 만드는 법

성한 대하를 껍질을 벗기고 꼬챙이 같은 것으로 등심줄을 빼내신 후 소금물에 한번 씻어 내 얄팍하게 저며서 녹말을 씌워 펄펄 끓는 물에 삶아서 위로 떠오르거든 건져서 찬물에 한 번 헹구어 체 같은 데다 담아 물기를 뺀 후 연한 쑥갓을 접시에 깔고 그 위에다 담아 놓으시면 잡수실 제 쑥갓과 같이 잡숫게 됩니다. 윤집(초고추장)을 타 놓으십시오.

오이초나물

• 재료

오이, 당근, 배, 편육, 설탕, 소금, 초

• 만드는 법

오이를 반을 쪼개서 얇게 착착 썰고 당근은 껍질을 벗기고 얇게 저며서 곱게 채를 쳐서 이것은 소금에 잠깐 절였다가 맑은 물에 헹구어 꼭 짭니다. 배도 곱게 채를 치시고 편육은 될 수 있는 대로 차돌박이를 쓰십시오. 이것도 곱게 채를 쳐서 한데 섞으시고 식염(소금)과 초, 설탕 등으로만 간을 맞추어 무치십시오. 산뜻하게 맛이 훌륭합니다. 이런 나물에는 참기름이나 깨소금 기타 다른 양념을 하시면 터분하니까 이런 양념은 피해 주십시오.

조개구이

간 맞게 넣으시는데 간장으로만 간을 하시면 너무 물기가 많으니까 소금을 약간만 섞어서 간을 맞추시면 좋습니다.
서로 엉기라고 밀가루를 약간 치시고 계란을 개어 놓으셨다가 양념한 조개를 대합껍질에다 다시 꼭 차게 담으시고 밀가루를 조금만 위에다 솔솔 뿌리시고 계란을 고루 숟가락으로 바르신 후에 번철에 기름을 두르고 더워진 후에 엎어 놓아 전유어 부치시듯 해 놓으셨다가 상에 놓으실 때 뭉근한 불에 석쇠를 놓고 올려놓아 자글자글 끓거든 접시에 받쳐 상에 놓으십시오. 대합껍질이 불에 놓으면 튀기가 쉬우니 백지로 한번 싸 바르는 게 안전하고 좋습니다.

준치메탕

• **재료**

생선준치, 정육, 파, 간장, 깨소금, 참기름, 밀가루, 계란, 후춧가루, 쑥갓

• **만드는 법**

준치를 정히 다루어가지고 머리는 바짝 잘라내고 앞뒤에다가 참기름을 살짝 발라서 채반에다가 담아 솥에 쪄서 가시를 다 골라내고 살만 발라서

여러 가지 양념을 간 맞게 해서 얄팍하고 동글납작하게 만들어서 밀가루와 계란을 씌워 번철에 부쳐서 맑은 장국을 끓이다가 충분히 끓어날 제 부쳐 놓은 준치를 넣어 한소끔 끓여서 위로 뜨거든 상에 놓으십시오. 쑥갓은 미리 장국에다 넣어 숨만 숙여 내놓았다가 메탕을 뜨시고 위에다 얹으십시오. 준치국을 달리도 끓이지만 이렇게 끓이면 가시가 없어서 먹기가 좋습니다. 이 국은 오래 끓으면 밑으로 가라앉아서 볼품이 없습니다.

1940년 8월 1일
여름철에 적당한 일품 요리 몇 가지(上)

밀국수

• 재료

밀가루, 영계, 애호박, 정육, 간장, 계란, 파, 후춧가루, 깨소금, 참기름, 마늘, 날콩가루

• 만드는 법

먼저 영계를 잡아 정히 다듬어 물을 조금 붓고 푹 무르게 삶아 건져 너무 가늘지도 않고 굵지도 않게 쭉쭉 찢어서 갖은 양념을 해 놓으시고 정육은 곱게 썰어 꾸미로 재워 맑은 장국을 끓이시는데 한참 끓어날 때 닭 삶은 국물도 얼마간 될 터이니 한데 붓고 끓여서 서늘하게 식혀 위에 기름을 하나도 없이 걷어 버리시고 호박은 네 쪽을 내서 속은 빼 버리고 얇게 착착 썰어 소금에 잠깐 절였다가 맑은 물에 헹구어 꽉 짜서 기름 두른 번철에 파랗게 볶아 양념해 놓으십시오. 그러는 한편으로 밀가루 반죽을 하는데

마침 날콩가루가 있거든 조금만 섞어서 체로 두어 번 쳐가지고 반죽을 하시는데 잠깐 된 듯하게 반죽을 해가지고 오래도록 힘 있게 치대면 노글노글하게 보기 좋게 됩니다. 고루 얄팍하게 밀어가지고 밀가루를 넉넉히 뿌려 개가지고 가늘게 썰어서 물을 넉넉히 끓이다가 용솟음 치고 끓을 때 썰어 놓은 국수를 훌훌 털어 넣고 불을 세게 때서 끓여야 불어지지 않습니다. 위로 떠서 익거든 냉수에 헹궈 소쿠리 같은데 건져 물을 빼가지고 대접에 알맞게 담고 준비해 놓은 닭고기, 호박나물 등을 위에다 얹고 식혀 놓은 장국을 부은 위에 후춧가루를 조금 뿌려 놓으십시오. 겨울에도 하지마는 이것은 특히 이 철에 하는 것입니다.

구절판

• 재료

메밀가루, 양, 천엽, 콩팥, 숙주, 오이, 표고, 석이, 계란, 파, 마늘, 후춧가루, 참기름, 깨소금, 간장, 설탕

• 만드는 법

양을 끓는 물에 튀해가지고 결이 반대되게 채를 쳐 놓으십시오. 천엽도 정히 씻어서 역시 곱게 채를 칩니다. 콩팥도 얇게 저며 채 쳐 놓고 숙주는 거두절미해서 삶아 건져 놓은 후 오이도 채 쳐서 소금에 살짝 절였다가 맑은 물에 헹궈 꽉 짜놓으십시오. 표고도 담갔다가 정히 씻어 곱게 채를 치시고 석이도 끓는 물에 튀해 정히 씻어 채 칩니다. 계란은 황백을 다 각기 약간 도톰하게 지단을 부쳐 다른 것과 같은 길이로 채를 쳐 놓으세요. 이렇게 준비가 다 되었으면 각각 양념을 간 맞게 해가지고 한 가지씩 번철에 볶아 내놓으시고 메밀가루는 보통 밀전병 부치듯 물에 개가지고 소금을 간을

합니다. 이것을 번철에다가 작은 보시기 둘레만큼씩하게 얇게 부쳐서 구절판 한가운데다가 담고 가장자리로 준비해 놓은 다른 것들도 색 맞추어 담아 놓으시고 초장을 해놓으시면 밀전병에다가 식성대로 싸서 초장을 찍어 잡숫게 됩니다. 구절판이 없을 때는 큰 요리접시에다가 담아 놓아도 좋습니다. 그리고 절기에 맞추어 시기에 적절한 재료를 쓰시도록 하십시오. 가을에는 송이, 미나리가 있으니 다른 것 한 가지씩을 빼고 넣으시면 좋습니다. 어떤 것이든지 아홉 가지만 되면 됩니다.

깨국탕

• 재료

닭(영계), 표고, 감국 잎, 석이, 민어, 계란, 녹말, 소금, 파, 마늘, 후춧가루

• 만드는 법

영계를 정히 다듬어 물을 조금 붓고 무르게 삶아 찢어서 갖은 양념을 간맞게 해 놓으시고 표고도 담가 불려 정히 씻어 나붓하게 썰어 번철에 기름을 아주 적게 두르고 살짝 볶아 놓으시고, 석이는 끓는 물에 정히 씻어 손으로 대강 찢어놓으신 후 감국 잎은 녹말 씌워 끓는 물에 삶아 놓으시고 생선은 어채하듯 저며서 녹말 씌워 끓는 물에 삶아 놓으십시오, 그리고 순서대로 하려면 참깨를 정하게 거피(去皮: 껍질을 벗김)를 해서 솥에다 백지를 갈고 조금씩 붓고 살살 볶아가지고 물을 조금만 부어가지고 고운체에 걸러서 너무 진하지 않게 물을 타서 소금으로 간을 해가지고 준비해 놓은 재료를 넣고 계란은 지단을 부쳐 민짜로 썰어 위에다 얹습니다. 유리 대접에다가 담아 놓으십시오. 여름철에 적당합니다.

원미

• 재료

멥쌀, 꿀이나 설탕, 얼음, 약소주

• 만드는 법

멥쌀을 정히 씻어서 하얗게 해가지고 맑은 물이 나도록 정히 씻어 일어 바싹 말립니다. 다 말랐을 때 드르륵 타서 체로 가루만 쳐 버리고 싸라기만 쓰게 됩니다. 물을 펄펄 끓이다가 싸라기를 알맞게 넣으시고 쓰시는데 보통 죽보다 되직하게 쑤어서 찬물에 채워 차게 식혀서 잡수실 때마다 조금씩 떠서 꿀을 타시고 약소주를 조금 치고 얼음에 채웠다가 잡수시도록 하십시오. 여름에 더위로 괴로우실 때 해 잡수어 보십시오. 쌀알은 많이 한꺼번에 해 두시고 쓰셔도 좋습니다.

수박 먹는 법

잘 익은 수박을 위 꼭지를 조금만 도려 내고 순가락으로 대강 쑤셔 놓으시고 좋은 소주나 혹은 포도주를 적당히 부으시고 꿀을 달만큼 넣어서 다시 뚜껑을 덮어서 공기 안 들어가게 꼭 싸서 우물이 있으면 채워 놓으셨다가 하룻밤 지난 뒤에 잡수시면 참으로 훌륭합니다. 한번 시험해 보십시오. 꿀 대신 설탕도 치지만 맛은 꿀로 한 것만 못합니다.

1940년 8월 2일
여름철에 적당한 일품요리 몇 가지(中)

편수

• 재료

밀가루, 계란, 정육, 오이, 표고, 석이, 실백, 간장, 파, 마늘, 참기름, 후춧가루, 설탕, 깨소금

• 만드는 법

정육은 심줄 안 섞이게 연한 살로 곱게 다져서 파, 마늘은 곱게 다져 약간만 넣으시고 갖은 양념을 간 맞게 해서 볶아 놓고, 오이는 애오이로 껍질을 벗기고 얄팍하게 저며서 채를 쳐 소금에 살짝 절였다가 맑은 물에 헹구어 꼭 짜가지고 번철에 기름을 두르고 볶아 놓으시고, 표고는 미리 담가 놓았다가 정히 씻어서 곱게 채를 쳐 역시 기름에 볶아 놓습니다. 석이도 끓는 물에 튀해서 정히 씻어가지고 곱게 채 쳐서 기름에 볶아가지고 전부 한데 섞어 다시 양념해 무쳐 간을 맞추어 놓으십시오.

그다음 밀가루를 체로 쳐가지고 계란을 몇 개 깨 넣고 물을 적당히 해서 반죽을 조금 된 듯하게 해가지고 오래 힘 있게 치대야 노글노글해집니다. 그럴 적에 얄팍하게 밀어가지고 사방 한치 육 푼(약 4.8센티미터)가량 되게 반듯하게 썰어가지고 먼저 준비해 놓은 소를 한가운데다가 알맞게 놓고 실백을 두서너 개씩 넣은 뒤에 네 귀를 마주 접는데 만두가 터지지 않게 하시는데 한쪽 귀 끝을 조금만 뚫어 놓으셔야 장국물이 들어가 익습니다.

만들어 놓은 것이 네모반듯합니다. 꾸리를 재워 맑은 장국을 간 맞게 끓이시다가 한참 용솟음 치게 끓을 때 넣고 삶아서 위로 뜨거든 잠깐 지체해

서 그릇에 뜨시고 꾸미를 건져서 곱게 다져 위에 얹고 후춧가루를 약간 뿌리고 초장을 타 놓으십시오. 편수는 이때 한철 음식입니다.

초교탕

• 재료

영계, 오이, 전복, 표고, 해삼, 배, 실백, 깨, 계란, 간장, 깨소금, 후춧가루, 파, 참기름.

• 만드는 법

깨를 깨끗하게 거피(去皮)를 해 정히 씻어 조리로 일어가지고 솥에다 백지를 깔고 조금씩 놓고 숟가락으로 살살 저어 볶아가지고 물을 조금만 쳐서 매(맷돌)에다 갈아 물을 알맞게 부어서 고운체로 거릅니다. 그러는 한편으로 영계를 정히 다러서 물을 조금만 붓고 삶아 건져서 살만 얄팍하고 나붓하게 저며서 갖은 양념을 간 맞게 해 놓으시고, 오이는 껍질을 벗겨 버리고 과히 두껍지도 않고 과히 얇지도 않게 저며서 나붓나붓하게 썰어 소금에 살짝 절였다가 맑은 물에 헹궈 꼭 짜가지고 번철에 기름을 약간만 두르고 얼핏 볶아 빛만 내 놓으시고, 전복도 미리 담갔다가 닭 삶는데 한데 넣어 푹 삶아서 얄팍하고 나붓하게 썰고, 해삼도 삶아서 속을 빼 버리고 정히 씻어 같은 치수로 썰어 번철에 잠깐 볶아내고, 배도 같은 치수로 썹니다. 배만은 소금물에 한번 헹구어 놓으시면 빛이 깨끗해져서 보기에도 좋습니다. 계란은 지단을 부쳐서 채 쳐가지고 전부 한데 섞어 고루 버무려가지고 준비해 놓은 깨국에다가 소금을 쳐서 간을 해가지고 그 속에다 실백을 넣습니다. 양념하실 때도 참기름만은 아주 적게 쓰시고 다른 양념도 닭 무칠 때만 넣도록 하십시오. 또는 깨국이 너무 진하면 도리어 ___주고 또 너무 묽으면 싱거우니까 적당히 물을 타십시오. 이것은 유리 대접에 담아서 얼음을 지르던지(넣든지) 냉장에 채웠다가 차게 해놓으셔야 맛이 더욱 좋습니다. 여기에다가 밀국수를 아주 가늘게 해서 국수도 말면 대단히 좋으니 한번 실험해 보십시오. 또 한 가지 주의는 초교탕은 만들어 놓으실 때 국물이 흥렁하면(너무 많으면) 안 됩니다. 반듯하게 탁 아우러지게 해 놓으십시오. 앞서 깨국탕이라는 것도 같은 깨국에다 하는 것이라도 전혀 다른 것이니 각각 실험해 보십시오. 이 한철에 큰 잔치 때나 연회 때 하는 음식입니다.

생강단자

• 재료

찹쌀가루, 생강, 꿀, 잣가루, 대추채, 밤채

• 만드는 법

찹쌀가루를 익반죽을 되게 해서 반대기(가루를 반죽한 것이나 삶은 푸성귀 따위를 평평하고 둥글넓적하게 만든 조각)를 지어 끓는 물에 삶아 건져 생강물을 준비했다가 치고 방망이로 힘 있게 지어가지고 미리 준비했다가 쓰셔야 하는데 잣가루, 밤채, 대추채 등을 한데 섞어 놓고 지은 떡을 도마에다 꿀이나 설탕물은 녹여서 바르고, 고루 펴 놓고 석이단자 만큼씩하게 썰어서 꿀을 칠해가지고 젓가락으로 고물을 묻힙니다. 여름에 먹기에 적당합니다. 생강이 들어서 많이 상긋한 것이 좋습니다.

1940년 8월 3일
여름철에 적당한 일품요리 몇 가지(下)

증편

• 재료

멥쌀, 엿기름, 설탕, 실백, 석이채

• 만드는 법

멥쌀을 아주 깨끗하게 씻어 담갔다가 담근 쌀 분량에서 10분의 1만은 식혜용으로 남겨 놓으셔야 합니다. 미리 엿기름을 준비해 놓으셨다가 밥을 되게 지어서 엿기름물에 덩어리 안 지게 풀어 넣고, 보통 식혜하듯 삭혀야 되는데 이 식혜는 재가 넘어서 위로 밥알이 떠올라야 됩니다. 그럼 맛이 시큰한 식혜가 됩니다. 이러는 한편으로 담근 쌀을 건져 보통 가루 빻듯해서 아주 고운체에다가 쳐서 끓는 물로 익반죽을 해가지고 준비해 놓은 식혜를 부어가며 덩어리를 다 풀어야 됩니다. 다 푼 뒤에는 나무주걱 같은 성을 가운데다가 꾹 꽂아 보아서 얼른 자빠지지 않을 정도면 꼭 알맞습니다. 이것을 공기 안 통하게 잘 엎어서 아랫목 같은 데다 놓아두고 가끔 열어 보아서 위로 고여 오르면 다 된 것이니 시원한 데로 내 놓으시고 둥근 채반에다 정한 베보를 물을 추겨 갈고 얄팍하게 고루 펴 놓으시고 그 위에다 석이채와 실백을 얹어 싸게 됩니다. 실백을 반씩 쪼개서 얹도록 하십시오. 반죽하실 때 설탕을 아주 타서(넣어가며) 반죽하도록 하십시오. 집에서 쓰시는 것은 파는 것처럼 두께를 너무 두껍게 하시지 말고 위에 말씀한 바와 같이 얄팍하게 하면 고명이 위에 다 있으니까 썰어 놓으면 보기 좋습니다. 여름 한철 떡으로 애기네(아기씨) 등이 다소 과식을 하시더라도 절대로 체하지 않습니다.

어만두

• 재료

민어, 정육, 표고, 오이, 녹말, 실백, 석이, 간장, 깨소금, 참기름, 설탕, 통고추, 파, 마늘

• 만드는 법

먼저 표고를 물에 담가 놓고, 석이는 끓는 물에 정하게 씻어 놓으시고, 오이도 껍질은 벗기고 얄팍하게 저며서 채를 쳐 소금에 살짝 절였다가 맑은 물에 헹구어 꽉 짜놓으시고, 고기도 연한 살코기를 곱게 다져서 갖은 양념을 하시는데 마늘과 파는 아주 곱게 다져서 약간만 넣으십시오. 먼저 준비하신 석이도 조금은 널찍하게 썰어 놓고, 나머지는 곱게 채를 치시고, 표고도 정히 씻어서 조금만 나붓나붓하게 썰어 놓으시고 나머지는 곱게 채쳐서 번철에 기름을 두르고 각각 볶아내는데 표고, 석이 널찍하게 썬 것들은 남겨 놓으십시오. 각각 다 볶은 것을 전부 한데 합쳐서 다시 간을 맞추십시오.

그다음 신선하고 좋은 민어를 등살만 얇고 나붓하게 떠서 펴 놓고 준비해 놓은 소를 조금씩 한쪽에 놓고 한쪽을 덮어서 칼자루로 팍팍 눌러 가장자리는 살짝 드러내면 송편 모양같이 됩니다. 이것을 녹말을 씌워 채반에다 가랑잎이나 담쟁이 잎을 펴놓고 죽 늘어놓아 솥에 쪄서 찬물을 죽 끼얹어가지고 떼어 냅니다. 먼저 남겨 놓은 석이, 표고는 조붓하고 갸름하게 썰어서 녹말을 씌워 쪄냅니다. 이것들을 모양 있는 그릇에 색 맞추어 담아 놓으십시오. 그리고 초장을 맛있게 타 놓으세요. 가랑잎도 녹말 씌워 쪄서 색을 맞추면 좋습니다.

장국냉면

• 재료

백면, 계란, 오이, 표고, 실백, 배, 겨자집, 얼음, 깨소금, 설탕, 간장, 후춧가루, 참기름, 파

• 만드는 법

먼저 표고를 물에 담가 놓으시고 고기는 꾸미로 재워 맑은 장국을 간 맞게 끓여서 식힌 후 기름기를 다 걷어 버리시고 차게 식혀야 합니다. 오이는 껍질을 벗기고 저며서 채를 쳐서 소금에 얼핏 절였다가 맑은 물에 헹궈 꽉 짜서 번철에 살짝 볶아내 놓고 표고도 정히 씻어서 곱게 채를 쳐 기름에 볶아 내시고 계란은 황백을 각각 지단을 부쳐서 채 치고, 배도 채 쳐서 이것만은 소금물에 한번 헹구어 놓으시면 빛이 깨끗합니다.

준비가 다 되었으면 국수를 정한 물에 헹구어 소쿠리에 담아 물기를 빼서 알맞은 그릇에 담고 그 위에다 준비해 놓은 여러 가지 고명을 고루 색 맞추어 얹고 국물을 붓는데 국물 붓기 전에 국수 속에다가 얼음을 지르십시오(넣으십시오). 겨자집은 식성대로 잡숫게 따로 그릇에 담아 놓으십시오. 냉면 국수는 보통 장국 하는 백면은 불어서 덜 좋으니까 국수집에 부탁하면 냉면국수를 눌러 줍니다.

영계찜

• 재료

영계, 정육, 숙주, 표고, 석이, 잣가루, 녹말이나 감자가루, 파, 마늘, 후춧가루, 간장, 참기름, 깨소금

• 만드는 법

영계를 정히 다루어 속에 피가 없이 정하게 씻어야 합니다. 그리고 정육을 곱게 다져서 갖은 양념을 해서 닭 뱃속에다 넣고 실로 대강 매서 풀어지지 않게 해 놓으시고, 표고는 미리 물에 담갔다가 정히 씻어서 채를 치고, 석이는 끓는 물에다가 튀해서 손으로 대강 죽죽 찢으시고 숙주는 아래 위를 따서 정히 씻어가지고 전부 한데 합쳐 부쳐가지고 물을 조금만 붓고 끓이다가 끓어날 때 물을 얼마큼 부어 끓이다가 준비해 놓은 영계를 녹말을 씌워 넣고 끓입니다. 다 익거든 자기함에 담고 위에다가 잣가루를 뿌리는데 실은 풀어 놓으십시오. 이것은 영계가 너무 크지도 적지도 않고 알맞은 것을 골라 쓰십시오.

2. 〈조선요리법 해제〉

황혜성(黃慧性, 성균관대 가정과 교수)

우리나라에서 발간된 한국 음식책은 조선조에 저술된 것이 인쇄체도 있고 필사본도 몇 가지 발굴되어 학자들이 자료로 삼고 또 해설해서 내놓은 바 있다. 필자가 해설한 것 중에도 《도문대작(屠門大爵)》, 《열양세시기(洌陽歲時記)》, 《동국세시기(東國歲時記)》, 《음식지미방(飮食知味方)》, 《규합총서(閨閤叢書)》, 《주방문(酒方文)》, 《시의방(是議方)》 등 여러 권이 있다.

이 책들은 모두 고종 이전에 저술된 것이다. 다음 더 내려와서 일제의 혼란기에는 음식책은 필사본 형식으로 각 가정에서 소장한 것이 이곳 저곳에서 간혹 발견되고 있다. 일제 말기에는 신교육을 받은 여교사에 의하여 저술된 책이 세 가지가 있는데 저자인 세 분이 지금은 모두 작고하셨다. 세 분 중 선배가 손정규(孫貞圭) 선생이요, 다음이 방신영(方信榮) 선생, 다음이 조자호(趙慈鎬) 선생이시다.

지금 자료로 독자 앞에 소개하는 책은 그중 조자호 선생의 《조선요리법(朝鮮料理法)》이다. 이 책의 출판연대는 1939년, 출판은 대동출판사(大同出版社), 발행이 광한서림(廣韓書林)이고 가격은 60전(錢)이라고 써 있다.

저자의 이력은 1912년에 출생, 1976년에 별세, 중앙여고 설립에도 참가하시고 중앙여고에서 다년간 교편도 잡으시었다.

또 서울대 사범대 및 숙대에서도 강의를 맡으시어 많은 제자를 육성하셨다. 수복 후에는 신신백화점에 한국 다과점을 처음 개점하시어 한과점(韓菓店)의 시조가 되신 셈이다. 말년에는 이대 앞길에 '호원당'이라는 한과점을 열어 경영하시면서 서울 장안에 그 명성을 날리시다가 애석하게 타계하시고 그 기능을 며느님 최창순(崔昌順) 씨가 계승하고 계시다.

이조 말 영의정을 지낸 조두순 대감의 직계 후손인 조 선생은 윤대비(尹大妃)마마와는 이종(姨從)간이시다.

이 책에 실린 음식은 서울의 반가음식(班家飮食)으로 음식의 종류는 31항목으로 나뉘었고, 그 다음 4항목은 음식 곁들이는 법, 음식을 절기에 따라 분할하는 법, 상보는 법 등으로 상세한 내용이 친절하게 기록되었다. 그 줄기는 외국요리를 가미하지 않은 고유의 한국 가정의 음식을 수록하고 있다.

그 재료의 분량은 그 시대의 도량형법을 썼으니, 말, 되, 호 또는 한 공기, 한 보시기, 한 종지, 한 숟가락 등을 사용하고 있다. 현재 사용되는 계량과 비교하면 대개 다음과 같다. 한 홉(合)은 180밀리리터, 한 공기는 200밀리리터, 한 숟가락은 10밀리미터, 한 종지는 50밀리리터로 바꾸면 되겠다.

이 책의 내용이 차례로 게재되면 조리에 관계되는 사람에게 큰 도움이 될 것으로 믿는다.

(출처 미상)

3. 〈'서울음식'에의 향수〉

이병주(문학박사, 동국대 국문학과 교수)

-유밀과와 모정

유밀과는 역시 이대 앞 호원당이다. 다른 데도 흉내는 내나 역부족이다. 주인 조자호 여사는 이미 일정 말에 《조선요리법》을 써내었던 이 방면의 전문가다. 지금이야 요리강습도 흔해졌지만 예전에는 겨우 말로 가르쳐주는 것 아니면 눈 짐작으로 이어졌었다. 따라서 《규합총서(閨閤叢書)》나 기타 약간의 문헌을 섭렵함이 예사였다.

유밀과라면 물론 다식, 약과, 강정, 산자, 약식, 중배끼 등인데, 이 맛이란 결국 거기에 쓰이는 감의 질에 달렸고, 그 만드는 솜씨에 매었다. 요는 기름과 꿀의 농간이요, 찹쌀가루와 밀가루의 질에다 그 반죽과 그 튀김과 그 지짐과 그 시간이 문제인 모양이다.

나는 이 유밀과를 꽤 즐기는 편이다. 일찍이 내수사(內需司)의 유밀과를 매만진 어머니의 덕이다. 그래서 진짜배기 약과, 그것도 큼직한 모과, 잘도 튀겨진 강정, 알맞게 지져진 중배끼, 그리고 산자와 과줄 등은 아주 맵씨있게 만 듯 사례(四禮:관혼상제冠婚喪祭)에 흔전만전 썼던 것을 문득 기억한다.

저자에서 파는 유밀과와는 바탕은 고사하고 때깔부터가 달랐다. 검지도 않고 눌지도 않은 유과였다. 눅지도 않고 바삭치도 않은 밀과였다. 이에 넣으면 얼음이 녹듯 녹아넘어가는 약과였다. 속이 빈 강정이나, 그것도 얼키설키 서렸지 요새처럼 텅 비지 않은 진품이었다. 중배끼만 해도 왜떡과 바꿀 수 없는 밀떡이었다. 바삭바삭하되 딱딱하지 않은 산자 모두가 사모(思母)의 사연이요 추억의 진미다.

이런 유밀과를 다시 맛볼 수 있는 기회가 생겨 나는 틈만 있으면 호원당을 찾는다. 맞추어 신촌으로 이사를 한 뒤는 일과처럼 거쳐 지나는 사랑방이다. 짐짓 들러 어머니의 사랑의 약과와 강정을 되씹으며 스스로 눈을 감는다.

유밀과는 후담(厚淡:진하면서도 깨끗한)한 맛이라야 한다. 텁텁하고 느끼해서는 못쓴다. 요즘이야 다식판에 넣었으니까 다식이고, 약과판에 넣었으니까 약과다. 먹어서 입에 붙는 유밀과는 목에 걸리는 법이 없고, 먹은 뒤도 입 안이 개운하기 마련이다.

요즘이야 송화(松花)를 따지 못하게 말려서 송화다식은 드물고, 다만 깨다식이 드세다. 콩다식, 찹쌀다식은 굳기를 잘해서 특별한 주문이 아니면 얻어먹기가 어렵고, 깨강정 또한 비싸다보니 재수가 좋아야 한두 개 얻어걸리는 판이다.

이 호원당은 나의 식도락을 한결 보태주어 고맙다. 두텁떡을 즐겨 먹게 해주고 잣죽과 깨죽은 수시로 팔아 주니 정말 사는 재미가 새롭다. 고물이라야 계피가루가 고작인데 그래도 카스텔라를 제쳐 놓던 두텁의 사연을 재생시켜 미각의 추억이 자꾸 새로워지니 더욱 좋다.

(출전 미상, 잡지에 실린 글 가운데 호원당부분만 옮겨 실음.)

4. 〈한과의 일생, 조자호 여사〉

-우리 맛, 전통을 만드는 손

-여대 앞에 점포 차리고 후계 기다려

-정성으로 만든 한편 한쪽…… 재료도 산지서 직접

맑고 또 맑다. 아무 맛도 없는 듯한 맛에 향내만이 상큼하다. 그런 엽차가 있다. 초결명차(草決明茶). 이 있고도 없는 맛에 반해 이 집을 찾는 이들도 있다.

유리로 된 조그만 '쇼케이스', 소형 포트식 난로, 그리고 탁자가 네 개. 예닐곱 평쯤 돼보이는 점포에 가득 넘치고 있는 것은 상큼한 향내 같은 것이다. 오랜만에 찾은 고향집 대청마루, 거기서 들여마시는 해맑은 바람…….

또 있다. 머리카락이 흑단(黑檀)인 채, 곱게 눌러앉은 할머니. 반가울 수밖에 없다. 기름 전 대추나무 다식판에서 노란 송화다식을 떼어내면 고향집 할머니, 그 유년의 기억과 다시 만나다니. 초결명자의 향내가 아니라도 이미 마음 뜨는 일이다.

조자호(趙慈鎬) 할머니(62)를 찾아가보라면서 황혜성(黃慧性) 교수(성대 궁중요리)는 "아주 정갈한 분"이라고 말했었다. 이대 어귀의 한과점 '호원당'에서 손님인 듯 말씀을 청한 내객에게 조 할머니는 좀처럼 마음을 놓지 않았다.

"어려서 눈으로 본 것이 재산일 뿐입니다. 해방 전까지는 이것이 없어질까, 어떻게 하면 지킬까 무척 초조했는데 이제 마음 놓고 할 수 있는 때가 되니 오히려 마음대로 되지를 않아요. 시간이 갈수록 자신이 없어져서 이제는 아무것도 모르는 것만 같군요."

사대부집 안방에서 만날 수 있는 그런 얼굴 모습, 그런 말씨일 것 같다. '본 것'이 모두라고 겸손하는 한과에 일생을 걸어온 유일한 한국인이다.

스물여섯에 이 길을 걷기로 결심하고 나섰으므로 올해 36년이 된다. 조그만 가게, 조그만 쇼케이스 안에 그림처럼 진열된 몇 가지 유밀과만으로 설명하기에는 그 연월(年月)이 너무 길고 너무 설움 많은 것이 될 것이다.

"황신덕(黃信德) 선생이 채찍질을 한 것이 큰 계기가 되었지요. 원래 집안이 음식을 장만하는 일에 골몰하지 않으면 안 될 형편이었고 대대로 음식 솜씨들 또한 유명하기도 했구요. 누군가가 지켜야 할 일을 내가 한 것뿐이지만 아직도 할 일이 너무 많습니다."

서울 다동의 양주 조씨 종가에서 태어났다. 고조부가 영상(領相)을 지낸, 이를테면 명문대가여서 손님과 봉사(奉祀:제사를 받듦)로 1년 열두달이 잔칫날이었음에 틀림없다. 조 할머니의 어머니의 저냐(전유어:煎油魚) 솜씨는 고종 황제가 찬탄할 지경이었기 때문에 항간에서는 대궐 음식과 조정승댁 음식을 비교하는 말이 나돌 정도였다고도 한다. 소문은 이렇지만 조 할머니는 가력(家歷)을 이야기 하지 않는다. 다만 자신이 어려서 눈으로 보고 먹어 본 솜씨와 맛의 기억만을 되살릴 뿐이다.

"걱정인 것은 한식 요리가 변질되는 것을 막지 못하는 점입니다. 상차림 격식도 엉망진창이 되었지요. 즐거운 회갑잔치를 왜 중국 요리로 해야만 되는가, 그것이 가슴 아파요."

생각 같아서는 교실처럼 자그마한 '홀'이라도 하나 장만해서 우리 고유의 음식으로도 값싸게 잔치를 즐길 수 있다는 사실을 과시했으면, 그게 보편화되었으면 하는 것이 조 할머니의 소망이다.

조 할머니는 29세 때 《조선요리법》이라는 책을 출간했었다. 사라지려는 우리 고유의 음식을 지켜내려는 안간힘이었는데 숫제 가게를 차리고 나서게 된 데는 또 까닭이 있었다.

"한불협회장을 맡고 계시던 김법린(金法麟) 선생이 외국 손님에게 차 한 잔 대접할 곳이 마땅찮다고 걱정을 하시는 것을 들었어요. 그 길로 용기를 내서 차린 것이 종로 2가의 '한국식다과점'이었습니다."

그 뒤로 장안 유일의 한식다과점은 신신백화점 2층에 자리 잡았었다. 알 만한 사람들이 찾아드는 아늑한 곳이었으나 조 할머니는 한과 보급에는 이보다는 다른 방법이 있어야겠다고 느꼈다. 많은 사람들이 오가며 볼 수 있는 '쇼윈도'가 필요했던 것이다.

"그것이 이 집이지요. 이대 앞을 택한 것은 이 음식들을 이어줄 젊은 여성들이 이곳을 지나다니기 때문입니다."

모과(方菓), 다식과(茶食菓), 만두과(饅頭菓) 등 약과들, 세반(細飯)강정, 흑임자(黑荏子)강정, 콩강정 등 강정들, 깨, 쌀, 송화, 녹말, 밤, 콩으로 된 갖가지 다식들, 매화연사(梅花軟絲), 매엽과(梅葉菓), 빈사과(蘋絲菓), 경단(瓊團)들. 이 밖에도 조 할머니가 요즘 보급에 힘을 쏟고 있다는 '두텁편'과 색편들이 조그만 진열장에 오롯이 쌓였다.

두텁편을 일러 조 할머니는 "인심 좋은 부잣집 마나님 같은 떡"이라고 했다. 진품이 없어 귤병 대신 유자를 소 넣고 계피 팥고물을 듬뿍 바른 찹쌀떡. 맛이 그야말로 꿀맛인데, 노릇노릇한 고물에 시간과 정성이 깃든 것을 다만 짐작할 수 있을 따름이다.

"재료 하나하나에 까다롭게 굴어요. 시장에서 파는 물건을 하나도 믿지 않기 때문에 산지에서 직접 갖다 쓰는 게 많습니다. 잣, 호두, 후추, 생강이 모두 원시적인 방법으로 가공되지요. 그래서 돈 벌 생각은 없이 먼 데만 바라보고 사느냐고 핀잔 아닌 핀잔을 하는 사람들이 있습니다."

한과의 맛은 정성의 맛이라야 옳을 듯하다. 조 할머니는 몸에 좋은 음식이 따로 있다고 가정하면 한식은 '몸에 이로운 것'이라고 정의한다. 매화연사를 이루는 흰꽃들이 불에 튀긴 찰벼를 하나씩 하나씩 손끝으로 집어 꿀로 붙인 것이라고 할 때, 그 상상하기 힘든 정성의 결과가 몸에 이롭지 않고서 어떨 것이랴.

"이루고 싶은 것이 많은 사람이지만 이것만은 국력을 빌어서라도 하고 싶은 것이 있어요. 임금께서 중신들에게 하사하던 제호탕(醍醐湯: 오매육, 사인, 초과,백단향 들을 함께 중탕으로 달인 전통생약음료)을 현대화하는 것입니다. 화학적으로 합성한 요즘 '콜라'맛에다 비교할 수 없는 굉장한 것이지요."

옛어른들은 여름 혹서(酷暑)를 제호탕으로 씻었다. 얼마나 시원했으면 제호관정(醍醐灌頂:청량음료 제호탕을 머리에 부움)이란 말이 있었을 정도였다.

조 할머니의 아쉬움은 끝이 나지 않을 듯했다. 역시 대궐서 내리던 타락죽(駝酪粥:우유쌀죽) 맛도 버릴 수 없다.

"동지 차례 때마다 차리던 콩강정과 전약(煎藥:기름에 지진 약과)의 맛을 요즘 누가 알겠습니까? 장국상과 진짓상을 요즘 누가 올바로 차릴 줄 알겠습니까? 그래서 나는 잠을 못자는 것인지 모르겠어요. 우리의 과자, 후세에 전하는 것이 내 필생의 일이 된 까닭이겠지요."

조 할머니는 외로운 표정을 지었다. 기름이 잘잘 흐르는 깨다식을 계속 떼어내는 할머니의 손은 저고리 동정만큼이나 희고 귀해보였다. 외길을 걸어온 어느 인생의 고적(孤寂)이 한(恨)처럼 맺힌 한과의 명맥이 남 보는 이 없는 곳에서 이어져 가고 있었다.

(〈한국일보〉 게재, 1973년 날짜 미상)

5. 〈전통에 산다〉

-시어머니와 한맘으로 한과 빚는 며느리

-겨레의 천년 솜씨이어 돈벌이는 안 되지만 정성 쏟아

-힘겹고 외롭지만 보람이

-고유의 맛, 널리 알리고파

전통을 이어 사는 것만큼 외로운 노릇도 없다. 그러나 외롭고 힘겨운 만큼 보람이 따르는 법.

온통 젊음을 태워 1천여 년 겨레의 솜씨를 익히고 있는 젊은 숙수(熟手) 최창순(崔昌順) 씨(30)는 오늘도 이런 신념으로 구슬 같은 땀을 쏟는다.

서울 마포구 창전동 300의 3.41평의 아담한 양옥. 오랜 세월을 두고 한과의 향긋한 내음이 밴 양옥 한켠 숙수간(熟手間)에 다소곳이 앉아 약과며 강정 등 갖가지 유밀과를 빚고 있는 최 씨에겐 쉴 날이 없다.

1남2녀의 훌륭한 어머니가 되랴, 남편의 좋은 아내가 되랴, 시어머니를 이어 전통 한과를 만들어 내랴…….

간혹은 밤을 낮으로 알고 손을 놀려야 하는 고달픈 나날이어야 한다. 그래서 아직은 달리 큰 욕심을 내보지도 못했다는 최 씨.

굳이 소망이 있다면 종로통에 즐비한 양과점만큼 전통 한과점을 여러 곳에 내서 전통의 맛과 멋을 알리는 일이다. 그리고 자기를 며느리로 맞아 전통의 맛을 일깨워 준 스승이자 시어머니인 조자호(趙慈鎬) 여사(64)처럼 명실공히 한국의 명숙수(名熟手)가 되는 것이다.

조상의 맛을 이어 한과 조리에 손을 대기 6년여. 꿀을 물에 섞어 끓여 식힌 다음 밀가루를 체로 쳐서 참기름과 섞고 이를 덩어리로 만들어 필요한 용도의 치수로 썰어 기름에 지지고 다시 꿀물을 입히고…….

별로 대수로워 보이지 않는 약과 한 가지를 만들어 내는 데에도 최 씨는 이렇게 정성어린 손놀림을 펼쳐야 한다.

양에 따라서는 남자의 억센 힘을 견뎌야 하는 한과 조리는 그래서 손재주 못지않은 정성과 인내와 힘이 아니고서는 이룰 수 없는 힘겨운 작업이라고 했다.

오랜 경험이 따라야 하는 까다로움 또한 두말할 나위가 없다. 밀과의 대표적인 약과만 해도 네모꼴의 방과(方菓)와 국화 모양의 다식과(茶食菓), 만두 모양의 만두과 등 그 종류나 크기에 따라 각종 재료의 배합을 달리해야 한다. 뿐만 아니라 기름에 끓일 때에도 저마다의 두께에 따라 열의 온도를 잘 맞춰야 하는 어려움이 있다.

아무리 재료의 배합이 잘된 것이라도 기름에 잘못 지지면 속이 익기도 전에 겉이 타거나 부서져 버리는 까다로움 때문이다.

미상불 하나같이 힘든 손놀림과 정성을 쏟는 작업이랄까. 그러나 전통의 한과 제조를 천직으로 여기고 있는 최 씨에게는 손끝에서 빚어나오는 각종 과자가 쌓일 때마다 뿌듯함으로 힘겨운 줄 모른다.

–재료 배합과 가열, 꼭 맞아야 제 맛 내

제대로 시설을 갖춘 숙수간이 아니어도 좋다. 20평 암짓의 숙수간이 따로 있긴 하지만 최 씨와 조 여사에게는 살고 있는 가옥 전체가 숙수간으로 쓰인다.

그럴 듯한 조리기기도 없다. 여느 가정에서나 흔히 볼 수 있는 함지박과 칼, 방망이, 자, 철조리, 솥과 유달리 큰 도마와 대젓가락, 그리고 집청그릇이 고작이다.

다른 게 있다면 약과를 찍어내는 약과판과 다식을 만들 때 쓰는 다식판들. 그러나 최 씨는 이것마저 별로 쓰지 않는다. 그것은 직접 칼로 썰어 손끝으로 빚는 조리법이 훨씬 '손 맛'이 나기 때문이다.

최 씨가 관혼상제 등 용도에 따라 약과의 크기를 정한 후 재료를 배합, 기름에 지져내기까지는 2시간 남짓, 40년간을 줄곧 한과의 내음에 묻혀 살아온 명숙수 조 여사에 비하면 여간 느린 솜씨가 아니다. 그래도 약과를 기름에 지질 때 나는 소리로도 이젠 양품(良品)과 불량품을 가려낼 수 있을 만큼 전통 조리법을 익혔다.

시어머니 조 여사의 가르침을 받아 최 씨가 만들어내는 한과는 약 30여 종. 떡류와 죽류(잣죽과 깨죽 등)를 포함하면 실히 50종은 헤아린다.

각종 약과 외에 콩강정, 잣강정, 계피강정, 매화강정, 송화강정, 세반강정 등 고명을 묻히는 데에 따라 명칭을 달리하는 것들이 그것. 이 밖에 강정과 함께 유과류에 속하는 청, 홍, 백 등 색색의 '연사'와 '빈사과' 그리고 각종 '다식'과 '숙실과' 등을 망라한다. 버터와 계란, 우유 등육류를 재료로 한 양과와는 달리 한과는 주로 곡식물류에 재료를 둔 게 특징.

때문에 오래 저장해 두어도 양과보다는 훨씬 부패율이 적은 강점이 있다. 특히 고명에 따라 갖가지 곡물이나 과실의 맛을 내게한 강정류의 순수한 맛이라든지 몸에 해롭지 않은 영양가 등은 양과에서는 찾을 수 없는 우리만의 자랑이라고 최 씨는 말한다.

"조리과정이 좀 까다롭고 힘들어 그렇지 결코 양과만 못지않은 게 전통 한과에요. 같은 재료이면서도 조리과정을 조금씩 바꿔 맛을 다양하게 낸다든지 모양이 주는 한국적인 정서감 등은 감히 추종을 불허하는 전통 비법입니다."

더구나 재료의 배합과 열의 온도가 딱 맞아 떨어졌을 때 비로소 제 맛을 내게 한 독특한 조리법에 이르러서는 선인의 높은 지혜와 과학적인 식견에 새삼 경탄하지 않을 수 없다고 했다.

한과의 이런 맛과 멋에 취하게 된 자신을 여간 보람으로 여기는 게 아닌 최씨. 언제부터인가 가녀린 손가락에 접히기 시작한 마디를 자랑스럽게 내보인다. 선대의 값진 솜씨를 계승, 한 가지 또 한 가지를 익혀가고 있는 의지의 표상이랄까.

서울 다방골(다동) 이름 높은 양가에서 태어나 평생을 한과와 함께 지내온 명숙수 조 여사는 며느리의 아픔을 누구보다도 잘 안다. 그러나 동정어린 표정일랑은 아예 보일 수가 없다.

다만 무언의 채찍질과 무표정의 격려만 보낼 뿐이다. 자칫 방심하거나 마음이 약해지면 까다로운 전통조리 솜씨를 모두 잇지 못할까 염려해서다. 감정을 내키는 대로 발산할 수 없는 조 여사는 그래서 며느리보다 더 큰 진통과 고역을 겪고 있는지도 모른다.

슬기로운 조상의 맛을 이어 이들이 빚고 있는 유밀과의 역사는 고려시대부터 비롯된다. 전대(前代)에도 유밀과가 쓰였다는 설이 있으나 알 수 없고 확실한 기록은 고려 충렬왕 이후(《고려사》 권29).

주로 국가적인 대행사인 연등회나 팔관회연, 그 밖에 대소향연에 쓰인 것으로 전하며, 왕가나 귀족의 집, 사원 등에서 특히 성행했다고 한다.

당시의 유밀과는 모두 과실이나 조수(鳥獸)의 모양을 본떠 만들었으며, 이것이 이조시대에 와서 원형(圓形)으로 바뀌었고 높이 괴기 쉽게 방형(方形)으로도 만들어졌다는 기록이다. 유밀과는 고려 때 폐백 음식으로 널리 쓰이기도. 이 풍습은 이조시대에까지 계승되었고 지금도 개성의 폐백례(幣帛禮)에는 반드시 유밀과가 따른다는 것.

"웬만한 정성으로는 흉내조차 어렵습니다. 마치 보석 다루듯 애정으로 대하지 않고는 모양이나 제 맛을 내주지 않으니까요."

남보기엔 보잘 것 없는 과자에 지날지 몰라도 이들에게는 그래서 하나 하나 모두가 담뿍 정든 정(精)과 성(誠)의 결정체라고 했다.

올해로 꼭 39년째 한과 보급에 힘써왔어도 남은 거라고는 '호원당'(이대 입구)이란 초라한 한과점 한 곳뿐이라며 안타까워하는 조 여사.

쉽게 내색은 않지만 이 정도에서 며느리에게 대를 잇게 한 자신의 무능을 여간 탓하는 표정이 아니다.

아픈 마음을 숨겨온 무수한 나날 속에서도 여전히 귀티를 잃지 않은 조 여사가 오을의 이름난 숙수로 불리는 것은 결코 우연이 아니다. 이조말 영의정을 지낸 심암(心庵) 조두순(趙斗淳) 씨의 4대손인 조 여사로서는 어쩌면 숙명적이었는지도 모른다.

-조 여사의 손 맛을 알아주던 이승만 박사

집안이 집안인지라 대대로 귀빈접대 때 익히고 다듬어온 선조의 재질을 타고난 데다 가 어려서부터 흉내내본 전통요리에 남다른 재미를 붙여온 것.

조 여사가 본격적으로 전통 한과를 빚기는 경성가정여숙(京城家政女塾, 현 중앙여중고)에서 한국요리와 예법을 가르치면서부터. 우리나라에서는 방신영(方信榮) 씨에 이어 여류로서는 두 번째로 『조선요리법』이란 책자를 내고 환도 후 YMCA 옆 장안빌딩에 '한국식 다과점'을 차려 직접 만든 솜씨를 선뵈기도 했다.

이승만 박사 생전에는 몇 년 동안이나 그의 생일상을 맡기도 하였던 조 여사는 "그 분이야말로 내 손맛을 알아주던 유일한 분이었다."라고 회상한다.

1969년 국민대학교 의상학과를 나오면서 조 여사의 둘째 며느리가 된 최 씨가 시어머니의 이런 전통을 이어 한과 조리를 익히기는 시집오던 바로 그해.

아직은 일천한 연륜이라서 손놀림이 다소 서투르지만 그런대로 몇 가지쯤은 자신이 섰다고 겸손해 한다. 현재 이들이 만들고 있는 한과는 대개 주문에 따르거나 '호원당'에 내놓고 판매하는 정도의 적은 분량. 그것은 여기저기 내놓을 만큼 대량으로 만들어 낼 수도 없지만 다른 사람들과 경쟁이 아닌 개척의 입장에 서야 하기 때문이란다.

한과의 값은 그 크기나 종류만큼 각기 다르다. 약과의 경우만 해도 개당 15원에서 20원짜리가 있는가 하면 80원 하는 모약과도 있다.

주문에 따라서는 개당 몇 천원에서 몇 만원짜리까지 만들어낸다.(각종 떡류 포함) 한과의 전통은 물론 법도 있는 조 여사의 가풍(家風)까지 잇고 있는 최 씨는 그러나 매기에는 별로 신경을 쓰지 않는다.

다만 최 씨는 시어머니와 일심동체가 되어 1년 삼백예순날을 무아의 경지에서 바삐 일하는 나날이기만을 비는 한과처럼 소박한 여인이다.

(《선데이서울》 날짜 미상)

6. 〈한국 전통 병과 '호원당' LA 진출〉

전통 병과로 유명한 한국의 '호원당'(대표 정운희)이 18일 코리아타운 갤러리아에 미주 1호점을 오픈했다.

53년 종로 신신백화점에 문을 연 한과점이 전신으로 이화여대, 신사동점에 이어 이번이 세 번째. 이승만 대통령 시절부터 한국 대통령 집안의 대소사와 국빈 대접을 맡았다는 명성에 걸맞게, 두텁떡, 주악, 단자, 쑥구리, 쇠머리편 등 이름부터 범상치 않다.

팥 볶은 가루에 밤, 대추, 유자, 잣을 넣고 두텁가루를 입힌 '두텁떡'은 전 공정을 손으로만 빚었고, '쑥구리'는 다진 밤에 꿀, 계피, 잣가루, '단자'는 유자와 석이버섯 하는 식이다. 감, 대추, 포도, 잣 등 모든 재료를 한국서 공수하고 오미자 원액도 호원당이 운영하는 강원도 인제 농장에서 직접 재배, 추출해 들여온다.

떡 공장은 베니스에 별도로 두고 있고, 갤러리아점의 인테리어는 고동색 나무의 선반과 고전 문양의 액세러리에다 두툼한 한지의 감촉을 입힌 포장상자까지 품위가 있다.

정운희 대표의 1남 3녀 중 그래픽아트를 전공, 이번에 인테리어 등을 맡은 막내 은주 양을 제외하고는 모두 식품가공 분야를 수학, '호원당' 전통을 일가가 3대째 대물림할 계획이라고 한다.

"한국 떡 과자의 격을 높이고 전통 병과의 맛과 멋을 전하고자" 미주에 진출했다는 정 대표는 "LA점을 시발로 주류사회 지점망을 개척할 것"이라고 말했다.

(《한국일보》 2001년 12월 19일자)

7. 〈전통 내림 손맛, 반세기를 이어온 궁중떡 지킴이, 호원당〉

반가(班家)의 음식문화를 보유한 고급 브랜드 호원당은 미국 LA지사까지 설립한 궁중떡의 대명사. 전통 그대로의 방식과 우리 농산물 고수, 양주 조씨 가문의 내림음식 문화를 필두로 한 맛이 호원당의 성공 비결이다.

-1953년 개점, 3대를 이어오는 손맛

떡도 브랜드 시대다. 그러나 궁중떡이라 이름 붙인 짝퉁(?) 제품들이 난무하면서 세계화 시대의 경쟁력 제고에 심각한 문제를 양산하고 있는 실정이다.

호원당은 1939년 『조선요리법』을 출간, 일찍부터 우리 전통음식의 선구자적 길을 걸었던 조자호(1976년 작고) 할머니가 1953년 이대 앞에 처음 문을 열어 3대째를 이어오고 있다.

고종조 영의정을 역임한 조두순, 을사조약 무효를 주창하며 자결한 전 의정대신 특진관 조병세의 직계 가문이다. 조자호 할머니는 순종비였던 순정효황후(일명 윤비)와 이종사촌간으로 어려서부터 궁중을 드나들며 대궐의 맛을 익혔다.

각종 한과와 떡, 육포와 오미자청 등의 제조법이 전통 방식 그대로다. 주로 신촌점(이대 정문앞)에서 만들어내는 한과와 떡은 매일 새벽 5시부터 시작해 아침부터 내놓는데, 계절에 따라 다소 바뀌기는 하지만 한과류가 25가지, 떡이 20여 가지에 이른다.

호원당의 트레이드 마크인 '두텁떡'은 찹쌀가루를 반죽해 알맞은 크기로 뜬어 시루에 안치고 밤이나 대추, 잣 등을 넣은 다음, 두텁가루를 얹어 쩌내는데, 두텁가루는 팥속을 7~8시간이나 볶아 가루를 만들고 계피가루 등을 섞어 맛을 돋운 것으로 여간 정성이 들어가지 않는다. 옛 궁중 방식 그대로의 맛을 내기 위해서는 반드시 흰팥을 써야 하는데 흰팥은 가격도 가격이나 볶는 과정이 만만치 않게 힘든다. 무려 7~8시간이나 걸리는 까다로운 작업이다.

–할머니가 남긴 무형의 유산 발굴해 재조명할 터

조 할머니의 손맛은 현재 며느리인 최창순 여사(61세), 그 뒤는 맏딸인 정민주 씨(34세)가 잇는다. 정 씨는 이화여대에서 식품영양학을 전공하고 미국 라스베가스 네바다 주립대(UNLV)에서 관련 학문을 공부한, 손끝 야무진 재원이다.

맏딸 이외에도 가족 모두 관련 학과를 전공했다. 장남은 재료공학을, 며느리는 식품영양학을, 둘째딸은 미국 캔사스 주립대(K-STATE UNIV) 베이커리 매니지먼트(Bakery Management) 중 밀가루 분야를 전공했으며 막내 또한 LA 패사디나에서 공부했다.

전통맛을 재현, 연구하는 국내 최고 기관인 '한국의 맛 연구회' 회원이기도 한 정민주 씨는, 발효음식에 남다른 관심을 갖고 향후 호원당 메뉴를 다양화시키겠다는 꿈을 갖고 있다. 할머니의 음식이 비단 떡에만 국한된 것은 아니었으므로 그 무형의 유산을 찾아내 새롭게 재조명해겠다는 의도이다.

– '음식은 곧 건강', 호원당의 음식철학

호원당 떡들의 맛내는 비결은 차별화된 대궐식 레시피 이외에도, 재료에 있어 국내산만을 고집한다는 점이다. 충남 공주에 위치한 직영 농장에서 생산된 최상품만을 사용한다.

떡의 소를 넣는 방법 등 제조방식이 확실히 다르다. 예를 들면 떡반죽을 떼면서 소를 넣는데 과거 조자호 할머니는 그 작업을 얼마나 많이 하셨던지 손가락이 휘어지셨더라는 후문도 있다.

"사람의 입으로 들어가는 음식은 건강을 염두에 두어야 함이 옳습니다. 절대로 음식 갖고 장난치는 일은 없어야 합니다."

호원당을 총지휘하는 조 할머니의 며느리 최창순 여사의 음식철학이 작은 경종처럼 들리는 것도 무리는 아니다. 최근 인삼을 비롯한 부정식품 문제로 먹거리조차 믿을 수 없어진 불신의 시대 아닌가.

(식품위생신문 2005년 9월 9일자)

8. 방송원고

그동안 안녕들 하셨습니까? 오늘은 봄철 장국상차림 몇 가지를 말씀드리겠습니다.

화면 5인분

• 재료

오미자물 다섯 컵, 진달래꽃 삼십 개쯤, 녹말 쓰는 대로, 잣

• 만드는 법

하루 전에 오미자물은 준비해 놓으시는데 먼저 번에 말씀드린 것을 참작해 주십시오. 진달래꽃을 꽃술을 뽑고 물에 담가 살살 흔들어 체나 소쿠리에 헝클어지지 않게 쪼옥 건져 놓고 한 송이씩도 하지만 너무 힘이 없으니까 두 송이씩 포개서 녹말을 묻혀 잘 끓는 물에 살짝 데쳐 냉수에 식혀 소쿠리 같은데 덩어리 안 지게 펴 놓습니다. 쓰실 때마다 화채 그릇에 오미자 물을 담고 꽃송이를 세 개 혹은 그릇에 따라 다섯 송이 정도 띄우시고 잣을 얹습니다. 너무 많이 얹으면 잡수시기 전에 보시기에 질리게 되니까 이것도 그릇에 따라 다섯 개 혹은 일곱 개 정도가 적당합니다. 참고로 말씀드리는데 진달래꽃을 두견화, 지방에 따라 참꽃이라고도 부릅니다. 녹말을 씌우실 때 너무 많이 씌우시면 겉만 익고 속에 가루가 하얗게 뭉쳐 익지 않으니까 앞뒤로 살짝 묻히십시오.

화전

• 재료

진달래꽃, 찹쌀가루 다섯 컵, 술 숟가락 다섯, 물 약간, 설탕, 참기름

• 만드는 법

꽃을 꽃술을 뽑고 물에 살살 흔들어 씻어 놓으십시오. 찹쌀가루에 술과 물을 쳐서 골고루 섞어 보슬보슬하게 해 놓으시고, 부드러운 헝겊을 물에 적시어 꼭 짜가지고 사기 공기 같은 것을 엎어 놓고 그 굽에다가 헝겊 한 편을 펴고 꽃 한 송이를 놓고 가루를 반쯤 담습니다. 꽃을 또 비벼서 속을 박고 가루를 꼭 차게 담고서는 헝겊 한 쪽을 덮으시고 꼭꼭 눌러 가장자리를 국화 모양으로 돌아가면서 손톱으로 꼭꼭 꼬집어 자국을 내서 튀김할 때보다 약간 약한 기름에 지져서 식은 후에 설탕을 뿌립니다. 식기 전에 뿌리면 늘어져서 전병같이 됩니다. 잘 지져진 것은 오뚝한 모양 그대로 예쁩니다. 화전이라고 해서 여러 가지가 지방에 따라 많이 있는데 이것은 재래식 것으로 한 가지 소개했습니다.

돈전병

• 재료

찹쌀가루 세 컵, 설탕 큰숟가락 하나, 물 조금, 두견화, 대추, 쑥갓 잎이나 파새리(파슬리), 참기름, 꿀이나 설탕 쓰는 대로, 잣가루 조금

• 만드는 법

꽃을 술을 뽑고 물에 씻어 놓으십시오. 찹쌀가루에 설탕과 물로 노글노글하게 반죽을 해놓으십시오. 대추는 씨를 빼고 납작하게 굵은 채같이 썰고

납작하게 마름모 꼴로도 썰어 놓습니다. 쑥갓이나 파새리(파슬리)를 물에 씻어 잎을 따 놓습니다. 준비가 되었으면 과히 세지 않은 불에 번철을 놓고 기름으로 닦아 내는 정도로만 합니다. 반죽한 것을 경단만큼씩 동글려서 납작하게 눌러 놓고 꽃 한 송이를 반에 접고 또 접어 떡 위에 놓고 잎사귀와 대추를 모양 있게 놓고, 밑이 익었으면 뒤집어 눋지 않을 정도로 익혀 냅니다. 이것도 한 김 난 후에 설탕을 뿌리십시오. 위에 화전하고 이 전병하고 곁들여 담고 잣가루를 뿌려 놓습니다. 이것을 대추전병이라고도 하고 꽃 전병이라고도 하는데 반죽할 때 꽃을 많이 넣고도 합니다.

녹말편

• 재료

녹말 큰숟가락 셋, 오미자물 열 숟가락, 식용염료(분홍) 약간, 설탕 두 숟가락 반

• 만드는 법

오미자물의 신맛을 맞추어 물을 타고 빛깔이 안 고우면 분홍물을 섞어서 빛을 낸 후 녹말을 풀어서 고운체로 밭여 풀 쑤듯 쑵니다. 다 익어갈 때 불에서 내려놓고 설탕을 넣어 완전히 혼합이 되었을 때 다시 불에 얹어 눋지 않게 저어 투명해지거든 판판한 그릇에 부어 식혀서 쓰실 때마다 갸름하게 혹은 마름모꼴로 썰어서 생율하고 곁들여 놓습니다. 나뭇잎이 활짝 피기 전에 하는 반과(후식)의 한 종류입니다. 오렌지를 까서 그 물에도 하면 노란색으로 되어 분홍과 양색 녹말편을 곁들이면 더욱 곱습니다. 녹말편만은 녹두 녹말이라야 완전한 물건이 됩니다.

조기국수 5인분

• 재료

생선 조기 세 마리, 쇠고기 반근쯤, 달걀 네 개, 밀가루 조금, 백면(모밀국수) 15~20사래, 쑥갓(소) 다섯 단, 통고추 한 개, 각종 조미료

• 만드는 법

먼저 고기를 모리감(속칭 완자)으로 조금만 다져 놓으시고 꾸미로 재워 장국을 끓입니다. 한편으로는 물 좋은 조기를 비늘을 잘 긁고 정하게 손질해서 뱃바닥 쪽은 잘라 내시고 뼈를 빼낸 후 가운데로 세 토막씩을 내서 소금을 뿌려 놓았다가 밀가루와 계란을 씌워 전유어로 부쳐 놓습니다.

다져 놓은 고기를 양념해서 자잘하게 모리를 만들어 밀가루와 계란을 씌워 익혀 놓으십시오. 쑥갓은 다듬어서 씻어 놓고 잘 끓는 장국에 전유어로 만든 조기와 모리를 넣고 끓이다가 쑥갓을 넣어 잠깐 익혀 건져 놓습니다. 통고추는 씨를 빼고 예쁜 모양으로 다섯 쪽만 썰어 넣어 끓입니다.

다 되었으면 국수를 따뜻한 물에 헹궈 적당한 그릇에 담고 더운 장국으로 토렴을 한 후 조기를 세 쪽씩 모리를 몇 개씩 드문드문 얹으시고 쑥갓을 가장자리로 색 맞추어 담습니다. 맨 위에 고추 한 쪽을 얹어 놓으시고 더운 장국을 부어 잡숫게 되는데 이런 생선 국수를 하실 때는 식초에다 고춧가루를 타 놓으십시오. 비린내가 가십니다.

부꾸미

• 재료

찹쌀가루 300그램, 치자 한 개, 식용 염료 약간, 쑥잎 혹은 쑥갓잎 조금, 대추 한 개, 식용유 찻숟가락로 하나 반, 계핏가루 찻숟가락 반

• 속 재료

볶은 팥가루 60그램(반 컵), 설탕물 큰숟가락 셋, 녹두 거피 밤 물

• 만드는 법

① 찹쌀을 물에 깨끗하게 씻어 담급니다.

② 밤은 쪄서 겉껍질과 속껍질을 벗겨 으깨어 도듬이에 걸러 계핏가루와 설탕물(꿀)에 되직하게 섞어서 꼭꼭 눌러 놓습니다.

③ 치자는 물에 씻어 반을 쪼개어 약간의 물에 담가 놓습니다.

④ 대추는 얇게 거죽만 저며서 직경 4~5밀리미터 정도의 원형이나 기타 모양으로 잘라 놓습니다.

⑤ 쌀은 물을 빼서 방아에 빻아 고운체로 칩니다.

⑥ 가루는 셋으로 나누어 흰색부터 약간 노글노글한 정도로(송편 반죽보다 눅게) 반죽해서 한참 치댑니다. 노란색은 치자물로, 분홍색은 식용 염료로 엷은 빛을 냅니다.

⑦ 중간 밤톨만큼 하게 각각 동글려 약간 납작하게 눌러 놓습니다.

⑧ 한편 끝에서 양편으로 쑥이나 쑥갓잎으로 모양보아 놓고 가운데는 준비된 대추 한 쪽씩 놓아 떨어지지 않게 살짝 누릅니다.

⑨ 뭉근한 불에 깨끗이 닦은 번철을 준비합니다.

⑩ 붙지 않을 정도로 기름을 두르고 준비한 떡을 놓고 골고루 살짝 눌러 부칩니다. 익으면 뒤집어 눋지 않게 익혀, 꽃 붙인 게 위로 되게 채반에

내어 놓습니다.

⑩ 약간 식은 후 한 개씩 도마에 놓고 계핏가루, 꿀에 섞은 밤소를 대추씨 만큼씩 떼어 한쪽에 놓고 반으로 덮어서 꼭 누른 후 가장자리를 예쁘게 도려냅니다.

• 참고

색깔은 취미대로 할 수 있습니다. 속에 당분을 넣을 때는 거죽에 참기름을 바르고, 설탕을 안 넣고 할 때는 꿀물에 잽니다. 속 재료는 볶은 팥가루에 설탕물과 계핏가루를 추겨서도 씁니다.

약과

• 재료

밀가루 250그램, 참기름 큰숟가락 다섯, 꿀 큰숟가락 둘, 설탕 50그램, 물 큰숟가락 다섯, 계핏가루 찻숟가락 하나, 지지는 기름 두 컵, 즙청, 설탕물 큰숟가락 열, 물엿 큰숟가락 하나, 생강 반 개

• 만드는 법

① 설탕에 물을 붓고 끓이다가 설탕이 다 녹거든 꿀을 붓고 다 녹도록 끓여서 고운 체에 밭여 놓습니다.

② 생강은 껍질을 벗겨 얇게 썰어 물을 붓고 삶습니다.

③ 생강 삶은 물에다 설탕을 넣고 끓입니다. 설탕물이 걸쭉하게 될 때 꿀과 조청(물엿)을 넣고 다시 끓입니다. (반죽하는 물보다 진해야 합니다.)

④ 밀가루에 계핏가루를 합쳐서 고루 섞이도록 굵은 체로 두 번 정도 칩니다.

⑤ 꿀, 조청에 계핏가루 섞은 밀가루를 반죽하여 다식판에 꼭꼭 차게 박아

냅니다.

⑥ 기름이 끓을 때(튀김할 때보다 약하게) 찬찬이 넣어 지집니다. 밑이 익으면 뒤집어 양쪽이 같은 색이 되면 건져서 즙청에 담급니다.

⑦ 약 6~7분 정도 경과하면 건져 내어 그릇에 담고 잣가루를 뿌리기도 합니다.

• 참고

즙청에 넣었을 때 부지지 소리가 강하게 날수록 제품이 잘 된 것입니다. 기름 온도가 지나치게 세면 거죽만 익고 크기가 줄어들어 실패작이 됩니다. 규격은 네모로도 만듭니다. 이것을 모약과(方菓)라 하고 다식판에 찍어 낸 것은 다식과(茶食菓)라 합니다.

만두과는 만두 모양으로 된 것입니다.

① 만두과는 위의 반죽보다 약간 눅게 합니다.

② 속 재료는 대추를 푹 쪄서 굵은 체에 거릅니다.

③ 생강은 껍질 벗겨 얇게 썰어 물에 삶아서 매운 물을 빼고, 도마에 곱게 다집니다.

④ 쪄서 거른 대추와 매운 물을 빼고 다진 생강을 합치고 계핏가루를 섞습니다.

⑤ 약과 반죽을 용도에 따른 크기로 동굴려 구멍을 파고 마련한 대추, 생강 합친 것을 조금씩 속에 놓고 터지지 않게 꼭 아물려 가장자리를 예쁘게 접어서 기름에 지져 집청합니다.

송편(송엽병: 松葉餠)

• 재료

멥쌀가루 300그램, 쑥 한 줌, 식용염료 아주 조금, 끓는 물 계량 컵 한 컵, 솔잎 한 줌

• 속 재료

대추 다섯 개, 날밤(속껍질도 벗긴 밤) 다섯 개, 깨소금 큰숟가락 셋 정도, 설탕 반 컵, 참기름 찻숟가락 둘

• 만드는 법

① 쌀가루를 준비합니다.(다른 떡보다 좋은 쌀이라야 송편이 부드럽습니다.)

② 쑥은 잎만 따서 정하게 씻어서 잘 끓는 물에 잠깐 데쳐서 소쿠리에 건집니다.

③ 대추는 씨를 발라 내고 굵직하게 썰어 설탕에 잽니다(설탕을 뿌린다는 뜻).

④ 밤은 속껍질까지 벗겨 중간 밤이면 넷으로 가릅니다. 꿀물이나 설탕물에 조려서 건져 놓습니다.

⑤ 깨는 거피해서 볶아 가루를 만듭니다. 꿀물과 계핏가루를 섞어 숟가락으로 꼭꼭 눌러 놓습니다.

⑥ 데친 쑥을 도마에 놓고 곱게 다집니다. 분량이 많을 때는 절구에 찧어서 도마에 다져야 빠릅니다.

⑦ 쌀가루를 잘 끓는 물에 반죽합니다. 처음엔 약간 되직하게 반죽해서 오래 치대야 노글노글해집니다. 이것을 셋으로 똑같이 나눕니다.

첫째 흰색, 둘째 쑥 다진 것을 넣고 잘 섞이도록 오래 치댑니다. 셋째 분홍은 극소량의 물감을 반죽을 조금 떼어서 고루 섞은 후 전체에다

넣고 오래 치대서 물감 망우리가 나타나지 않도록 합니다.

⑧ 대추 크기만큼씩 동글려 엄지손 끝으로 살살 돌려가면서 구멍을 파 놓습니다.

⑨ 색별로 굵직하게 썬 대추와 꿀물에 조린 밤, 꿀, 계핏가루를 섞은 깨 가루를 넣고 벌어지지 않게 꼭꼭 아물립니다. 배가 통통하고 볼록하게 만듭니다.

⑩ 시루에 솔잎을 깔고 서로 몸이 닿지 않게 줄 맞추어 놓고 다시 솔잎을 얹습니다. 솥에 쪄서 찬물에 담가 솔잎을 떼어 소쿠리에 건집니다. 식은 후에 참기름을 바릅니다.

오색축병(祝餠: 축하떡)

• 재료

멥쌀가루 700그램, 설탕 240그램, 물 반 컵 정도, 호도 12개, 잣(松實) 반 컵, 치자 1개, 녹색 잎사귀 조금, 식용염료(홍색) 극소량, 흑임자가루 큰순가락 하나, 두텁가루(진한 것) 중간 크기 순가락 둘, 대추 큰 것 세 개, 즙청 1/3컵 정도

• 만드는 법

① 쌀가루를 준비해서 5등분합니다.

② 설탕에다 물을 붓고 끓여 식힙니다.

③ 호두는 망치로 깨뜨려 겉껍질을 벗기고 속살을 얇게 썰어 대강 다져서 넷으로 나눕니다.

④ 잣은 껍질을 벗겨 종이에 놓고 칼로 다져 가루로 만듭니다.

⑤ 치자는 정하게 씻어 반에 쪼개어 약간의 물에 담급니다.

⑥ 녹색 잎은 잎만 따서 씻어 놓습니다.

⑦ 검은 색을 필요로 할 때는 흑임자가루를, 갈색이 필요할 때는 볶은 팥가루를 약간 진하게 볶습니다.

⑧ 분홍 물감은 따뜻한 극소량의 물에 풉니다.

⑨ 쌀가루에 한 가지씩 물을 들입니다. 흰색, 분홍, 노랑, 청색, 흑색이나 갈색으로 설탕물을 조금씩 부어 색소를 넣고 고루 섞어서 약간 굵은 체로 칩니다. 역시 설탕물을 섞어 체로 칩니다.

⑩ 대추는 얇게 저며 필요한 글자를 새겨 놓습니다.

⑪ 백지에 기름을 발라 시루에 깔고 색별로 한 켜씩 안칩니다. 갈색이나 흑색가루를 붓고 고루 손질한 후 다져 놓은 호두의 한 분량을 뿌립니다. 차례로 황색, 청색, 분홍, 백색의 순서로 합니다.

⑫ 맨 위에다 글씨 새긴 대추를 간격 맞추어 글자를 놓아 김 오르는 솥에 쪄서 놓습니다.

⑬ 즙청을 위에다 고루 바르고 다져 놓은 잣가루를 고루 뿌립니다.

콩찰떡

• 재료

찹쌀 500그램, 검은콩(黑太) 400그램, 밤 열 개, 대추 여덟 개, 호박고지 15그램, 소금 조금, 설탕 큰숟가락 반

• 만드는 법

① 찹쌀을 맑은 물이 나도록 씻어 담급니다.

② 검은 콩은 성한 것만 골라서 씻어 물에 담급니다.

③ 호박고지는 겨울에 말렸던 것을 2센티미터 크기로 썰어서 물에 잠깐 씻어 소쿠리에 건져 물기를 빼고 설탕을 뿌립니다.

④ 밤은 겉껍질을 벗겨 물에 잠시 담갔다가 속껍질을 벗깁니다. 넓은 쪽으로 반을 쪼갭니다.

⑤ 찹쌀을 소쿠리에 건져 방아에 빻아서 고운체로 쳐서 삼삼한 소금물로 물을 내립니다. 호박고지를 섞습니다.

⑥ 시루에 시루밑을 깔고 불린 콩을 반만 시루밑이 안 보이도록 골고루 깝니다.

⑦ 물 내린 찹쌀에 호박고지 섞은 것을 붓고 고루 손질합니다.

⑧ 밤, 대추 준비한 것을 간격 맞추어 얹고 살짝살짝 눌러 줍니다.

⑨ 불린 콩 중 반 남긴 것을 위에 푹 뿌려 얹고 잘 끓는 물솥에 찝니다.

• 참고

호박고지는 서리 맞은 후에 딴 늙은 호박이라야 답니다. 늙은 호박을 껍질을 벗겨 꼭지 쪽을 도려내고 속을 완전히 파내고 5밀리미터 정도의 두께로 끊어지지 않게 둥글게 켜서, 볕 잘 드는 양지쪽에 줄을 매고 널어 말립니다. 겨울 추운 때 얼었다 녹았다 수차 되풀이해 가면서 말린 것이라야 답니다.

완전히 마르면 돌돌 말아 두고 쓸 때에 적당한 양을 잘라 물에 씻어 설탕을 뿌려 씁니다. 물에 오래 담가 두면 단맛이 빠져 버립니다.

콩찰편은 다른 편과 같이 설탕물을 내리면 떡이 늘어집니다. 설탕물을 내리려면 메떡보다 설탕물을 되게 끓여서 써야 됩니다.

(방송국 미상)

9. 조자호 선생의 라디오방송 출연 녹취

진행자 : 23일 일요일 아침 7시 30분 마이크 삼천리입니다. 마이크 삼천리. 오늘은 60평생 동안 우리나라 고유의 병과(餠菓)를 지켜온 조자호 할머니를 만나봅니다.

진행자 : 설날이 앞으로 대엿새 정도 남은 때라든지, 혹은 추석을 앞으로 4~5일 정도 남겼을 즈음에는, 옛날 종가집 앞마당에서는 으레 힘이 좋은 하인들이 치는 떡메소리가 요란스럽곤 했었죠. 떡메를 힘 있게 내리치면 떡밥이 떡메에 길게 묻어 오르고, 그러면은 옆에서 물칠을 해주고. 이러한 모습이 이제는 사라져버렸지만, 모습만 사라진 것이 아닙니다. 우리의 고유한 떡과 과자도 우리로부터 어느 결인가(사이에) 멀어져 버렸는데, 우리나라 고유의 떡이 과연 몇 가지나 될까요?

조자호 : 일정 때요, 우리 아버님께서 참, 음식에 대한 혹저, 조예라고 할까? 취미를 가지셨고, 또 집안에서 음식을 안 하면 안 되게 됐었어요. 음식하면 벌써 이 과자라든지 뭐든지 우리 이걸 일체를 얘기하는 거니깐요. 그래서 떡 종류만 하여간, 예를 들어서 이 개떡이라고 하죠? 막 해서 먹는 떡. 그거에서부터 죽 해봤는데, 한 200 몇 종까지 해보다가 못해 봤어요. 그래 이제 과자는 뭐, 그것도 아마 꽤 될 겁니다. 우리 대강 지금 생각해도 한 50~60종은 금방 열거할 수 있으니깐요.

진행자 : 아현동 고개를 넘어서 신촌 로터리 쪽으로 내려가다 보면, 오른쪽 이화여대로 들어가는 길옆에 호원당(好圓堂)이라는 한식 다과점이 있습니다. 이 호원당 주인인 조자호(趙慈鎬) 할머니가 60여 년을 한국 고유의 병과를 만들고 연구하고 지켜오고 있는데, 우리 고유의 병과를 지키게 된 동기는, 어찌 보면 그것도 일제시대에 있어서의 어떤 애국심이기도 했습니다.

조자호 : 일정 때 가만히 보니깐, 외국 꺼는 자꾸 보급이 되고 우리들이 거기다가 치중하는 거 같은데, 우리 것은 점점 없어지는 거 같아요, 일정하(下)에 묶여서. 그래서 지금 중앙여고 황신덕(黃信德) 이사장님께서 그때 이제, 애국자들 아니세요? 납치당하신 박승호(朴承浩) 선생님, 또 지금 현재 박순천(朴順天) 선생님, 황신덕 선생님 세 분이 참 (일제)요시찰에 걸리신 한국의 여류, 정말 인물이시거든요. 그런데 이 분들하고 같이 이제 학교를 하나 만드시는데, 이제 애국운동을 하고 싶고 민족정신을 길러주고 싶은데 안 되니까, 그래서 간판을 뭐라 하니 경성가정여숙이라고 붙였어요. 거죽(겉)으로는 이제 학령(學齡: 학교갈 나이)이 지난 사람들을 다 데려다가 가사 가르친다고, 뒤로는 이제 정말 민족정신을 넣어주고, 그래 이제 동기가 되고. 원 이거를 내가 이제, 이건 조금 나를 과찬하는 거 같은데 사실대로 이야기하는데요, 아주 어려서부터 피부에 스미다시피 한 거는 우리 집안이 아마도 음식을 안 하면 안 되게 돼 있었어요. 늘 접빈객(接賓客: 손님 대접) 하느라고, 그냥 자연 대대로 내려오시면서 그 솜씨가 남았고, 어렸을 때 그걸 보니까는 흉내를 내게 되고, 맛도 좀 알게 되고, 그런 거예요.

진행자 : 떡으로는 삼색 꿀떡, 녹두 고물편, 두텁편, 주악, 무우 시루떡 등, 한 번도 들어보지 못한 떡들이 한둘이 아니며, 과자로도 모약과, 세반연사, 잔매화 연사, 강정 등, 모양도 맛도 갖가지인데, 이러한 우리 병과에 대한 조자호 할머니의 긍지는 정말 대단하다고 하겠습니다.

조자호 : 다 우리 것을 좋다고 내가 생각하고 있으니까 뭐라고 새삼스레 말할 수가 없네요. 두텁떡이라는 거, 그것이 아마 고런 맛을 낼 수 없을 거예요. 외국 사람들은, 그 재료가 참, 말하자면 다양하다고 할지 복잡하다고 할지 그렇게 들었기 때문에, 거기 잡숴 보시면 밤도 들었고, 대추도 들었고, 잣, 또 향긋한 게 있죠? 그건 유자. 유자를 정과(正果)로 이제 꿀에나 이렇게 재서 두고서는 씁니다. 고러한 떡은 아직 외국 떡을(외국의 떡 종류에서는) 못 먹어 봤어요.

진행자 : 병과의 숫자만 많은 것은 아닙니다. 떡이나 과자를 만드는 데 들어가는 재료도 몹시 다양합니다. 그 다양함 속에 아마도 우리 민족의 오밀조밀한 성격이 깃들어 있는가 봅니다.

조자호 : 우리 떡에는 저렇게 밤, 대추, 잣, 곶감, 호두, 또 호박, 늙은 호박 고지 말린 거, 뭐 안 들어가는 게 없어요. 이루 헤아릴 수 없어. 깨도 흰깨를 백임자(白荏子)라고 하는 거는 백임자로, 흑임자(黑荏子, 검은깨)라고……. 또 들깨, 이런 것도 고 각각의 그 성…… 저 영양가라는 게 이게 다 다르죠. 또 콩도 그렇죠? 흰콩, 파란콩, 또 검은콩. 또 팥에도 저 관비팥, 거피팥, 붉은팥, 이팥, 뭐 별게

다 많아요. 녹두, 동부(콩) 이걸 외국 사람들이 요렇게 세밀하게 다양하게 재료를 못 쓸 겁니다.

진행자 : (음향: 쿵! 쿵! 쿵! 쿵! ……) 약과를 만들 밀가루 반죽을 만반(滿盤: 상에 가득)에 넣고 밀방망이로 열심히 그리고 정성스럽게 때리고 있습니다. 약과 반죽은 밀가루에 꿀물, 참기름, 생강즙, 그리고 또 계피가루를 섞어서 만든다고 합니다. 그런데 꿀물도 한꺼번에 쏟아서 반죽하는 것이 아닙니다. 조금 부어서 골고루 섞이도록 휘젓고는, 또 조금 붓고는 젓습니다. 한국적인 정성이 한국의 약과를 만든 셈이겠죠. 그러나 이를 가지고 있는 우리가 우리 것을 모릅니다.

조자호 : 나날이 조금 인식이 달라지는 거 같아요. 그래도 아직도 어떤 분들은 "아, 이건 제사에 쓰는 거." 이렇게 일괄적으로 탁 쳐버리고 말아요. 그럼 또 한참 이 분들을 붙잡고, 내 깐으로는 설득하는데 아주 죽을 지경이죠.

진행자 : 이화여자 대학교 입구에 가게를 차린 것은 여성들한테 우선 한국병과를 알리기 위해서였다고 하는데요, 이곳을 4년째 찾는다는 조정희 씨는 아들을 데리고 왔습니다.

조정희 : "여기 오면은요 우선요. 아늑하고, 그 옛날, 그러니까는 우리의 할머니들 솜씨 같은 기분이 들어요. 그래서 굉장히 어렸을 때 생각이 나구요. 음식 하나하나에 굉장히 정성이 들어 있고, 그 화학조미료를 안 쓰고요, 이 천연적인 양념으로 다 만든다는 거에 대

해서 뭐랄까, 우리 고유의 맛을 느끼게 되구요."

진행자 : 조자호 할머니의 나이는 올해로 예순 넷. 이제 알고 있는 모든 지식을 후손들한테 전할 의무가 남아 있는데, 그래서 후계자로 택한 사람이 첫째 며느리와 둘째 며느리라고 합니다. 두 며느리가 시어머니한테서 한국 고유의 병과를 만드는 기술을 익히고 있는 중인데, 두 사람의 병과에 대한 애착심이 어느 틈엔가 무척이나 깊어져 있었습니다. 둘째 며느리인 최창순씨는

최창순 : "어머니 하시는 일을 지금 열심히 배우고 있어요. 지금 미국에 가신 큰 동서와 합심하여 열심히 대를 이을 생각입니다. 욕심을 내자면 어머니가 지금 문헌상의 정리가 되지 않고 있거든요. 그래서 큰 동서와 같이 그 문헌까지 정리하려고 합니다."

출처: 마이크 삼천리, 1972년경 출연 추정, 방송사 미확인
녹취: 정진용, 정재승
* 유튜브에서 녹음된 방송을 들을 수 있습니다.
(http://youtu.be/KxwYrj8fKuQ)

부록6. 편지와 회상글들

조자호 선생 귀하

홀홀히 작별하고 이곳에서 이미 십여 개월이 지나도록 편지 한 장 못 올리와 죄송한 마음 금할 수 없습니다. 떠나기 전에는 여러 가지로 너무나 괴로움이 많았고, 그와 같이 유념(留念)도 많이 해 주신 데 대하여 항상 잊지 않고 있사오며, 친우 두 분께서도 여전히 평안들 하신지 소식 들을 길 없고 대단히 궁금합니다.

양력 그믐에 대사(大使) 귀국하셨을 때 외지에서 보기 드문 귀한 한과(韓菓)를 편지와 함께 보내 주셔서 분주하신 중 먼 곳에 있는 사람 잊지 않으시고 보내 주셔서 대단히 감사하오며, 즉시 회답 못 해 드려서 퍽 죄송하오며, 널리 양해하여 주시면 감사하겠습니다.

단 하나인 우리나라 고유의 음식문화의 기초라고 생각되는 선생님의 사업이 굳게 지반이 잡히기 축원하옵고, 동경(東京)에 와 보니 이른바 요리학교 (외국)요리 콘테스트 등 도처에서 있는 것을 들을 수 있고, 일본요리도 감상할 기회가 종종 있습니다. 많은 우리나라 고유한 음식을 그대로 살려 더 발전시킨다는 것은 참으로 큰 사업이고, 맛이나 색채나 재료 등 참 훌륭하고도 전통 있는 음식이라는 것을 다시금 깨닫게 됩니다. 식기(食器) 등도 손질하기 곤란한 것은 있으나 참 좋다고 생각됩니다.

꾸준히 어려운 환경 극복하시고 1대(一代)에 문화사업으로 아시고 공헌이 많으시기 축원합니다.

이곳은 아해들 데리고 염려하여 주시는 덕분에 두루 무사하오며, 다만 시초에 아해들이 다른 언어로 공부하지 않으면 안 되기 때문에 2중으로 곤란을 받았으나, 요즈음에 와서는 좀 말도 하고 쓰기도 하고 동무들하고 장난도 하게 되어 날이 갈수록 차차 나아지리라고 믿습니다. 윤수, 명희가 제일 빨리 배웁니다.

학교 거리가 대표부(代表部)에서 매우 가깝고, 국제학교지만 퍽 수수하고 꾸밈이 없고 엄한 학교인 고로 그 점은 안심이 되옵니다.

본국의 동무들도 퍽이나 그립고 여러 어른들도 뵙고 싶고 한지, 아해들도 역시 고향이 좋다고들 합니다. 외지생활은 퍽 적적한 것이므로, 온 가족이 다 와서도 어딘지 고독을 느낄 때가 있는데, 단신(單身)으로 온 분들은 얼마나 집 생각이 날까 하는 것을 항상 염두에 두게 됨은 사실입니다.

이곳의 겨울은 별로 춥지 않고, 단 하루 눈이 좀 내리다 녹고 얼음 구경 못 했사오며, 4월 6일경 벗꽃 시즌이라 합니다.

책임이 중하여 이 곤란한 환경 속에서 정신을 쓰지 않으면 안 되는 그날의 긴장 가운데서도 오로지 우리나라 발전과 복만을 축복하며, 선생님 건강과 행복하심 바라며, 두 분께 부디 안부 전하여 주시기 바라며, 총총 이만 그치겠습니다.

1958년 3월 26일

윤수(允壽) 모(母) 올림

운선에게

오래 편지 못 했다. 집을 완정(完整: 모두 정리함)하지 못해 그랬는데, 11일에 이사하게 되었다. 종로구 서린동 80의 2호, 백화점에서 맞은편. 교통은 참 편리하다.

앞으로 꼭 잘 될 줄 믿고 있다. 너 오는 날이 얼마 안 남은 것 같아 미안한 감만 든다. 1년 동안 나는 아무것도 한 일이 없는데, 걱정 말고 잠시라도 안심하고 있다 오기 바란다. 운희를 만나고 오는지 4월 30일에 제 학비 3~4월분 238달러 부쳤다.

용직이 혼인엔 진주(晋州) 아주머니, 두 분 이모님, 나 다 갔었다. 이삿짐도 챙기느라 바빠서 그만 쓰겠다.

김두원(金斗媛) 씨 아들 변모서 편지 받았을 텐데, 간단하게나마 답장을 주면 좋을 텐데, 어제는 어머니날이라고 김 선생이 모서를 데리고 오셨다. 카네이션과 손수건, 또 영희하고 관(官: 영관, 군대의 고급장교) 민소령(閔少領)하고 상아 브로치를 사가지고 왔다 갔다. 진주(晋州) 아주머니는 4월 23일에 오셨다가 어제 떠나셨다. 그동안 김백봉(金白峰) 씨 무용 신작 발표가 있어 보아 주시느라고.

그럼 이것으로 그친다. 몸조심하고 있다 만나자.

1959년 5월 9일 엄마

조 선생(趙 先生)님에게

그간도 선생님 건강하시오며 사업하시노라고 무척 바쁘실 줄 믿습니다. 옛날과 조금도 변함없으신 선생님의 모습과 항상 어머님같이 아껴주시고 사랑해 주시는 따뜻한 정(情) 무엇이라 고마움 말씀 아뢰올 바 없습니다. 아직까지도 조국을 그토록 아끼시고 옛날 우리 고유의 다과를 전파하시노라고 애쓰시는 선생님 다시금 존경하옵니다. 저희들 한국에 가 있을 동안 그토록 바쁜 시간에도 저희 집까지 손수 찾아 주셨으니 황송할 따름입니다.

저희들 이곳에 오자 여러 가지 정리에 바빴고, 애들도 이제는 마음이 다시 안정되어 학교에 잘 다니고 있습니다. 저도 다시금 의과대학에 조교수로서 근무를 시작해서 숨이 찰 정도로 바삐 뛰었는데, 점점 자리가 잡히는 것 같습니다. 어린애들도 늘 듣기만 하던 한국에 가서 여러 가지 배우고 오니 마음이 흡족해합니다. 저희들 너무 시간이 여의치 못하여 선생님의 손자들 만나 뵙지 못한 것 유감입니다. 선생님 맏아드님 가족 모두 미국으로 떠나셨는지 궁금합니다. 이쪽으로 오는 기회가 있거들랑 꼭 저희 있는 곳 찾아 주십사고 전해 주시기 바랍니다.

그러면 새해에도 건강하시고 많은 복이 선생님 가정에 있어지기 바라며 이만 쓰겠습니다.

1959년 12월 18일

김윤덕(金潤德)이 드림

주님의 평화
경애하올 조자호 벗님께

우리의 구원이신 예수님의 성탄절과 새해를 마음껏 축하드립니다.

귀댁 여러분과 벗님께 하느님의 특별하신 가호와 가득한 성총이 나리시며 부디 안녕하시고, 경영하시는 작고 큰 일들이 주님의 축복과 합쳐 더욱 빛나며 한민족에 높은 긍지와 영광이 되시도록 늘 간구합니다.

그간 안녕하십니까? 며느님도, 귀여운 아기들도 편안합니까? 항상 고마움 가득한 마음이면서도 자주 눈길을 드리지 못함은 부끄러우나, 이제야 늦게 축하 문안 드림도 헤아려 주시리라 믿습니다.

그립사온 정, 하고픈 하소연들, 포부들 더욱 벗님의 갸륵하신 경륜을 듣고프군요. 문득 솟구칠 제마다 주 안에서 영적으로 만나 뵙지요. 그리고 제 대신 많이 많이 갚아 주십사고 간청도 하구요.

새 집으로 이사 가셨나요? 어느 날 틈나시면 한번 들러 주세요. 저는 여전히 잘 있습니다. 아마 오는 13일경 하부(下釜: 부산에 내려감)할 것 같습니다. 수녀원서 연중(年中)묵상회가 있어서 다녀오겠습니다.(약 1주일간)

벗님을 뫼신, 제 주위에는 드러나게, 또 숨어서 갸륵한 품성을 지니심을 알매 저는 진정 죄송하기만 하오나, 그런대로 좀 더 드높이 오르려고 노력하올 뿐입니다. 받사온 은혜 깊이 감사드리며 부디부디 옥체 보중하시고 복되소서.

1975년 1월 3일　윤 엘리사벳 수녀 올림

창순 조카에게

저는 1946년 9월에 중앙여자고등학교 교사로 취임하여 여기서 본교 가정과 교사인 조자호 선생을 처음으로 만나게 되었습니다.

조 선생님은 그 성격이 고결하고 순수하며 용모가 단정하여 마음으로 깊이 존경하는 분이었습니다.

당시는 우리나라가 해방 초기라 국가와 사회의 모든 질서가 안정되지 못한 때였으나 중앙여고 교장이신 황신덕(黃信德) 선생과 부교장이신 박순천(朴順天) 선생님의 애국정신과 인격을 사모하여 이북에서 월남하여 생활의 어려움으로 곤란을 겪는 유지(有志)들의 자녀들이 본교에 보결입학하여 그 학생들이 생활에 곤란을 겪으며 정신적으로 방황하는 경우가 많았습니다. 이러한 혼란한 때에 조 선생님은 어머니의 사랑으로 그들의 어려움을 나누며 정신적으로 방황하는 어린 심령들을 바른 길로 인도하여 존경과 사랑을 받는 훌륭한 지도자였습니다.

해방 초기라 국민들의 생활이 불안정한 때이며 학교 설립도 초창기라 학교 운영에도 어려움이 많은 때였으므로 경영하시는 분들을 도와 몸소 정성과 힘을 다하여 학교 가사실(家事室) 정비에 힘을 기울여 전국에서 가장 모범적인 가사실 정비를 하고 국민의 건강과 영양을 깊이 연구하여 학생들을 가르치며 한국 전통 음식의 맛을 살려 가사실습에 충실하여 교육계와 사회의 인정과 칭송을 받아 학교 발전에 큰 도움을 주었습니다.

또 선생은 전통 있는 훌륭한 가정교육을 받은 분이라 왜정 36년간에 잃어버리고 흐트러진 국민의 예절을 바로 잡아 어른을 섬기는 법과 바른 예법을 가르치며 전통적인 한국 음식의 맛을 살려 학생들의 자모들에게까지

학습시켜 학교 방학 때는 학교 가사실을 이용하여 자모들과 음식에 관심을 가진 여성들을 위하여 국민영양을 가르치고 깨우치는 역할을 기쁘게 담당하여 휴가 중에도 쉬는 날이 없었습니다.

나는 조 선생을 형님으로 모시고 지내며 그의 순수하고 깨끗한 성격을 더욱 존경하며 흠모하게 되었습니다. 선생은 자신의 명예를 위하여 자신의 이익을 위하여 욕심을 가지는 일이 없는 깨끗한 분이었습니다.

가정관리, 영양음식, 가정예절 등에 풍부한 소양이 있으면서도 자신의 명예나 자신의 사업확장을 위한 일에 욕심 없이 자기의 아는 것, 가진 것을 다 남에게 전달하며 가르쳐 주기에 아낌이 없는 분이었습니다.

조선조 마지막 임금님이신 순종 황제의 황후께서 선생의 이종언니이셨기에 당시 왕실의 음식을 맡아 보던 상궁들과도 교분이 있었습니다. 그리하여 궁중 음식을 배우기 원하는 분들을 위하여 궁중음식을 맡아 일하던 한(韓) 상궁을 모셔 요리 실습한 일이 여러 번 있었습니다.

황혜성(黃慧性) 교수의 저서 『한국요리백과사전』 중에 "한 상궁을 모셔 궁중요리를 전하였다."라고 기록되어 있는데 황 교수에게 한 상궁을 소개하고 요리실습에 참가시킨 분이 조자호 선생이었습니다. 조 선생님 자신도 요리전집을 내보려는 뜻을 가지고 있었음에도 모든 것을 아낌없이 남에게 내어 주는 순수함에 경의를 표할 뿐이었습니다.

또 한국 정부 수립 후 이승만 초대 대통령의 생신 축하 상차림을 맡아 옛날 임금님의 상과 같은 상차림을 드려 큰 칭찬을 받았습니다. 그것도 2년을 거듭하여 축하상을 드렸습니다. 남들은 기회만 있으면 재정적 지원을 받으려 하건만 선생은 기회가 생겨도 지원을 받는 일 없이 정성만을 바치었습니다. 그렇게 깨끗하고 순수한 분이었습니다.

선생은 개인사업으로 호원당(한국병과점)을 경영하며 한국 병과의 독특한 맛을 살려 크게 발전시키며 아울러 품격 높은 멋진 한국 요리점을 경영하여 보려는 큰 뜻을 가지고 있었지만 자본 문제로 뜻을 이루지 못하고 지내시다가 과로한 나머지 결국 그 큰 뜻을 이루지 못하고 안타깝게도 알뜰한 아까운 재능을 펼쳐보지 못하고 세상을 떠나고 말았습니다.

많은 숙제(기술문제, 재정문제)를 남겨 놓고 세상을 떠났으나 뒷일을 감당하며 수습하는 일이 어려웠지만 아드님 운희 씨가 병과의 기술을 충분히 익히고 있었고 그 자부 창순 씨가 슬기롭게 남편의 일을 잘 도와 호원당을 손색없이 잘 운영하여 나가며 지금은 손자 손녀들이 할머니의 유업을 이루어나가니 고맙고 다행한 일입니다.

(날짜 미상)

김두원(金斗媛)

추기

어머님에 대한 자료를 써 보내려고 하면서도 붓을 잡게 되지 못하여 죄송하오.

변변치 못한 글 용서하고 받으세요. 어머님의 생애를 가장 잘 알며 이해하는 분은 아드님 운희씨일 것입니다. 어머님의 생활을 직접 보고 듣고 잘 이해하는 분은 아드님밖에 없으니, 어머님의 가정생활, 이모님들과의 의리와 정의, 어머니의 사랑과 교육, 인간관계, 서울여상, 진주여고에서의 생활, 어머니의 포부와 고충, 사업경영의 고충과 자금문제, 기술전수와 기술자들을 다루며 어려움을 격던 일, 6·25사변과 어머니의 어려움, 이화여대의 후문철폐와 충격.

전기를 쓰실 작가와 마주하여 문제를 처리하는 일이 가장 쉽고 자연스러울 것으로 생각합니다.

<둘째 며느리의 회상>

최창순(둘째 며느리, 호원당 경영)

1969년 봄, 어머님의 둘째 며느리가 되고자 처음 뵈었을 때 엄격하고 차가워 보이는 모습에 참 많이도 어려웠습니다. 그러나 곁에서 모셔 보니 딱한 사람을 그냥 보지 못하시고 가진 것을 모두 내어 주시는 너그럽고 인정 많은 분이셨습니다. 특히 학업에 뜻을 둔 학생들이 학업을 포기하지 않고 제 꿈을 펼칠 수 있는 기회를 주고자 부단히 노력하셨습니다. 중앙여고에서 교편을 잡으시던 시절 제자들을 도와주시느라 월급을 손에 쥐어 보신 일은 손에 꼽을 정도였지요.

무릇 양반가의 여자라면 가장에게 순종하며 살림만 잘하면 미덕이었던 시절, 어머님은 당신을 집에 가두지 않고 당신의 이상을 실현하기 위하여 집안의 반대를 무릅쓰고 여고에 입학하셨습니다. 배움의 열망은 어머님을 더 큰 세상으로 이끌었고, 일본 동경제과학교를 졸업하신 후 당신이 설립하신 경성가정여숙(현 중앙여고)에서 교사로서 우리의 전통음식과 예법을 가르치셨습니다. 여자들이 배우고 여자들이 깨어야 세상을 변화시킬 수 있음을 직접 보여 주셨지요.

1953년 어머님은 더 큰 꿈을 실천하시고자 전통 떡집인 호원당을 설립하셨습니다. 떡이란 음식이 참으로 흔하게 여겨지고 민가에서 전해지는 몇 가지를 전부로 알던 시절에 우리 전통 떡과 한과의 우수성을 재발견하고 민가에는 전해지지 않았던 고급 한과와 떡을 보급하고자 첫발을 내디디셨습니다. 집안 대대로 전수받은 궁중떡과 한과에 대한 지식에 어머님의 탁월한 손맛이 더해지고 전국 각지를 돌면 가장 좋은 재료를 구해 만드는 호원당의 떡과 한과는 당시 사람들에게 새로운 떡과 한과의 세계를 열어 주었습니다. 아무런 지원도, 누구의 도움도 없이 그저 당신 혼자의 힘으로 전통을 이어가고자 애쓰셨지요.

어머님의 말년, 종종 먼 하늘을 바라보시던 모습이 선합니다. 그즈음 어머님은 호원당의 미래를 생각하셨던 것 같습니다. 당신이 몸 한 번 편히 뉘어 쉬어 보지 못하며 일구신 한국의 전통 떡과 한과가 그 맥을 이어가기를 간절히 바라셨습니다. 어머님의 갑작스런 병환과 아주버님 내외의 이민으로 그 뜻을 둘째 아들인 남편과 제가 이어받았습니다. 예상치 못한 일이었지만 경영학을 전공한 남편은 호원당의 제조설비를 재정비하고 생산의 능률화를 꾀하며 경영을 안정화했습니다. 어머님께서는 그 모든 과정을 꼼꼼히 살피셨고 맛을 품평하셨습니다. 특히 재료를 구입하는 상점마다 저를 대동하시어 신토불이 우리 농산물 중 가장 좋은 재료를 선별하도록 가르치시고 음식은 언제나 정성이 최우선임을 당부하셨지요. 새벽 다섯 시 반이면 가게 문을 열고 1년에 단 하루도 쉬지 않는 호원당. 언제나 우리의 맛을 한결같이 유지하는 전통 떡집의 자긍심은 어머님의 부지런함과 정성의 결과였습니다.

저희 부부가 호원당을 경영하면서 많은 어려움을 겪었지만 우리의 전통한과와 떡의 위상을 높이고자 평생을 바치신 어머님의 뜻을 잇고 한과와 떡의 세계화에 기여하고 있다는 자긍심으로 최선을 다했습니다.

어머님께서 호원당의 문을 여신 지 올해로 61년이 되었습니다. 긴 세월 호원당을 경영해 오며 변화를 시도하고, 어려운 결정을 내려야 했던 시기마다 어머님을 생각했고, 이제 제 나이가 들어가며 더 많은 시간에 어머님을 떠올립니다. 그 자그마한 어깨에 큰 책임을 얹고 거침없이 살다 가신 어머님. 이제 생각해 보면 매 순간순간이 얼마나 어려운 시간이었을까 하는 생각에 안쓰러움과 안타까움으로 목이 메입니다.

어머님의 그 모든 헌신과 노력을 곁에서 지켜보고 그 뜻을 받들고자 노력했던 며느리로서 어머님의 유산이신 《조선요리법》을 다시 책으로 엮고자 했던 것은 저의 오랜 숙원이었습니다. 이제야 여러분의 도움으로 책을 출판하게 되었습니다. 도움을 주신 모든 분들께 깊은 감사를 드리며, 《조선요리법》을 보시는 모든 분들께 한국전통요리의 소중함을 생각하는 계기가 되길 바랍니다.

다시 어머님께서 먼 하늘을 바라보시던 모습이 떠오릅니다. 저도 이제 호원당의 미래를 생각해야 할 때인 것일까요. 전통을 이어간다는 것이 얼마나 힘겨운 일인지 알기에 감히 말하기 어렵지만 그래도 전통은 이어져야 하고 호원당이 우리의 아름다운 유산인 전통한과와 떡의 맛을 이어가기를 감히 소망해 봅니다.

존경하는 조자호 선생님

송복주(전 추계예술대학 총장, 중앙여고 졸업생, 제자)

선생님, 우리의 조자호 선생님, 당신의 가르침을 받을 때는 어리석게도 선생님의 가르침을 받는다는 것이 얼마나 큰 복이고 귀한 시간인줄 몰랐습니다. 항상 단아하고 한 치의 어긋남 없는 자세로 저희를 이끌어 주셨던 선생님.

나라가 가장 어려웠던 시절, 평범한 일반 여성들이 전혀 깨우치지 못하고 실행할 꿈도 갖지 못할 그때, 선생님께서 반가(班家)의 법도(法度)를 깨고 감행하신 새로운 교육을 받기 위한 용기는 참으로 귀한 것이라는 생각을 합니다. 다양한 난관을 뚫고 과감히 신교육을 받고 일본 유학까지를 이루신 것은 우리 고유의 요리를 제대로 만들고, 그 먹을 때를 가려서 어떻게 먹는가까지를 소상하게 알려 음식을 취하는 자리와 시기와 자세까지를 당시의 여성들에게 알리고 널리 이어가게 하고자 한 귀한 뜻이 마음속에 굳게 자리하고, 이루려는 소망이 다른 어려움을 이기게 한 것이라고 생각합니다.

저희가 선생님의 가르침을 받은 시간은 그리 길지 않았고 때가 해방을 맞은 지 그리 오래지 않아서 시설이나 여건이 선생님의 솜씨를 낱낱이 알려 주시기도 어려웠던 터라 직접 실습을 할 시간도 별로 많지 않았던 것으로 기억합니다. 다만 한 가지 음식을 가르치시더라도 재료를 다루거나 조리 과정을 익힐 때 청결 위생은 물론, 집기 다루는 일까지 자상하고 빈틈없이 일러 주셨거니와 조리하는 과정에서 간을 볼 때도 반드시 다른 그릇에 간 볼 만큼 따로 담아 맛을 보게 하시고 한번 입에 닿았던 수저와 국자가 조리그릇 속에 들어가지 않도록 배우게 하셨습니다. 오늘날 음식을 다루는 다양한 프로그램을 가끔 대할 때마다 지금도 그때의 가르침을 떠올리면서 만인을 상대로 하는 프로그램의 진행이 제대로의 예의범절을 잊고 있는 것을 안타까워합니다.

크게 외치거나 달리 표현을 하지 않으셨어도 선생님은 우리나라 여서의 생활을 개선시키는 선봉의 자세로, 이것이 곧 우리의 전통을 제대로 이어받고 국민의 건강까지 아우르는 독립운동의 한 길이었음을 실천으로 이행하셨습니다. 소리 내어 외치지 않아도, 몸으로 형극의 길을 걷지 않아도 선생님은 우리의 전통을 잇고 건강을 위한 실천으로 독립운동의 일환을 걸어오셨던 것입니다.

이러한 선생님의 소중한 뜻은 우리나라 최초의 요리를 집대성한 책으로 출간이 되었고, 또한 후진육성으로 그를 실천하셨으며, 우리들이 언제고 찾으면 접할 수 있도록 호원당을 개원하여 전통을 이어가게 하고 있습니다. 한식다과원으로서 호원당은 선생님께서 그토록 계승 발전시키고자 한 뜻에 따라 많은 사람들에게 참먹거리를 제공하고 있고, 또한 참으로 다행스럽게 아드님(정운희)과 며느님(최창순)이 선생님의 뜻을 이어 발전시키고 있음은 고맙고 귀한 일로 생각합니다. 더욱이 선생님께서 뿌리신 씨앗이 지금은 국내는 물론 외국에까지 자리를 잡아 한국의 참음식을 먹을 수 있는 기회를 만들고 있으니 얼마나 감사할 일인지요.

6·25 전쟁으로 인한 부산 피난 시절, 잠깐 선생님과 자리할 기회에 지나치듯이 어렸던 두 아드님 이야기를 들려주셨을 때는 선생님의 지나오신 세월이 가볍지만은 않으셨음을 짐작하고 마음이 편치 않았던 기억을 가지고 있습니다.

선생님께서 지금의 세상을 보시면 현기증을 일으키시겠지 하면서 한 세기를 돌이켜 그 시절의 용기에 제가 자긍심을 갖습니다.

호원당 시절 병환을 얻으셨음에도 약속한 것은 지켜야 한다고 꼬박 밤샘을 하실 만큼 굳은 의지로 키운 당신의 뜻은 이제 세계가 아는 귀한 명과로 컸습니다. 그리고 우리는 당신께서 이루고자 했던 그 세계를 누리며 살고 있습니다.

제가 특히 감사하는 일은 선구자이신 선생님을 뵙고 가르침을 받을 수 있었다는 인연입니다. 감사합니다, 선생님. 멀리 계시지만 당신의 열매를 보시면서 편안하소서.

조자호 아주머님

임형빈(현 중앙여고 이사장, 황신덕 선생 아들)

선생을 처음 만나게 된 때는, 분명하지는 않지만, 아마도 1940년 전후가 아닌가 싶다. 그때가 경성가정여숙이 탄생했을 때니까, 내 나이 열 살, 장소는 신설동 집이었겠지.

선생을 평생 "자호 아주머니"라고 불러 온 기억이 생생하다. 아마도 그렇게 부르게끔 친근하셨겠지. 또 두 아들 '운선'과 '운희'와도 종종 시간을 같이 지낸 어린 시절의 기억도 난다.

아주머님의 평생 동안 변하지 않는 인상이 있다. 항상 단아한 모습이다. 결코 화려하지 않지만 깨끗한 옷매무새에, 머리 중앙에 앞가르마를 하셨던 고전적인 조선 여성의 전형이시지 않았나 싶다. 우리 학교를 떠나신 후에도 자주 뵈온 기회(항상 어머니와 동행했지만)에도 그 단정함에는 한 치의 흐트러지심이 없었다. 그렇게 고운 몸 가지심이 습관화되셨으리라 믿지만, 시간과 정성이 대단하셨으리라 생각된다.

학교 관계 기록을 살펴보면, 자호 아주머니는 가정여숙 창교 동지이시며, 조선 궁중요리의 매우 큰 축을 맡으셨음을 쉽게 알 수 있는데, 왜 해방 전 1944년*(4년 만에)에 학교를 떠나셨는지 몹시 궁금하다. 누구도 그 이유를 일러주는 분이 없었다.

*학교 기록인 《중앙60년사》에는 재직기간이 1940년 10월 10일~1944년 12월 31일로 되어 있다.

필시 무슨 일이나 중대 결심이 있으셨으리라 믿어진다.

1945년 해방 후 혼란기를 겪는 동안 어떻게 지내셨는지는, 어머님은 알고 계셨으리라 믿지만, 알려진 바 없으나, 우리 모두 큰 어려움을 겪은 것만은 다 아는 바이겠다.

해방(혹은 6·25 전쟁) 후 종로 네거리(현재 SC은행 본점 자리)에 한과점을 운영하실 때 어머니와 함께 들러 본 기억이 난다. 그 후 '호원당'으로 사업이 번창해 나가셨다.

아주머니 이야기에 빼놓을 수 없는 것은 두 아들에 대한 지극한 정성이었다고 생각된다. 두 아들 모두 경기고등학교에서 수학할 만큼 공부를 잘했음이 큰 기쁨이셨으리라. 운선이는 서울공대를 거쳐 국방과학연구소에 근무하다가 미국으로 건너가 전기 전문가로 성공하고 있다는 소식을 접한 바 있는데, 고등학교 졸업 후 한 번도 만나 본 일이 없음이 못내 아쉽다. 운희는 아주머니의 유업을 계승하여 크게 성공 발전시키고 있으니 고맙기 그지없다. 집사람과 몇 년 전에 골프를 같이 했다는데, 그 자리에 내가 빠져서 서운하다.

저승에 계신 아주머니께서 두 아들이 어엿한 사회 일원으로 충실한 생을 영위하고 있음에 미소짓고 계시리라 믿는다. 더욱이 둘째와 그 며느리(최창순, 중앙여고 출신)가 아주머니의 뜻을 받들어 궁중 전통한과로 한국과 미국 사회에 크게 공헌하고 있으니 더욱 기쁘시리라 믿는다.

조자호 교수님과의 첫 만남

남상우(전 중앙대 교수)

조자호 교수님과의 첫 만남은 1949년의 봄학기인 서울대학교 사범대학 가정학과 2학년 때로 기억된다. 조자호 교수님은 한국조리를 담당하셨고, 함께 강의를 듣는 학우는 여섯 명이었다. 그때의 조리실이란 숯화로에 냄비 몇 개와 볼(bowl) 몇 개, 그 외의 조리용 도구로는 최소한의 설비와 시설 등으로 별로 기억에 남는 기구들이 없는 상태에서 시작되었다.

교수님의 첫인상은 짧은 치마의 한복 차림으로 하얀 피부에 한국 고전미의 갸름한 얼굴에 인자하신 듯하나 예리한 눈매에 다소 냉랭하신 느낌이었다. 그러나 시간이 지나면서 겉모습과는 달리 다정하시고 잔잔한 웃음이 많으셨던 것으로 기억된다. 그 당시 나라의 사정 등으로 정규수업이 쉽지 않은 때라 수업시간도 많지 않았다. 그러나 지금까지도 늘 머릿속에 남아 있는 두 가지는 양념하여 나물 무치는 것과 두텁떡 만들기였다.

첫째로 일반적으로 맛을 본다는 것은 양념을 고루 섞어서 주재료를 무친 다음 맛을 보는 것으로 알고 있었으나, 교수님께서는 간을(맛을) 냄새로써 조정하게 하시니 생소하기 짝이 없었다. 또한 꼭 맛을 보려면 손등에 조금 올려놓고 맛을 보게 가르쳐 주신 것이 지금도 생생하다. 간혹 음식을 만들다 실수를 하면 조용히 웃으시면서 온화한 음성으로 지적하시고 고쳐 주셨던 그 모습이 잊혀지지 않는다.

둘째로는 두텁떡으로, 그때의 나로서는 처음 들어 보는 떡 이름으로 방법과 모양도 처음 만들어 보는 것이었다. 팥고물 볶기와 팥소 만들기도 신기하고 생소하였다. 역시 궁중의 대표적인 떡인 만큼이나 손도 많이 가는 것이었다. 지금도 가끔 그때의 시절을 떠올리면서 만들어 보며 교수님의 온화한 미소를 떠올린다.

그 후 수많은 세월이 흘렀고 교수님께서 신촌의 이대 앞에서 '호원당'을 운영하실 때 서너 번 가 뵌 적이 있다. 역시 우리를 가르쳐 주시던 그 시절의 단아한 모습 그대로셨다. 교수님의 상품은 언제나 철저히 제일주의로 만드셔서 특별한 때의 선물용으로는 아주 돋보이는 최상급의 선물로 평가되었다.

교수님은 가셨지만 감사하게도 2세와 3세께서 교수님의 그 원뜻을 잊지 않고 맥을 이어 힘든 작업을 그대로 이어 가려고 노력하는 데 대하여 감사의 인사를 드린다.

잊을 수 없는 인물 조자호 이모님

민철기

조자호 이모님, 나에게는 평생을 두고 잊을 수 없는 인물이다. 나는 초등학교, 중학교 시절에 그분한테서 삶에 대한 교훈을 많이 받았다. 나를 낳아 주신 어머님은 누구에게나 가장 소중한 존재이니까 더 말할 수 없겠지만, 인생을 올바르게 살도록 지도해 주시고 철학을 심어 주신 스승 또한 그에 못지않게 중요한 존재가 아니겠는가? 바로 그런 분이 조자호 스승님이시다.

조자호 이모님을 떠올리면 우선 대쪽 같은 선비 기질을 갖추신 외모에다 행동거지가 하나도 흐트러짐이 없어서 나에게는 항상 인생의 스승님 같은 상을 안겨 주신다. 의(義)에 투철하신 그 성품은 현대 여성들에게는 큰 표본이 되고도 남음이 있었고, 공명정대한 성품은 웬만한 남성들도 지니지 못한 귀한 자산이셨다.

이번 기회에 조자호 이모님에 관해서 크게 세 가지만 밝혀 두고 싶다.

첫째, 그분은 한국 근현대사에서 여성의 지위를 향상시키기 위해 과감히 구습에 젖어 있던 가정을 박차고 나서서 여성해방운동에 동참하셨다. 1930년대 동경(東京)에서 박순천 여사, 황신덕 여사 등과 함께 당시 한국 여성의 인권을 신장하기 위해 현대 문물을 익히는 데 힘쓰셨고, 후에 이것이 바탕이 되어 여성해방운동에 큰 공헌을 하셨다.

둘째로는 후진 양성에 온갖 힘을 쏟으셨다. 넉넉지 못한 경제 여건 속에서도 시골에서 어려운 살림에 학업을 포기한 집안네, 친족, 이웃 등 가릴 것 없이 서울로 끌어올려 학업을 이어가게끔 백방으로 노력하신 일은 초등학교, 중학교의 어린 시절부터 수없이 목격해 왔다. 이모님은 참으로 교육입국을 몸소 실천하시고 일생을 이에 바치신 분이다.

셋째로 소개하고 싶은 부분이 그분의 의(義)에 대한 강한 집착과 매사에 빈틈없는 마무리 솜씨이다. 매사에 한 점 흐트러짐이 없으셨고, 자식들 교육에도 전혀 감정을 내세우지 않고 조리를 앞세워 조목조목 일깨워 주시는 재능이 비범하신 분이셨다. 부모가 자식들을 가르치는 데 체벌을 서슴지 않음이 보편적이거늘 이모님은 절대 그런 방법을 구사하신 적이 없으셨다. 그것 아니더라도 앉혀 놓고 조목조목 잘못을 일깨워 주면서 눈물을 짜게 하고, 자식들이 참으로 자기 허물을 뉘우치게 하는 그런 분이셨다. 또한 자식과 조카를 한집에서 키우면서 어느 한편으로 치우치지 않게 대하려고 무진 애를 쓰셨다.

평생을 산교육에 힘쓰셨는데, 가능한 한 현장에서 산교육을 실천하시는 것으로 본을 보여 주신 분이셨다. 예를 들어 어느 장사꾼에게 물건을 속아서 산 경우에 이모님은 불원백리하고 찾아가서 딱 한마디로 끝을 내고 돌아서셨다. "나한테까지는 속였지마는 다음부터는 절대 이런 일 없도록 합시다." 이 한마디가 그 부정한 상인에게 당장 어떤 영향을 끼쳤는지 모르겠으나 조자호 이모님의 교육은 늘 이런 식으로 행해졌다. 나는 이러한 교육에 많은 영향을 받아왔고, 지금도 교육장에서 이모님의 사례를 들 때마다 늘 그분이 자랑스럽다. 그리고 이러한 훌륭한 분을 이모님으로 모시고 함께 살아 왔음을 흐뭇하게 느끼고 있다.

《중앙여고 30년사》 중 조자호 선생 기록

조자호(趙慈鎬) 선생

세월은 흘렀다. 조 선생도 이미 흰 머리카락이 눈에 띄기 시작하였다. 50 고개를 넘긴 탓이리라. 본교가 창설되기 수년 전 20대의 젊은 가정부인으로 있던 조 선생이 시골서 올라와 재생의 길을 모색하고 있었다. 사제관계 이상으로 심금을 통하고 있는 황신덕 선생과 여러 가지로 생각해 보았으나 일제 암흑시대는 캄캄할 뿐, 전도가 보이지 아니했다.

우리의 말도, 글도 말살되어 간다 하나 부녀자가 부엌에서 만드는 음식 솜씨까지야 뺏어 가지 못할 것이니 우리나라 고유한 음식 솜씨를 계승해 보자는 데 합의되었다. 그리하여 조 선생이 집필한 요리관계 글을 〈동아일보〉 지면을 통해 발표했더니 매우 반응이 좋았다.

구체적으로 연구 발표하기에 앞서 남의 나라 실태를 보는 것이 필요하다고 생각하여 일본에 건너가 영양학교에 적을 두고 그들에게서 여러 가지를 견학하고 본교 개설의 준비를 위하여 1년 후 귀국하시어 세 분 선생과 함께 손발이 닳도록 수고하셨다. 본교가 초창기에 궁중요리로 이름을 날린 것은 조자호 선생의 공로가 컸음은 두말할 것도 없다. 한편 《조선요리제법》이라는 책을 만들고 여러 차례 강습도 하면서 보급을 시킨 보람이 매우 컸었다.

호사다마(好事多魔)일까? 단시일에 명성이 올가던 무렵 죽첨정 교사는 화재를 당했다. 그러나 기적처럼 가사 실습실만은 접시 하나 깨지지 아니한 것은 다행이었지만 두 번째 종로학교 화재 때는 본격적으로 정성들였던 선생의 무대인 실습장이 여지없이 타버렸다. 또 다시 세 번째 살림을 마련해야 했다. 그 뒷바라지 돈은 있다 해도 그 수고는 참으로 어려웠다.

이처럼 여러 차례 파란을 겪은 탓일까? 북아현동에 새 교사를 짓고 과학관 중심되는 1층에 모범적인 가사 실습장을 차렸다. 화마(火魔)에 복수나 하려는 듯이. 그리고 조 선생이 돌아오시기를 수차 권고했으나 굳이 사양하시고 '한국의 맛'을 계승시키는 일에 종사한 지 20여 년, 수지를 맞추기보다 고유한 맛을 살리는 데 뜻을 세워 소신대로 나가신다.

현재 이화여대 앞 한 작은 상점을 '호원당'이라 간판하고 변함없이 한길로 걸어가신다. 비록 겉으로는 빈약하지만 '조국의 맛'을 잃지 않는 조 선생의 뜻을 아는 이만이 그를 알고 존경해 마지않는다.

본교 가사 실습장의 오늘이 있음은 숱한 수난을 뛰어넘은 학교 당국의 승리이며, 동시에 조자호, 정순원 선생 같으신 분들의 큰 공로가 깃들어 있음을 가사과 후배들과 학생들은 알아야 하겠다.

〈조자호 선생님에 대한 소감〉

이인희(전 동덕여대 가정학과 교수)

조자호 선생님은 우리나라 식생활 문화 중 후식인 병과류(떡과 한과 등)를 만드는 기능을 전수받아 이를 널리 전파시키셨다. 사라져 가는 병과류 만드는 기능을 상품화하고 널리 알려 일반화시킨 공이 크신 분이다.

원래 고급 병과류는 일반 가정에서는 평상시 먹는 음식이 아니라, 큰 잔치(결혼, 환갑, 대소상 등) 때나 사용하였다. 때문에 일반으로 널리 알려진 음식이 아니고, 특별한 음식으로 만드는 수공이나 재료 비용도 비싸게 들며, 만드는 방법도 손이 많이 가고 시간도 많이 필요하며 예술적인 안목을 구비하지 않으면 만들기 힘든 고급 음식이어서 일반화하기에는 힘들었다. 이런 이유로 점점 사라져 가고 있었는데, 조자호 선생님은 이를 상품화시켜서 필요한 사람에게 대중적으로 손쉽게 매입할 수 있게 하였다.

두텁떡이니 주악, 단자류 등의 여러 가지 고급떡이며, 한과에서도 산자, 강정, 다식, 약과 등을 언제나 필요할 때 쉽게 구할 수 있는 것도 한 예이다.

조 선생님은 본래 조선시대에 사문갑족의 지체 높은 상류 양반 가문의 따님으로서 그 자당에게서 전수받은 솜씨라는 것을 들은 기억이 난다. 나의 친정 어머니(청풍 김씨 진구)가 생존해 계실 때 무슨 이야기 끝에 조 선생님과는 남이 아니라, 나의 외가족으로 어머니와 척분이 있는 집안이라는 말씀을 하시는 것을 들었다. 나의 외조부(청풍 김씨 규홍)와 육촌 누님이 되시는 분이 바로 조 선생님의 자당이라고 하셨다. 촌수가 멀지도 않은 사이인데 젊어서는 시댁살이를 하느라 서로 외출이 어려웠으며, 교통도 불편하여 자연히 만나지를 못하게 되어 세교가 끊어졌다고 섭섭해하시는 말씀을 하시는 것을 들었다.

조 선생님이 생존하여 계실 때 만나 뵙고 직접 말씀을 듣지 못한 일이 후회스럽다. 부디 앞으로 우리나라 경제가 많이 발전되어 가정생활이 안정되고, 이러한 생활문화가 속속 발굴되어 해외에도 자랑스럽게 이를 소개하게 되기를 바라는 바이다.

역자 후기

조자호(趙慈鎬: 1912~1976) 언니가 우리 집에 드나드신 것은 내가 초등학교에 다닐 때부터였다. 머리가 약간 노르스름하고 피부는 프랑스 여자같이 볼그레하고 아름다웠다. 검은 보라색 치마저고리에 같은 색 보자기에 책 하나를 싸들고 계셨다. 저고리는 치렁치렁한 고름이 아니고 얌전한 단추를 단 매무새였다. 그래도 그저 아버지께 글 배우러 오는 분 중의 한 분이려니 할 뿐, 그분이 우리나라 최고의 요리박사인 줄은 까맣게 모르고 있었다.

"양완아! 네가 이다음에 잘 살아서 반빗아치(음식을 만드는 전문가)에 침모(針母: 옷을 지어주는 전문가)를 두고 살더라도 네가 꼭 할 줄을 알아야 남을 부릴 수가 있지 않겠니!"

아버지는 찬찬하셔서 나를 늘 타이르셨다. 그러던 어느 날 밤, 안으로 들어오시더니 이렇게 말씀하셨다.

"양완아! 네 큰형은 이집(李집: 맹표어미)이지만, 오늘부터 너의 맏큰언니는 조자호 언니다. 네가 잘 모셔야 한다. 이 분이 1939년 스물여덟의 나이로 지은《조선요리법》이라는 책은 실로 조리 있고 과학적으로 잘 지은 책이다. 너는 갸륵한 조자호 여사를 맏큰언니로 잘 받들어야 한다."

이 세상에서 내가 제일 존경하고 사랑하는 아버지 말씀을 잊지는 않았지만 깜냥도 모르고 이 일에 뛰어든 것을 못내 죄스럽게 생각한다. 시원치 않은 솜씨로 고귀한 맏큰언니의 책을 풀어쓰게 된 것이 맏큰언니의 아우로서 송구스럽고, 아버지 딸로서 변변치 못한 나의 솜씨가 못내 죄스럽기 그지없다.

2014년 6월 17일

풀어쓴 이 정양완

(국문학 박사, 국학자 위당 정인보 선생의 셋째 따님)

■ 찾아보기

ㄷ

ㅁ

ㅂ

ㅋ

ㅌ

ㅍ

ㅎ

조선요리법(朝鮮料理法)

발행일 | 1판 1쇄 2024년 5월 17일

지은이 | 조자호(趙慈鎬)
풀어씀 | 정양완
주　간 | 정재승
교　정 | 홍영숙
디자인 | 배경태
펴낸이 | 배규호
펴낸곳 | 책미래

출판등록 | 제2010-000289호
주　소 | 서울시 마포구 공덕동 463 현대하이엘 1728호
전　화 | 02-3471-8080
팩　스 | 02-6008-1965
이메일 | liveblue@hanmail.net

ISBN 979-11-85134-75-8 03350